고전으로
미래를
읽는다
0 3 0

팡세

B.파스칼 지음 권응호 옮김

Pensees

홍신문화사

팡세

contents

제1장 정신과 문체에 관한 사상 _ 4

제2장 신 없는 인간의 비참 _ 23

제3장 내기의 필연성에 대하여 _ 79

제4장 신앙의 수단에 대하여 _ 111

제5장 정의와 현실의 이유 _ 129

제6장 철학자들 _ 148

제7장 도덕과 교의 _ 174

제8장 기독교의 기초 _ 236

제9장 영속성 _ 253

제10장 표징 _ 282

제11장 예언 _ 312

제12장 예수 그리스도의 증거 _ 348

제13장 기적 _ 374

제14장 논쟁적 단장 _ 405

옮긴이의 말 _ 429

정신과 문체에 관한 사상 제1장

1 　기하학의 정신과 섬세의 정신의 차이.
　기하학의 정신의 원리는 매우 분명하지만 일상적으로는 별로 사용되지 않는다. 그렇기 때문에 사람들이 익숙하지 않아 그 문제에 대해 특별한 관심을 갖기가 어렵다. 그러나 우리가 조금이라도 관심을 가진다면 그 원리들을 뚜렷이 이해할 수 있을 것이다. 그리고 정신이 아주 흐릿한 사람이 아니라면 누구라도 지나쳐 버릴 수 없을 정도로 명백한 그 원리들에서 그릇된 추론을 하지는 못할 것이다.

그러나 섬세의 정신의 여러 원리는 널리 사용되고 있을 뿐만 아니라, 모든 사람들의 눈길이 쉽게 멈추는 위치에 있다. 따라서 사람들은 특별한 노력을 기울일 필요 없이 다만 관심을 가지기만 하면 된다. 문제는 좋은 눈을 갖는 것이다. 왜냐하면 이 원리들은 아주 섬세하고 그 수가 많아 하나도 빠뜨리지 않고 본다는 것은 거의 불가능한 일이기 때문이다. 그런데 그 원리 중 하나라도 놓치면 오류에 빠질 수밖에 없다. 그러니 모든 원리를 이해하는 데는 밝은 눈이 필요하며, 이미 알려진 원리에서 그릇된 추론을 하지 않으려면 올바른 정신이 필요하다.

그러므로 모든 기하학자들이 좋은 눈을 가지면 섬세하게 될 것이다. 그들은 자신들이 알고 있는 여러 원리들에서 그릇된 추론을 하지는 않을 것이기 때문이다. 또한 섬세한 사람들은 익숙하지 않은 기하학의 여러 원리에 눈을 돌릴 수만 있다면 기하학자가 될 것이다.

그중 어떤 사람들이 기하학자가 되지 못했다면 그것은 그들이 기하학의 여러 원리에 관심을 갖지 않았다는 데 이유가 있다. 그러나 기하학자가 섬세하지 못한 것은 그들이 바로 앞에 있는 것을 제대로 보지 않기 때문이며, 또 그들은 기하학의 분명한 여러 원리에 익숙하여 그 원리를 세밀히 관찰하고 확인한 후가 아니면 추리하지 않으므로, 그 원리를 확인할 수 없는 섬세한 사물에 대해서는 처리할 방법을 모르고 있다. 그것은 쉽사리 눈에 띄지 않으며, 눈으로 본다기보다는 오히려 느끼는 것이다. 스스로 그것을 느끼지 못하는 사람에게 느끼도록 해 주기란 어려운 일이다. 그런 사물들은 지극히 미묘하고 수가 많으므로, 그것들을 느끼고 그 느낌에 따라 정확하게 판단하려면 아주 예리하고 맑은 감각이 필요하다. 기하학에서처럼 그것들을 순서에 따라 조리 있게 증명한다는 것은 거의 불가능하다. 왜냐하면 사람들은 그 원리들을 그런 방식으로 파악하지 않으며, 또 그것은 무모한 일이기 때문이다. 그런 사물은 첫눈에 재빨리 파악해서 어느 정도까지는 추리에 따르지 않아야 한다. 기하학자가 섬세한 사람이 되거나 섬세한 사람이 기하학자가 되는 예가 드문 것은, 기하학자는 섬세한 사물을 기하학적으로 판단하려고 우선 정의(定義)에서 시작하고 다음에 원리에 이른다는 전혀 이치에 안 맞는 추리의 진행 방법으로 사람들로부터 비웃음을 사기 때문이다. 섬세한 정신이 추리를 하지 않는 것은 아니다. 단지 그것을 소리 없이 자연스럽게, 그리고 일정한 규칙 없이 하고 있을 뿐이다. 그것을 외부로 나타낸다는 것은 사람의 힘으로는 불가능하며, 또 그것을 느끼는 것은 극소수의 사람들뿐이기 때문이다.

 그러나 섬세한 사람들은 한 번만 보고도 판단하는 데 익숙해져 있으므로, 그들이 이해하기 어려운 명제나 그것을 깊이 있게 보는 데 서투른 몹시 무미건조한 정의나 원리를 통해서만 파악할 수 있는 명제가 제기되면, 크게 놀란 나머지 실망이나 염증을 느끼게 된다. 그러나 부정확한 정신을 가진 사람은 결코 섬세하지도, 기하학적이지도 않다. 단지 기하학적이기만 한 기하학자는 모든 것을 정의와 원리에 의해서 설명할 수 있다면 올바른 판단자가 된다. 그렇지 못할 때 그들은 부정확하여 감당해 내지 못한다. 그들은 원리가 완전히 명백할 때에만 정확하기 때문이다.

　그러나 단순히 섬세하기만 한 사람은 사변적이고 관념적인 사물의 원리에까지 깊이 파고들 인내력이 없다. 그들은 세상에서 그런 것을 본 일도 사용한 일도 없기 때문이다.

2　올바른 판단의 여러 종류.
　어떤 범주의 사물들에 대해서는 올바른 판단을 내리지만 다른 범주에 있어서는 그렇지 못한 사람들이 있다. 결국 그들은 그릇된 판단을 내리게 된다. 어떤 사람들은 단지 몇 가지의 원리에서 올바른 결론을 이끌어내기도 한다. 그것은 판단이 정확하기 때문이다. 그러나 또 다른 사람들은 많은 원리를 가진 사물에서 올바른 결론을 얻는다. 예를 들어, 어떤 사람들은 물의 작용을 정확히 이해하고 있다. 거기에 작용하는 원리는 소수에 불과하지만 그 결론은 너무나 미묘해서 그에 이르기 위해서는 고도의 정확성이 필요하다.

　그렇다고 하여 그들을 위대한 기하학자라고 할 수는 없다. 왜냐하면 기하학은 많은 원리를 담고 있는데, 어떤 정신은 간단한 원리에 대해서는 그 근본까지 잘 파악할 수 있지만, 많은 원리를 가진 사물에 대해서는 전혀 그렇게 하지 못하는 경우가 있기 때문이다. 정신에는 두 종류가 있다고 볼 수 있다. 하나는 정확성의 정신으로 원리에서 결론으로 예리하게 파고들어가는 것이고, 다른 하나는 기하학적 정신으로 많은 원리를 혼동하지 않고 논리정연하게 이해하는 것이다. 전자는 정신의 힘과 정확성을, 후자는 정신의 넓이를 나타낸다. 이 두 정신은 대상 없이도 얼마든지 존재할 수 있다. 정신은 강하고 폭이 좁아질 수도 있으며, 또 약하고 넓어질 수도 있다.

3　직관으로 판단하는 데 익숙한 사람들은 추리를 요하는 사물들을 결코 이해하지 못한다. 그들은 먼저 단번에 꿰뚫어보려 하며 원리를 찾는 데 매우 서

툴기 때문이다. 이와 반대로 원리에 따라 추리하는 데 익숙한 사람들은 직관을 요하는 사물들을 결코 이해하지 못한다. 그들은 직관을 요하는 사물 속에서 원리를 찾으려 하고, 단번에 사물을 꿰뚫어보지 못하기 때문이다.

4 기하학, 섬세.

참다운 웅변은 웅변을 경멸하고, 참다운 도덕은 도덕을 경멸한다. 즉 판단력의 도덕은 정신의 도덕을 경멸하는 것이다.

전자에는 규칙이 없다. 그 이유는, 학문이 정신에 속하는 것과 같이 판단력은 직관에 속하기 때문이다. 섬세는 판단력의 분야에 속해 있으며 기하학은 정신의 분야에 속해 있다.

철학을 경멸하는 것, 이것이 바로 참다운 철학을 하는 것이다.

5

뚜렷한 기준 없이 어떤 작품을 판단하는 사람들이 남을 대하는 것은, 시계를 갖고 있지 않은 사람들이 시간을 말하는 것과 같다. 한 사람이 "벌써 두 시간이 지났다"고 말하고, 다른 사람은 "아직 45분밖에 지나지 않았다"라고 말한다. 나는 내 시계를 보고 전자에게 "당신은 지루하신가 보군요"라고 말하고, 후자에게는 "당신에겐 시간이 길게 느껴지지 않는 모양이군요"라고 말한다. 실제로는 한 시간 반이 지났기 때문이다. 나에게 "당신에겐 시간이 더디게 가는군요. 시간을 제멋대로 판단하고 있군요"라고 말하는 사람들에 대해서 나는 그다지 상관하지 않는다. 그들은 내가 나의 시계로 판단하고 있다는 사실을 모르는 것이다.

6

우리는 지성뿐만 아니라 감성도 해친다. 지성과 감성은 대화로 성숙된다. 그것은 또 대화 때문에 손상되기도 한다. 이와 같이 좋은 대화와 나쁜 대화는 지성과 감성을 성숙시키기도 하고 손상시키기도 한다. 그러므로 그것을 손상시키지 않고 성숙하게 하려면 현명한 선택이 필요하다. 그러나 지성과 감성이 이미 성숙되어 손상되지 않은 상태에 있어야만 이 선택이 가능하다. 이것은 하나의 순환을 이루고 있다. 그 가운데서 빠져나올 수 있는 사람은 행복하다.

7 사람은 더 많은 지적 능력을 가질수록 세상에 특이한 사람이 상상 외로 많다는 것을 발견하게 된다. 평범한 사람은 인간들 사이에 아무런 차이도 느끼지 못한다.

8 저녁 기도를 듣는 것 같은 자세로 설교를 듣는 사람들이 많다.

9 다른 사람을 유익하게 훈계하고 그의 잘못을 지적해 주려면 그 사람이 사물을 어떤 방향에서 보고 있는가를 먼저 알아야 한다. 왜냐하면 그 사물은 그 방향에서 보면 대개 옳기 때문이다. 그리고 그에게 옳은 점은 인식시키되 어떤 면에서 잘못 생각하고 있는지 지적해 주어야 한다. 그러면 그는 그에 대해 만족할 것이다. 자기가 잘못 판단한 것이 아니라, 다만 여러 면을 보지 못했을 따름이라는 것을 인식하게 되기 때문이다.

그런데 인간이란 모든 각도에서 사물을 관찰하지 않았다는 점에는 그다지 화를 내지 않지만, 오류를 범했다는 말은 듣기 싫어한다. 아마 그것은 사람은 본래 모든 것을 볼 수 없고, 또 감각에 의한 인지는 언제나 진실하기 때문에, 자신이 관심을 기울이는 문제에 대해서는 오류를 저지르지 않기 때문일 것이다.

10 사람이란 대개의 경우 타인의 머리에서 나온 이유보다는 스스로 찾아낸 이유로 더 잘 납득하게 되어 있다.

11 지나친 오락은 모든 기독교도의 생활에 위험을 초래한다. 세상 사람들이 생각해 낸 오락 중 연극처럼 무서운 것은 없을 것이다. 연극이란 인간 정욕의 극히 자연스럽고 미묘한 표현이므로, 정욕을 자극할 뿐만 아니라 우리 마음에 정욕(특히 연애의 정욕)을 불러일으킨다.

그 연애가 매우 순결하고 진실한 것으로 표현될 경우에는 더욱 그렇다. 연애가 순결한 마음에 순결한 것으로 나타나면 나타날수록, 사람들은 그 연극에 쉽게 감동받기 때문이다. 그 격렬함은 우리의 자애심을 만족시키고, 자기 자신도 눈앞에 그처럼 교묘하게 표현된 것과 같은 효과를 거두고 싶다는 욕망을 자극한다.

그와 동시에 자기 의식의 바탕을 방금 눈으로 본 감정의 정당성으로 형성하게 되는데, 그 감정은 순수한 정신의 우려를 없애 주고, 그렇게 현명해 보이는 감정으로 사랑하는 것은 결코 순결을 해치는 것이 아니라는 생각이 들게 되는 것이다.

그리하여 사람들은 연애의 그 아름다움과 달콤함으로 충만된 마음과, 자신의 순결을 확신하는 영혼과 정신을 가지고 극장문을 나오게 된다. 그것은 연애의 최초의 작용을 받아들일 준비가 충분한 상태이다. 아니, 그것은 연극 속에서 그토록 아름답게 묘사된 연애를 보고 그런 쾌락과 희생을 받아들이기 위해 어떤 사람의 마음에 그런 작용을 일으키려는 준비가 다 되어 있는 상태이다.[1]

12 한 가지 사물 외에 다른 것은 전혀 생각하지 않는 스카라무슈.[2] 하고 싶은 이야기를 다 하고도 15분 동안이나 더 이야기하고 싶은 욕망으로 가득 찬 학자.

---

1 이 단장(斷章)은 파스칼의 것이 아니라는 설도 있다.
2 이탈리아의 배우. 파스칼은 당시 파리에서 상연중이던 연극 〈코메디아 델아르트〉에서 학자 역을 맡은 스카라무슈를 보고 와서 그 인상을 기록했다.

13 사람들은 클레오뷜린³의 잘못과 정열적인 연애를 보고 즐거워한다. 왜냐하면 그 여자 자신은 그것을 모르고 있었기 때문이다. 만일 그 여자가 그것을 알았더라면 사람들은 거기에 흥미를 느끼지 않았을 것이다.

14 자연스러운 이야기가 어떤 정념이나 인상을 묘사할 때, 사람들은 그 내용의 진실, 즉 전부터 자신에게 있었는데도 깨닫지 못했던 진실을 발견하고 그것을 자각하게 해 준 사람에게 호감을 가지게 된다. 그가 우리에게 보여 준 것은 그 자신의 장점이 아니라 우리의 장점이기 때문이다. 이와 같이 그가 베푼 호의는 우리로 하여금 그를 좋아하게 하고, 우리와 그의 지적 공감대는 필연적으로 우리의 마음을 그에 대한 사랑으로 기울어지게 한다.

15 권력이 아니라 감언으로, 또 제왕으로서가 아니라 폭군으로서 설득하는 웅변.

16 웅변은 사물을 다음과 같이 표현하는 일종의 기술이다. 첫째 상대방으로 하여금 그것을 고통 없이 즐거운 마음으로 듣게 한다. 둘째 상대방이 그에 흥미를 느껴 자부심을 가지고 스스로 그것을 생각하도록 한다. 그러므로 웅변은 한편으로는 상대방의 지성이나 감성, 다른 한편으로는 우리가 흔히 지니고 있는 사상의 교류 속에서 이루어진다. 그러므로 인간의 모든 심정의 기미를 알기 위해서, 그리고 그 기미에 적합한 대화의 내용을 찾기 위해 우리는 인간의 심정을 충분히 연구할 필요가 있다. 우리의 이야기를 들으려는 청중의 입장에 서야 하며, 또 이야기의 표현 방식이 어떤지 잘 검토하여 듣는 사람이 확실히 납득하고 있는

---

3 스퀴데리의 소설에 등장하는 코린트의 여왕. 이 여인은 자신도 모르는 사이에 자기 신하를 열렬히 사랑하고 있었는데, 그것을 깨달았을 때는 이미 어쩔 수 없는 상황이 되어 있었다.

지를 알아야 한다. 될 수 있는 대로 자연스러운 단순성을 벗어나지 않도록 하며, 하찮은 것을 과장해서 표현하거나 위대한 것을 대수롭지 않은 것으로 표현해서는 안 된다. 사물을 아름답게 찬양하는 것만으로는 충분하지 않다. 주제에 적합하고 조금도 부족함이 없어야 한다.[4]

17 강이란 앞으로 나아가는 길이며, 우리가 가고자 하는 곳으로 인도해 주는 길이기도 하다.

18 어떤 사물의 진실을 알지 못할 때 인간의 정신을 고정시키는 공통된 오류가 존재한다는 것은 좋은 현상이다. 예를 들면, 달을 계절의 변화나 병의 진행 등의 원인으로 돌리는 따위가 그런 것이다. 인간의 가장 큰 폐단은 그가 알지 못하는 사물에 대해 불안한 호기심을 품는다는 것이다. 이런 쓸데없는 호기심을 가지기보다는 차라리 오류에 빠지는 편이 낫다. 에픽테토스나 몽테뉴, 살로몽 드 튈티[5]의 글쓰기 방식은 가장 많이 사용되는 것으로, 사람들이 가장 마음에 들어하며, 가장 오래 기억에 남고 가장 많이 인용된다. 그것은 일상생활의 화제에서 비롯된 사상으로 이루어졌기 때문이다. 예컨대 달은 모든 것의 원인이라는 식의 세상에 흔히 있는 공통된 오류에 관해 이야기하려고 할 때, 어떤 사물의 진리를 모를 바에야 공통된 오류가 존재하는 것이 차라리 낫다는 살로몽 드 튈티의 말을 사람들은 늘 인용할 것이다. 앞서 기록한 사상이 바로 그것이다.

19 저술할 때 사람들이 마지막으로 알아야 할 일은, 무엇을 맨 앞에 놓아야 할 것인가 하는 점이다.

---

4 구판(舊版)에서는 16장으로 되어 있던 이 단장이 사실은 포슈가 기존의 자료를 기초로 하여 만들었다는 것이 판명됨으로써 15장의 부록으로 격하되었다.
5 살로몽 드 튈티(Salomon de Tultie) : 파스칼이 그의 저서 《프로뱅시알》에서 사용한 필명.

20 질서.

왜 나는 나의 도덕을 여섯이 아닌 넷으로 분류하려 하는가? 왜 나는 미덕을 넷으로, 둘로, 하나로 설정하려 하는가? 왜 "자연에 따르라"[6]든가, 또는 플라톤처럼 "자기 자신의 일을 부정 없이 하라"[7]라든가, 그 밖의 것을 말하지 않고 "극기(克己)하고 참으라"[8]라고 말하는가? 그렇게 말하면 당신들은 모두 한 마디 말에 포함된다고 할 것이다. 그렇다. 하지만 그것을 설명하지 않는다면 무의미한 일이 되고 말 것이다. 사람들이 그것을 설명하려고 모든 것이 포함되어 있는 이 교훈을 열면, 곧 다른 모든 교훈들은 당신들이 피하려 했던 최초의 혼란 바로 그 상태 속으로 달아나고 만다. 이처럼 그것들이 하나에 포함되었을 때는 상자 속에 있을 때처럼 감추어지고 아무 쓸모가 없으며, 원래의 혼란 상태로만 외부에 나타난다. 자연은 그것들 모두를, 하나가 다른 것 속에 갇히지 않도록 만들어 놓은 것이다.

21 자연은 모든 진리를 각기 그 자체 안에 두었다. 우리의 기교는 그중 하나를 다른 것에 포함시키려 한다. 그러나 그런 일은 자연스럽지 못하다. 각각의 것은 나름대로의 위치를 가지고 있는 것이다.

22 내가 새로운 것을 이야기하지 않았다고 비난하지 말라. 재료의 배치는 새로운 것이 아닌가. 테니스를 할 경우 양쪽이 사용하는 공은 같은 것이다. 그렇지만 그중 한 사람은 상대편보다는 공을 좀더 잘 배치한다.

나는 오히려 낡은 말을 사용했다는 말을 듣고 싶다. 같은 말이라도 배치하기에 따라 다른 사상을 이루는 것은, 같은 사상이 서로 다르게 배치되어 다른 논지를

---

[6] 에피쿠로스학파와 스토아학파의 공통된 교훈.
[7] 몽테뉴 《수상록》 중의 한 구절.
[8] 스토아학파의 교훈.

이루는 것과 무엇이 다른가?

23 언어는 배치에 따라 그 의미가 달라지고, 의미는 배치에 따라 효과가 달라지게 된다.

24 언어.
정신은 피로를 풀기 위해서가 아니라면 다른 데로 돌려서는 안 된다. 그것도 반드시 휴식이 필요한 적당한 시기에 그렇게 해야 한다. 적당한 시기가 아닌 때에 휴식하면 오히려 피로를 느끼게 된다. 그런데 지나치게 피로하면 완전히 권태롭게 된다. 그때 사람의 마음은 모든 것에서 완전히 떠나버리기 때문이다. 인간의 정욕으로 인한 해독은 매우 심하므로, 다른 사람들이 우리에게 무엇인가를 얻고자 하면 우리는 그가 원하는 것과 반대되는 일을 하고 싶어진다. 쾌락이란 그것을 얻기 위해서라면 사람들이 원하는 것 전부를 주어도 아깝게 생각되지 않는 화폐와 같은 것이다.

25 웅변.
그것은 즐겁고도 진실성이 있어야 한다. 그러나 그 즐거움은 진실에서 우러나온 것이라야만 한다.

26 웅변은 사고(思考)가 그려낸 그림이다. 그러므로 그림이 완성된 후에 가필하는 사람은 초상화가 아닌 보통의 그림을 그리고 있는 것이다.

27 잡록(雜錄), 언어.
말을 억지로 사용하여 대구(對句)를 만드는 사람들은, 균형을 잡기 위해 필요도 없는 창을 만드는 사람과 같다. 그들의 목적은 정확하게 말하는 것이 아니라 정확한 형상을 만들려는 것이다.

28 균형은 한눈에 파악할 수 있는 것이다. 따라서 그것은 그 밖의 다른 형태를 만들 필요가 없다는 사실에 근거하고 있다. 또한 균형은 인간의 용모에도 근거하고 있다. 따라서 사람들은 균형을 그 높이나 깊이가 아니라 넓이에서 구하고 있는 것이다.

29 문체.
자연스러운 문체를 대할 때 사람들은 크게 놀라며 매우 기뻐한다. 왜냐하면 한 작가를 만나기를 바랐는데 뜻밖에도 인간을 발견했기 때문이다. 이와는 반대로 훌륭한 안목을 가진 사람들이 책을 읽으며 그 속에서 한 인간을 발견하려 했는데 단지 한 작가를 만나고 크게 놀라는 수도 있다. "당신은 한 인간으로서가 아니라 한 시인으로서 이야기했소." 자연이 모든 것을, 신학까지도 말할 수 있다는 사실을 자연으로부터 깨닫게 되는 사람이야말로 참으로 자연을 존중하는 사람들이다.

30 얀세니스트의 제2·제4·제5 논설을 보라. 그것은 얼마나 고상하고 진지한가. 나는 어릿광대도 바보도 다 싫어한다. 그 어느 쪽도 인간들의 참된 벗이 될 수 없다. 사람은 그 심정이 없으므로 귀에만 의지한다. 그 기준은 도덕이다. 다만 시인일 뿐 참다운 인간은 아니다. 생략의 미, 판단의 미.

31 키케로의 작품에서 우리가 비난하는 모든 허위의 아름다움은 그 찬미자를 가지고 있으며, 찬미자의 수효는 매우 많다.

32 약한 것이든 강한 것이든 있는 그대로의 우리 성질과 우리 마음에 맞는 사물 사이에 존재하는 어떤 관계에는, 그 관계에서만 일어나는 일종의 즐거움과 아름다움의 형식이 있다. 이 형식에 따라 이루어진 것은 모두 우리를 즐겁게 한다. 집·노래·이야기·시·산문·여자·새·강·나무·방·옷, 그 외의 어떤 것이라도 좋다. 그러나 이 형식에 따라 만들어지지 않은 것은 훌륭한 취미를 가진 사람들을 불쾌하게 한다. 훌륭한 형식에 따라 만들어진 노래와 집 사이에는 하나의 완전한 관계가 성립되어 있다. 왜냐하면 종류가 서로 다르지만 이 유일한 형식과 매우 흡사하기 때문이다. 마찬가지로 나쁜 형식에 의해 만들어진 것들 사이에도 완전한 관계가 있다. 나쁜 형식은 하나만이 아니다. 그것은 무수히 있다. 예를 들면, 잘못된 형식으로 만들어진 14행시는 잘못된 감각으로 옷을 차려입은 여인과 매우 비슷하다. 잘못 지어진 14행시가 얼마나 사람들의 웃음거리가 되는가를 알기 위해서는, 그 본질과 원형을 신중히 생각한 다음에, 그런 형식에 따라 옷을 차려입은 여자나 지어진 집을 생각해 보는 것이 가장 현명한 방법이다.

33 시적(詩的) 아름다움.
사람들이 시적 아름다움이란 말을 사용하듯이, 기하학적 아름다움이나 의학적 아름다움이란 말도 사용해야 할 것이다. 그러나 사람들은 그런 말을 사용하지는 않는다. 그 이유는 기하학의 목적이 무엇인지, 그리고 그것이 증명에 있다는 것을 알기 때문이며, 의학의 목적이 무엇인지, 그리고 그것이 치료에 있음을 알기 때문이다. 그러나 사람들은 시의 목적인 즐거움이 어디에 있는지 모른다. 우리가 모방해야 할 그 자연의 형식이 무엇인지를 모르는 것이다. 이와 같이 그것을 잘 알지 못하여 사람들은 몇 개의 기묘한 용어들을 만들어냈다. '황금의 시대', '현대의 경이(驚異)', '숙명적' 등등이 바로 그런 용어들이다. 이처럼 그 뜻이 분명하지 않은 말들을 시적 아름다움이라 부른다.

그러나 극히 작은 사물을 지나치게 과장해서 표현함으로써 생기는 이 형식에 따라 한 여인을 생각해 본 사람은, 무수한 거울과 사슬로 온몸을 장식한 아름다운 아가씨를 상상하며 웃게 될 것이다. 인간이란 원래 시의 즐거움은 잘 모르지만 여인의 즐거움이 어디에 있는지는 더 잘 알기 때문이다. 그러나 그것을 모르는 사람들은 그 몸치장에 대해서만 감탄할지도 모른다. 그래서 세상에는 그녀를 여왕으로 착각하는 마을도 있을 것이다. 이러한 형식으로 만들어진 14행시를 '마을의 여왕'이라고 부르는 것은 그런 이유에서이다.

34 시인이라는 간판을 내세우지 않으면 세상에서는 시를 이해하지 못하는 사람으로 취급받게 된다. 수학자도 이와 마찬가지이다. 그러나 교양 있는 사람은 간판으로 평가하지 않으며, 시인과 자수공(刺繡工)의 직업에도 거의 차별을 두지 않는다. 교양인은 시인이나 기하학자나 그 밖의 무엇으로도 불리지 않지만 그 모두가 될 수 있으며, 그 심판자까지도 될 수가 있다. 사람들은 누가 교양인인지 판별할 수 없다. 그들은 어딜 가든 그 자리의 화제에 대해서만 이야기할 따름이다. 그들의 재능이 다른 어떤 재능보다 두드러지게 나타나는 것은 그 재능을 사용해야 할 때이다. 사람들은 그가 그것을 사용할 때에야 비로소 알게 되는 것이다. 언변이 문제되지 않을 때엔 그들의 화술이 뛰어나다고 말하지 않지만, 그것이 문제가 될 때엔 그들의 말재주가 뛰어나다는 이야기가 나오게 되는 것도 모두 이런 성격 때문이다.

그러므로 어떤 사람이 들어왔을 때 모두들 그가 훌륭한 시인이라고 한다면 그것은 거짓 찬사이다. 혹은 어떤 시 구절이 비평의 대상이 되었을 때 사람들이 그의 견해를 묻지 않는다면 그것은 무시당하고 있다는 증거이다.

35 교양인.
"그는 수학자다", "설교자다", "웅변가다"라는 말을 듣지 말고, "그는 교양 있는 사람이다"라는 말을 들어야 한다. 나는 이런 보편적인 성격을 좋아한다.

사람을 먼저 보고 다음에 그의 저서를 생각해 낸다는 것은 좋지 않은 징조이다. 다른 사람들이 나의 재능을 발견하고, 그 재능을 '도가 넘지 않도록' 완전히 사용할 기회가 올 때까지 나는 그 어떤 재능도 인정받고 싶지 않다. 왜냐하면 어떤 재능이 두드러지게 나타나서 그것으로만 불리게 되는 것이 두렵기 때문이다. 뛰어난 화술이 중요하지 않을 때는 굳이 말주변 좋다는 찬사를 듣고 싶은 생각이 없다. 다만 그때가 되어서 그런 평을 들으면 된다.

36 인간은 언제나 욕구로 가득 차 있다. 인간은 그 모든 욕구를 충족시켜 줄 수 있는 사람만을 사랑한다. "이 사람은 훌륭한 수학자다"라고 사람들이 말한다. 그러나 나는 수학에 아무 흥미가 없다. 그 수학자는 단지 나를 하나의 명제로 여길지도 모른다. "이 사람은 훌륭한 군인이다." 그러나 그 군인은 나를 하나의 포위된 요새로 여길지도 모른다. 그러므로 내게는 나의 모든 욕구를 충족시켜 줄 수 있는 참된 교양인만이 필요하다.

37 만사를 조금씩.
인간은 만능일 수가 없다. 모든 일을 한꺼번에 안다는 것은 불가능하므로 조금씩 알아야 한다. 한 가지 일을 완벽하게 알기보다는 조금씩이나마 모든 일을 아는 편이 훨씬 낫기 때문이다. 이런 보편성이야말로 다른 무엇보다 좋은 것이다. 물론 양자를 함께 지닐 수 있다면 더없이 좋은 일이겠지만, 그중 하나만 택하라고 한다면 전자를 택해야 할 것이다. 실제로 세상 사람들은 그렇게 하고 있다. 세상 사람들이란 때로 올바른 판단을 내리기도 하기 때문에.

38 시인이긴 하지만 참되지 못한 인간.

39 낮은 곳에 벼락이 떨어진다면, 시인들이나 시와 같은 사물에 대해서만 추리할 수 있는 사람들은 그것을 증명해 보일 수 없을 것이다.

40 단지 어떤 사물의 증명만을 위해 인용하는 실례 그 자체를 증명하려면, 사람들은 최초의 어떤 사물을 실례로 들 것이다. 사람들은 언제나 증명하고자 하는 사물 속에 곤란한 점이 있다고 생각하므로, 논증을 도와주는 보다 명료한 것으로서 실례를 믿기 때문이다. 따라서 사람들이 일반적인 사물을 증명하기 위해서는 어떤 경우의 특수한 기준을 적용해야 하지만, 특수한 경우를 증명하려면 일반적인 기준에서부터 시작해야 할 것이다. 인간이란 언제나 자기가 증명하고자 하는 사물은 애매하게 여기며, 그 증명에 사용하려는 사물은 명백하다고 믿기 때문이다. 사람들은 어떤 사물을 증명하기 위해서는 그 과정을 거쳐야 한다고 믿으므로, 증명할 사물은 아주 애매한 것으로 생각하지만, 반대로 증명을 위해 사용할 사물은 명백하다고 생각하며, 따라서 그것을 쉽게 이해하는 것이다.

41 마르티알리스[9]의 풍자시.
인간은 악의를 좋아한다. 그러나 그것은 애꾸눈이나 불행한 사람이 아닌 오만한 행복자에 대해서이다. 그렇지 않다면 잘못된 것이다. 왜냐하면 사욕은 모든 인간 활동의 근원인 동시에 인간성의 근원이기도 하기 때문이다.
인간적이고 부드러운 마음을 가진 사람에게는 친절하게 대할 필요가 있다.
두 사람의 애꾸눈에 관한 시구[10]는 아무런 가치가 없다. 그것은 그 애꾸눈을 위로하기보다는 시인의 명예를 높여 줄 뿐이기 때문이다. 시인 자신을 위해서만 존재하는 것은 아무 가치가 없다. "그는 지나친 문식(文飾)을 제거할 것이다."

---

[9] 기원전 1세기경에 생존했던 로마의 시인.
[10] 호라티우스의 편지에 있는 시구.

42 왕을 공(公)으로 부르는 것은 유쾌한 일이다. 그것은 그의 지위를 격하시키는 것이기 때문이다.

43 어떤 저자들은 자기가 지은 책을 나의 책, 나의 주석, 나의 이야기라고 한다. 그들은 자기 집에서 살며 언제나 '내 집'이라고 말하는 부르주아 근성을 버리지 못하고 있다. 그것보다는 차라리 우리 책, 우리 주석, 우리의 이야기라고 말하는 편이 나을 것이다. 왜냐하면 보통 그 속에는 그들 자신의 것보다 남의 것이 더 많이 들어 있으니까.

44 당신은 사람들에게 찬사를 받고 싶은가? 그렇다면 그것을 입 밖에 내지 말라.

45 언어는 기호이다. 그것은 문자가 문자로 대체되는 것이 아니라, 말이 말로 대체된다. 그러므로 우리는 미지의 언어도 판독할 수가 있는 것이다.

46 훌륭한 말을 하는 사람, 나쁜 성격.

47 말은 잘하지만 글은 잘 쓰지 못하는 사람들이 있다. 그것은 장소와 거기에 모인 청중들이 그들을 흥분시키고, 이런 흥분된 분위기가 그때까지 잠재되어 있던 능력을 그들의 정신에서 끌어내 주기 때문이다.

48 어떤 이야기 속에 중복된 말이 있어 그것을 바로잡으려 했으나 그 말들이 매우 적절하여 자칫 이야기 자체를 그르칠 위험이 있을 때엔 그대로 두는 것이 옳다. 바로 그런 점이 그 말들을 적절하게 사용했다는 증거인 것이다. 그것을 끝내 바로잡으려 한다면 그것이야말로 그 중복이 잘못된 것이 아님을 깨

닫지 못한 맹목적인 욕망 때문이다. 모든 사물에 적용되는 일반적인 규칙이란 존재할 수 없기 때문이다.

49 본성에 가면을 씌우고 가장해 본다. 그때엔 이미 왕도 교황도 사교(司敎)도 아니며 지엄한 군주이다. 파리가 아니라 왕국의 수도이다. 파리를 파리로 불러야 할 경우도 있고, 왕국의 수도로 불러야만 할 경우도 있다.

50 같은 의미라도 그 표현하는 말에 따라 달라질 수 있다. 의미는 말에서 품위를 얻지만 말에 품위를 부여할 수는 없다. 그 실례를 찾고 싶다.

51 고집이 센 사람은 피론(회의론자)의 제자.

52 카르테지앙(데카르트학파)이 아닌 사람은 카르테지앙을 말하지 않는다. 현학자만이 현학자라는 말을 한다. 시골뜨기만이 시골뜨기라는 말을 한다. 그래서 《프로뱅시알(시골 친구에게 쓴 편지)》에 그런 제목을 붙인 사람은 틀림없이 인쇄인이라고 나는 단언할 수 있다.

53 '쓰러진' 마차인가 '쓰러뜨린' 마차인가는 고의인가 아닌가에 달려 있다. '흘린다' 인가 '쏟는다' 인가도 고의인가 아닌가에 달려 있다. 강제로 수도사가 된 데 대한 르메트르 씨[11]의 변론.

54 잡록.
이야기하는 방법, "나는 그 일에 온 힘을 기울이고 싶었는데."

---

[11] 앙트완 르메트르(1608~58) : 신학자. 아르노의 조카로서, 변호사이며 웅변가로도 유명하다.

55 열쇠의 '여는' 힘, 갈고리의 '끄는' 힘.

56 간파하다. "당신을 고통스럽게 한 나의 행위." 추기경은 세상 사람들에게 간파당하는 것을 좋아하지 않았다. "나는 불안에 찬 정신을 가지고 있다"보다는 "나는 불안에 차 있다"라고 하는 편이 낫다.

57 다음과 같은 인사는 나를 불쾌하게 한다. "폐 많이 끼쳤습니다." "혹시 방해가 되는 건 아닌지요?" "너무 오래 기다리게 해서 미안합니다." 결국 강요하거나 화나게 만든다.

58 "용서하세요, 제발"이라고 말하는 것은 옳지 않다. 이런 변명을 듣지 않았다면 나를 욕되게 하는 일이 있었다는 사실을 몰랐을 것이다. "죄송합니다만……" 나쁜 것은 그들의 변명뿐이다.

59 "반란의 횃불을 끄다." 너무 거창하다. "그의 천재의 고뇌." 대담한 이 두 마디가 불필요하게 결합되어 있다.

신 없는 인간의 비참　제2장

60 제1부. 신 없는 인간의 비참.
제2부. 신 있는 인간의 행복.

혹은

제1부. 인간의 본성이 부패했다는 것(본성 그 자체에 의해).
제2부. 구속자(救贖者)가 존재한다는 것(성서에 의해).

61 순서.
나는 이 논설을 다음과 같은 순서로 다루면 좋으리라 생각한다. 즉 모든 신분의 공허를 나타내기 위해 일반적 생활의 공허감을 나타내고, 다음에 회의론자나 스토아학파에 의한 생활의 공허함을 나타낸다. 그러나 이 순서는 좀처럼 지켜질 수가 없을 것 같다. 나는 순서가 무엇이라는 것과 그것을 이해하는 사람이 많지 않다는 사실을 어느 정도는 알고 있다. 어떤 인간적인 학문도 이것을 지켜 나갈 수는 없다. 성(聖) 토마스[1]도 그것을 지키지 않았다. 수학은 그것을 지키지만 그 깊이에서는 쓸모가 없다.

62 제1부의 서언(序言).
자신의 인식 문제를 논했던 사람들에 관해 이야기할 것. 우리를 슬프게

---

1 중세의 철학자 토마스 아퀴나스를 말한다.

하거나 권태롭게 하는 샤롱의 분류[2]에 관해 이야기할 것. 몽테뉴의 혼란에 관해 이야기할 것. 그는 직선적 방법의 결점을 충분히 알고 있었기 때문에 그것을 피해 주제에서 주제로 뛰어넘고 편리한 모양을 구했다.

그가 자신을 그리려던 어리석은 기도! 그러나 이것은 우연히 그의 뜻에 반해 시도했던 것은 아니다. 이러한 과오는 누구나 저지를 수 있다. 그러나 그는 자신의 뜻에 따라, 처음의 주요한 계획에 따라 그렇게 했던 것이다. 우연히, 또는 약하기 때문에 어리석은 말을 하는 것은 보편적인 단점이지만, 고의로 그러는 것은 견딜 수 없는 일이다. 더군다나 이런 말을 한다는 것이야말로……

63 몽테뉴.

몽테뉴의 결점은 크다. 음탕한 이야기들. 구르네 양[3]이 뭐라고 하든 그것은 아무 쓸모가 없다. 경솔한 믿음, 곧 '눈 없는 인간', 무지, 곡선형 구적법(求積法), 보다 더 큰 세계, 고의적 살인이나 죽음에 관한 그의 생각, 그는 두려움도 후회도 없이 구원에 관한 무관심을 고취한다. 그의 저서는 인간을 경건한 신앙의 세계로 인도하기 위해서 씌어진 것이 아니므로 신앙에 얽매여 있지는 않다. 그러나 신앙생활에서 이탈하지 않게 할 의무는 누구에게나 있다. 인생의 어떤 사건에 대한 약간의 방종과 향락적인 그의 견해는 허용될 수도 있으나, 죽음에 관한 거의 완전한 이교도적인 견해는 결코 용서받을 수 없다. 왜냐하면 기독교도로서 죽기를 원하지 않는다면 일체의 신앙을 버려야 하기 때문이다. 그러나 그의 모든 저서에는 무기력하고 나약하게 죽을 생각만 씌어 있다.

---

[2] 샤롱의 《지혜에 관하여》. 제1권은 자기인식을 논한 것으로, 62장으로 세분되어 있다.
[3] 한때 몽테뉴에게 사숙했고 후일 그의 양녀가 되었는데, 몽테뉴 사후에 그의 《수상록》 증보판을 간행했다.

64 내가 몽테뉴의 저서 속에서 찾은 모든 것은, 몽테뉴가 아니라 나 자신 속에서 발견하게 된다.

65 몽테뉴의 장점은 쉽게 찾을 수 없다. 도덕 관념을 제외한 그의 단점은, 불필요한 이야기를 너무 많이 했으며 자기 자신에 관한 이야기가 지나쳤다는 점을 충고해 준다면 쉽게 고쳐질 수 있을 것이다.

66 사람은 자기 자신을 알아야 한다. 그것이 진리를 발견하는 데 도움이 되지는 않을지라도, 적어도 자기 생활의 질서를 세우는 데는 도움이 될 것이다. 이보다 더 당연한 일은 없는 것이다.

67 학문의 공허.
외적 사물에 관한 학문은 고뇌에 빠졌을 때 도덕에 관한 나의 무지를 위로해 주지 않는다. 그러나 도덕적 학문은 외부의 사물에 관한 나의 무지를 위로해 줄 것이다.

68 사람은 참된 인간이 되는 길 이외의 모든 것을 가르침받는다. 그런데 그들은 다른 무엇보다도 참된 인간이 되는 길을 알고 있다는 것을 언제나 자랑으로 여긴다. 그들은 자기가 배우지 않은 단 하나의 사실을 안다고 믿고 자랑스럽게 생각하는 것이다.

69 두 개의 무한. 중용(中庸).
너무 빨리 읽으면 아무것도 이해할 수 없으며, 너무 천천히 읽어도 역시 아무것도 이해할 수 없다.

70 자연은…… 아니다.

자연은 우리를 꼭 중심에 두었기 때문에, 우리가 어느 한쪽을 바꾸면 다른 쪽도 바뀌게 된다. "Je faisôns, Zoa trékei."[4] 이것 때문에 우리의 두뇌에는 어느 한쪽을 부딪치면 다른 한쪽도 부딪치도록 되어 있는 용수철이 있다는 생각을 하게 된다.

71 너무 많은 술, 너무 적은 술.

그에게 술을 조금도 주지 말라. 그러면 그는 진리를 발견하지 못할 것이다. 너무 많이 주어도 마찬가지일 것이다.

72 인간의 불균형.

자연적인 인식은 우리를 이곳까지 인도한다. 만일 자연적인 인식이 진실하지 않다면 인간에게 진리란 없다. 그리고 자연적인 인식이 진실이라면 인간은 겸허해야 할 큰 이유를 거기서 발견하게 될 것이며, 어떤 방법으로든 스스로를 낮출 수밖에 없을 것이다. 인간은 이 자연적인 인식을 믿지 않고는 살아갈 수 없으므로, 자연에 대해 보다 깊이 추구하기 전에 자연을 한 번 더 성실한 자세로 관찰하고 아울러 자신도 성찰해 주기를 바란다. 그리하여 자신이 어떤 균형을 유지하고 있는지 알아보고……

그러므로 인간은 자연의 그 높고 충만한 위용 그대로를 바라보고 그 주위의 하찮은 사물로부터 눈을 돌리기 바란다. 우주를 비추는 영원한 등불처럼 놓여 있는 저 찬란한 광명을 보라. 천체가 그리는 광활한 궤도에 비하면 지구는 하나의 점으로밖에 보이지 않는다는 것을 생각해 보라. 그러나 이처럼 광활한 궤도도, 천공

---

[4] Je faisôns은 프랑스 방언으로, Je라는 단수주어에 faisôns(한다)라는 복수동사가 붙어 있다. Zoa trékei는 그리스어로, Zoa(동물)라는 복수명사가 trékéi(뛰다)라는 단수동사의 주어가 되어 있다. 이 두 가지 예는 우리 두뇌의 진동의 법칙과 대중(對重) 관계의 증거로 제시된 것이다.

(天空)을 회전하는 모든 천체에 둘러싸인 궤도에 비하면 극히 작은 한 점에 불과하다는 사실에 경탄하라.

그러나 우리의 시선이 거기에서 멈춘다면, 상상력을 더 멀리까지 펼쳐 보도록 하라. 자연이 보여주는 데 지치기 전에 우리의 상상력이 먼저 지쳐 버리고 말 것이다. 우리가 눈으로 볼 수 있는 세계의 전부는 자연의 광대한 품안에서는 눈에 잘 띄지도 않는 한 선에 불과하다. 어떤 관념도 그것에 접근할 수는 없다. 우리의 상상력이 미치는 공간보다 더 멀리 있는 것은, 우리의 사고를 확대해 보아도 아무 소용이 없는 것이다. 우리가 산출하는 것은 사물의 실제에 비하면 아주 미세한 원자에 불과하다. 그것은 중심을 여러 곳에 가지고 주변은 아무데도 없는 무한한 구상체(球狀體)이다. 그러므로 결국 이 속에서 우리의 상상력이 갈피를 잡지 못하게 된다는 것은 신의 전능을 믿게 되는 가장 큰 특징이다.

인간이 자기 자신으로 되돌아와서, 자신의 존재에 대해 깊이 생각하는 것은 바람직한 일이다. 자신을 이 자연의 한 구석을 헤매고 있는 자로 보고, 자기가 살고 있는 이 조그만 감방(그것은 우주를 의미하지만)에서 지구나 수많은 나라나 도시들이나 자신의 참된 가치를 평가함이 좋을 것이다.

무한 속에 있는 인간이란 도대체 무엇일까? 그런 인간에게 놀라운 또 하나의 경이를 보여주기 위해 당신이 알고 있는 가장 작은 것을 찾아보라. 한 마리의 구더기 속에서 그 미소한 몸집과 비교도 할 수 없을 만큼 작은 부분, 즉 관절이 있는 다리, 그 다리 속의 혈관, 혈관 속의 피, 핏속의 액체, 액체 속의 물방울, 물방울 속의 수증기를 인간에게 보여주고, 그 수증기를 다시 분해하여 그의 사고력을 소모시키라. 그리하여 그가 찾을 수 있는 최후의 대상을 다시 우리의 논쟁의 대상으로 하라. 그는 이것이야말로 자연 중에서 가장 작은 것이라고 생각하게 될 것이다. 나는 그 속의 새로운 심연을 그에게 보여줄 것이다. 그리고 그에게 인간이 눈으로 볼 수 있는 세계뿐만 아니라, 자연에 관해 사고할 수 있는 한 무한한 것을, 이 원자의 축도의 테두리 안에 표현해 주겠다. 그는 그 속에서 무한한 우주(각자 저마다의 하늘과 유성과 지구를, 눈으로 볼 수 있는 이 세계와 같은 비례로 가지고 있다)를 보게 될 것이다. 이 지구 안의 수많은 동물들과, 마침내는 구더기를 보게 될 것이다. 그리하여 이 구더기 속에서 그것이 가진 전부를 보게 될 것이다. 그 밖의 것들 속에서도 끊임없이 같은 것을 발견함으로써 너무 확대된 거대한 것에 대한 경이와 마찬가지로, 너무 작은 것에 대한 경이에 그는 매우 충격을 받게 될 것이다. 그도 그럴 것이 만유 속에서는 그 자신의 눈에도 띄지 않던, 우주 안에서 인지하기조차 어려운 우리의 실체가, 이제는 인간이 도달할 수 없는 무에 비하면 거상(巨像)이 되고 세계가 될 뿐만 아니라 만유까지도 된다는 사실에 놀라지 않을 수 없기 때문이다.

이렇게 자신을 깊이 성찰한다면 사람은 스스로에게 두려움을 갖게 될 것이다. 또 자연이 그에게 부여해 준 육체가 무한과 허무의 두 심연 사이에 가로놓여 있음을 생각하고 그 불가사의에 전율을 느낄 것이다. 그리하여 그의 호기심은 마침내 경탄으로 변하여 주제넘게 탐구하려고 들기보다는 묵묵히 그것을 바라보고자 하는 상태에 이르게 될 것이다. 인간이란 자연 속에서 무엇인가? 무한에 비하면 허무, 허무에 비하면 전체, 허무와 전체의 중간이다. 이 허무와 전체는 아득히 멀리 떨어져 있어, 사물의 궁극과 시원은 인간으로서는 알 수 없는 비밀 속에 감추어져 있는 것이다. 그를 끌어낸 허무도, 그를 삼켜 버린 허무도, 모두 그로서는 볼 수 없는 것이다.

그러면 인간은 사물의 궁극도 시원도 모르는 영원한 절망 속에서 사물의 중간적인 양상을 인지하는 것 말고는 무엇을 할 수 있을 것인가. 만물은 허무에서 비롯되어 무한을 향해 나아가고 있다. 이 놀라운 진행을 누가 뒤따를 수 있겠는가. 이 불가사의를 만들어낸 신만이 그것을 알고 있으며, 그 이외의 누구도 그것을 알 수 없다. 이런 무한을 깊이 인식하지 못했기 때문에 인간은 자연과 어떤 균형이라도 유지하고 있는 듯이 감히 자연을 탐구하려 했던 것이다. 그들이 그 대상과 같은 무한한 자부심으로 사물의 원리를 이행하려 들고, 심지어 모든 것을 알려고 하는 데까지 이르렀다는 것은 참으로 기묘한 일이 아닐 수 없다. 그것은 인간이 자연과 마찬가지로 무한한 자부심과 능력이 없다면 감히 그렇게 하려 들지 못했을 것이기 때문이다. 자연은 자신의 상(像)과 그것을 지은 자의 상을 모든 사물에 새겨놓았으므로, 그 사물의 대부분이 이중의 무한성을 지니고 있다는 사실을 가르쳐 주기만 하면 알 수 있는 것이다. 그래서 우리는 모든 학문이, 그 탐구의 범위가 무한하다는 것을 알게 된다. 그 한 예로서 기하학이 설명해야 할 명제가 무수히 많다는 것을 그 누가 의심할 수 있겠는가? 이들 명제의 원리의 다양성과 미묘함 또한 무한하다. 최후의 것이라고 제출된 명제가 사실은 그 자체 위에 서 있는 것이 아니라 다른 명제에 의지하고 있으며, 그 다른 명제조차 그것을 지탱해 주는 다른 명제를 가지고 있어서 궁극의 것이 될 수 없다는 것을 모르는 사람은 아마 없을 것이다.

그러나 물질계에서 성질상 무한히 분할될 수 있는 것도 우리 감각이 알 수 있는 이외의 것을 불가분의 점이라고 부르는 것과 같이 우리 이성에 그렇게 보이는 것을 궁극의 것이라 여기고 있는 것이다. 학문의 이 두 가지 무한 중 위대성의 무한은 더 잘 감지할 수 있다. 따라서 몇몇 사람들이 만사를 안다고 자부하게 된 것도 이 때문이다. 데모크리토스는 "나는 모든 것을 이야기하려 한다"고 했다. 그러나 미소성의 무한은 그보다 한층 알기가 어렵다. 철학자들은 그 경지에까지 도달했다고 자부하지만, 모두가 거기서 실패하고 만 것이다. 이 때문에 《사물의 원리》나 《철학의 원리》, 또는 이와 비슷한 통속적인 책 이름들이 생겨난 것이다. 그것들의 외관은 그다지 화려한 것은 못 된다. 그러나 그 화려한 모습은 사실은 저 《알 수 있는 모든 사물에 관하여》[5]라는 사람의 눈을 홀리는 책과 별로 차이가 없다. 우리는 흔히 사물의 중심에 도달하는 것은 그 주변을 포괄하기보다 쉽다고 생각한다. 눈으로 볼 수 있는 세계의 넓이는 우리의 능력을 초월한다. 그러나 우리는 미소한

---

[5] 피코 델라 미란돌라가 1486년 로마에서 공표하려던 9백 항의 논설의 표제.

사물에 대해서는 앞서 있으므로 그것을 파악하기란 보다 쉬운 것이라고 생각한다. 그러나 허무에 도달하는 데도 전체에 도달하는 것과 마찬가지로 능력이 필요하다. 그 양자는 모두 무한한 능력을 필요로 하는 것이다. 사물의 궁극의 원리를 이해한 사람은 무한의 원리까지도 알게 될 것이다. 한편은 다른 편에 의지하고, 또 한편은 다른 편에 인도된다. 이 양극은 신에 의해서만, 오직 신에 의해서만 서로 접촉하고 결합된다.

그러므로 우리는 자신의 능력의 한계를 알아야 한다. 우리 인간은 그 무엇(가치를 가진)이긴 하지만, 결코 전부는 아니다. 우리가 존재에 대해 알고 있는 것은, 허무에서부터 생기는 제1원리의 인식을 우리로부터 빼앗는다. 그리고 우리 존재의 하찮음은, 무한을 보려는 우리의 눈을 가린다. 사변적인 사물의 질서 속에서의 우리 지성은, 자연의 넓이 속에서 우리의 신체가 차지하는 것과 같은 위치에 있다.

모든 분야에서 제한을 받고 있는 양극 사이의 중간적인 위치를 차지하고 있는 이 상태는 우리의 모든 능력 안에서 발견된다. 우리의 감성은 극단적인 것을 느끼지 못한다. 너무 큰 소리는 우리를 귀머거리가 되게 하고, 너무 강한 빛은 눈을 멀게 하며, 너무 멀거나 너무 가까운 거리는 사물을 구별하지 못하게 한다. 너무 길거나 짧은 이야기는 그 뜻을 파악할 수 없게 만든다. 너무 진실한 것도 우리를 놀라게 한다. 나는 영에서 넷을 빼면 영이 된다는 사실을 이해하지 못하는 사람을 알고 있다.

제1원리는 우리에게 너무도 명백하다. 지나친 쾌락은 사람을 불쾌하게 하며, 음악의 협화음이 너무 많으면 그 역시 불쾌하다. 지나친 은혜를 받으면 초조해지고, 그래서 받은 은혜보다 더 많이 베풀고 싶어진다. "은혜는, 그것을 갚을 수 있다고 생각하는 한 기분 좋은 것이다. 그러나 갚을 수 있는 한계를 넘어서면 감사는 어느덧 혐오로 변한다."[6]

---

6 타키투스 《연대기》 제4권 18장.

우리는 극도의 더위도 극도의 추위도 느끼지 못한다. 극단적인 성질의 것은 우리의 적이 되므로 느끼지 못한다. 우리는 그것을 더 이상 느끼지 못하고 고통을 받는다. 너무 젊거나 너무 늙어도 정신활동은 방해를 받는다. 교육을 너무 많이 받거나 너무 적게 받아도 역시 마찬가지다. 결국 극단적인 것은 우리에게 존재하지 않는 것과 마찬가지로, 우리도 거기에는 존재할 수가 없는 것이다. 그것이 우리에게서 벗어나든가 우리 스스로가 거기에서 빠져나오든가 둘 중 하나인 것이다. 이것이 우리의 참된 상태이다. 우리가 사물을 완전히 알지 못하거나 또 전혀 알지 못하는 것이 아닌 것도 모두 이 때문이다. 우리는 막막한 중간을 떠돌아다니며 항상 불안해하고, 한끝에서 다른 한끝으로 밀려가고 있다. 어느 한쪽에 우리 자신을 고정시키려 하면, 그 한끝은 흔들려 우리를 떠밀어 버린다. 우리가 따라가면 그것은 우리 손에서 벗어나고 미끄러져 달아나 버리고 만다. 한번 떨어져 나가면 영원히 돌아오지 않는다. 그 어떤 것도 우리를 위해 머물러 주지는 않는다. 그것이 우리의 가장 자연스러운 상태이지만, 우리의 성향과는 반대되는 것이다. 우리는 무한히 높은 탑을 쌓기 위해 견고한 발판과 움직일 수 없는 최후의 기반을 찾으려는 열망에 불타고 있다. 그러나 우리의 모든 바탕은 흔들리고, 땅은 갈라져 심연을 향해 입을 벌리고 있는 것이다. 그러므로 우리는 확실성과 견고성을 찾아서는 안 된다.

우리 이성은 언제나 불안정한 외관에 속고 있는 것이다. 아무도 유한을 두 개의 무한 사이에 고정시킬 수 없다. 그 무한이란 유한을 포함하는 동시에 유한에서 벗어나고 말기 때문이다. 이런 사실을 이해한다면 인간은 자기가 놓여 있는 상태에 안주하게 되리라고 나는 생각한다. 우리에게 주어진 이 중간이 양극에서 떨어져 있는 한, 어떤 사람이 사물에 대해 좀 많이 알고 있다 한들 그것이 무슨 소용 있겠는가. 만일 인간이 그것을 좀 많이 가지고 있다면, 그것은 약간 높은 위치에서 사물을 바라보고 있는 것에 불과하다. 모든 인간은 궁극에서는 무한히 멀리 떨어져 있는 것이다. 우리 수명이 10년쯤 연장된다 하더라도 영원에 비한다면 역시 무한히 떨어져 있는 것이 아니겠는가. 이들 무한에서 본다면 유한자(有限者)는 모두 같은 것이다. 그러므로 나는 거의 비슷한 한 유한자에서 다른 유한자로 그 상상의 방향을 돌려야 하는 이유를 모르겠다. 자신과 유한자를 비교하기만 해도 우리는 가슴이 아파 온다. 먼저 인간이 자기 자신을 탐구한다면, 그 이상 나아간다는 것이 얼마나 어려운 일인가를 알게 될 것이다. 일부가 어떻게 전체를 알 수 있겠는가? 그러나 그는 적어도 자신과 균형을 이루고 있는 다른 부분을 알고 싶어할지도 모른다. 그러나 세계의 각 부분은 모두가 일종의 관계로 연결되어 있기 때문에, 다른 부분이나 전체를 무시하고 어느 한 부분만을 안다는 것은 불가능한 일이다. 예컨대 인간은 자기가 알고 있는 모든 것과 관계를 맺고 있다. 인간은 자기를 포용해 줄 장소, 생존해야 할 시간, 살기 위한 운동, 자기를 이루기 위한 원소, 자기에게 자양을 주어야 할 열과 식량, 호흡하기 위한 공기 등을 필요로 한다. 그는 빛을 보며, 물체를 감지한다. 결국 모든 것이 관련을 가지고 있다.

그러므로 우리가 인간을 알고자 한다면 그가 생존하는 데 공기는 왜 필요한가를 먼저 알아야 한다. 또 공기를 알기 위해서는 공기가 인간생활과 그런 관계를 맺고 있는 이유를 알아야 한다. 그 밖의 모든 것도 역시 마찬가지이다. 불꽃은 공기 없이 존재할 수 없다. 따라서 하나를 알기 위해서는 다른 것을 알아야 한다.

이처럼 모든 사물은 서로 원인이 되고 결과가 되며, 도움을 주고 도움을 받으며, 간접적이기도 하고 직접적이기도 하기 때문에, 또 모든 사물은 가장 멀리 있는 것이나 서로 다른 것이라 하더라도, 이것을 서로 결합시키는 자연적이고도 알 수 없는 유대 관계를 가지고 있기 때문에, 전체를 모르고 일부를 안다는 것은, 일부를 모르고 전체를 알려는 것과 마찬가지로 불가능한 일이라고 나는 생각한다. 사물 자체의, 또는 신의 영원성도 우리의 매우 짧은 생존을 놀라게 할 것이다. 자연이 가진 확고부동함도 우리들 사이에 일어나는 끊임없는 변화와 비교한다면 역시 같은 결과를 가져올 것이다. 그리고 사물을 인식하는 데 우리의 무능력을 분명히 드러내는 것은, 사물 그 자체는 단순하지만 우리는 영혼과 육체라는 서로 상반된 두 가지 본성으로 이루어져 있다는 것이다. 추리하는 부분은 정신적인 것이 아닐 수 없다. 또 우리를 단순히 물질적인 것에 불과하다고 한다면 우리는 사물의 인식에서 더욱 멀어지고 말 것이다. 물질이 스스로를 인식하고 있다는 것보다 더 믿기 어려운 말은 없을 것이다. 물질이 어떻게 그 자신을 인식하는가를 우리가 안다는 것은 불가능한 일이다.

그러므로 우리가 단순한 물질적인 존재에 불과하다면 우리는 아무것도 알지 못하는 것이 당연하며, 만일 우리가 정신과 물질로 구성되어 있다면 우리는 영적, 혹은 물질적인 단순한 사물을 완전히 알 수는 없다. 여기에서 대부분의 철학자들이 사물의 관념을 혼동하여 물질적인 사물을 정신적인 것으로, 정신적인 사물을 물질적인 것으로 잘못 말하게 되는 것이다. 그들은 대담하게도 물체는 낮은 쪽으로 향한다거나, 그 중심을 동경한다거나, 파괴를 피한다거나, 진공을 두려워한다거나, 물질은 성향이나 공감이나 반향 등을 가진다고 말하고 있다. 그러나 이 성향·공감·반향 등은 모두 정신에 국한된 것이다. 한편 그들은 정신에 관해 이야기하면서 정신이 한 곳에만 있다고 생각하여, 거기에다 한 장소에서 다른 장소로 이동해 가는 운동을 갖다 붙인다. 그러나 이런 것은 물질에만 속해 있는 것이다. 우리는 순수한 사물의 관념을 그대로 받아들이지 않고 그것을 우리 자신의 성질로 착색한 다음, 우리가 생각하는 모든 단순한 사물에 합성하여 이루어진 우리 존재의 모습을 새겨 둔다.

우리는 모든 사물들이 정신과 물질로 구성된 것이라 생각하고, 그런 혼합물이라면 쉽게 이해할 수 있지 않겠는가? 그러나 이 혼합물이야말로 우리가 가장 이해하기 어려운 사물이다. 인간은 그 자신 모든 자연 가운데 가장 이해하기 어려운 대상이다. 왜냐하면 그는 육체가 무엇이며 정신이 무엇인지를 모르며, 육체가 어떻게 정신과 결합할 수 있는지는 더욱더 모르기 때문이다. 이것이 인간을 이해하는 데 가장 어려운 점이기는 하나, 인간 존재의 본질이기도 하다. "정신이 육체와 결합하는 방법을 인간은 결코 이해할 수 없다. 바로 그것이 인간인 것이다."[7]

마지막으로 나는 다음의 두 가지 고찰로 인간이 약하다는 증명을 완성시킬 생각이다.

73 그러나 아마 이 문제는 이성의 한계를 초월하는 것 같다. 그러므로 그 힘에 상응하는 사물에 관한 이성의 견해를 고찰해 보기로 하자. 만일 이성이 그 자신의 이익을 위해 가장 진지하게 노력했다면, 그것은 자신의 최고선을 탐구한 것이다. 따라서 깊은 통찰력을 가진 사람들은 자신의 최고선을 어디에 두었으며, 또 그 견해들이 일치했던가를 살펴보도록 하자. 어떤 사람은 최고선은 덕성에 있다고 말하며, 또 어떤 사람은 쾌락에 있다고 말한다. 어떤 사람은 자연에 관한 학문에 있다고 말하며,[8] 또 어떤 사람은 진리에 있다고 주장한다. "사물의 원리를 알고 있는 사람은 행복하나니."[9] 어떤 사람은 완전한 무지에, 어떤 사람은 외부의 영향에 대한 무감각에, 어떤 사람은 외관에 대한 반항에, 또 어떤 사람은 무엇에도 경탄하지 않는 데 두고 있다. "어떤 일에도 놀라지 않는 것은, 행복을 얻고 또 그것을 지키는 유일한 길이다." 참된 피로니언들은 그들의 평정, 회의, 절대적인 판단 중에서 최고선을 찾는 것이다. 그리고 보다 현명한 사람들은 좀더 나은 대상을 찾기 위해 노력한다. 이 정도면 충분한 것이다.

    다음 글을 '법률' 다음으로 옮길 것.

    이 훌륭한 철학이 그렇게 오랜 기간 동안 심혈을 기울여 연구했음에도 불구하고 뚜렷한 그 무엇을 얻지 못했다는 사실을 인정하지 않으면 안 된다 하더라도, 적어도 영혼이 자기 자신을 안다는 것은 가능한 일이다. 그 문제에 관한 세계의 뛰어난 현인들의 이야기를 들어 보기로 하자.

    그들은 영혼의 본질에 대해 어떻게 표현했을까?(394쪽:몽테뉴《수상록》면수)

---

7 아우구스티누스《신국론》제21권 10장 참조.
8 몽테뉴《수상록》제2권 12장.
9 몽테뉴《수상록》제3권 10장.

그들의 신체 어느 곳에 영혼을 깃들이게 하여 과연 더 행복해졌던가?(395쪽)

그 발생, 존속 기간, 서거(逝去)에 대해 그들은 무엇을 알았던 것일까?(399쪽)

그렇다면 영혼은 그들 현인들의 미약한 지적 능력에는 너무도 존귀한 연구의 대상이 되는 것인가? 영혼을 물질에까지 끌어내려 보자. 영혼이 생기를 주고 있는 육체나, 영혼이 깊이 관찰하거나 자신의 뜻으로 움직이는 다른 물체가 무엇으로 구성되었는지 알고 있는지 그 여부를 알아보기로 하자. 모든 것을 다 안다고 떠드는 저 위대한 독단론자들도 이것에 대해 과연 무엇을 알고 있을까? "이상의 의견들 가운데 어느 것이 진리인지 신은 알고 있다."(393쪽)

만일 이성이 참으로 이성적이라면 이것으로 충분하리라. 이성은, 자신이 확실한 것은 아직 하나도 발견하지 못했음을 고백할 정도의 이성을 가지고 있다. 그러나 이성은 확실한 것에 다다른 데 그치지 않고 오히려 이런 탐구에 열심이며, 이것을 정복하는 데 필요한 힘이 자기 자신에게 있음을 확신하는 것이다. 그러므로 이성은 목표에 이르기까지 멈추어서는 안 된다. 그 결과로 말미암아 나타난 이성의 힘을 살핀 다음, 그 능력 자체를 인정하고 진리를 파악할 수 있는 어떤 힘을 가졌는지 알아보기로 하자.

74

인간학과 철학의 우매에 관한 편지.

이 편지를 '오락' 앞에 놓는다.

"행복한 것은 사물의 원인에……"[10]

"무엇에도 놀라지 않음은 행복이니……" 몽테뉴 등의 철학자 속에 있는 280종의 최고선.[11]

---

10 단장 73 참조.
11 몽테뉴 《수상록》 제2권 12장.

75   Part. I, 1, 2, C. 1. Section 4.[12]
추측.

정도를 한 계단쯤 더 낮추어 그것을 웃음거리로 만드는 것은 그리 어려운 일이 아니다. 그 자신에서부터 먼저 시작하면, 생명이 없는 물체에 대해 감정이나 공포나 혐오감을 느끼는 것보다 불합리한 일은 없다. 생명이 없으며 생명을 가질 가능성도 전혀 없는 물체가, 그것을 감지할 만한 감각을 가진 감성적 영혼의 감정을 가진다는 것보다 더 우스운 일이 있을까? 더구나 이 혐오의 대상이 진공이라는 것은 더욱 우습지 않은가. 그 진공 속에 물체를 불안하게 하는 그 무엇이 있다는 것인가? 이보다 더 유치하며 우스운 일이 있을까? 그러나 이것뿐만이 아니다. 물체는 진공을 피하려는 운동의 원리를 그 자신 속에 내포하고 있다고 한다. 그렇다면 물체도 팔·다리·근육·신경 등을 가지고 있단 말인가?

76   학문을 지나치게 깊이 탐구하는 사람들에 반대하는 글을 쓸 것. 데카르트.

77   나는 결코 데카르트를 용서할 수 없다. 그는 자신의 모든 철학에서 될 수 있는 대로 신을 제외하려고 한 것 같다. 그러나 그는 세상의 질서를 움직이게 만들기 위해 신으로 하여금 손가락 한 개를 움직이게 할 수밖에 없었다. 그 후에는 신이 필요하지 않았다.

78   가치 없고 불확실한 데카르트.

79   데카르트.
"이것은 형상과 운동으로 구성되어 있다"고 말해야 할 것이다. 왜냐하면

---

[12] 파스칼의 《진공론》의 장(章)과 절(節).

그것은 분명한 사실이기 때문이다. 그렇지만 형상과 운동이 무엇인지에 대해 먼저 말하고 기계를 만든다는 것은 우스운 일이다. 그것은 무익하고 불확실하며 매우 힘들기 때문이다. 비록 그것이 진실이라 할지라도, 모든 철학[13]은 불과 한 시간 정도의 노고보다도 가치가 없다고 우리는 생각한다.

80 육체적인 절름발이는 불쾌하게 하지 않는데, 정신적인 절름발이는 우리를 불쾌하게 한다. 무슨 이유일까? 육체적인 절름발이는 우리가 바로 걷고 있음을 인정하지만, 정신적인 절름발이는 마치 우리가 절뚝거리며 걷는 것처럼 말하기 때문이다. 그들이 그렇게 말하지만 않는다면 우리는 그들을 불쌍하게 생각할망정 화를 내지는 않을 것이다. 에픽테토스는 특별히 강조하여 다음과 같은 질문을 하고 있다. "우리는 사람들로부터 '당신은 두통을 앓고 있다'라는 말을 들어도 불쾌하게 생각하지 않는데, '당신은 추리나 선택을 잘못하고 있다'는 말을 들으면 불쾌하게 생각하는 것은 무엇 때문인가?"라고. 그 이유는 이렇다. 우리는 두통을 앓고 있지 않다든가 절름발이가 아니라는 데 대해서는 확신을 갖고 있지만, 진리에 대한 선택에는 그런 확신을 갖지 못하기 때문이다. 그래서 우리가 모든 시력을 집중해 그것을 보기 전에는 확신을 가질 수 없으므로, 다른 사람이 그렇게 본 후에 반대한다면 어찌할 바를 몰라 당황하게 되는 것이다. 많은 사람들이 우리의 선택을 비웃을 때는 더욱 그러하다. 왜냐하면 우리는 다수의 판단보다 자기 판단을 취해야 하는데, 거기에는 대단한 용기가 필요하고 또 어려운 일이기 때문이다. 절름발이에 대한 감정에는 이런 모순점이 없다.

81 정신은 스스로 믿고, 의지는 스스로 사랑한다. 그렇기 때문에 양자 모두에게 진정한 대상이 없으면 잘못된 대상에게 집착하게 된다.

---

[13] 당시에는 '철학'이란 말이 자연철학, 즉 외적 사물에 관한 학문을 가리키는 경우가 많았다.

82 상상력.
이것은 인간의 기만적인 부문, 오류와 거짓의 여주인, 언제나 교활한 것이 아니므로 그만큼 더 교활하기도 하다. 왜냐하면 만일 상상력이 거짓의 뚜렷한 기준이었다면, 그것은 또 확실한 진리의 기준이기도 했을 것이므로. 그러나 대개의 경우 이것은 처음부터 끝까지 거짓이므로 진리와 거짓을 똑같이 대함으로써 자기의 특성을 전혀 드러내지 않는다.

나는 어리석은 자에 대해 말하고 있는 것이 아니라 뛰어나게 현명한 자에 대해 말하고 있다. 상상력이 사람을 설득하는 커다란 기능을 수행할 수 있는 것은 현명한 자들 사이에 있을 때뿐이다. 이성은 아무리 소리쳐 보아도 소용이 없다. 이성으로 사물을 평가할 수는 없는 것이다. 이성은 적이며, 이성을 지배하고 통제하기를 즐기는 이 거만스러운 능력은 자기가 모든 일에 얼마나 유능한가를 보여주기 위해 인간 속에 제2의 천성을 만들어 놓은 것이다.

상상력은 사람을 행복하게도 하고 불행하게도 하며, 건강하게도 하고 병들게도 하며, 부유하게도 하고 가난하게도 한다. 그것은 이성으로 하여금 믿게 하고 의심하게 하고, 또 부정하게 한다. 그것은 감성을 움직이고 멈추게 한다. 그것은 어리석은 사람을 만들기도 하고 현명한 사람을 만들기도 한다.

그리고 우리가 무엇보다 유감스럽게 생각하는 것은, 그것이 그 주인공의 마음을 이성이 주는 것과는 전혀 다른 완전한 만족으로 채운다는 것이다. 상상적으로 유식한 인간은 이성적으로 유식한 인간보다 훨씬 더 자기 만족을 느낀다. 그는 권력을 쥐고 다른 사람을 내려다보며 대담하고 확신에 차서 논의한다. 그러나 이성적인 인간은 두려움과 의심을 느끼며 논의하는 것이다. 그래서 그들의 밝은 표정은 듣는 사람들의 의견을 자기에게 유리한 것으로 만든다. 상상력은 어리석은 사람을 지혜로운 사람으로 만들 수는 없지만, 어리석은 사람을 행복한 사람으로 만들 수 있다. 이와는 달리 이성은 그 벗을 불행하게 할 따름이다. 그러므로 상상력은 그 벗에게 영광을 주지만, 이성은 치욕을 준다.

명성을 부여하는 것은 무엇인가? 인물·사업·법률·귀족에게 존경과 숭배를 주는 것은 이 상상할 수 있는 능력 외에 무엇이겠는가? 지상에 있는 모든 부도 상상력의 도움을 받지 않는다면 얼마나 쓸모없는 것인가? 제군들은 이렇게 말할지도 모른다. 많은 나이 때문에 모든 민중이 존경하는 법관은 순수하고 고귀한 이성에 의해 자신을 다스리고, 또 어리석은 자의 상상력만 해치는 그런 하찮은 정황에 구애받지 않고 사건을 진상에 따라 판결할 것이라고. 그가 경건한 열정으로 견실한 이성을 한층 더 굳게 하여 설교장에 들어가는 것을 보라. 그는 거기서 모범이 될 만한 존경심을 가지고 그 설교를 들으려고 한다. 이제 설교자가 나타나서 그 타고난 쉰 목소리에 이상한 얼굴을 하고 있다고 가정해 보자. 이발사가 면도를 잘 못하고 게다가 화장까지 엉망으로 했다고 하자. 그가 아무리 위대한 진리를 말한다 할지라도 우리 노법관의 근엄한 모습이 허물어지는 것은 당연한 일일 것이다.

　　세상에서 가장 위대한 철학자가 낭떠러지 위에 있는 커다란 판자에 앉아 있다면, 그의 이성이 아무리 안전을 보장해 준다 해도 그는 상상력의 지배를 받지 않을 수 없을 것이다. 많은 사람들은 그 일을 생각만 해도 얼굴이 새파랗게 질리며 땀을 흘리게 될 것이다. 나는 그 상상의 결과를 모두 말하고 싶지는 않다. 고양이나 쥐가 보인다거나, 석탄이 깨진다거나 하는 것이 이성을 뒤흔든다는 것을 모르는 사람이 있을까? 인간의 어조는 뛰어난 현자도 위압하고, 연설이나 시의 효과에도 커다란 영향을 미친다. 애정이나 증오는 재판을 완전히 뒤바꿔 버리는 것이다. 미리 많은 보수를 받은 변호사는 자기가 변호하는 사건을 사실보다 얼마나 정당하게 생각하고 있는가. 그의 대담한 거동이 그 겉모습에 속은 재판관들에게 그 사건을 얼마나 사실보다 유리하게 해 줄 것인가. 가소로운 이성이여, 바람에 마구 흔들리다니! 나는 상상력에 의해서만 흔들린다고 해도 과언이 아닌 인간들의 모든 행동을 열거하고 싶다. 왜냐하면 이성이란 결국 굴복당하게 마련이고, 가장 현명한 이성이라 해도 인간의 상상력이 대담하게도 모든 곳에 도입한 것을 자신의 원리로 채택하게 되기 때문이다.

이성의 뒤만 쫓아가려는 사람은 보통 사람의 눈에는 어리석게 보일 것이다. 판단하려면 세상의 최대 다수의 판단에 의해야 한다. 그것이 여러 사람들의 마음에 들기 때문에 상상적인 것으로 인정된 행복을 위해 종일토록 일해야 한다. 그리고 수면이 우리 이성의 피로를 풀어 줄 때에는 재빨리 일어나 환영의 뒤를 좇아 세상의 여주인의 감화를 받기 위해 뛰어다녀야 한다.

여기에 잘못의 한 가지 원인이 있지만, 그것이 유일한 것은 아니다.

진리와 허위를 함께 보게 되면 상상력이 매우 유리하게 된다 하더라도 인간이 그 두 가지를 결합한 것은 극히 당연한 일이었다. 왜냐하면 그 둘이 서로 대립된다면 상상력은 보다 완벽해질 것이고, 보통 상상력은 이성을 쫓아내지만 이성은 한번도 상상력을 이기지 못했기 때문이다.

우리 법관들은 이 비밀을 잘 알고 있다. 그들은 붉은 법복, 털이 많이 난 고양이처럼 목을 감싼 수달피 가죽,**14** 법정의 백합꽃,**15** 이런 모든 위엄있는 장치들이 모두 필요하다. 만일 의사가 긴 가운을 걸치거나 슬리퍼를 신지 않고, 박사가 사각모와 폭넓은 의복을 몸에 걸치지 않았다면 세상 사람들을 속일 수 없었을 것이다. 사람들은 이런 위세당당한 외양에는 반항할 수 없기 때문이다. 만일 법관들이 참으로 올바른 재판을 할 줄 알고 의사들이 참된 의술을 알고 있다면, 그들이 구태여 그런 위엄있는 외양을 갖추어야 할 필요는 없다. 학문의 권위란 그 자체만으로도 충분히 존경을 받을 만한 것이다. 그러나 가공의 지식만 가지고 있으므로 그들은 상상력을 자극하는 불필요한 수단을 쓰지 않을 수 없게 되었다.

그들이 존경을 받는 이유도 사실은 그런 것 때문이라고 할 수 있다. 군인들은 결코 그런 분장을 하지 않는다. 왜냐하면 군인의 본분은 본질적인 것이므로 자신의 실력으로 입신을 하게 되지만, 다른 사람들은 가면으로 입신하고 있기 때문이

---

14 재판관을 풍자한 것.
15 프랑스 왕조의 문장(紋章).

다. 그래서 우리의 왕들도 그런 분장을 하지 않게 된 것이다. 그들은 자신들을 왕답게 보이려고 특별한 옷을 입지는 않지만 호위병이나 창병들을 데리고 다닌다. 제왕을 위해서만 힘을 쓰는 이 무장한 얼굴들, 앞장서 가는 나팔수와 고수(鼓手)들, 그리고 왕을 둘러싸고 있는 군대들은 담력이 센 사람들까지도 떨게 한다. 왕들은 특별한 의상이 없다. 다만 힘이 있을 뿐이다. 4만 명이라는 엄청난 수의 호위병에 둘러싸여 호화로운 궁전 안에 살고 있는 터키 황제를 보통 사람으로 생각하려면, 대단히 세련된 이성이 있어야 할 것이다. 우리는 긴 법의를 입고 모자를 쓴 변호사를 보기만 해도 그의 능력을 믿게 된다. 상상력은 모든 것을 좌우하게 되며, 그것은 미와 정의와 행복을 만든다. 그것은 세상의 전부이다. 그 제목밖에 모르긴 하지만, 다른 수많은 서적에 견줄 만한 《세계를 지배하는 여론에 대하여》라는 이탈리아 책을 정말 보고 싶다. 나는 이 책에 대해 모르지만 그 주장에 동의한다. 물론 그 안에 잘못된 내용이 있다면 그것은 제외하고. 우리를 필연적인 오류로 이끌기 위해 특별히 부여한 것처럼 보이는 이 기만적인 능력의 작용은 지금까지 말한 바와 같다. 우리는 이런 오류의 또 다른 원인도 많이 알고 있다. 낡은 인상뿐만 아니라 신기한 것에 대한 호기심도 우리를 오류에 빠뜨릴 수 있는 것이다. 여기서 어린 시절의 잘못된 인상에 따라가는가, 그렇지 않으면 대담하게 새로운 것을 따라가는가에 대한 인간들의 논쟁이 일어난다. 과연 누가 중용을 지키는가, 빨리 그런 사람이 나타나서 그것을 증명해 주었으면 싶다. 아무리 자연스럽고 어릴 때부터 가지고 있는 원리라 해도, 배움에 의한 것이건 느낌에 의한 것이건 그릇된 인상으로 간주되지 않은 원리란 하나도 없다.

    어떤 사람은 "상자 속에 아무것도 보이지 않으면 그 상자는 빈 것이라고 어릴 때부터 생각해 왔으므로, 당신은 진공 상태가 가능하다고 믿고 있다. 그것은 당신의 감정의 착각이 습관으로 굳어진 것으로, 학문으로 바로잡아야 한다"라고 말한다. 또 다른 사람은 "진공이 있을 수 없다고 학교에서 배웠으므로, 그런 그릇된 가르침을 받기까지는 아주 분명하게 진공을 인식하고 있던 당신의 상식이 왜곡된 것이다. 이제 당신의 제1의 천성으로 되돌아가는 것으로 그 잘못을 바로잡아야 한다"라고 말한다. 속이고 있는 것은 과연 무엇일까? 감성인가, 아니면 교육인가.

우리에게는 또 하나의 오류의 원인이 있는데, 질병이 바로 그것이다. 질병은 우리의 판단력과 감정을 흐리게 한다. 만일 심한 병이 그것들을 아주 그릇되게 한다면, 가벼운 병도 그 정도에 따라 영향을 주고 있다는 것을 의심할 여지가 없다. 우리 자신의 이익이라는 것도 우리를 현혹시키는 놀라운 도구이다. 세상에서 가장 공평한 사람일지라도 자신의 사건에 재판관이 되는 것은 허용되지 않는다. 이런 자애(自愛)라는 약점에 빠지지 않으려다가 오히려 세상에서 가장 불공정한 사람이 되어 버린 경우를 나는 알고 있다. 완벽하게 정당한 사건에서 깨끗이 패소하는 가장 확실한 방법은 가까운 친척들에게 사건을 부탁하는 것이다. 정의와 진리는 지나치게 예민한 두 개의 첨단이므로 우리 도구는 너무 낡아서 그것과 정확하게 접촉할 수 없는 것이다. 설령 우리의 도구가 그것들과 접촉하게 된다 하더라도 그 첨단은 부러지고 여러 갈래로 나뉘어 진리보다는 거짓에 접촉하기 쉽다. 그래서 인간이란 진리에 관한 올바른 원리를 전혀 가지고 있지 못하며, 거짓에 관한 훌륭한 원리만 많이 가지도록 아주 행복하게 만들어져 있는 것이다. 이제 여기서 얼마나…… 그런가를 살펴보자. 그러나 이런 오류의 가장 주된 원인은 감성과 이성의 투쟁이다.

83 이제부터 기만적인 능력에 관해 쓰기 시작하겠다.

인간이란 원래 은총 없이는 없애 버리기 힘든 오류에 가득 찬 존재에 불과하다. 아무것도 인간에게 진리를 제시하지는 않는다. 모두가 그를 기만하고 있는 것이다.

진리의 두 가지 원리인 이성과 감성은 모두 진실하지 않으며 서로 기만하고 있다. 감성은 허위라는 외관 아래 이성을 기만하고 있으며, 한편에서는 이성이 감성에게 똑같은 기만을 하고 있다. 이성이 보복하는 것이다. 영혼의 정념은 감성을 혼란에 빠뜨리고 그릇된 인상을 주게 된다. 서로 속고 속이는 것이다.

그러나 지성의 결여로 말미암아 우연히 일어나는 이런 오류 이외에 그의 이질적인 능력과 함께……

84 상상력은 환상적인 평가로 작은 사물을 확대함으로써 우리의 영혼을 가득 차게 한다. 그리고 무분별한 오만으로 위대한 것을 하찮은 것으로 축소시켜 자기 척도에 맞도록 한다. 신에 대해 말할 때가 그렇다.

85 우리 마음을 굳게 사로잡고 있는 일 ― 예를 들면, 조금 있는 자기 재산을 숨기는 일 등은 대단한 일도 아니다. 이것은 허무가 우리 상상력에 의해 산처럼 확대된 것이다. 상상력이 한번 작동하고 난 후에 비로소 이를 알게 된다.

86 나는 기분에 따라 곧잘 남을 탓하거나 걸신이 들린 듯 음식을 먹어 대는 사람을 미워한다. 기분은 육중한 무게를 지니고 있다. 우리가 거기서 무엇을 배울 수 있는가? 그 무게가 자연적인 것이라도 우리는 따라가지 않고 저항해야 하리라.

87 "틀림없이 저 사람은 대단한 노력을 기울여 쓸데없는 군소리를 지껄일 것이다.(테렌티우스) 자신의 상상력에 지배당하는 것보다 더 불행한 일이 있을까?(플리니우스)"

88 스스로 더럽힌 얼굴을 무서워하는 것이 바로 어린아이이다. 어렸을 때 그처럼 약했던 자가 나이를 먹었다고 강해질 수 있겠는가. 인간이란 다만 기분을 바꿀 수 있을 따름이다. 진보하여 완성될 수 있는 것은 역시 진보에 의해서 소멸된다. 약했던 것은 결코 강한 것이 될 수 없다. "그는 성장했다. 그는 변

했다"라는 말은 의미가 없다. 그는 여전히 같은 사람일 뿐이다.

89 습관은 우리의 천성이다. 신앙의 습관을 가진 사람은 신앙으로 인해 지옥을 두려워하지 않을 수 있다. 왕을 두렵게 여기는 습관을 가진 사람은…… 등등. 그렇게 보면 우리의 영혼은 수·공간·운동을 보는 습관이 있어 그것을 믿고, 그 외의 것들은 믿지 않는다는 것을 누가 의심할 수 있겠는가.

90 "간혹 발생하는 일에는 사람들은 그 원인을 몰라도 그다지 놀라지 않는다. 지금까지 본 일이 없는 것은 기적으로 간주된다."

91 "태양의 해면(海綿)."[16]
우리는 늘 같은 결과가 생기는 것을 보고, 거기에서 자연의 필연성을 찾아낸다. 예를 들면, "내일은 올 것이다 운운" 하는 것처럼. 그러나 자연은 때로 우리를 속여 그 자신의 규칙에 따르지 않기도 한다.

92 우리의 자연적인 원리란 습관적인 원리가 아니겠는가. 동물이 먹이를 찾는 것과 마찬가지로 어린아이들은 그들 부모의 습관을 이어받은 것이 아니고 무엇이겠는가. 서로 다른 습관은 자연적인 다른 원리를 우리에게 주는 것이다. 이것은 경험에 비추어 볼 때 명백한 일이다. 또 습관으로도 없애지 못하는 자연적인 원리가 있는가 하면, 천성이나 제2의 습관으로도 없애지 못하는 습관(천성에 반대되는)도 있다. 이것은 각 사람의 성격에 따른 것이다.

---

16 1604년 이탈리아에서 발견된, 유화바륨을 함유하고 인광을 방사하는 돌을 말한다. 낮 동안 햇볕을 쬐어 두면 밤중에 빛을 발하기 때문에 태양의 해면이라 불렀다. 이것은 당시의 물리학상의 정설을 여러 면에서 뒤엎었기 때문에 파스칼이 이 단장의 적합한 예로 들었다고 볼 수 있다.

93   아버지는 어린아이의 천성적인 사랑이 없어져 버릴까 봐 염려한다. 그렇다면 없어지기 쉬운 천성이란 무엇인가? 습관은 제2의 천성으로서, 때로는 제1의 천성을 파괴하기도 한다. 그런데 천성이란 어떤 것인가? 왜 습관은 천성적인 것이 아닌가? 습관이 제2의 천성인 것처럼, 천성이 최초의 습관에 지나지 않는 것이 아닌가 하여 나는 몹시 걱정스럽다.

94   인간의 천성은 완전히 자연스러운 것이다. '완전한 동물.' 인간이 자연적인 것으로 만들지 못하는 것은 없다. 또한 인간이 없어지지 않도록 할 수 있는 자연도 없다.

95   직감.
기억과 희열은 직감이다. 따라서 기하학의 명제까지도 직감이 될 수 있다. 왜냐하면 이성이 직감을 자연스럽게 만들어 주고, 자연적인 직감은 이성에 의해 소멸되기 때문이다.

96   인간이 자연의 작용을 증명하는 데 나쁜 이유를 사용하는 것이 습관이 되어 있다면, 좋은 이유를 발견하다 해도 그것을 받아들이지 않게 된다. 예를 들어 혈액 순환의 경우, 혈관을 묶은 다음 그것이 부풀어오르는 것은 무슨 까닭인가 하는 설명 등이 그것이다.

97   사람의 일생에서 가장 중요한 것은 직업의 선택이다. 그런데 그것은 우연이 좌우한다. 습관은 사람을 석공으로도, 군인으로도, 미장이로도 만든다. "저 사람은 훌륭한 미장이이다"라고 누군가 말한다. 또 군인을 가리켜 "저 사람은 바보"라고 한다. 그러나 이와 반대로 또 다른 사람은 "세상에 전쟁처럼 위대한 것은 없다. 군인이 아닌 자는 불량배들이다"라고 말한다. 사람은 어렸을

때 어떤 직업이 존경받고 또 어떤 직업이 멸시를 받는지 들은 연후에 직업을 선택하게 된다. 인간이란 원래 진실을 사랑하고 우매함을 싫어하므로, 그런 말은 우리 마음을 크게 움직이게 마련인 것이다. 다만 인간은 그 적용을 제대로 하지 못할 뿐이다. 습관의 영향력은 매우 커서 자연은 다만 인간을 만들어 놓았을 뿐인데, 인간 스스로 여러 신들을 만들게 된 것이다. 어떤 나라에는 석공이 많고 어떤 나라에는 군인이 많지만, 자연은 그렇게 획일적인 것은 아니다. 획일적으로 만든 것은 습관이다. 습관은 자연을 구속하기 때문이다. 그러나 때로는 자연이 습관을 제압하고 선악을 막론한 모든 습관에 반대하여 인간을 본능대로 내버려둘 때도 있다.

98 오류로 인도하는 선입관.
모든 인간들이 수단만 생각하고 목적을 생각하지 않는 것은 한탄할 일이다. 각자 자신이 맡은 신분을 어떻게 이행할 것인가를 생각한다. 그러나 신분이나 조국의 선택은 운명에 맡겨 두고 있다. 수많은 터키인, 이교도, 불신자들이 저마다 이것이 최선이라는 편견을 이어받았다는 이유로 그 조상의 뒤를 따라가는 것은 안타까운 일이다. 이것이 바로 모든 사람이 스스로 대장장이니 군인이니 하는 저마다의 신분을 가지도록 하는 것이다. 그래서 미개인들은 프로방스를 대단찮게 생각하는 것이다.

99 의지의 행위와 다른 모든 행위 사이에는 보편적이고도 본질적인 차이가 있다. 의지는 신앙의 중요한 기관의 하나이다. 의지가 신앙을 형성한다는 뜻은 아니다. 사물은 보는 사람의 입장에 따라 진실이 되기도 하고 거짓이 되기도 한다. 의지는 어떤 측면을 다른 측면보다 좋아하기 때문에, 자기가 보고 싶지 않은 사물의 특질을 이성이 보지 못하도록 한다. 이와 같이 이성은 의지와 함께 나아가면서 의지가 좋아하는 측면만 보려고 하며, 자기가 본 측면에 의해 판단

을 내리는 것이다.

100   자애.

자애와 인간의 자아의 본성은 자기만을 사랑하고 자기만을 생각하는 것이다. 그렇다면 인간은 왜 그렇게 하는 것일까? 그가 사랑하는 대상이 결함과 비참에 가득 차 있는 것은 그로서도 어쩔 도리가 없는 것이다.

그는 위대해지기를 바라지만, 자신이 미소하다는 것을 알게 된다. 행복해지기를 원하면서도 자신의 비참을 목격하는 것이다. 완전해지기를 바라면서도 자신의 불완전을 알고 있다. 남들의 사랑과 존경을 받기 원하면서도 자기의 결함으로 인해 혐오와 경멸의 대상이 될 수밖에 없음을 알고 있다.

그가 당면한 이 곤란은 인간이 상상할 수 있는 가장 부정하고 죄많은 정욕을 그의 마음에 일어나게 한다. 왜냐하면 그는 자기를 책망하고 자기의 결함을 깨닫게 하는 이 진실에 대해 심한 증오감을 느끼기 때문이다. 그는 이 진실을 없애 버리고 싶지만 진실 그 자체를 파괴할 수는 없으므로, 자신의 의식과 남의 의식 속에서 힘닿는 데까지 그것을 파괴한다. 그것은 자기의 결함을 남과 자기 자신에게까지 감추려고 온갖 노력을 다하며, 그 결함을 지적당하거나 남이 간파하는 것도 용납할 수 없기 때문이다. 결함에 가득 차 있다는 것은 분명히 하나의 악이다. 그러나 결함에 가득 차 있으면서도 그것을 인정하려 들지 않는 것은 더욱 큰 악이다. 그것은 고의적인 착각 위에 결함을 더하기 때문이다. 우리는 남에게 속는 것을 좋아하지 않는다. 또 남이 자기 분수에 맞지 않게 존경을 받으려는 것도 옳지 않은 일이라고 생각한다. 따라서 우리가 남을 속이는 것도, 남에게서 자기 분수에 맞지 않는 존경을 받으려는 것도 모두 잘못된 일이다. 그러므로 남이 실제로 우리가 가지고 있는 결함이나 악덕을 지적해 준다면, 그들이 우리에게 옳지 않은 일을 하는 것이 아님은 분명하다.

그런 악덕이나 결함을 저지르는 것은 그들이 아니라 우리 자신이며, 그들은 우리에게 도움을 주고 있으므로 감사해야 할 일이다. 그들은 그런 결함을 가지고 있으면서도 깨닫지 못하는 일종의 악에서 우리를 건져내 주기 때문이다. 그러므로 그들이 우리의 결함을 알고 우리를 멸시한다고 해서 화를 내서는 안 된다.

그들이 참된 우리의 모습을 알고, 멸시를 당해 마땅한 경우에 우리를 멸시하는 것은 당연한 일이기 때문이다. 이런 것이 공평과 정의에 가득 찬 마음에서 우러나야만 할 생각이다. 그런데 우리가 마음속에 그와는 아주 대조적인 경향을 갖고 있다면, 그것을 우리는 어떻게 해명할 것인가?

우리는 진실이나 거기에 대해 말하는 것조차 싫어하고, 남이 우리 편이 되어 우리 자신을 기만해 주기를 좋아하여 실제 이상으로 남에게 평가받기를 바라는 것이 사실 아닌가? 여기에 내가 두려움을 갖게 되는 한 증거가 있다. 가톨릭교는 우리에게 자신의 죄를 아무에게나 함부로 고백하라고 강요하지는 않는다. 다른 사람들에게는 감추는 것을 허용하지만, 단 한 사람에게만은 마음을 열어 보이기를 명령한다. 우리에게 회개하라고 명령하는 것은 세상에서 오직 그 한 분뿐이다. 더구나 그분에게는 비밀을 지키게 하고 그것을 알면서도 모르는 체하도록 한다. 이보다 더 자애롭고 너그러운 방법을 생각해 낼 수 있을까? 그러나 인간의 부패는 매우 심각하여 이런 규칙마저도 너무 엄격하다고 여긴다. 이것이 유럽의 대부분이 교회에 반항하게 된 주요 이유의 하나이다.

모든 사람에 대해서 해야 할 일을 한 사람에게만 명령했다 하여 이것을 못마땅하게 생각하는 인간의 마음은 얼마나 부정하고 불합리한 것인가. 그렇다면 다른 사람을 속이는 것이 정당한 일이란 말인가? 진실에 대한 이런 혐오는 정도의 차이는 있지만 누구에게나 조금씩은 있는 것이다. 왜냐하면 혐오는 자애와 불가분의 관계이기 때문이다.

이 나쁜 민감성으로 말미암아 남을 질책해야 할 사람이 남의 기분을 상하게 하지 않으려고 많은 우회와 절제를 해야 하는 것이다. 즉 그들은 일부러 우리의 약점을 대단찮은 것으로 생각하는 척하면서 그것을 변호하고, 찬사와 애정과 존경의 태도를 취해야만 하는 것이다. 이런 것만으로도 이 약은 자애심에게는 여전히 쓴 것이다. 자애심은 되도록 이 약을 적게 마시려 하고, 이 약을 주는 사람을 싫어하면서도 받아들이고 있으며, 또 그런 사람들을 마음속으로 증오하고 있는 것이다. 따라서 만일 누가 우리의 비위를 맞추는 것이 조금이라도 자기에게 득이 된다고 생각하면 우리를 불쾌하게 하지 않으려고 애쓴다. 그래서 사람들은 우리가 원하는 대로 우리를 대우한다. 우리가 진실을 싫어하면 그것을 감추어 버린다. 우리가 아부를 원하면 아부한다. 우리가 기만당하기를 좋아하면 기만한다. 그러므로 우리가 요행히도 세상에서 지위가 높아지면 높아질수록 더욱 진실에서 멀어진다. 왜냐하면 그 사람의 호감을 사면 매우 유리하고 미움을 사면 아주 위험할 경우에, 그 사람의 기분을 상하게 하는 것을 두려워하기 때문이다. 한 사람의 왕후가 전 유럽의 웃음거리가 되고 있으면서도 본인만이 그것을 모르는 경우도 있을 것이다. 그러나 나는 그것이 그다지 놀라운 일이라고는 생각하지 않는다.

 사실대로 말한다는 것은, 듣는 사람은 유리하지만 말하는 사람 자신은 불리한 법이다. 그 사람은 미움을 받게 되기 때문이다. 그런데 왕후의 주변에 있는 사람들은 자신들이 봉사하고 있는 왕후의 이익보다는 자신의 이익을 더 귀중하게 여긴다. 그러므로 그들은 자신을 희생하면서까지 왕후에게 이득을 주려고 하지는 않는 것이다. 이런 불행한 일이 상류 사회에서 가장 심하고 가장 빈번하다는 사실은 두말할 필요도 없다. 하류 사회 사람이라 해서 예외는 아니다. 남의 호감을 받게 되면 틀림없이 어떤 이득이 있기 때문이다.

 이와 같이 인생이란 끝없는 환상에 불과하다. 사람들은 서로 속이고 아부하는 것밖에 도리가 없는 것이다. 누구든지 우리 앞에서는 우리가 없을 때처럼 말하지 않는다. 인간과 인간 사이의 결합이란 것도 이런 상호기반 위에 이루어진 것일 따름이다. 그리고 만일 친구가 자신이 없을 때 자신에 대해 한 말을 알게 된다면, 비록 그 친구가 진실하고 정당하게 말했다 하더라도 우정을 지속하기란 어려울 것이다. 그러므로 인간이란 자기 자신에 대해서나 남에 대해서나, 위장과 허위와 위선에 지나지 않는다.

　사람은 남들이 자신에게 진실을 말하는 것을 좋아하지 않고 자기가 남에게 진실을 말하는 것도 삼간다. 이와 같이 공정과 도리에서 떨어져 있는 이 모든 성향은 선천적으로 인간의 마음속에 뿌리박고 있는 것이다.

101　만일 모든 사람이 서로 이야기하는 내용을 안다면, 세상에는 친구가 네 사람도 안 될 것이다. 이것은 사람들이 이야기한 것을 때때로 지각 없이 본인에게 알려줌으로써 일어나는 언쟁을 보아도 명백하다. 나는 덧붙여 말한다. 모든 사람은……

102　악덕 중에는 다른 악덕에 의해서만 우리에게 연결되고, 그래서 그 줄기를 없애 버리면 시들고 마는 나뭇가지 같은 것도 있다.

103　알렉산드로스의 정절의 모범은, 그의 주벽(酒癖)이 무절제한 사람들을 만들어낸 것만큼은 절제자를 만들어내지 못했다. 알렉산드로스만큼 덕성스럽지 못했다고 해서 수치스러울 것은 없다. 그처럼 위대한 사람도 빠지는 그런 악덕에 자기가 빠져 있다고 생각할 때는 보통 사람의 악덕에는 전혀 빠져 있지 않다고 생각한다. 그러나 악덕에 있어서는 위대한 사람도 보통 사람과 다를 바 없음을 깨닫지 못한다. 사람은 위인이 민중과 연결된 그 끝에서 위인과도 연결되어 있는 것이다. 왜냐하면 제아무리 뛰어난 위인이라 할지라도 어떤 점에서는 극히 열등한 인간과 비슷하기 때문이다. 그들은 우리가 사는 이 사회를 완전히 떠나 공중에 매달려 있는 것이 아니다. 다만 그들이 우리보다 위대하다면 그것은 두각을 나타내고 있다는 점 때문이다. 그들의 발은 우리와 같이 낮은 곳에 있다. 그들은 모두 우리와 같은 평면 위에 있으며, 또 같은 땅 위에 있는 것이다. 이 극단에서는 그들도 우리 같은 사람이나, 비천한 사람이나, 어린아이나, 동물이나 마찬

가지로 낮은 것이다.

104 우리가 어떤 일에 몰두해 있을 때는 자신의 의무를 곧잘 잊어버린다. 예를 들면, 책 읽기를 좋아하는 사람이 다른 일을 해야 할 때인데도 책을 읽고 있는 것과 같다. 의무를 상기하기 위해서는 자기가 좋아하지 않는 무엇을 해야 한다. 그렇게 하면 해야 할 일이 있다는 구실을 만들어 자기의 의무를 상기하기 때문이다.

105 어떤 일을 제시하여 다른 사람의 판단을 구할 때, 그 사람의 판단이 흐려지지 않도록 논리정연하게 설명하기란 얼마나 어려운 일인가. 만일 우리가 "나는 그것이 아름답다고 생각한다"든가, "나는 그것이 어둡다고 생각한다"든가, 혹은 이와 비슷한 말을 하면 상대방의 생각을 자기 의견과 같은 방향으로 유도하거나, 또는 그 반대 방향으로 상대방의 생각을 끌어가는 것이다. 아무 말도 하지 않는 편이 차라리 낫다. 그때 상대방은 있는 그대로, 즉 그 당시의 상황에 따라 판단을 내리고 우리가 만들어낸 상황과는 전혀 다른 상황 아래서 판단한다. 적어도 우리는 그 사물에 아무것도 덧붙이지 않게 될 것이다. 상대방이 우리의 침묵에 부여한 의미나 해석에 따라서, 또는 상대방의 표정을 읽을 수 있는 사람이라면 우리의 동작이나 목소리 등에 따라서 그 침묵이 어떤 효과를 나타내는 경우는 별문제로 하고 말이다. 어떤 판단을 내릴 때 그 본래의 입장을 벗어나지 않기란 얼마나 어려운 일인가! 이와 같이 명확한 판단이란 그만큼 어렵고 극히 드문 것이다.

106 각 사람의 지배적인 감정을 알게 되면 그 사람의 마음에 들 것은 당연하다. 그러나 각 사람은 행복에 관한 관념에서조차도 그 자신의 행복에 상반되는 환상을 가지고 있다. 이것은 어쩔 수 없는 불가사의이다.

107 "그는 횃불로 대지를 비추었다."
기후와 나의 기분 사이에는 아무런 관계가 없다. 나는 나 자신 속에 갠 날씨와 흐린 날씨를 함께 가지고 있다. 내 사업의 성패 여부도 그것과는 별로 관계가 없다. 나는 때때로 운명에 대해서도 역행하려고 한다. 운명을 극복하는 영광은 나로 하여금 즐거운 마음으로 그것을 극복하게 한다. 그러나 나는 이따금 행운에도 혐오를 느낄 때가 있다.

108 사람들이 말하고 있는 것에 대해 자신이 아무런 이해관계가 없다고 하더라도, 그 때문에 그 사람이 거짓말을 하지 않는다고 단정할 수는 없다. 단지 거짓말을 하기 위해 거짓말을 하는 사람도 있기 때문이다.

109 우리가 건강할 때에는 병에 걸릴까 봐 걱정하지만, 막상 병에 걸리게 되면 기꺼이 약을 먹는다. 병이 우리로 하여금 그렇게 하도록 시키는 것이다. 기분 전환을 위한 유희나 산책을 하고 싶다는 욕망도 건강할 때에는 일어나지만, 일단 병에 걸리고 나면 이미 그런 욕망은 일어나지 않는다. 병에 걸렸을 때의 욕망과 건강할 때의 욕망은 서로 다르기 때문이다. 자연은 사람에게 그때그때의 상황에 알맞은 욕망을 부여한다. 우리를 혼란에 빠지게 하는 것은, 자연이 우리에게 주는 두려움이 아니라 우리가 스스로에게 주는 두려움인 것이다. 두려움이란 우리가 처해 있는 상태에 우리가 이르지 못한 상태에 대한 욕망을 결합한 것이기 때문이다.

자연은 우리를 어떤 상태에서든 불행하게 하므로 우리의 원망(願望)이 우리에게 행복한 상태를 그리게 한다. 그런 바람은 우리가 처해 있는 상태에 우리가 처해 있지 않은 상태의 즐거움을 첨가하기 때문이다. 그러나 우리가 그런 즐거움에 도달한다 해도 그 때문에 행복해지는 것은 아니다. 왜냐하면 그런 상태에 이르고 나면 또 다른 소망을 가지게 되기 때문이다. 이 일반적인 명제를 모든 경우에 적용해야 한다.

110 현재의 쾌락을 거짓된 것으로 느끼고, 아직 맛보지 못한 쾌락이 헛된 것임을 모르기 때문에 우리 마음에 동요가 생긴다.

111 마음의 동요.
사람은 보통 오르간을 친다는 생각으로 다른 사람을 대한다. 이때 인간은 오르간과 같은 존재가 된다. 그러나 그것은 기묘하고 변덕스럽고 불안정한 오르간이다. 그 파이프 오르간은 올바른 음계로 배열된 것이 아니다. 보통의 오르간밖에 칠 줄 모르는 사람은 이 오르간으로는 화음을 낼 수 없다. 기음(基音)이 어디 있는지 알아야 하는 것이다.

112 마음의 동요.
사물에는 여러 가지 성질이 있고, 영혼에는 여러 가지 성향이 있다. 왜냐하면 영혼에 제공되는 것 중에 단순한 것은 없고, 또 영혼은 어떤 대상에도 단순하게 자기를 제공하지는 않기 때문이다. 이에 인간은 같은 일을 가지고 울기도 하고 웃기도 하는 것이다.

113 마음의 동요와 기묘한 일.
자신의 노동만으로 살아간다는 것과 세계에서 가장 강한 나라를 통치한다는 것은 상반되는 일이다. 이 두 가지는 터키 황제의 인품 속에 결부되어 있다.

114 다양성이란 모든 말투, 모든 걸음걸이, 기침소리, 때리는 방식, 코를 푸는 방식, 재채기하는 방식 등등…… 이처럼 많은 것이다. 우리는 과일 중에서 포도를 골라잡는다. 그리고 포도 중에서 뮈스카라든가, 콩드리외라든

가, 데자르그라든가, 또 무엇과의 접목(接木)인지를 구별해 낸다.[17] 이것이 전부일까? 한 나무에서 똑같은 포도송이가 열리는 일도 있을까? 한 송이에 똑같은 포도알이 맺힐 수는 없다. 현재 하고 있는 자기 일을 동일하게 판단할 수는 없다. 화가들이 그림을 그릴 때처럼 적당한 거리를 두고 떨어져 있어야 한다. 그렇다면 얼마나 떨어져 있어야 하는지 알아보라.

115 다양성.

신학은 하나의 학문이다. 동시에 그것은 얼마나 다양한 학문인가! 한 인간은 한 개의 실체이다. 그러나 해부해 보면 그것은 머리, 심장, 위, 각 부분의 혈관, 각 부분의 피, 그리고 피의 체액이 아닌가? 한 도시나 촌락도 멀리서는 그렇게 보이지만 가까이 다가가면 집, 나무, 기와, 나뭇잎, 풀, 개미, 개미의 다리 등 무수한 것이 보인다. 이 모든 것이 촌락이라는 한 이름에 포함되어 있는 것이다.

116 직업.
사상.

모든 것은 하나인 동시에 다수이다. 인간의 성질이란 그 얼마나 다양한가! 얼마나 많은 종류의 직업이 있는가! 그리고 사람들은 어떤 직업이 좋다는 말을 듣고 우연히 그 직업을 선택하는 경우가 얼마나 많은가! 잘 만든 구두의 뒤축.

117 구두의 뒤축.

"오, 얼마나 잘 만들어진 구두인가!" "얼마나 뛰어난 솜씨를 가진 직공인가!" "정말 용감한 군인인데!" 여기에 우리의 성향의 근본이 있고, 직업 선택

---

17 파스칼의 친구이며 기하학자인 데자르그(1593~1662)는 리옹으로부터 론 강 하류에 걸쳐 있는 포도 산지인 콩드리외에 별장을 가지고 있었다. 여기 나오는 이름들은 그 지방이나 별장에서 생산된 포도 이름인 것 같다.

의 근원이 있다. "저 친구는 굉장한 술꾼인데!" "저 친구는 술을 입에도 못 대는데!" 이것이 사람들을 주정뱅이나 절주가(節酒家)로, 또는 군인이나 겁쟁이로 만들기도 하는 것이다.

118 모든 재능을 규제하는 중요한 재능.

119 자연은 서로 닮아 간다.
옥토에 뿌려진 씨가 열매를 맺으며, 좋은 정신에 뿌려진 원리가 열매를 맺는다.

수(數)는 본질적으로 아주 다른 공간을 닮아 간다. 서로 다른 성질의 것들인데도. 모든 것은 같은 지배자에 의해 만들어지고 인도된다. 뿌리도, 가지도, 열매도, 원리도, 결과도.

120 자연은 다양하면서도 닮아 있다.
인공(人工)은 닮아 있으면서도 다양하다.

121 자연은 끊임없이 같은 것을 반복한다. 연·월·일·시간 등. 공간이나 수도 끝과 끝이 서로 연결되어 있다. 이리하여 무한과 영원이 생기는 것이다. 그러나 이런 것 속에 무한이나 영원이 있는 것은 아니다. 다만 이런 유한한 존재가 무한히 증가할 뿐이다. 따라서 무한한 것은 유한한 것을 증가시키는 수뿐이라고 나는 생각한다.

122 시간이 고뇌나 투쟁을 치료해 주는 것은, 인간이 변하여 전과 다른 인간이 되었기 때문이다. 모욕을 준 사람도 모욕을 받은 사람도 이미 이전의 그들은 아닌 것이다. 이것은 전에 한 번 분노하게 한 국민과 두 세대를 지나

서 다시 마주하게 되는 것과 같다. 그들은 아직도 프랑스인이긴 하지만 예전과 같은 프랑스인은 아닌 것이다.

123 그는 10년 전에 그가 사랑했던 여인을 이제는 사랑하지 않는데, 나는 그것이 당연하다고 생각한다. 그녀는 10년 전과 같지 않고, 그도 역시 10년 전의 그가 아니기 때문이다. 전에는 그도 젊었었고, 그녀도 역시 젊었었다. 지금 그 여인은 딴사람이 되었다. 그 여자가 전과 같은 사람이라면 지금도 역시 사랑할는지 모른다.

124 우리는 사물을 각각 다른 각도에서 볼 뿐만 아니라 각각 다른 눈으로 본다. 우리는 사물을 똑같이 보려고는 하지 않는 것이다.

125 반대.
인간은 본래 믿기 쉬우면서도 믿기 어렵고, 겁이 많으면서도 대담하다.

126 인간의 묘사.
종속, 독립을 향한 욕망, 욕구.

127 인간의 상태.
마음의 동요, 권태, 불안.

128 우리가 열중하고 있던 일에서 떠날 때의 권태.
한 남자가 즐거운 가정생활을 영위하고 있다. 그가 좋아하는 여자를 만나 5, 6일 즐겁게 논 후에 처음의 상태로 되돌아간다면 얼마나 비참한 일인가! 그러나 이것보다 더 일상적인 일은 없을 것이다.

129 우리의 본성은 운동에 있다. 완전한 휴식은 죽음이다.

130 활동.
만일 어떤 군인이나 노동자가 자기의 노고에 대해 불평한다면, 아무 일도 시키지 말고 내버려두면 된다.

131 권태.
열정도, 직무도, 오락도, 전념하는 일도 없이 완전한 휴식 속에 있는 것처럼 인간에게 참기 어려운 일은 없으리라. 그때 그는 자기의 허무와 고독과 불만과 종속성과 무능과 공허 등을 느낀다. 그의 영혼의 깊은 밑바닥에서는 권태·우울·비애·고뇌·원망·절망이 솟아날 것이다.

132 카이사르가 세계를 정복해서 즐기기에는 너무 늙었다고 나는 생각한다. 그런 즐거움은 알렉산드로스나 아우구스투스에게 적격인 것 같다. 이 두 사람은 혈기왕성한 젊음을 억제하기 어려운 청년들이었으니까. 그러나 카이사르는 한층 더 노련했던 것이 틀림없다.

133 두 개의 서로 닮은 얼굴을 따로따로 보면 조금도 우습지 않지만, 두 얼굴을 함께 보면 그 닮은 점이 사람들의 웃음을 자아낸다.

134 실물을 보고는 아무도 감탄하지 않는데, 그것을 묘사한 그림을 보며 흡사하다고 감탄하게 되니, 그림이란 그다지 공허한 것인가!

135 우리가 좋아하는 것은 전쟁이지 승리가 아니다. 인간은 동물의 싸움을 보기는 좋아하지만, 이긴 편이 진 편을 괴롭히는 것을 좋아하지는 않

는다. 승리 이외의 또 무엇을 인간은 원했을까? 그러나 승리하자마자 인간은 그것에 싫증을 낸다. 어떤 내기에서도 그렇고 진리의 탐구에서도 역시 마찬가지이다. 사람은 토론할 때는 서로 언쟁하기를 좋아하지만, 발견된 진리를 살펴보는 것은 전혀 좋아하지 않는다.

진리를 기꺼이 인정하게 하기 위해서는 그것이 토론에서 나왔다는 것을 보여주지 않으면 안 된다. 이와 같이 정념에서도 두 개의 상반되는 것이 충돌하는 것은 보기에 좋을지 모르지만, 한쪽이 지배권을 확립하면 이미 잔인한 것에 지나지 않는다. 우리는 사물을 추구하는 것이 아니라 사물의 탐구를 추구한다. 그러므로 연극에서는 공포심을 유발하지 않는 즐거운 장면이란 아무런 가치도 없다. 희망 없는 극도의 비참도, 야성적인 사랑도, 가혹한 행위도 마찬가지이다.

136 하찮은 사물이 우리를 위로해 준다. 왜냐하면 그것이 우리를 고독하게 하기 때문이다.

137 모든 일을 일일이 조사하지 않더라도, 그것들을 심심풀이라는 이름으로 포괄하면 충분하다.

138 인간은 자기 집 안에 있을 때 외에는 자연적으로 지붕 잇는 사람이나 그 밖의 직업인이 된다.

139 위안거리.
인간의 여러 가지 활동. 그들이 궁정이나 전장에서 자신의 몸을 내던지는 위험이나 노고, 거기서 일어나는 투쟁이나 욕망, 대담하고 때로는 사악한 기도 등에 대해 종종 생각해 볼 때, 나는 모든 인간이 방안에 가만히 앉아 아무 일도 안 하고 지낼 수는 없다는 단 한 가지의 사실로부터 모든 불행이 비롯된다는 것을 발견한다.

생활에 곤란을 느끼지 않을 정도의 재산을 가진 사람이 자기 집에서 즐겁게 지낼 수만 있다면, 굳이 집을 떠나 배를 타거나 요새의 포위 작전에 참가하지는 않을 것이다. 도시에 가만히 있는 것이 참을 수 없는 일이라고 생각되지 않는다면, 아무도 그렇게 비싸게 군직을 사지는 않을 것이다. 자기 집에서 즐겁게 살 수만 있다면 아무도 대화나 도박 등 위안거리가 필요하지 않을 것이다. 그러나 신중히 생각하여 우리의 모든 불행의 원인을 찾은 다음에 발견한 그 원인은 하나의 극히 현실적인 이유인데, 그것은 무력하기 때문에 죽음을 피할 수 없는 우리 인간이 본래부터 지니고 있는 불행에서 비롯된다. 우리의 조건은 너무 비참하여 좀더 깊이 생각하면 우리를 위로할 수 있는 것이란 하나도 없을 정도이다.

어떤 신분과 비교해 보더라도 우리가 소유할 수 있는 모든 행복이 모였다는 점에서 세상에 왕위처럼 훌륭한 지위는 없다. 그러나 그 왕이 자기가 누릴 수 있는 온갖 만족에 둘러싸여 있다 하더라도, 만일 그가 아무 위안거리도 없이 오로지 자기의 현재 상태에 대해서만 생각해야 하는 처지라면 그런 행복은 그에게 활기를 줄 수 없는 것이다. 그는 필연적으로 자기를 위협하고 있는 재앙이나, 앞으로 일어날 수 있는 반란이나, 마침내는 피할 길 없는 죽음이나 질병 등을 생각하고 불안에 싸이게 될 것이다. 그러므로 이른바 심심풀이라는 것이 없다면 그는 불행해질 것이며, 도박으로 기분을 전환시키는 가장 미천한 신하보다도 더 불행할 것이다.

여기서 도박, 여인들과의 대화, 전쟁, 더 높은 지위 등을 추구하게 되는 것이다. 그러나 실제로 거기에 행복이 있어서가 아니며, 도박으로 돈을 따거나, 토끼를 쫓아가 잡는다거나 하는 것이 참된 행복이라고 생각하기 때문도 아니다. 돈이나 토끼가 선물로 제공된다 하더라도 사람들은 그것을 원하지 않을 것이다. 결국 사람들이 추구하는 것은 그들에게 불행한 상태를 생각하도록 하는 평온한 일상생활이 아니고, 전쟁의 위험이나 사업의 곤란도 아니며, 그런 생각에 빠지지 않도록 우리 마음을 돌리고 기분을 새롭게 해 주는 소란이다.

  짐승을 잡는 것보다 그것을 쫓는 것을 더 좋아하는 이유.

  그로 인해 사람들은 그처럼 소란과 법석을 좋아하는 것이다. 그런 이유로 감옥은 몹시 무서운 형벌이 되며, 고독의 즐거움은 이해할 수 없는 것이 되고 만다. 그리고 결국은 이것이야말로 왕이라는 신분이 행복하다는 가장 큰 이유가 되며, 사람들이 끊임없이 그의 기분을 전환시켜 여러 가지 즐거움을 누리게 해 주려고 애쓰는 최대의 이유이기도 하다.

  왕은 언제나 그의 기분을 전환시켜 주고 그에게 자신의 존재를 깊이 생각하지 않도록 하는 사람들에게 둘러싸여 있다. 아무리 왕이라 할지라도 자신을 깊이 생각하면 불행해지기 때문이다. 사람들이 자신을 행복하게 해 주기 위해서 생각해 낼 수 있었던 방법이란 모두 이런 것들이다. 그리고 이 문제에 관해 스스로 철학자인 체하는 사람이나, 돈으로 사는 것이라면 원치도 않을 토끼를 잡기 위해 온종일 뛰어다니는 것은 무의미한 일이라고 생각하는 사람은 우리의 본성을 거의 알지 못한다. 이 토끼는 우리를 죽음과 비참에서 벗어나게 하지는 못할지도 모른다. 그러나 우리 마음을 그곳에서 떠나게 하므로, 사냥은 우리를 그런 생각에서 벗어나게 해 준다. 퓌로스에게 준 그 충고, 그가 숱한 곤란을 통해 구하려던 그 안정을 먼저 획득하라던 그 충고는 커다란 난관에 봉착했다.[18]

  어떤 사람에게 마음을 편하게 가지고 살라는 것은, 행복하게 살라고 말하는 것과 같다. 그것은 말 그대로 행복하게 되어 고민거리가 될 원인은 전혀 찾아볼 수 없을 정도로 유유자적하며, 깊이 생각할 수 있는 처지가 되라고 그에게 권하는 셈이다. 그것은 그에게 ……하라고 말하는 것이다. 그러므로 그것은 인간의 본성을 이해하지 못한 충고인 것이다. 또한 자기 자신의 모습을 있는 그대로 느끼는 사람

---

18 몽테뉴 《수상록》 제1권 42장의 끝부분에 기록되어 있는, 기원전 3세기의 그리스 서북부에 있는 에피루스의 왕 퓌루스의 이탈리아 원정 계획에 대한 신하의 충고를 말한다.

은 무엇보다도 안정을 피한다. 그들이 찾는 것은 소란이다. 그렇지만 그들에게 무엇이 참된 행복인가를 아는 본능이 없기 때문은 아니다.

그 본능을 남에게 보여주려는 허영과 즐거움.

그러므로 그들을 비난하는 것은 잘못이다. 그들이 소란을 단순한 위안거리로서 추구했다면, 그들의 잘못은 그 추구 자체에 있는 것은 아니다. 잘못은 오히려 그들이 추구하고 있는 것을 손에 잡으면 정말로 행복하게 될 것처럼 그것을 추구하는 데 있다. 그들의 추구가 헛된 것이라고 비난할 만한 이유가 있다. 결국 이런 모든 것을 비난하는 사람이나 비난을 받는 사람이나 인간의 참된 본성을 이해하지 못하고 있는 것이다. 이와 같이 그들이 대단한 열정으로 추구하는 것이 결코 그들을 만족시킬 수 없으리라는 비난을 받게 될 때, 그들이 대답하기를—좀더 깊이 생각해 보면 그렇게밖에 대답할 수 없겠지만—자기들이 추구하고 있는 것은 자신을 신중히 생각하는 일에서 마음을 돌리게 하는 격렬한 일에 지나지 않는 것이다. 또 그렇게 하기 위해 열광적으로 자신을 유혹하는 매력적인 어떤 대상물을 찾고 있다고 말한다면, 상대방은 반박할 말이 없을 것이다. 그러나 그들은 자기 자신을 모르므로 그렇게 대답하지는 않는다. 그들은 자기들이 추구하고 있는 것이 사냥의 수확물이 아니라 단지 사냥이라는 사실을 모르고 있다.

댄스. 스텝을 어떻게 밟아야 하는지 잘 생각해야 한다.

귀족들은 사냥이 당당한 쾌락이며 왕자다운 즐거움이라고 진실로 믿고 있다. 그러나 사냥개를 돌보는 등의 일을 하는 사람들은 그렇게 생각하지 않는다.

그들은 그런 직업을 가지게 된다면 즐거운 휴식을 취할 수 있으리라고 생각한다. 그러나 무슨 일에나 만족을 느끼지 못하는 그들의 욕망의 본성을 깨닫지 못한다. 그들은 안식을 진심으로 추구하고 있다고 생각한다. 그러나 사실은 소란만 찾고 있는 것이다.

그들은 한 은밀한 본능을 가지고 있다. 그 본능이 그들에게 위안거리나 외부의 활동을 찾게 하는데, 그것은 그들의 끊임없는 불행 의식에서 생기는 것이다. 그러나 그들은 또 다른 은밀한 본능을 가지고 있다. 그것은 우리의 최초의 본성에 위대한 자취를 남기고 있는데, 행복은 실제로 안정 속에 존재하고 소란 속에서는 찾을 수 없다는 사실을 그들에게 알려준다. 이 두 상반된 본능 속에서 혼란이 싹트기 시작하는 것이다. 그것은 그들 영혼의 가장 깊은 곳에 있어 눈에는 보이지 않지만 그들로 하여금 소란을 통해 안정에 이르게 하며, 당면한 몇 가지 난관을 극복하여 안정의 문을 열 수 있게 된다면 그들이 누리지 못한 만족이 찾아오리라 늘 생각하게 하는 것이다.

인생은 이처럼 흘러간다. 인간은 장애물과 투쟁을 벌이면서 안정을 구하게 되는 것이다. 그리고 그 장애물을 넘고 나면 안정은 참기 힘든 것이 되어 버린다. 왜냐하면 인간은 현재나 미래를 위협하는 비참을 생각하기 때문이다. 그리고 모든 면에서 안전하다고 생각되더라도 권태가 본래 뿌리박고 있던 마음 밑바닥에서 일어나 그 독소로 정신을 채우지 않고는 못 견딜 것이다.

이렇게 인간은 매우 불행하므로, 권태를 느낄 이유가 전혀 없을 경우에도 그 본래의 기질 때문에 권태에 빠지는 것이다. 또 인간은 너무 공허하기 때문에 권태에 빠질 많은 본질적 원인에 가득 차 있으면서도, 당구나 공놀이 같은 아주 사소한 놀이로도 충분히 기분 전환을 할 수 있는 것이다.

그러나 어떤 목적으로 그런 일을 하느냐고 당신은 물을지 모른다. 그것은 다음 날 친구들에게, 나는 다른 사람보다 잘 놀았다고 자랑하고 싶기 때문이다. 마찬가지로 어떤 사람들은 이때까지 아무도 풀지 못했던 대수 문제를 자기가 풀었다고 학자들에게 보이기 위해 서재에서 땀을 흘린다. 또 다른 사람들은 어떤 요새를 점령했다는 것을 나중에 뽐내기 위해 극도의 위험을 무릅쓰는 것이다.

내가 볼 때 그것은 어리석은 짓이다. 마지막으로 어떤 사람들은 현명하게 되기 위해서가 아니라, 유식한 체하고 싶어서 쓸데없는 것까지 연구하면서 생명을 단축시킨다. 이런 무리들이야말로 가장 어리석은 자들이다. 왜냐하면 다른 사람들은 우매한 짓이라는 것을 깨닫게 되면 그렇게 하지 않지만, 이들은 우매한 짓인 줄 알면서도 그렇게 하기 때문이다.

　어떤 남자들은 매일 도박을 하며 권태를 느끼지 않고 하루하루를 보낸다. 그가 날마다 딸 수 있는 만큼의 돈을, 다시는 도박을 하지 않는다는 조건으로 매일 아침 그에게 주어 보라. 그러면 그는 불행해질 것이다. 그의 목적은 도박을 하면서 얻는 즐거움이며, 결코 돈을 따기 위한 것이 아니라고 말하는 사람이 있을지 모른다. 그렇다면 그에게 아무것도 걸지 않고 도박을 하도록 해 보라. 그는 이내 권태를 느끼게 될 것이다. 따라서 그가 추구하고 있는 것은 재미만이 아니다. 맥빠진 오락은 그를 권태롭게 할 것이다. 그는 도박을 하지 않는다는 조건이라면 받고 싶지 않은 것을 도박에서 얻는다면 즐거울 것이라 상상하고 그 일에 열중하며 자신을 속이는 것이다. 그것은 정열의 대상을 스스로 만들기 위해서이며, 그로 말미암아 마치 어린아이들이 스스로 더럽힌 얼굴에 겁을 집어먹듯이, 자신이 만든 이 대상에 대해 원망·분노·공포를 불태우기 위한 것이다.

　몇 달 전 외아들을 잃고, 소송과 분쟁에 휘말려 오늘 아침까지 고민하던 사람이, 지금은 그런 일을 깨끗이 잊고 있으니 무슨 까닭일까? 조금도 놀라지 말라. 그는 여섯 시간 전부터 사냥개의 맹렬한 추격을 받고 있는 멧돼지가 어디로 가고 있는지 열심히 바라보고 있기 때문이다. 그에게 그 외의 것은 아무 필요도 없다. 인간은 아무리 슬픔에 차 있어도 어떤 위안거리에 정신이 끌리면 그 동안만은 행복하다. 또 인간은 아무리 행복하다 할지라도 권태가 마음속에서 자라는 것을 막기 위해 어떤 열정이나 오락에 열중하거나 다른 일을 잊어버리지 않는다면, 얼마 가지 않아 우울해지거나 불행해질 것이다. 위안거리가 없으면 즐거움이 없고, 위안거리가 있으면 슬픔이 없다. 그리고 바로 이것이 자기에게 위안거리를 제공하는 많은 사람을 거느리고, 그런 상태를 유지할 수 있는 높은 지위에 앉은 사람들이 행복한 이유이기도 하다.

　생각해 보라. 재무장관·대법관·고등법원장 등이 된다는 것은 이른 아침부터 각 방면의 사람들이 몰려와, 하루의 단 한 시간도 자기를 생각할 여유가 없는 그런 지위에 앉는다는 것이 아니고 무엇인가. 그러므로 일단 불우한 처지가 되어 관직을 물러나면, 재산도 있고 또 시중을 들어 주는 하인들이 있다 하더라도 비참하고 처량한 신세를 면할 수가 없다. 왜냐하면 아무도 자신을 돌이켜 생각하는 것을 방해하지 않기 때문이다.

140 아내와 외아들의 죽음을 몹시 슬퍼하고 중대한 분쟁 때문에 고뇌하던 사나이가 갑자기 전혀 슬프게 보이지 않고, 고통스럽고 불안한 마음에서 완전히 벗어난 사람처럼 보이는 것은 무엇 때문일까? 그러나 조금도 놀랄 일은 아니다. 그는 방금 상대방이 던져 준 공을 상대방에게 되던져 주어야 한다. 지붕에서 떨어지는 공을 받아 막 한 점을 얻으려던 참이다. 당면한 이 일을 하기에도 바쁜데 어떻게 자신의 사건을 생각할 여유가 있겠는가? 여기에 그 위대한 영혼을 사로잡고 그 머릿속에서 다른 생각을 제거하기에 충분한 하나의 배려가 있다. 그는 우주를 알기 위해, 만물을 판단하기 위해, 한 나라 전체를 다스리기 위해 이 세상에 태어났지만, 이제는 한 마리 토끼를 잡는 데만 정신이 팔려 있다. 그리고 만일 그가 거기까지 자신을 비하시키지 않고 언제나 건강한 상태로 있으려고 생각한다면 더한층 어리석게 될 것이다. 왜냐하면 그는 인간성을 초월하기를 원할 테니 말이다. 그러나 그도 한 인간에 불과하다. 즉 그는 작은 일도 할 수 있지만 큰 일도 할 수 있고, 또 모든 일을 할 수도 있지만 동시에 아무 일도 할 수 없는 것이다. 그는 천사도 아니고 야수도 아니며, 다만 한 인간일 뿐이다.

141 사람들은 토끼 한 마리나 공 한 개를 쫓기에 열중하기도 한다. 그것은 왕후(王侯)의 즐거움이기도 하다.

142 위안거리. 왕위는 그 자체로서 충분히 위대하고 그 자리에 앉은 자신이 스스로를 돌아보기만 해도 행복한 것이 아닌가? 보통 사람들처럼

왕의 마음을 그런 생각으로부터 돌릴 필요가 있을까? 모든 사람의 생각을 가정 안에서의 불행으로부터 눈을 돌려 멋지게 춤이나 추려는 것으로 채우게 되면 정말로 행복하게 될 것이다. 왕의 경우도 이와 같은 것이 아닐까? 왕도 자신의 위대함을 생각하기보다 공허한 즐거움에 마음을 돌리는 것이 더 행복하지 않을까? 그보다 더 만족스러운 대상을 그의 마음에 가지게 할 수는 없는가? 그에게 그를 에워싸고 있는 장엄한 영광을 생각하면서 조용히 즐기게 하는 대신, 리듬에 맞추어 발을 옮기거나 공을 던지거나 하는 데 마음을 쓰게 한다면, 그의 즐거움을 빼앗는 것이 될까? 한번쯤 시험해 보기를. 즉 왕에게 감각을 만족시킬 아무것도 주지 않고, 마음의 답답함을 토로할 상대도 없이 홀로 있게 하여 자기 자신을 생각하도록 하면, 왕이라 할지라도 위안거리가 없으면 비참한 인간에 불과하다는 사실을 깨닫게 될 것이다. 그러므로 신하들은 그런 일이 생기지 않도록, 왕의 주위에 언제나 많은 사람들이 모여서 공무가 끝나면 뒤이어 오락을 권하고, 한가한 때에는 어떤 놀이나 내기를 제의하여 공허함을 느끼지 않게 하려고 애쓰는 것이다. 즉 아무리 왕이라 해도 자신을 생각하면 비참해질 것이 분명하므로 왕으로 하여금 자기 자신을 생각하는 일이 없도록 세심한 주의를 기울이는 사람들이 그 주위에 있는 것이다.

이상의 글에서 나는 기독교도인 왕을 기독교도로서 이야기한 것이 아니라, 단지 왕으로서만 이야기했음을 부언해 두고자 한다.

143 위안거리.

사람들은 어린 시절부터 자신의 명예와 재산과 친구, 그리고 친구들의 재산이나 명예를 돌보도록 되어 있다. 그들은 여러 가지 일이나 언어의 학습이나 훈련 등을 강요당한다. 또 그들은 자기의 건강·명예·신분, 그리고 친구들의 그것이 좋은 상태에 있어야만 행복하며, 그중 하나만 없어도 불행해진다는 가르침을 받고 있다. 그래서 사람들은 날이 새자마자 자기를 괴롭히는 일과 직무를 짊어지게 된다.

"그들을 행복하게 하는 신기한 방법이 이것이었군! 그들을 불행하게 하는 데 이보다 더 좋은 방법은 없을 것이다" 하고 신은 말할지도 모른다. 뭐, 그 이상의 방법이 없을 거라고? 그들에게서 그 모든 일거리를 없애 버리면 되지 않을까? 그렇게 되면 그들은 자기 자신을 깊이 생각하고, 자기가 무엇이며, 어디서 와서 어디로 가는지를 생각하게 될 것이다. 그러니 아무리 그들에게 일거리를 맡기고 마음을 다른 데로 돌리게 해도 지나치지 않는다. 이것이 또한 그들을 위해 그 많은 일을 끝낸 다음 약간의 시간이 남게 되면 기분 전환을 위한 놀이나 내기를 하고 항상 무슨 일에 마음을 기울이는 데 그 시간을 보내라고 권고하는 이유이기도 하다.

인간의 마음은 얼마나 공허하며, 또한 얼마나 더러움에 가득 찬 것인가!

144 나는 오랜 세월을 기하학 연구에 바쳤다. 그리고 그런 연구를 하고 있는 사람들 중에는 사귈 만한 사람이 적다는 것에 싫증을 느꼈다. 인간의 연구를 시작했을 때, 나는 그 추상적인 학문(기하학)이 인간에게 적합하지 않다는 것을 깨달았다. 그리하여 기하학 연구에 깊이 파고든 내가, 그것을 모르는 사람들보다 한층 더 자신에 대해 혼란에 빠져 있으며 자신을 모르고 있음을 알았다. 나는 남들이 기하학에 대해 잘 모르는 것을 너그럽게 생각하게 되었다. 그러나 적어도 인간의 연구에서는 많은 친구들을 발견할 수 있으리라 생각하고, 이것이야말로 인간에게 적합한 참된 연구라고 생각했다. 그러나 그런 내 생각은 잘못된 것이었다. 인간을 연구하는 사람은 기하학을 연구하는 사람보다 적었다. 사람들이 인간 이외의 것을 연구하려는 것은 인간을 연구하는 방법을 모르기 때문이다. 그러나 그것은 인간이 반드시 알아야 할 학문은 아니며, 행복해지기 위해서는 자신을 모르는 편이 오히려 낫기 때문이 아닐까?

145 우리를 사로잡고 있는 것은 단 한 가지 생각으로, 우리는 동시에 두 가지 일을 생각할 수 없다. 세속적으로 보면 우리에게 이로울 것 같지만,

종교적으로 보면 그렇지 못하다.

146 인간이란 분명히 생각하기 위해 만들어진 존재이다. 그것은 그의 존엄성의 전부이며, 또 가치의 전부이기도 하다. 그의 의무는 올바르게 생각하는 데 있다. 사고의 순서는 우선 자기 자신으로부터 시작하고, 다음에 자신의 창조주와 자신의 목적으로 향해야 한다.

그런데 세상 사람들은 무엇을 생각하고 있는가? 결코 그런 것은 생각하지 않는다. 오히려 댄스를 하거나, 현악기를 켜거나, 노래를 부르거나, 시를 쓰거나, 유희하는 것 등을 생각하고, 또 전쟁을 하거나 왕이 되는 일 따위만 생각한다. 그러면서도 왕이 무엇이며 인간이 무엇인가는 생각하지 않고 있다.

147 우리는 자신 안에서, 자기 존재 안에서 꾸려가는 생활에는 만족하지 못한다. 남의 관념 속에서 가공적인 생활을 영위하려고 생각하며, 그러기 위해 세상에서 남의 시선을 끌려고 애쓴다. 우리는 끊임없이 가공적인 자신의 존재를 수식하고, 또 그것을 유지하려고 애쓰며 참된 존재를 등한시한다. 만일 우리에게 평정(平靜)이나 관용, 충실 등이 있으면 그런 덕성을 우리의 가공적인 존재에 결부시키기 위해 그것이 남에게 알려지기를 바란다. 그리하여 그 덕성을 다른 존재에 결부시키려고 우리에게서 떼어 버린 다음 결코 돌아보지 않는다. 우리는 용감하다는 말을 듣기 위해 스스로 비겁자가 되기도 하는 것이다. 참된 자아에 만족하지 않고 때로 그것을 공허한 자아와 바꾸려는 것은, 우리 자신의 존재가 허무하다는 명백한 증거가 아니겠는가? 자신의 명예를 지키기 위해서는 죽음도 무릅써야 비로소 명예스러운 사람이 될 테니까 말이다.

148 우리는 자부심이 매우 강하기 때문에 자신이 세계에 알려지고, 자기가 죽고 난 후 이 세상에 태어날 사람에게까지 자기의 존재가 알려지기

를 원한다. 또 우리는 너무 공허하기 때문에 우리 주위에 있는 불과 대여섯 명 정도의 사람으로부터 칭찬을 받아도 유쾌하고 만족스러워한다.

149 사람은 그가 지나가는 도시에서의 평판에는 별로 상관하지 않지만, 잠시 거기에 체류해야 할 경우엔 그것에 상관한다. 거기에는 얼마만큼의 시일이 필요한가? 우리의 공허하고 빈약한 인생의 한때.

150 허영은 인간의 마음속에 깊이 뿌리박고 있으므로 군인도, 심부름꾼도, 요리사도, 인부도 제각기 그 나름대로 자만하고 저마다 자기를 숭배하는 사람을 가지려고 한다. 철학자마저도 그것을 바란다. 영예를 부정하는 글을 쓴 사람도 훌륭하게 썼다는 찬사를 받고 싶어한다. 또 독자는 그것을 읽었다는 영예를 얻고 싶어한다. 이 글을 쓰는 나도 같은 욕망을 가지고 있을지 모른다. 그리고 이 글을 읽는 사람들도.

151 영예.
칭찬은 모든 사람을 어릴 때부터 해롭게 한다. "참 이야기를 잘 하는군!" "참 잘 만들었군!" "참 재주가 좋군!" 등등.
　포르루아얄[19]의 아이들은 그런 욕구이나 영예에 대한 자극을 받지 않기 때문에 무기력해지는 것이다.

152 자존심.
호기심은 단지 허영에 불과할 따름이다. 대부분의 경우 화제에 올리기 위해 알고자 하는 것이다. 그렇지 않다면 사람들은 바다를 건너는 여행을 하려 하

---

19 포르루아얄 수도원 안에 있는 '작은 학교'를 말한다.

지 않을 것이다. 거기에 대해 아무런 말도 하지 않고 또 그가 본 것을 혼자 즐길 뿐, 남에게 알리는 희망이 없다면 말이다.

153 함께 있는 사람에게 존경받고 싶은 욕망에 관하여.
자존심은 비참이나 실수 같은 것들 가운데서도 매우 자연스럽게 우리를 사로잡는다. 우리는 다른 사람들의 화제에 오를 수만 있다면 기꺼이 생명까지도 버린다.
　허영 : 도박, 사냥, 방문, 연극, 명성의 거짓된 영속.

154 당신에게 도움을 줄 수 있는 친구가 나에게는 없다.

155 진실한 친구는 가장 위대한 귀족들에게도 큰 도움을 준다. 친구란 그에 대해 좋게 말하고 그들이 없는 자리에서도 그들을 지지해 주는 존재이다. 그러므로 그들은 벗을 얻기 위해 전력을 다해야 한다. 그러나 잘 선택해야 할 것이다. 왜냐하면 어리석은 사람을 벗으로 삼기 위해 전력을 다한다면, 가령 그들이 귀족에 대해 좋게 말한다 해도 아무런 도움도 되지 못할 것이기 때문이다. 또 어리석은 사람은 자기가 불리해진 것을 알면 좋게 말하지 않는다. 어리석은 자에게서 어떤 권위를 찾을 수는 없으므로. 그렇게 되면 이자들은 한패가 되어 그들(귀족)의 험담을 늘어놓을 것이다.

156 "무기 없는 생활은 생각할 수도 없는 거친 국민."[20] 그들은 평화보다 죽음을 좋아하고, 전쟁보다도 죽음을 좋아한다.

---

[20] 몽테뉴 《수상록》 중에서. 무기 휴대를 금지당한 에스파냐의 어느 마을에서 많은 사람들이 자살한 이야기가 씌어 있다.

모든 여론은 인간의 생명보다 더 큰 사랑을 받을지도 모른다. 여론에 대한 사랑은 그처럼 강하고, 그처럼 자연스러운 모양이다.

157
모순.
우리 존재에 대한 멸시. 허무한 것에 대한 목숨의 투기. 우리의 존재에 대한 혐오.

158
직업.
영예의 매력이란 대단한 것이어서, 그것을 얻을 수 있다면 목숨까지도 아까워하지 않는 것이다.

159
아름다운 행위들은 숨어서 했을 때 가장 존경을 받을 가치가 있는 것이다. 그런 행위를 이따금 역사나 전기에서 보면 나는 커다란 기쁨을 느낀다. 그러나 이것이 알려진 것을 보면 결국 완전히 감추어져 있었던 것은 아닌 모양이다. 그런 행위들을 감추기 위해 온갖 수단을 다 썼다 하더라도, 조금이라도 누설되었다는 것은 결국 모든 것을 드러내고 만 셈이다. 왜냐하면 거기서 가장 아름다운 것은 그것들을 감추려던 생각이었기 때문이다.

160
재채기는 영혼의 모든 기능을 중단시킨다는 점에서 성행위와 매우 흡사하다. 그러나 누구도 거기서 인간의 위대성을 입증하는 결론을 끄집어낼 수는 없다. 왜냐하면 재채기는 그 의지와는 상관없이 나오는 것이기 때문이다. 또 사람들은 그것을 인위적으로 하기도 하지만 자기 의사와는 상반되는 것이다. 그리고 그것은 재채기를 위해서가 아닌 다른 데 목적을 두고 있다. 그러므로 그것은 인간이 약하다는 증거도 아니며, 인간이 행위에 예속되어 있다는 증거도 아니다.

인간이 고통을 견디지 못한다는 것이 수치스러운 일은 아니다. 오히려 쾌락을 이기지 못하는 것이야말로 수치스러운 일이다. 고통은 외부로부터 우리에게 오지만 쾌락은 우리 자신이 구한다는 이유에 기인하는 것도 아니다. 왜냐하면 인간은 고통을 구할 수도 있고 고의적으로 고통에 굴복하고도 그런 열등감을 느끼지 않고 지낼 수도 있기 때문이다. 그러면 왜 이성은 고통의 압력에 견디지 못해도 영예스러운 것이고, 쾌락의 힘에 견디지 못하는 것은 수치라고 생각하는가? 그것은 우리를 유인하는 것이 고통이 아니기 때문이다. 그것을 선택하고 그것이 우리를 지배하도록 하는 것은 우리 자신이다. 그런 경우 우리는 주인이 되는 셈이다. 따라서 그런 때 인간은 자기 자신에게 굴복하는 것이다. 그러나 쾌락의 경우 인간은 쾌락에 굴복하는 것이다. 그런데 영예를 주는 것은 지배와 권력이며, 수치를 주는 것은 예속이다.

161 공허.
이 세상이 공허하다는 그 명백한 사실이 잘 알려져 있지 않고, 권세의 추구를 어리석다고 말하는 것이 이상하고 이외로 들리는 것은 얼마나 놀라운 일인가!

162 인간의 공허를 충분히 알고자 하는 사람은, 연애의 원인과 결과를 생각하면 된다. 그 원인은 "나로서는 모르는 것"(코르네이유)이다.[21] 그러나 그 결과는 무서운 것이다. 이 "나로서는 모르는 것", 사람이 알 수 없는 작은 것이 온 지구와 왕후와 군대와 전세계를 움직인다. 클레오파트라의 코가 조금만 낮았더라면 세계는 달라졌을 것이다.

---

[21] 코르네이유 〈메데〉 제2막 6장, 코르네이유 〈로드기우스〉 제1막 5장.

163
공허.
연애의 원인과 결과. 클레오파트라.

163-2
인간의 공허를 나타내기 위해서는, 연애의 원인과 결과가 어떤 관계에 있는가를 생각하는 것이 가장 좋다. 전세계는 그것에 의해 달라지기 때문이다. 클레오파트라의 코.

164
이 세상의 공허함을 모르는 사람은 실로 그 사람 스스로가 공허한 것이다. 남들의 평판과 위안거리 및 장래의 꿈에 정신이 팔린 청년을 제외하고 그것을 모르는 자가 또 있을까? 그러나 그들에게서 위안거리를 제거해 보라. 그들은 권태를 견디지 못할 것이다. 그때 그들은 자신의 허무를 은연중에 느낄 것이다. 왜냐하면 인간은 자신에 대해 생각하게 되고, 위안거리가 전혀 없는 상태에 놓이자마자 견딜 수 없는 슬픔에 잠기게 된다는 것은 참으로 불행한 일이기 때문이다.

165
"이 모든 것에 의해 나는 휴식을 얻었다."[22] 만일 현재 우리의 상태가 행복한 것이라면, 자신을 행복하게 하기 위해 자신의 상태를 생각 못하고 애쓰지는 않을 것이다.

166
위안거리.
죽음은 그것을 생각하지 않고 당하는 편이, 죽을 위험이 없는 상태에서 죽음을 생각하는 것보다 쉬운 일이다.

---

[22] 구약외전 〈지혜서〉 제24장 11절.

167 모든 인간 생활의 근본에는 비참이 도사리고 있다. 즉 인간은 비참함을 보았으므로 위안거리를 구하는 것이다.

168 위안거리.
인간은 죽음과 불행과 무지를 감당할 수 없으므로, 자신을 행복하게 하기 위해 그것들을 생각하지 않게 되었다.

169 이렇게 비참함에도 불구하고 인간은 행복하기를 원하고, 행복하기만을 원하며, 또 그렇게 되기를 바라지 않을 수 없다. 그런데 어떻게 인간은 그 행복을 얻으려고 하는가? 그것을 얻으려면 자신이 불사신이 되어야 한다. 그러나 죽지 않는다는 것은 불가능한 일이므로 그것을 생각하지 않기로 한 것이다.

170 위안거리.
만일 인간이 행복하다면, 성자나 신과 마찬가지로 기분 전환을 하는 일이 적으면 적을수록 행복해질 것이다. 그러나 기분 전환으로 유쾌해질 수 있다는 것은 행복이 아닐까? 아니다. 기분 전환은 다른 데서, 즉 외부로부터 오는 것이다. 그래서 그것은 종속적인 것이다. 그러므로 그것은 피하기 힘든 고통을 일으키는 무수한 사건에 의해서 방해를 받게 마련인 것이다.

171 비참.
위안거리는 비참한 우리를 위로하는 유일한 것이다. 그럼에도 불구하고 위안거리는 우리의 비참 중 가장 비참한 것이다. 왜냐하면 위안거리는 우리가 스스로 반성하는 것을 방해하고, 자신도 깨닫지 못하는 사이에 우리를 멸망시키기 때문이다. 위안거리가 없으면 우리는 권태로워질 것이고, 이 권태는 우리에게 거기서 빠져나가는 더욱더 확실한 방법을 찾아내 줄 것이다. 그러나 위안거리는 우리를 즐겁게 해 줌으로써 자기도 모르는 사이 죽음에 이르도록 한다.

172 우리는 결코 현실에 애착을 가지고 있지는 않다. 우리는 미래가 너무 느리게 다가오므로 그 발걸음을 재촉이나 하려는 듯 미래를 바라본다. 또한 우리는 과거가 너무 빨리 사라져 가므로 그것을 멈추나 하려는 듯 과거를 되돌아본다. 우리는 너무 무분별해서 자기 것이 아닌 시간 속에서 방황하고, 우리에게 속해 있는 유일한 시간에 대해서는 생각하지 않는 것이다. 또 우리는 너무나 공허하여 현존하지도 않는 시간들을 생각하고, 현존하는 유일한 시간을 어이없이 놓쳐 버린다. 이것은 현재가 우리를 괴롭히기 때문이다. 우리가 현재를 우리의 시야에서 감추려는 것은 현재가 우리를 번민에 빠지도록 하기 때문이다. 만일 현재가 즐거운 것이라면 우리는 그것이 지나가 버리는 것을 애석하게 여길 것이다. 우리는 즐거운 미래를 기대하며 현재의 괴로움을 견디어 나가려 하고, 우리가 거기에 도달할 수 있다는 어떤 보장도 없는 시간을 위해 능력 밖의 일을 준비하려고 생각한다.

각자 자기의 생각을 검토해 보라. 그러면 모두의 생각이 과거와 미래로만 가득 차 있음을 알게 될 것이다. 우리는 현재를 거의 생각하지 않고 있다. 생각한다 해도 그것은 미래를 위해 현재로부터 어떤 빛을 얻기 위한 방법에 불과한 것이다. 현재는 결코 우리의 목적이 아니다. 과거와 현재는 우리의 수단이며, 우리의 목적은 오직 미래뿐이다. 그러므로 우리는 살고 있는 것이 아니라 살기를 원하고 있는 것이다. 또 행복해지려고 노력하고 있으므로 현재가 행복하지 못한 것은 분명하다.

173 그들은 일식과 월식을 불행의 전조라고 생각한다. 불행은 흔히 있는 일이기 때문이다. 재난은 너무도 자주 일어나는 것이므로 그들은 간혹

그것을 미리 알아맞히기도 한다. 그 반대로 그것들을 행복의 전조라고 하면, 그들은 이따금 거짓말을 했다고 볼 수 있다. 그들은 행복을 천체의 특정한 상호관계에 있는 것이라고 한다. 따라서 그 예언은 그다지 잘못된 것이 아니다.

174 비참. 솔로몬과 욥은 인간의 비참함을 가장 잘 알고, 가장 잘 나타낸 사람들이었다. 한 사람은 가장 행복한 사람, 또 한 사람은 가장 불행한 사람이었다. 솔로몬은 경험에 의해 쾌락의 공허를 알았으며, 욥은 재난의 현실성을 알았다.

175 우리는 자신을 모르기 때문에, 많은 사람들은 건강할 때에도 죽음이 가까워지지 않았나 염려하고, 죽음에 이르러서도 건강하다고 믿는다. 열이 나고 상처가 곪는 것도 느끼지 못한다.

176 크롬웰은 모든 기독교 국가를 정복하려고 했다. 왕가의 권위는 떨어졌으나 그의 일가만은 영원히 번성할 것 같았다. 작은 모래알이 그의 수뇨관(輸尿管)에 들어가지만 않았다면 말이다. 로마 교황청까지도 그의 발밑에서 두려워하고 있었다. 그러나 이 조그만 결석(結石)이 그곳에 들어가자 그는 죽고 일가는 몰락했으며, 세상은 다시 평화를 되찾고 왕은 복위했다.[23]

177 세 사람의 주인. 영국 왕과 폴란드 왕과 스웨덴 여왕[24]의 사랑을 받던 자가, 이 세상에서 은신할 집도 피난처도 없을 때가 오리라고 상상이

---

[23] 영국 왕 찰스 2세의 복위는 1660년 5월이므로, 이 단장은 파스칼 만년의 것이다. 크롬웰의 사인(死因)은 열병이었지만, 파스칼은 그가 수뇨관에 들어간 모래알 때문에 죽은 것으로 알고 있었던 것 같다.
[24] 영국 왕 찰스 1세는 1649년에 참수되었고, 스웨덴 여왕 크리스티나는 1654년에 폐위되었으며, 폴란드 왕 카지밀은 1656년 스웨덴 군에 의해 추방되었다.

나 했겠는가?

178 마크로비우스.[25] 헤롯에 의해 학살된 어린아이들에 대하여.[26]

179 헤롯이 죽인 두 살 이하의 어린아이들 가운데 헤롯 자신의 아들도 있었다는 말을 들은 아우구스투스는, 헤롯의 자식이 되기보다는 차라리 그의 돼지가 되는 편이 나았으리라고 말했다.(마크로비우스《사투르날리아》제2권 4장)

180 위대한 사람도 비천한 사람과 마찬가지로 같은 사고, 같은 고민, 같은 욕망을 가지고 있다. 그러나 위대한 사람은 차바퀴 가장자리에 있고 비천한 사람은 그 중심에 있으므로, 같은 회전에도 비천한 사람들은 조금밖에 움직이지 않는다.

181 우리는 매우 불행하기 때문에 한 가지 사물을 즐기는 데도 혹시 그것이 잘못되지나 않을까 걱정할 수밖에 없다. 많은 사물들이 잘못될 수 있으며, 또 실제로 잘못되고 있기 때문이다. 불행을 걱정하지 않고 행복을 즐기는 비결을 발견한 사람은, 과녁을 명중시킨 사람이라고 할 수 있다. 그것은 영원한 운동과도 같은 것이다.

182 곤란한 사건 속에서도 언제나 희망을 가지고 행운이 오기를 즐거운 마음으로 기다리는 사람들이 악운을 맞아서도 역시 괴로워하지 않는다

---

25 4세기 말 라틴의 저작자.
26 〈마태복음〉 2장 참조.

면, 그들은 사건의 실패 자체를 즐기고 있는 것이 아닌가 하는 의심을 받게 된다. 그리고 그들이 그런 희망의 구실을 찾아서 즐거워하는 것은 사건의 실패에 흥미를 가지고 있다는 것을 보여주는 것이며, 또 사건의 실패를 보고 느낄 때 기뻐하는 듯이 가장하여 괴로움을 은폐하기 위해서이다.

183 우리는 절벽이 보이지 않도록 눈을 가린 다음 태연하게 절벽 쪽으로 달려가는 것이다.

내기의 필연성에 대하여 제3장

184 신을 찾기를 권고하는 편지.

그렇다면 철학자, 회의론자, 독단론자들에게서 신을 찾아보라. 그러나 철학자들은 신을 구하는 자들을 불안하게 할 것이다.

185 모든 것을 원활하게 처리하시는 신의 다스림은, 종교를 정신 속에는 이성으로, 마음속에는 은총으로 끌어들인다. 그러나 종교를 강제와 협박으로 정신과 마음속에 끌어들이려고 한다면 종교를 주입시키는 것이 아니라 오히려 공포를 주입시키는 것이다.

186 "교화가 아니라 공포에 지배된다고 생각하면, 지배도 압제로 여겨진다." (아우쿠스티누스, 《서간》 48 혹은 49. 4권 〈콘센티우스에게 부치는 '거짓을 공박하는 편지'〉)

187 사람들은 종교를 경멸한다. 그들은 종교를 싫어하고 종교가 진리일까 봐 두려워한다. 이것을 시정하려면 우선 종교가 이성에 어긋나는 것이 아니라는 사실을 증명해야 한다. 존경해야 할 것이라는 사실을 깨닫게 해 주고 그에 대해 경의를 표시하도록 한다. 그 다음에는 그것을 사랑스럽게 만들어 선한 사람으로 하여금 그것이 진실한 것이기를 바라도록 해야 한다.

존경해야 한다는 것은 종교가 인간을 잘 알고 있기 때문이다. 사랑스러워야 한다는 것은 종교가 인간들에게 참된 행복을 약속해 주기 때문이다.

188 어떤 대화나 논의의 경우에도, 기분이 상한 자들에게 "무엇이 기분에 맞지 않습니까?"라고 물을 수 있어야만 한다.

189 불신자들을 동정하는 것에서부터 시작하라. 그들의 불행은 살아가는 모습으로 충분히 알 수 있다. 그들을 비난하는 것도 비난이 그들에게 이득이 있다고 생각될 때에만 해야 한다. 그렇지 않을 때 비난하는 것은 그들을 해칠 뿐이다.

190 진리를 찾으려는 무신론자들을 동정하라. 그들은 이미 불행하지 않은가? 무신론자임을 자랑하는 자들을 꾸짖어라.

191 이 사람이 상대방을 비웃을 것이라고?
누가 비웃을 수 있으랴. 그런데도 그는 상대방을 비웃지 않고 오히려 가엾게 여기는 것이다.

192 미통[1]이 그 마음을 움직이지 않는다고 누가 꾸짖을 것인가. 언젠가는 신이 그를 꾸짖을 것이다.

193 "작은 것을 경멸하고, 큰 것을 믿지 않는 자가 무엇을 할 수 있단 말인가?"

---

1 파스칼의 사교계의 벗으로서 철저한 회의론자였다.

194 종교를 공격하기 전에, 적어도 자기가 공격하고 있는 종교가 어떤 것인가를 알았으면 좋겠다. 만약 이 종교가 신에 대해 명백한 관념을 가지고 있다든가, 신을 뚜렷이 알 수 있다는 것을 자랑하고 있다면, 그렇게 명백한 신의 존재에 대한 관념은 이 세상에서는 나타낼 수 없다는 것이 공격의 자료가 될 것이다. 그러나 반대로 인간은 어둠 속에서 신으로부터 멀리 떨어져 있고, 신은 그들이 알아차릴 수 없는 위치에 있으며, 성서에서 신은 자신을 '숨어 계신 신'이라는 말로 부르고 있음을 가르쳐 주고 있다.

그리고 신은 진실로 자기를 찾는 자에게 자신을 알려주시려고 교회 안에 명백한 표징을 만들어 두셨다는 것과, 그럼에도 불구하고 마음을 다하여 신을 구하는 자만이 알 수 있도록 그 표징을 감추어 두었다는 이 두 가지 사실을 확증하려 애쓰고 있다. 그러나 모두가 진리를 구하는 데 게으르면서 아무도 진리를 나타내려 하지 않는다고 말하는 것은 아무 소용이 없다. 그들이 현재 그 속에 있으면서 교회를 비난하고 있는 어둠은, 교회가 주장하는 두 가지 일 중 한 가지를 확증하는 것이며, 따라서 교리를 파괴하기보다는 그것을 확립하는 결과가 되기 때문이다.

종교를 공격하기 전에 우선 진리를 구하는 데 노력을 기울이고, 그 다음에 교회가 진리를 구하기 위해 제공하는 것으로는 아무 만족도 얻을 수 없었노라고 말하지 않으면 안 된다. 그들이 그렇게 말했다면 교회의 주장 중 하나를 공격한 셈이 된다. 그러나 나는 이성을 가진 사람은 결코 그렇게 말할 수 없다는 것을 여기서 밝히고자 한다. 또 실제로 그렇게 말한 사람은 하나도 없었다고 단언할 수 있다. 그런 정신을 가진 사람이 어떤 행동을 하리라는 것은 잘 알 수 있다. 그들은 성서의 어느 한 편을 읽는 데 많은 시간을 보내고, 신앙의 진리에 관해 성직자들에게 질문도 하며 그것으로 진리 연구에 최선을 다했다고 믿어 버린다. 그러고 나서 그들은 책을 읽고 사람들에게 물어 보았으나 아무 소용이 없었노라고 자랑삼아 말한다. 그러나 내가 종종 말한 바와 같이 그런 게으름은 용서할 수 없는 일이라고 말하고 싶다. 문제는 얼굴도 모르는 그런 사람들의 사소한 이해관계에 관한 것이 아니므로 이렇게 처리해서는 안 될 것이다. 그것은 우리 자신뿐만 아니라 우리들 전부에 관한 문제이기도 하다.

영혼의 불멸은 우리와 심각하고도 매우 중대한 관계를 가진 것이므로, 모든 의식을 잃어버리지 않는 한 그것이 무엇인지를 아는 데 무관심할 수는 없을 것이다. 우리의 모든 행위와 사랑은 희망을 가질 수 있는 행복이 있는가 없는가에 따라 각각 다른 길을 걸어갈 수밖에 없는 것이다. 우리의 궁극의 목적인 이 점을 신중히 생각하여 보조를 정하지 않는다면, 올바른 의식과 판단을 가지고 한 걸음도 나아갈 수 없을 것이다.

우리의 모든 행위의 기초가 여기에 있으므로 이 문제를 해명하는 것이야말로 우리의 첫번째 의무이며 관심사인 것이다. 나는 이 문제에 대해 아직 납득하지 못하고 있는 사람들을, 전력을 다해 배우려 애쓰는 사람과 그것을 염두에조차 두지 않는 사람들로 구분할 수 있는데, 그 사이에는 커다란 차이가 있는 것이다.

이런 문제로 의혹에 빠져서 진지하게 고뇌하는 것을 큰 불행으로 생각하고, 거기서 벗어나기 위해서라면 그 어떤 일도 서슴지 않으며, 그 연구를 중요하고도 진실한 과제로 삼고 있는 사람들에 대해서는 동정하지 않을 수 없다. 그러나 이 인생의 궁극의 목적에 대해 아무런 사색도 하지 않고 하루하루를 보내고 있는 사람들, 자기가 납득할 만한 빛을 찾지 못했다는 이유만으로 그 빛을 달리 구하려 하지 않는 사람들, 일반 민중들의 단순한 믿음 때문에 받아들여지고 있거나 그 자체가 분명하지 않지만 사실은 견고한 바탕에 근거한 것인가를 철저히 규명하려 하지 않는 사람들을 나는 다른 눈으로 바라보고 있는 것이다. 그들 자신과 그 영원한 생명에 대해, 또 그들의 전부가 관계를 가진 문제에 대해 그처럼 태만하다는 사실에 가엾다는 생각보다는 분노를 느낀다. 그것은 기이한 일이기도 하다. 나는 영적인 신앙의 경건한 열의를 가지고 이런 말을 하는 것은 아니다. 오히려 이해관계나 자애의 입장에서 말한다 해도 그런 생각을 가져야 할 것이다. 그러기 위해서는 가장 무식한 사람들이 보고 있는 바를 보는 것만으로도 충분하다.

이 세상에 참으로 확실한 만족이란 있을 수 없고 우리의 모든 쾌락도 공허한 것에 지나지 않지만, 우리의 무한한 불행과 우리를 시시각각으로 위협하는 죽음이 머지않아 우리를 영원한 파멸이나 불행의 필연 속으로 몰아넣고 말리라는 것은 높은 정신적 수련을 한 사람이 아니라 해도 이해할 수 있을 것이다.

세상에 이보다 더 현실적이며 무서운 것은 없다. 될 수 있는 한 용감하게 행동하라. 이것이 세상에서 가장 아름다운 생애를 기다리는 결말인 것이다. 현세에는 내세를 그리워하는 희망뿐 행복이란 없으며, 인간이란 내세에 가까이 가면 갈수록 더 행복해진다는 것을 생각해 보라. 영원에 관해 완전한 확신을 가지는 자에게는 이미 불행이란 있을 수 없으며, 영혼에 대해 아무런 빛도 가지고 있지 않은 자에겐 행복이 있을 수 없다는 것이 의심스러운 일인지 어떤지 말해 보라.

그러므로 이런 의혹에 빠져 있다는 사실 자체가 커다란 불행이다. 그러나 이런 의혹 속에 빠진 경우, 우리가 피할 수 없는 의무는 끝까지 추구해 나가야 한다는 것이다. 의혹을 품고 있으면서도 추구하지 않는 자는 불행에 빠져 있을 뿐만 아니라 큰 잘못을 저지르고 있는 셈이다. 한편 그것으로 마음의 안정을 느끼고 만족하여, 이를 공공연히 드러내고 심지어 자랑까지 하는 사람이 있다면, 이런 어처구니없는 자들을 뭐라고 해야 좋을지 모르겠다.

도대체 그런 감정은 어디서 비롯되는 것일까? 구제받을 수 없는 불행이 기다릴 뿐인데 어째서 기쁨의 씨가 된단 말인가? 분별할 수 없는 암흑 속에 있는 것이 어떻게 자랑거리가 된단 말인가? 그리고 다음과 같은 추리가 어떻게 이성적인 인간의 마음에서 생겨날 수 있단 말인가?

"누가 이 세상에 나를 태어나게 했는지, 이 세상이 무엇인지, 또 나 자신이 무엇인지조차 모른다. 모든 것에 대해 무지하다. 나는 나의 육체와 감정과 영혼과, 또 내가 말할 것을 생각하고 자기 자신과 모든 것을 성찰하면서도, 다른 모든 것과 마찬가지로 의혹투성이인 내 마음의 이 부분도 무엇인지 알 수 없다. 나는 나를 둘러싼 우주의 무서울 만큼 무한한 공간을 본다. 그리고 자신이 이 막막한 공간의 한구석에 연결되어 있는 것은 알지만, 왜 다른 곳이 아닌 이곳에만 있는지, 왜 나에게 허락된 이 짧은 시간이 나의 앞에 있었던 영원과 나의 뒤에 올 영원의 어느 시기에 있지 않고 바로 이 시점에 놓여 있는지 알 수 없다. 내가 곳곳에서 보는 것은 무한뿐이며, 그 무한은 나를 한 개의 작은 미분자처럼, 또 한순간만 지나면 다시는 되돌아오지 않는 그림자처럼 나를 둘러싸고 있다. 내가 알고 있는 사실은 언젠가는 죽어야 한다는 것이 전부이다. 그런데 한편으로 내가 가장 모르고 있는 것도 어떤 방법으로도 피할 수 없는 이 죽음이다.

나는 내가 어디서 왔는지 모르고 있는 것과 마찬가지로, 내가 어디로 가는지도 모른다. 다만 내가 이 세상을 떠나면 허무 속에 떨어지거나, 분노한 신의 수중에 떨어지리라는 것밖에 알지 못한다. 이 두 가지 상태 가운데 어느 쪽에 내가 영원히 놓이게 될지 모른다. 이것이 연약하고 불확실성에 찬 나의 상태이다. 이상의 모든 일로 말미암아 내가 세상에서 살아가는 매일매일의 생애에서, 나에게 어떤 일이 생길 것인가를 생각조차 하지 않고 지내는 것이 타당하다는 결론을 내렸다. 또한 자신의 의문을 해결할 어떤 빛을 발견할 수 있을지 모르지만, 그 때문에 고심하거나 그런 빛을 구하기 위해 한 걸음이라도 나아갈 생각은 없다. 그리고 마지막으로 그런 걱정으로 괴로워하는 자를 멸시하면서, 나는 아무 조심도 두려움도 없이 이렇게 중대한 모험을 감히 시도하려 하고, 자신의 미래의 영생을 확인하지 못한 채로 무력하게 죽음에 몸을 맡기려고 한다."

이렇게 말하는 자를 누가 친구로 삼고 싶어할 것인가? 누가 이런 사람에게 자신의 고민을 털어놓으며, 자기 고민에 대한 조언을 얻으려 하겠는가? 도대체 이런 사내는 인생에서 무슨 소용이 있단 말인가?

사실 이처럼 어리석은 자를 적으로 가진다는 것은 종교를 위해서는 오히려 영광스러운 일이다. 그들의 반대는 종교를 위해 조금도 위험한 것이 아니며, 오히려 종교의 진리를 확립하는 데 도움이 될 것이다. 왜냐하면 기독교 신앙은 결국 인간성의 타락과 예수 그리스도의 속죄라는 두 가지 사실을 확증하는 데 불과하기 때문이다. 그런데 그들은 순결한 생활로 속죄의 진리를 증거하는 데는 도움이 못 될지 모르지만, 적어도 왜곡된 생각 때문에 인간성의 부패를 보여주는 데는 큰 도움이 되리라 생각한다.

인간이 자신의 처지를 이해하는 것보다 중대한 일은 없고, 또 영원처럼 두려운 것도 없다. 그러므로 자기 존재의 파멸이나 영원히 비참해질 위험에 대해 관심을 갖지 않는 사람이 있다는 것은 결코 정상적인 일이라고 할 수 없다. 그런데 그들은 그 밖의 일들에 대해서는 이와는 아주 대조적인 태도를 취하고 있다. 즉 극히 사소한 일까지도 신경을 쓰고, 또 그것을 예측하고 감지하는 것이다. 그리고 어떤 지위를 상실한다거나 자기 명예가 손상되었다고 상상하는 일로 분노와 절망 속에서 나날을 보내는 사람들이란, 마침내 죽음으로 모든 것을 잃을 줄 알면서도 아무 불안이나 동요도 일으키지 않는 바로 그런 사람들인 것이다. 같은 마음속에, 더구나 같은 시간에 사소한 문제에 대한 이런 예민함과, 가장 큰 문제에 대한 이런 무감각을 함께 본다는 것은 이상한 일이다. 그것은 결코 풀 수 없는 마법이요, 초자연적 마비이며, 그것을 불러일으키는 원인이 어떤 전능한 힘이라는 것을 나타내고 있다.

이런 상태에 처해 있는 것을 자랑으로 여기는 인간의 본성에 기이한 전도(顚倒)가 있는 것은 틀림없는 사실이다. 그렇지 않다면 아무도 그런 상태일 수는 없다. 그러나 우리의 경험에 의하면 그런 사람들이 상당히 많다는 것을 알 수 있다. 그들 대부분은 자신을 속이고 있지만 사실은 그리 대단한 일은 아니라는 것을 우리가 모른다면, 그것은 깜짝 놀랄 일이 아닐 수 없다. 그들은 그런 세간의 일들이야말로 지상에서 가장 훌륭한 행동이라는 말을 들어온 사람들이다. 이것은 그들이 속박에서 벗어났다고 여기는 것, 그리고 그들이 모방하려고 시도하는 것이다. 그러나 그런 것으로 존경을 받고자 하는 생각이 얼마나 어리석은 일인가를 그들에게 알려주기란 그리 어려운 일은 아니다. 그것은 평범한 세상 사람들에게조차도 존경받을 일이 못 된다. 세상 사람들은 사물을 건전하게 판단하고, 자기를 정직하고 진실하고 공정하게 보여주며, 친구들에게 도움을 주는 것이 세상에서 존경을 받는 유일한 길로 알고 있다. 그것은 인간은 본래 자기에게 유리한 것만 추구하기 때문이다. 그런데 어떤 사람이 자기는 이미 속박에서 벗어났다든가, 자기 행위를 감시하는 신이 있음을 믿지 않는다든가, 자기 행위의 유일한 주인은 바로 자기 자신이라든가, 또는 자기 행위에 대해 스스로 책임을 진다든가 하는 말을 우리에게 들려준다고 해서 그것이 우리에게 얼마나 도움이 되겠는가? 그는 그것으로 우리가 자기를 매우 신뢰하고, 생활의 필요에 따라 위로나 충고나 도움을 그에게 바랄 것이라고 생각하는 것일까? 그들은 우리의 영혼이 몹시 약한 바람이나 연기에 불과하다는 것을 우리에게 알려주고, 더구나 자랑스럽고 만족스러운 어조로 들려주고 우리를 아주 기쁘게 했다고 생각하는 것일까? 어떻게 이런 말을 유쾌한 마음으로 할 수 있을까? 차라리 이 세상에서 가장 비참한 일로 생각하고 슬프게 말해 주어야 하지 않을까?

만일 그들이 자기들의 생각이 진지하다고 믿는다면 그것은 너무나 상반된 것이며, 또 그들이 추구하고 있는 고상한 태도와는 모든 면에서 매우 동떨어진 것이므로 그들을 추종하려는 사람들을 왜곡시키기보다 올바로 인도하게 되리라는 것을 알 수 있을 것이다. 그들에게 종교를 회의적으로 생각하는 심정과 이유를 설명하게 해 보라. 그들은 너무나 빈약하고 저속한 내용을 말함으로써 우리는 오히려 그 반대의 견해를 따르게 될 것이다. 그래서 어느 날 매우 적절하게도 누군가 말한 것이 바로 이것이었다. "만일 당신들이 계속 그런 말을 한다면 당신들은 나를 회심하게 할 것입니다." 이것은 옳은 말이다. 왜냐하면 이렇듯 경멸할 만한 사람과 사귄다는 것에 대해 두려움을 느끼지 않을 사람이 어디에 있단 말인가?

그러므로 이런 느낌을 가장하고 있는 사람들이, 인간의 본성을 억제하고 가장 무례한 사람이 되려 한다면 몹시 불행해질 것이다. 만일 그들이 그 이상의 빛을 갖지 못한 것에 고민한다면, 그것을 숨겨서는 안 된다. 그것을 남에게 털어놓고 말했다 해서 부끄러울 까닭은 없다. 오히려 그것을 감추려는 것이야말로 진짜 부끄러운 일이다. 신을 떠난 인간이 얼마나 불행한가를 모르는 것만큼 정신의 약한 모습을 보여주는 것은 없다. 영생의 약속인 진리를 구하지 않는 것만큼 악한 마음을 보여주는 것은 없다. 신에 대해 강한 척하는 것만큼 비열한 짓은 없다. 그러므로 이런 불신행위는 참으로 그런 불신앙의 생활을 하기에 알맞은 나쁜 인간에게 맡기면 된다. 기독교도가 될 수 없다면 적어도 진실한 인간이라도 되기를 바란다. 결국 도리에 어긋나지 않은 인간이란 두 가지 종류밖에는 없다. 신을 알고 있으므로 마음을 다하여 신을 받드는 자와, 신을 모르기 때문에 온 마음으로 신을 구하는 자이다.

그러나 신을 알지도 못하고 구하려 하지도 않는 인간은 자기 자신을 거들떠볼 가치조차 없다고 스스로 생각하므로, 남의 배려를 받기에도 합당치 않다고 생각하는 것은 당연한 일이다. 그러나 그들을 그 착각 속에 내버려둘 정도로 경멸해서는 안 된다. 그들에게는 그들이 경멸하는 종교의 사랑이 필요한 것이다. 그러나 종교는 그들이 이 세상에 있는 한, 그들의 마음을 밝히는 은총을 접할 수 있다고 생각하게 할 것을 우리에게 명령한다. 그리고 그들도 머지않아 우리보다 더 깊은 신앙심을 가질 수 있고, 반대로 우리가 현재의 그들과 같은 착각에 빠질 수 있다고 생각하게 하므로, 만일 우리가 그들의 위치에 있을 때 남이 우리에게 해 주었으면 하고 바라는 일을 그들에게 베풀어야 한다.

그리하여 그들이 자기 자신을 불쌍히 여기고 빛을 찾아 몇 걸음 나아가도록 이끌어 주어야 한다. 그들은 다른 일에 낭비하고 있는 상당한 시간의 몇 분의 일이라도 이것을 읽어 보는 데 할당해야 한다. 그들은 거기에 대해 많은 반감을 느낄 테지만, 곧 무엇인가를 얻게 될 것이다. 그러나 진리를 찾겠다는 완전한 성실성과 열의를 가지고 이것을 읽는 사람들에 대해서는, 나는 그들이 만족을 얻고 이처럼 신성한 종교의 증거에 설복되기를 바란다. 그 증거들을 다음과 같은 순서에 따라 열거했다.

194-2

① 어느 편에 대해서나 동정심을 가져야 한다. 그러나 한편에게는 애정에서 우러난 동정심을 가져야 하고, 다른 편에게는 경멸하기 때문에 생기는 동정심을 가져야 한다.

② 내가 그렇게 말하는 이유는 고지식한 신앙심 때문이 아니라 인간의 마음가짐에 의한 것이며, 신앙과 초탈의 열의 때문이 아니라 순수한 인간적인 원리, 즉 이해(利害)와 자애(自愛)의 입장에서 말한 것이다. 살아가는 동안 우리가 겪는 모든 불행 가운데서 우리를 시시각각으로 위협하고 있는 죽음이 언젠가는 반드시 오리라는 사실은 우리에게 커다란 문제가 아닐 수 없으며, 그것은 우리의 마음을 움직이기에 충분한 것이기 때문이다.

③ 신을 알지 못하면 행복할 수 없고, 신에게 가까이 가면 갈수록 사람은 보다 더 행복해지며, 행복의 궁극적 목적은 신을 확실히 아는 데 있다는 것, 신을 멀리하면 할수록 인간은 더 불행해지고, 가장 큰 불행은 신을 전혀 모르는 데 있다는 것은 의심할 여지가 없다.

그러므로 의심한다는 것은 불행한 일이지만, 의심하면서도 구해야 하는 것이 우리의 절대적인 의무이다. 따라서 의심하면서도 구하지 않는 사람은 불행과 부정을 함께 가지고 있는 것이다. 그럼에도 불구하고 거만하면서도 유쾌하게 생각하는 자가 있다면, 나는 이런 어처구니없는 인간을 뭐라고 불러야 할지 모르겠다.

④ 구제할 수 없는 불행을 기다리고만 있다는 것이 어떻게 기쁨의 씨가 된단 말인가? 모든 위로에 절망하는 것이 어떻게 위로가 될 수 있겠는가?

⑤ 그러나 종교의 영광과 가장 멀리 떨어져 있는 이런 사람들도, 그 점에 관한 한 다른 사람들에게 전혀 쓸모없는 존재는 아니다.

우리는 그들에게서 초자연적인 면을 찾을 수 있다. 왜냐하면 그런 종류의 착각은 자연스러운 일이 아니기 때문이다. 그리고 그들의 어리석음이 그들의 행복과 완전히 어긋나는 것이라면, 다른 사람들로 하여금 그 통탄할 만한 실례에 비추어 이를 혐오하게 함으로써 그들에게 다른 참된 행복을 보장하는 역할을 담당하게 될 것이다.

⑥ 그들은 자기 마음을 움직이는 모든 일에 대해 무감각할 만큼 강한 것일까? 그들의 재산과 명예를 잃게 하여, 그것을 시험해 보라. 뭐라구? 그것은 불가사의한 일이다.

⑦ 그러나 인간은 본성을 잃고도 그것을 내심 기뻐할 정도로 그 본성을 잃어버린 것임에 틀림없다.

⑧ 그런 종류의 사람들은 비실제적이거나 현대적인 특성을 가진 자들로서, 내가 알고 있는 가운데 가장 성격이 나쁜 사람들이다.

⑨ 현대적 기질은 다른 사람들에게 친절하지 않은 경향으로 나타나고, 훌륭한 신앙은 나에게 친절을 베푸는 방향으로 기울어진다.

⑩ 다음과 같은 말은 으스대거나 의기양양해하는 데 알맞다. "그러니까 우리는 즐겨야 한단 말이야. 공포도 불안도 없이 살고, 그 외의 일은 확실하지 못하니 죽을 때를 기다릴 수밖에 없네. 죽은 다음의 일은 그때 가서야 알게 될 거야. 그 결과가 눈에 보이는 것도 아니니까……" 나는 왜 이런 결론에 이르는지 그 이유를 알지 못한다.

⑪ 이런 말을 즐거운 마음으로 해야 할 것인가? 아니, 그것은 슬픈 마음으로 이야기해야 한다.

⑫ 그런 것은 결코 시대에 앞선 기질이라고 할 수 없다.

⑬ 당신은 나로 하여금 종교에 의지하게 하고야 말 것이다.

⑭ 그런 일로 분노하지도 사랑하지도 않는 것은, 정신이 약하고 의지가 사악하기 때문이다.

⑮ 약함과 괴로움 속에 죽어가야 하는데도, 전능하고 영원한 신을 경멸하는 것이 인간의 용기란 말인가?

⑯ 이렇게 되면 그들에게 할 말이 없어진다. 그들을 경멸해서가 아니라 그들에게 상식이 없기 때문이다. 신이 그들과 접촉해야 한다.

⑰ 그들을 경멸하지 않으려면, 그들이 경멸하는 종교에 자신을 굳게 세워야 한다.

⑱ 그런 상태에 놓여 있는 나의 어리석음을 누군가 동정해 주고, 친절하게 억지로라도 나를 그 상태에서 구출해 준다면 얼마나 행복할까?

⑲ 어떤 한 곳에서 기적이 일어나고, 어떤 한 민족에게 신의 섭리가 나타났다는 사실만으로 충분하지 않은가?

194-3 ① 나는 그들에게 물어 보고 싶다.
그들이 공격하는 신앙의 기초, 즉 인간의 본성이 부패 속에 있다는 것을 자기 스스로 입증하는 것이 실상이 아닌가라고.

② 이것은 매우 중요한 일임에도 불구하고, 사람들은 이것을 매우 소홀히 하고 있다.

③ 이렇게 알려주는 내용들이 허위라고 확신하는 사람이 할 수 있는 일은 이것뿐이다. 그러나 그는 이것으로 인해 즐거워하기보다 오히려 낙담할 것이 틀림없다.

④ 그 일을 이성의 표시라고 말해서는 안 된다.

⑤ 세 가지의 상태.

195 기독교를 증명하기에 앞서, 나는 이렇게 중요하고도 절박한 문제에 대해 그 진리를 추구하는 데 무관심한 사람들의 부당성을 지적해 둘 필요가 있다고 생각한다.

그들의 모든 착란 중에서 이것은 확실히 그들의 우매함과 맹목성을 잘 입증하는 것으로, 상식적으로 일별(一瞥)하거나 자연적인 감정에 호소하거나 아주 쉽게 그들을 설복시킬 수 있는 것이다. 왜냐하면 이 세상의 삶이란 순간적인 것에 불과하고, 죽음은 그 성질이 어떠하든 영원하다는 것은 의심할 여지가 없기 때문이다, 따라서 이 영원의 상태가 어떤 것인가에 따라 우리의 사고와 행위는 달라지지 않을 수 없으므로, 우리의 궁극적 목적인 이 한 가지 진리에 의해 발걸음을 정하지 않는다면 우리는 한 발짝도 나아갈 수 없는 것이다.

세상에 이보다 더 명백한 일은 없다. 그러므로 이성의 원리로 보아도 그들이 다른 길을 택하지 않는 한, 인간의 행동은 도리에 어긋나 있는 것이다. 그런 까닭에 인생의 궁극적 목적에 대해 전혀 생각하지 않고 살아가는 사람들, 반성도 하지 않고 불안도 느끼지 않고 단지 자신의 취미와 쾌락에 몸을 던진 사람들, 또는 영원을 생각하지 않음으로써 영원을 없애 버릴 수 있기라도 한 것처럼 생각하고 순간적인 행복만을 찾으려는 사람들에 대해 이 관점에서 판단하기 바란다.

어쨌든 영원은 존재한다. 그리고 죽음은 이 영원의 문을 열며 또 끊임없이 그들을 위협하고 무서운 필연 속으로 내던질 것임에 틀림없다. 그런데 그들은 그 불행 중 어느 것이 그들을 위해 영원히 준비되어 있는지조차 모르고 있다.

이런 회의는 무서운 결과를 가져올 것이다. 그들은 영원한 비참이라는 위험 속에 있다. 그런데도 그들은 이 문제를 대수롭지 않은 것으로 생각하고 있다. 그리고 그것(기독교)이 민중이 쉽게 믿고 받아들이는 가르침의 하나인가, 혹은 그 자체가 분명히 드러나 있지 않지만 매우 견고한 토대를 가지고 있는 여러 가지 가르침의 하나인가를 검토하는 데 태만하다. 그러므로 그들은 이 사물 속에 진리가 있는지 오류가 있는지, 혹은 그 증거 속에 장점이 있는지 약점이 있는지 모른다. 그 증거가 그들의 눈앞에 있는데도 그들은 그것을 보려고 하지 않는다. 그리하여 그들은 이런 무지 속에 있으면서 불행이 닥칠 경우엔 도리 없이 거기에 빠질 모든 것을 스스로 택하고, 죽을 때 그것을 시험해 보려고 한다. 그들은 그런 상태에 만족하고 그것을 여러 사람 앞에서 떠벌리며 심지어 자랑까지 한다. 이 문제의 중대성을 깊이 생각한다면, 이처럼 무모한 행동에 두려움을 느끼지 않을 수 있겠는가?

이런 무지 속에 그렇게 태연할 수 있다는 것은 실로 놀라운 일이다. 그러므로 그런 생애를 보내고 있는 사람들에게 이 사실을 일깨워 주고 그 무모와 어리석음을 스스로 알게 하여, 그들이 자신의 어리석음에 당황하도록 해야 한다. 왜냐하면 그들이 현재와 같은 무지 속에 있으면서도 빛을 구하려 하지 않고 생활해 나갈 경우, 그들은 대개 "나는 모른다"라고 말하기 때문이다.

195-2 우리의 상상력은 언제나 현재의 시간에만 한정되어 있기 때문에, 그것을 터무니없이 확대하여 영원에 대해 생각하는 일은 거의 하지 않으므로 우리는 그것을 과소평가한다. 그리하여 우리는 영원을 무(無)처럼 생각하고, 무를 영원처럼 생각한다. 이 모든 것이 우리 마음에 깊숙이 뿌리박고 있으므로, 우리의 일체의 이성으로도 이런 모든 것에서 우리를 지켜 줄 수가 없는 것이다.

196 사람들은 심정이 결여되어 있다. 그들을 벗으로 삼을 수는 없다.

197 중요한 일조차도 경멸할 만큼 무감각하고, 더구나 우리에게 가장 중요한 일에 대해서도 무감각하게 된다는 것.

198 작은 일에 대한 인간의 예민함과, 큰일에 대한 무감각은 기묘한 전도(顚倒)의 표징이다.

199 몇몇 사람들이 사슬에 묶여 모두 사형 선고를 받았다고 생각해 보라. 그중 몇 사람이 다른 사람들 눈앞에서 처형되고, 나머지 사람들은 그들 자신의 운명도 그들과 같이 된다는 생각으로 슬픔과 절망에 잠긴 채 서로의 얼굴을 바라보면서 자기 차례가 오기를 기다리고 있다고 생각해 보라. 이것이 바로 인간의 상태를 묘사한 그림이다.

200 한 남자가 감옥에 갇혀 있는데 자기에게 선고가 내려졌는지도 모르고 있다. 그리고 그것을 알 수 있는 여유는 한 시간밖에 없다. 만약 선고

가 내려진 것을 알게 된다면 그 한 시간 안에 충분히 선고를 취소받을 수 있는 경우, 그 시간을 선고가 내려졌는지 여부를 확인하는 데 쓰지 않고 피케(카드놀이의 일종)에 허비한다면 그것은 자연에 어긋나는 일이다. 그러므로 인간이 ……자연에 어긋난 것이다.[2] 이것이야말로 신의 손(신의 벌)을 무겁게 하는 것이다.[3] 이와 같이 신을 구하는 사람들의 열성만이 신을 증명하는 것이 아니라, 신을 구하지 않는 사람들의 맹목도 또한 신을 증명해 주는 셈이다.[4]

201 이런 사람들이나 저런 사람들의 항의는 모두가 자기 자신에 대해서이며, 종교에 대해서는 아니다. 믿지 않는 사람들이 지껄이는 모든 말은……

202 자신에게 신앙이 없다고 불평하는 사람들을 보면, 신이 그들에게 빛을 주시지 않았음을 알 수 있다. 그러나 또 다른 사람들을 보면, 그들을 맹목으로 만드는 신이 있음을 알 수 있다.

203 "하찮은 것에 대한 매력."[5] 정욕에 침해당하지 않기 위해 마치 일주일의 생명밖에 없는 것처럼 행동하자.

204 일주일의 생애를 헛되이 보낸다면 1백 년도 헛되이 보낼 것이다. 일주일을 포기해야 한다면 전생애를 포기해야 할 것이다.

---

2 브랑슈비크는 이 공백에 다음과 같은 구절이 삽입되면 좋을 것이라 했다. 즉 '눈앞에 닥쳐온 심판을 근심하지 않고 심심풀이로 소일한다는 것은.'
3 신을 거역하면 엄벌을 내린다는 뜻.
4 파스칼은 다른 단장에서 "인간은 자기를 장님으로 만든 신이 존재한다는 것을 알고 있다"고 말한다.
5 구약외전 〈지혜서〉 4장 1절.

205 내 생애의 짧은 기간이 그 전과 후의 영원 속에 흡수되고, 내가 차지하고 있으며 현재 내다보고 있는 이 작은 공간이 내가 모르는, 또 나를 모르는 무한한 공간의 넓이 속에 가라앉아가고 있음을 생각할 때, 나는 나 자신이 여기에 있고 저기에 있지 않다는 사실에 두려움과 놀라움을 느낀다. 왜냐하면 어째서 내가 저기에 있지 않고 여기에 있으며, 그때에 있지 않고 지금 있는지 모르기 때문이다. 누가 나를 여기에 두었는가? 누구의 명령과 조치로 이곳과 이때에 내가 놓이게 되었는가? "단 하루 머물렀던 나그네의 추억."

206 이 무한한 공간의 영원한 침묵이 나를 두렵게 한다.

207 얼마나 많은 왕국들을 우리가 모르고 있는가!

208 왜 나의 지식은 제한된 것일까? 왜 나의 신장은? 또 나의 수명은 왜 1천 년도 아니고 1백 년인가? 무슨 까닭으로 자연은 나에게 이런 수명을 준 것일까? 무한에서 보면 그 어느 것도 다른 것보다 낫지 않으므로, 다른 것을 버리고 어느 하나를 택할 이유가 없을 텐데, 이 수(數)를 택하고 다른 수를 택하지 않는 이유는 무엇일까?

209 너는 주인에게서 사랑과 칭찬을 받는다고 이제는 노예가 아니라고 생각하는가? 노예여, 너는 참으로 행복하다. 주인은 너를 칭찬하지만, 머지않아 너를 때릴 것이다.[6]

---

6 여기서 주인이란 쾌락을 의미한다.

210   최후의 막은 피로 더럽혀진다. 연극의 다른 장면이 아무리 아름답다 할지라도 결과는 마찬가지이다. 결국은 머리 위에 흙을 퍼붓고 그것으로 영원한 이별이 되는 것이다.

211   우리는 우리와 비슷한 자들을 사귈 때 마음놓을 수 있다는 것을 기뻐한다. 그런데 우리처럼 비참하고 무능한 그들은 결코 우리에게 도움이 되지는 못할 것이다. 사람은 혼자서 죽어가야 한다. 그러므로 사람은 혼자인 것처럼 행동해야 한다. 그렇다면 굉장한 집이라도 지어야 한단 말인가? 서슴지 말고 진리를 탐구해야 할 것이다. 만일 그것을 거부하는 사람이 있다면, 그런 사람은 진리의 탐구보다도 명예를 존중하고 있음을 나타내는 것이다.

212   유전(流轉).
인간이 소유한 모든 것이 유전하고 있음을 깨닫는다는 것은 무서운 일이다.

213   우리와 천국, 혹은 우리와 지옥 사이에는, 이 세상에서 가장 연약한 생명이라는 것이 가로놓여 있을 뿐이다.

214   부정.
자만심과 비참이 동시에 존재한다는 것은 참으로 옳지 못한 일이다.

215   위험이 없을 때에는 죽음을 두려워하고, 위험이 있을 때에는 두려워하지 않는다. 우리는 어쩔 수 없는 인간이기 때문이다.

216	불의의 죽음은 무서운 일이다. 귀족들의 집에 고해 신부가 머물고 있는 것은 바로 이 때문이다.

217	어떤 상속인이 자기 집 재산 증서를 발견했다고 하자. 그는 "이것은 가짜 서류일 것이다" 하고 확인하지도 않고 내버려둘 것인가?

218	감옥. 나는 사람들이 코페르니쿠스의 학설에 대해 깊이 연구하지 않는 것은 용서할 수 있다. 그러나…… 영혼이 불멸인가 아닌가에 대해 아는 것은 인간의 전생애에 관계되는 중대한 일이다.

219	영혼의 불멸성 여부가 도덕에 근본적인 차이를 낳게 한다는 것은 의심의 여지가 없다. 그럼에도 불구하고 철학자들은 이와는 관계없이 그들의 도덕을 세웠었다. 그들은 시간을 보내기 위해 사색하고 있을 뿐이다.

220	영혼의 불멸성에 대해 논하지 않았던 철학자들의 오류. 몽테뉴에 나타난 그들의 오류.[7]

221	무신론자들은 완전히 명백한 것만을 이야기해야 한다. 그런데 영혼이 물질적이라는 것은 완전히 명백하지 않다.

222	무신론자.
그들은 무슨 이유로 인간이 부활할 수 없다고 말하는가? 탄생하는 것과 부활하는 것, 전에는 없었던 것이 생기는 것과 전에 있었던 것이 다시 있게 되

---

[7] 몽테뉴 《수상록》 제2권 12장 참조.

는 것 중 어느 편이 더 어려운가? 존재가 생기는 것이 다시 존재로 돌아오게 되는 쪽보다 더욱 어렵지 않은가? 습관은 우리로 하여금 전자가 쉽다고 생각하게 하고, 습관의 결여는 후자를 불가능하다고 생각하게 한다.

얼마나 비속한 판단인가!

왜 처녀는 아기를 낳을 수 없는가? 암탉은 수탉이 없어도 알을 낳지 않는가? 누가 외견상 그 알을 다른 알과 구별할 수 있겠는가? 그리고 암탉은 수탉과 마찬가지로 배(胚)를 만들 수 없다고 누가 우리에게 말했던가?

223 그들은 부활과 처녀강탄(處女降誕)에 무슨 반대의 말을 할 수 있겠는가? 인간이나 동물을 낳는 것과 그것을 소생시키는 것 중 어느 편이 어려울까?

만일 그들이 어떤 종류의 동물을 보지 않았더라면, 그 동물들이 서로 교미하지 않고 새끼를 낳을 수 있는지 없는지 어떻게 추측할 수 있었겠는가?

224 성찬과 그 밖의 것을 믿지 않는 어리석음을 나는 얼마나 증오하고 있는가? 복음이 진실하며 예수 그리스도가 신이라면, 그것을 믿는 데 어떤 어려움이 있단 말인가?

225 무신론자들은 이성의 힘을 과장한다. 그러나 그것은 한정되어 있을 따름이다.

226 불신자들이 이성을 따르고 있다고 말하는 것으로 보아 그들은 이성적인 면에 있어서는 매우 강한 모양이다. 그래서 그들은 무엇이라고 말하고 있는가? "우리는 짐승도 인간과 같이 생사를 되풀이하며, 터키인(회교도)도 기독교도와 함께 죽고 사는 것을 되풀이하는 것을 보고 있지 않은가? 그들도 우

리와 마찬가지로 그들의 의식(儀式), 그들의 예언자, 그들의 박사, 그들의 성자, 그들의 수도사를 가지고 있다." 불신자들은 이렇게 말하고 있다. 그것이 성서에 위배된다는 말인가? 성서에 이 모든 것이 기록되어 있다.

만일 당신들에게 진리를 알고 싶은 생각이 없다면, 그 정도에서 안심하면 될 것이다. 그러나 만일 당신들이 온 마음으로 진리를 알고자 한다면, 그것만으로는 충분하지 않다. 좀더 상세히 보지 않으면 안 된다. 철학의 문제라면 그것으로 충분하겠지만, 이것은 당신들 전체에 관한 문제인 것이다. 그럼에도 불구하고 그런 경솔한 생각으로 즐기려 한단 말인가? 이 종교가 그런 분명하지 않은 이유를 밝히는지 어떤지 살펴보아야 하지 않겠는가? 아마 이 종교는 우리에게 그에 대해 가르쳐줄 것이다.

227
대화에 의한 순서.
"나는 어쩌면 좋단 말인가? 나는 모든 것을 분명하게 볼 수가 없다. 나 자신을 무(無)라고 생각해야 할까, 신이라고 생각해야 할까?"
"모든 것은 변화할 뿐만 아니라 계속해서 일어나고 있다." "당신은 틀렸다. 거기에는……"

228
무신론자들의 항의.
"그러나 우리에게는 아무런 빛도 없다."

229
이것이야말로 내가 보고 있는 것이며, 나의 마음을 괴롭히는 것이다. 나는 모든 방향을 바라보고 있지만, 모두가 분명하지 않은 것뿐이다. 자연은 불안과 의혹의 재료만 나에게 보여준다. 만일 거기서 신성(神性)을 나타내는 것을 하나도 보지 못했다면 나는 부정적인 결론에 도달했을 것이다. 만일 내가 어디서나 창조주의 표징을 보았다면 신앙 안에 안주하게 되었을 것이다.

그러나 부정하기에는 너무나 많은 것과, 확신을 가지기에는 너무나 적은 것을 보고 있으므로 나는 가련한 처지에 놓여 있는 것이다. 이 자연 속에서 나는 몇백 번이고 다음과 같이 기원했다. 즉 하나의 신이 자연을 지탱하고 있다면 자연이 그 신을 명백하게 나타내 주기를, 또한 자연이 나타내는 바가 거짓이라면 자연이 그 표징을 깨끗이 없애 주기를, 그리고 어느 쪽에 따라야 할지 알려주기 위해 모든 것을 말하거나 혹은 아무것도 말해 주지 않기를. 그런데 자신이 누구인지도 모르며 또 무엇을 해야 하는지도 모르는 나의 처지로서는, 나의 상태나 의무조차도 알 수 없는 것이다. 나의 마음은 참된 선이 어디에 있는지를 알고, 그것을 따라가기 위해 온 힘을 기울이고 있다. 영원을 소유하는 것보다 더 값진 것은 존재할 수 없다.

신앙 속에서도 그처럼 게으르게 살아가는 사람들, 나라면 전혀 다르게 사용했으리라고 생각되는 타고난 재능을 그렇게 악용하는 사람들을 나는 부러워한다.

230 신이 존재한다는 것은 알 수 없는 일이며, 신이 없다는 것 또한 알 수 없는 일이다. 영혼이 육체와 같이 있다는 것도, 인간에게 영혼이 없다는 것도 알 수 없는 일이다. 또한 세상이 창조된 것인지, 창조되지 않은 것인지도 알 수 없다. 그리고 원죄가 있는지 없는지조차도 알 수 없는 것이다.

231 신이 무한하며 부분이 없다는 것은 불가능한 일이라고 당신들은 생각하는가? 좋다. 그러면 무한하고도 불가분한 그 무엇을 보여주겠다. 그것은 무한한 속도로 모든 곳을 운행하고 있는 하나의 점이다. 왜냐하면 그것은 모든 위치에서 하나이고, 개개의 장소에서는 전체이기 때문이다.

전에는 불가능한 것처럼 보이던 자연의 이러한 사실에서, 세상에는 아직도 당신들이 알지 못하는 다른 일들이 있을 수 있음을 알아야 한다. 당신들의 그 빈약한 지식에서, 나에게는 이제 더 이상 알아야 할 것이 없다는 등의 성급한 결론을 끌어내서는 안 된다. 오히려 알아야 할 것이 무한히 남아 있다고 생각해야 한다.

232 무한한 운동, 모두를 채우는 한 점, 정지하고 있는 운동, 양이 없는 무한, 불가분의 무한.

233 무한과 무(無).
우리들의 영혼은 육체 속에 던져져 있으며, 거기서 수와 시간과 공간의 3차원을 발견하게 된다. 영혼은 그 위에서 추리하고, 그것을 자연 또는 필연이라고 부르며, 그 외의 것은 믿을 수 없다.

무한에 하나를 더해도 무한은 조금도 늘어나지 않는다. 무한의 길이에 1피트를 더해도 역시 마찬가지이다. 무한 앞에서 유한은 사라져 버리고 단순한 무로 돌아갈 뿐이다.

우리의 정신이나 정의도 신 앞에서는 그와 같다. 우리의 정의와 신의 정의 사이에는 하나와 무한 사이와 같은 커다란 불균형은 없다. 신의 정의는 그의 자비와 같이 큰 것이어야 한다. 그러나 신으로부터 버림을 받은 자들에 대한 정의는 신의 택함을 받은 자에 대한 자비만큼 크지 않고, 또 우리에게 별로 큰 자극을 주는 것도 아니다.

우리는 무한의 존재를 알고 있지만, 그 본질은 모른다. 수가 유한하다는 것이 잘못인 줄 안다면, 수가 무한하다는 것이 진실인 줄 아는 것과 같다. 그러나 우리는 그 무한이 어떤 것인지 모른다. 그것이 짝수라고 하는 것도, 홀수라고 하는 것도 잘못이다. 거기에 하나를 더해 보아도 그 본질은 변하지 않기 때문이다. 그럼에도 그것은 수이며, 또 어떤 수든지 짝수 아니면 홀수이다. 이것은 모든 유한수에 관한 한 사실이다. 이와 같이 신이 무엇인지를 알 수 없더라도 신이 존재함은 알 수 있다. 바로 진리 그 자체가 아닌 참된 사물이 많은 것으로 보아 실체적 진리란 존재하지 않는 것일까? 그런데 우리는 유한의 존재와 본질을 알고 있다. 우리도 유한하고 또 유한과 같은 넓이를 가지고 있기 때문이다. 우리는 무한의 존재는 알고 있으나, 그 본질은 모른다. 무한도 우리와 마찬가지로 넓이를 가지고 있지만, 우리와 같은 한계를 가지고 있지는 않기 때문이다.

그러나 우리는 신의 존재도 그 본질도 모른다. 신에게는 넓이도 한계도 없기 때문이다. 그렇지만 우리는 신앙을 통해 신의 존재를 알게 되며, 그 영광 속에서 본질을 알게 된다.

그런데 나는 이미 사물의 본질을 몰라도 그 존재는 충분히 알 수 있음을 표시했다. 이번에는 자연의 빛에 따라서 이야기하겠다.

만일 신이 존재한다면 신은 무한히 불가해한 존재이다. 왜냐하면 그는 부분도 한계도 가지고 있지 않으므로 우리와 아무 관련이 없기 때문이다. 그러므로 우리는 신이 무엇인지, 또 그 신이 있는지 없는지조차도 알 수가 없다. 그렇다면 누가 감히 이 문제를 풀려 하겠는가? 그러나 우리는 신과 아무 관련을 맺지 않고 살아갈 수는 없다.

그렇다면 누가 기독교도에게 자기들의 신앙의 이유를 밝히지 못한다고 비난할 수 있겠는가? 그들은 이유를 분명히 밝힐 수 없는 종교를 믿고 있는 것이다. 그들은 그 종교를 세상 사람들에게 설명하는 것을 '미련한 것'[8]이라고 단언한다. 그런데도 당신은 그들이 그것을 입증하지 못한다며 불평하고 있다. 만일 그들이 그것을 입증한다면 그들은 약속을 어긴 것이다. 입증하지 않는 것이야말로 그들이 분별을 잃지 않았다는 증거이다. 좋다. 그것이 이 종교를 그런 식으로 제공하는 사람들의 변명이 될지 모르지만, 또 그 종교를 이유 없이 전도한다는 그들의 비난을 면할 수 있을지는 모르지만, 이 종교를 받아들이는 사람들의 변명은 되지 않는 것이다. 그렇다면 이 점을 깊이 생각하여, 신이 있는지 없는지 말해 보자.

그런데 우리는 어느 쪽으로 기울어질 것인가? 여기서 이성은 아무런 결론도 내

---

[8] 〈고린도전서〉 1장 21절.

릴 수 없다. 거기에는 우리를 격리시키는 한없는 혼돈이 있을 뿐이다. 이 무한한 거리의 극단에서 일종의 도박이 벌어져, 노름패의 앞면이나 뒷면이 나올 것이다. 당신은 어느 쪽에 걸 생각인가? 이성으로서는 어느 쪽에도 걸 수 없다. 이성으로서는 하나도 택할 수 없다.

그렇다면 어느 한쪽을 택한 사람에게 잘못했다고 비난해서는 안 된다. 당신은 거기에 대해서 아무것도 모르기 때문이다. 아니, 내가 비난하는 것은 어느 쪽을 택한 것에 대해서가 아니라, 택한다는 행위 그 자체에 대해서이다. 왜냐하면 앞면을 택하건 뒷면을 택하건 양쪽이 모두 잘못이며, 옳은 것은 전혀 내기를 하지 않는 것이다. 그렇다. 그러나 도박을 전혀 안 할 수는 없다. 이것은 자기 마음대로 할 수 있는 일이 아니다. 당신은 이미 시작한 것이다. 그러면 어느 쪽을 택할 것인가? 자! 꼭 택해야만 한다면 어느 쪽을 택하는 편이 이익이 되는지 생각해 보자. 당신이 잃어버리는 것은 진(眞)과 선(善) 두 가지이며, 내기하는 것도 두 가지, 즉 당신의 의지와 이성, 당신의 지식과 행복이다. 그리고 당신의 본성이 피하는 것은 오류와 비참 두 가지이다. 아무래도 선택해야 하는 이상, 한쪽을 택하고 다른 한쪽을 버렸다고 해서 당신의 이성이 더 손상되는 것은 아니다. 이것으로 한 가지 점은 끝나는 셈이다.

그러나 당신의 행복은? 신이 있다는 앞면을 취하여 손득(損得)을 계산해 보자. 두 가지 경우를 생각해 보자. 만일 당신이 이긴다면, 당신은 모든 것을 얻게 될 것이다. 그러나 진다 해도 잃은 것은 하나도 없다. 그러니 주저하지 말고 신이 있다는 편에 걸어라―그게 좋겠군, 그렇게 걸어야겠는데. 그런데 너무 지나치게 많은 것을 기대하며 거는 것 같군―그래, 손해에도 이득에도 마찬가지 운이 있는 이상, 만일 당신이 하나의 생명 대신 둘의 생명을 얻는 것이라면, 당신은 다시 내기를 하게 될 것이다. 그런데 만일 세 개의 생명을 얻는 것이라면 당연히 내기를 해야 한다. 아무래도 당신은 내기를 할 수밖에 없으니까. 그리고 손해에도 이득에도 같은 운이 있는 도박에서 어차피 내기를 해야 하는 입장이면서도, 세 개의 생명을 얻기 위해 한 개의 생명을 걸지 않는다면 당신은 무분별하다는 비난을 면치 못할 것이다. 그러나 여기에는 영원한 생명과 행복이 있다. 그렇다면 그 무수히 많은 운 중에서 단 하나만이 당신의 것일 때, 당신이 두 개의 생명을 얻기 위해 하나의 생명을 거는 것은 당연한 일이다.[9] 또 무수한 운 중에서 하나만이 당신의 것이 될 수 있는 도박에서 무수한 생명과 행복을 얻을 수 있다면, 반드시 걸어야 할 판에 세 개의 생명을 위해 하나의 생명을 걸기를 거절한다면 그것은 도리에 어긋나는 행위인 것이다.[10] 그러나 여기서는 한없이 행복한 무한한 생명을 얻을 수 있으면, 나쁜 운이 유한한 데 비해 좋은 운은 하나이며, 당신이 거는 것은 유한하다. 이렇게 된다면 결코 내기가 되지 않는다.

무한한 곳, 이길 운이 무한하고 잃을 운이 무한하지 않은 곳에서는 망설일 필요가 없다. 그때는 모든 것을 걸어도 좋다. 그러므로 내기가 강요된 경우에는 무가치한 것을 잃을지도 모르지만, 그 대신 무한한 것을 얻을 수도 있는데 생명을 걸지 않으려는 것이야말로 분명히 제정신을 잃은 증거이다. 왜냐하면 이길지 질지 불확실한 상태로 내기를 거는 것은 확실하다 하더라도, 또 거는 것의 확실성과 승패의 불확실성 사이에 있는 무한한 거리는 인간이 확실하다고 생각해서 거는 유한의 선과 확실하지 않은 무한의 선을 동일하게 만든다 하더라도 아무 소용없는 일이기 때문이다.

그러나 실제로는 그런 것이 아니다. 내기를 하는 사람은 모두가 불확실한 것을

---

9 앞에 나온 1 대 1의 운으로 하나의 생명 대신 두 개의 생명을 얻을 경우 확률 계산의 결과는 양자가 동등하기 때문에 "그렇다면 걸어도 좋다"고 했던 것이다. 이 경우 그에 준해서 운의 경우에는 무한에 대한 하나에 대해 벌 수 있는 생명의 길이가 1 대 무한의 비율이 되어, 다시 확률 계산의 결과가 동등하게 되므로 "한 생명을 거는 것도 당연한 일"이라 했다.

10 이것도 앞에 나온 "세 개의 생명을 얻기 위해 하나의 생명을 걸지 않는다면"이라는 대목과 병행시키고 있는 것이다. 단지 무한을 앞에 두고 세 개의 생명이라고 말한 것은 무한을 3배로 해도 무한이므로 이해하기 어려워 여러 가지 설명이 시험되고 있는 것이다. 양적으로 무한한 생명의 경우를 1 대 2로 한 것으로, 이번에는 양적으로나 질적으로도 무한인 이른바 무한의 제곱의 경우를 1 대 3으로 표현한 것이라는 해석이 일반적으로 적용되고 있다.

얻기 위해 확실한 것에 거는 것이다. 그러나 그가 유한을 확실히 걸고 유한을 불확실하게 얻고자 한다 해도 이성에 어긋나는 일은 아니다. 거는 것의 확실성과 얻는 것의 불확실성 사이에는 무한한 거리가 가로놓여 있는 것이다. 그것은 잘못이다. 실제로 무한은 이득이 되는 확실성과 손해를 보는 확실성 사이에 있는 것이다. 그런데 이득을 보는 불확실성은 이득과 손해의 운수의 비율에 따라 거는 확실성에 비례하는 것이다. 그러므로 양쪽에 같은 운이 있다면 내기는 대등하게 행해지는 것이다. 그때에는 거는 것의 확실성과 얻는 것의 불확실성이 같아지는 셈이다. 이 둘 사이에 무한한 거리가 있다는 것은 사실과 맞지 않는다.

 이처럼 이득과 손해에 같은 운이 있는 내기에, 유한을 걸고 무한을 얻으려는 경우 우리의 충고는 무한한 힘을 갖게 된다. 이것은 증명할 수 있는 것이다. 만약 인간이 어떤 진리를 알 수 있다면, 이것이 바로 그 진리인 것이다―나는 이것을 긍정한다. 그러나 한 걸음 더 나아가서 내기의 내용을 알 수 있는 방법은 없을까?―있다. 성경과 그 밖의 것들이 바로 그것이다―그렇다. 그러나 나는 손이 묶여 있으며, 또 입은 막혀 있다. 내기를 해야 한다고 강요를 받지만 자유로운 몸이 아니다. 나는 석방될 수 없고 또 믿을 수 없도록 되어 있다. 도대체 당신은 나더러 어떻게 하라는 것인가?―그 말은 옳다. 그러나 이성이 당신을 그렇게까지 했는데도 믿지 못한다면, 당신에게는 믿을 수 있는 힘이란 것이 없음을 알아야 한다. 그러므로 신에 관한 증거를 많이 만들어서 믿도록 하지 말고 당신의 욕망을 줄여서 납득하도록 노력하라. 당신은 신앙을 갖고 싶어하는데 그 길을 모른다. 불신앙을 치료하려고 그 약을 구하고 있는 것이다. 전에는 당신과 같이 묶여 있었지만, 이제는 모든 재산을 내걸고 있는 사람들을 본받아야 한다. 그 사람들은 당신이 원하는 길을 알고 있다. 그들은 당신이 낫기를 바라는 그 병을 이미 치료한 것이다. 그들이 다시 시작하던 그 방법을 배워야 한다. 그것은 이미 알고 있듯이 모든 것을 행하는 것이다. 그것은 바로 성수(聖水)를 받고 미사를 드려 달라고 부탁하는 것 등이다. 그러면 당신은 스스로 믿게 될 것이며, 또한 어리석게 되는 셈이기도 하다. 그러나 바로 그 점을 나는 두려워하는 것이다. 그것은 또 무엇 때문인가? 당신이 무슨 손해를 입게 된단 말인가? 그러나 거기에 이르는 길을 당신에게 가르쳐주기 위해서 한마디 한다면, 당신에게 커다란 장애가 되는 욕정은 줄어들게 될 것이다.

이 이야기의 결론.

그런데 이 편에 가담하면 어떤 재난이 당신에게 닥치게 될 것인가? 당신은 충실하고, 정직하고, 겸손하고, 은혜를 잊지 않고, 우정에 성실하고, 진실하게 될 것이다. 그리고 해로운 쾌락이나 영예나 향락 등에도 빠지지 않게 될 것이다. 오히려 당신은 무엇인가를 얻게 될 것이다. 나는 당신이 그 때문에 이 세상에서 득을 볼 수 있으리라고 감히 말할 수 있다. 그리고 당신이 가는 이 길의 발걸음마다 이득의 확실성이 많으며, 당신이 내기에 걸었던 것이 아무 가치도 없으리라는 사실을 점점 더 확실히 알게 될 것이다. 그리고 당신은 확실하며 무한한 것을 얻을 수 있는 내기를 걸었으며, 또 그 때문에 손해도 입지 않았음을 알게 될 것이다.

아! 이 이야기는 나를 감격시킨다. 나를 황홀하게 한다. 만약 이 이야기가 당신 마음에 들고 당신에게 믿음직스럽게 여겨진다면, 그것은 전에도 후에도 무릎을 꿇고, 저 무한하고도 불가분한 존재에게 그의 모든 소유물을 바치고, 당신도 당신 자신의 소유물을 당신의 행복과 그의 영광을 위해 바치도록 기도하는 한 인간에 의해 만들어졌다는 사실을 알아주기 바란다. 그리고 힘이란 이처럼 겸허한 마음과 언제나 함께 있음을 알아주기 바란다.

234 확실한 것이 아니라면 해서는 안 된다는 말은, 종교를 위해서는 아무 것도 하면 안 된다는 말과 같다. 그러나 확실하지 않은 것들을 위해 얼마나 많은 일을 하고 있는가. 항해나 전쟁이 그러하다. 그래서 나는 다음과 같이 말하고자 한다. 확실하지 않다고 해서 아무 일도 하지 말아야 한다면, 종교에는 우리가 내일도 살아 있으리라는 것보다도 더 많은 확실성이 있다고.

우리가 내일도 살아 있으리라는 것은 확실하지 않으나, 우리가 내일까지 못 살지도 모른다는 것은 확실한 일이기 때문이다. 종교에 대해서는 그렇게 말할 수 없다. 종교가 확실하다는 것은 확실한 것이 못 된다. 그러나 종교가 확실하지 않다는 것도 확실한 것이라고 누가 단언할 수 있겠는가? 그런데 내일을 위해, 즉 불확실한 것을 위해 일할 때 우리는 이성적으로 행동한다. 왜냐하면 우리는 이미 증명된 운의 법칙[11]에 따라 불확실한 것을 위해 일하지 않으면 안 되기 때문이다.

성 아우구스티누스는 인간이 불확실한 항해나 전쟁 등의 행위를 하는 것을 보았다. 그러나 그는 인간이 그렇게 할 수밖에 없는 운의 법칙을 알지 못했다. 몽테뉴는 인간이 편파적인 정신 때문에 괴로움을 당하고, 습관이 모든 일을 마음대로 하고 있음을 보았지만 이유를 알지 못했다.

이들은 모두 사실은 보았지만, 그 원인은 보지 못했던 것이다. 그들과 원인을 발견한 사람들을 비교하는 것은, 마치 눈만 소유한 사람들을 정신을 소유한 사람들과 비교하는 것과 같다. 왜냐하면 사실은 감성으로 느낄 수 있으나, 원인은 정신만이 볼 수 있기 때문이다. 그리고 이런 사실은 정신에 의해서도 발견될 수 있지만, 그런 정신과 원인을 알아내는 정신을 비교하는 것은, 육체의 감성을 정신과 비교하는 것과 같다.

235

"그들은 사실을 보았을 뿐 그 원인을 발견한 것은 아니다."[12]

236

배분(配分)의 논리대로 말한다면, 당신은 진리 추구를 위해 애써야 한다. 왜냐하면 참의 본원을 섬기지 않고 죽는다면, 당신은 멸망해 버리기 때문이다. "그러나 만일 신이 나에게 자기를 섬길 것을 원하신다면, 그런 의향

---

11 파스칼은 내기가 중단된 경우 그때까지의 상황에 따라서 내기에 건 돈을 어떤 방법으로 분배하느냐를 해명하고, 확률 계산의 선구자가 되었다.
12 아우구스티누스 《펠라기우스 반박》 제4권 60장.

을 나타낸 표징을 나에게 남겨놓았을 것이다"라고 당신은 말한다. 사실 신은 그렇게 하셨다. 그러나 당신은 그런 신의 표징을 소홀히 했다. 그러므로 그것을 찾아야 한다. 그것은 찾을 만한 가치가 충분하다.

237 배분 계산.
다음의 여러 가지 가정 중 어느 쪽에 따르는가에 따라 우리는 다른 생활 태도를 가져야 한다.
① 이 세상에 영원히 살 수 있는 경우.
② 이 세상에 오래 살지 못할 것은 분명하고, 우리가 세상에서 앞으로 단 한 시간 동안이나마 생존해 있을지조차 확실하지 않을 경우.
이 후자의 가정이 바로 우리의 경우이다.

238 당신은 확실한 고통이 따르는 자애의 10년간(10년이 주어진 몫이므로) 마음에 들려고 최대한의 노력을 기울이지만, 끝내 성공할 수 없다는 것 이외에 나에게 할 수 있는 말이 무엇인가?

239 이론. 자기 자신의 구원을 바라는 사람들은 그만큼 행복하다. 그러나 한편으로는 지옥을 두려워해야 한다.
회답. 지옥을 두려워해야만 할 이유를 더 많이 가진 사람은 누구인가? 지옥이 있는지 없는지조차 모르고, 만일 지옥이 있다면 그 고통을 받아야 할 사람일까? 아니면 지옥이 있다는 사실을 어느 정도는 알고 있으며, 만일 지옥이 있다면 구원받기를 바라는 사람들일까?

240 "나는 신앙을 가지게 되면 곧 쾌락을 버리겠다"라고 말한다. 그러나 만일 나 같으면 당신에게 "당신이 쾌락을 버린다면, 곧 신앙을 얻게

될 것이다"라고 말할 것이다. 그러나 시작해야 하는 것은 당신 쪽이다. 만일 내가 할 수만 있다면 나는 당신에게 신앙을 줄 것이다. 나는 그것을 할 수 없으므로, 당신이 하는 말의 진위를 시험할 수도 없다. 그러나 당신은 쾌락을 버릴 수도 있으며, 나의 말이 사실인지 아닌지도 시험해 볼 수 있다.

241 질서. 나는 기독교가 진실하다고 믿음으로써 저지르게 될 잘못에 대한 두려움보다도, 어떤 잘못을 저질러 놓고 그것이 진실하다고 믿는 편이 훨씬 더 두렵다.

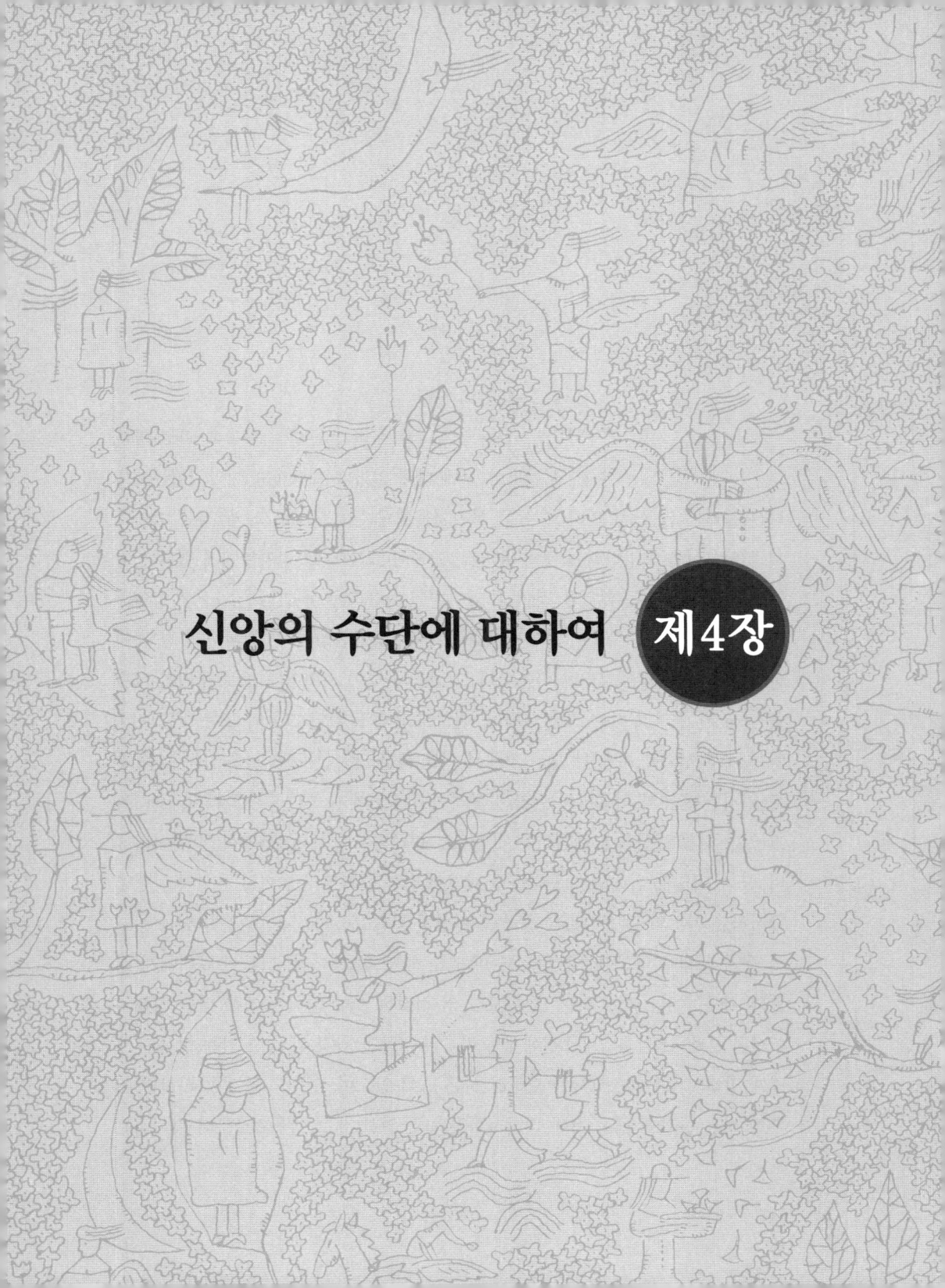

신앙의 수단에 대하여　제4장

242 제2부의 서언.

이 제목에 대해 이미 논했던 사람들에 관해 말할 것. 이 사람들이 신에 대해 얼마나 대담하게 이야기했는지에 나는 놀라지 않을 수 없다. 그들이 불신자들에게 논증할 때, 그 제1장은 자연의 피조물로 신을 증명하려는 것이다. 만일 그들이 그 논의를 신자들에게 했다면 나는 그렇게 놀라지는 않았을 것이다. 왜냐하면 마음속에 산 믿음을 가진 사람이라면, 존재하는 모든 사물이 그들이 섬기는 신의 창조물임을 곧 간파하게 될 것이 분명하기 때문이다. 그러나 마음속에 그 믿음의 빛이 꺼져 있으므로 우리가 그것을 다시 켜 주려고 하는 그런 사람들, 신앙도 은총도 없이 그들의 모든 빛으로 자연 속에서 찾아볼 수 있는 모든 것에서 신을 깨닫도록 인도해 줄 수 있는 것을 찾고 있지만 혼미와 암흑밖에는 찾지 못하는 사람들에게, 그들은 자기들을 둘러싸고 있는 하찮은 사물을 관찰하는 것만으로 족하다느니, 신을 분명히 볼 것이라느니, 또는 이렇듯 위대하고 중대한 문제의 완벽한 증거로서 달이나 유성의 운행을 제시하는 따위의 말만으로 그 증거를 완성하겠다고 하는 것은, 우리가 믿는 종교의 근거가 매우 약하다는 것을 그들에게 믿게 해 줄 뿐이다. 그들이 우리에게 경멸의 마음을 일으키게 하는 데 이보다 더 적절한 것이 없다는 것을 나는 경험과 이성을 통해 잘 알고 있다. 신에게서 비롯된 사물을 가장 잘 알고 있는 성서는 그렇게 말하지 않는다. 성서는 오히려 신은 숨어 있으며, 인간의 본성이 타락한 이후로 신은 인간을 맹목 속에 내버려두었는데, 인간이 그 맹목으로부터 벗어나는 길은 오직 예수 그리스도를 통해서만 열리고, 그분 외에는 신과의 모든 교제가 차단되었음을 말하고 있다. "아들과 또 아들의 소원대로 계시를 받은 자 외에는 아버지를 아는 자가 없느니라."**1**

이것이야말로 성서가 신을 구하는 자는 신을 찾게 될 것이라고 여러 곳**2**에서 우리에게 보여주고 있는 구절인 것이다. '대낮의 태양같이'라고 사람들이 말하는 것은 이 빛을 가리키는 것은 아니다. 대낮의 빛을 구하고 바다의 물을 구하는 자는 이것을 찾게 될 것이라고 말하지는 않았다. 따라서 신의 증명은 자연 속에 있는 그런 것이어서는 안 된다. 성서는 다른 데서 우리에게 이렇게 말하고 있다. "진실로 주는 스스로 숨어 계시는 하느님이시니이다."**3**

243 성서 정전(正典)의 저자들이 신을 증명하기 위해 자연을 인용하지 않았다는 것은 참으로 놀라운 일이다. 그들 모두가 신을 믿도록 만든 경향이 있었던 것이다. 다윗과 솔로몬, 그 밖의 사람들은 "세상에 진공 상태란 존재하지 않는다. 그러므로 신은 존재한다"는 식으로 말하지는 않았다. 그들은 그들보다 나중에 태어나서 모든 자연을 이에 사용한 가장 현명한 사람들보다 한층 더 현명했다고 생각된다. 이것은 매우 주목할 만한 사실이다.

244 뭐라구? 당신 자신은 하늘이나 새들이 신을 증명한다는 말을 하지 않았단 말인가?—그렇다—그리고 당신의 종교는 그렇게 말하지 않는가?—그렇다. 왜냐하면 이것은 신에 의해 이 빛을 받은 사람들에게는 어떤 의미에서 본다면 참된 것이겠지만, 대부분의 사람들에게는 허위이기 때문이다.

---

1 〈마태복음〉 11장 27절.
2 〈잠언〉 8장 17절, 〈예레미야〉 29장 13절, 〈마태복음〉 7장 7절, 〈누가복음〉 11장 10절 등등.
3 〈이사야〉 45장 15절.

245 신앙에는 세 가지 수단이 있다. 즉 이성과 습관과 영감이 그것이다. 올바른 이성을 가진 기독교는 영감 없이 믿는 자를 자기의 참된 자녀로 인정하지 않는다. 물론 그것은 이성과 습관을 배격한다는 뜻은 아니다. 오히려 증거 앞에 그 마음을 열고 습관으로 그것을 더욱 굳게 해야 한다. 또한 겸손한 마음으로 영감에 몸을 맡겨야 한다. 영감만이 참으로 유익한 결과를 가져올 수 있기 때문이다. "그리스도의 십자가가 헛되지 않게 하려 함이라."

246 질서. '신을 찾아야 한다'는 편지 다음에 '장애를 없애는 데 대하여'라는 편지를 쓴다. 그것은 기계를 정비하는 데 관한 것이며, 이성으로 추구하는 데 관한 것이기도 하다.

247 질서. 한 친구에게 신을 구하도록 전하는 격려의 편지.
그러면 그는 대답할 것이다. "구한들 그것이 무슨 소용이 있나? 아무것도 나타나지 않는걸" 하고—그래서 그에게 대답한다. "실망하지는 말게"라고—그러면 그는 또 대답할 것이다. 어떤 빛을 발견하게 된다면 다행이겠지만, 이 종교가 그렇게 믿어 보았자 아무 소용도 없는 일이라고 하니, 차라리 아무것도 찾지 않을 작정이라고. 그래서 그것은 기계 작용 때문이라고 그에게 대답하는 것이다.

248 기계 작용에 의한 증거의 효용을 표시하는 편지.
신앙이란 증거와는 다른 것이다. 후자는 인간적인 것이지만, 전자는 신이 내리신 선물이다. "의인은 믿음으로 말미암아 살리라."[4] 이 믿음은 신 자신이 인간의 마음속에 넣어 주는 것이며, 증거는 때때로 신앙의 도구에 지나지 않는

---

4 〈로마서〉 1장 17절.

것이다. "믿음은 들음에서 나며……"⁵ 그러나 이 믿음은 마음속에 있다. 그리고 인간으로 하여금 "나는 알고 있다"⁶라고 말하게 하지 않고, "나는 믿는다"⁷라고 말하게 한다.

249 형식에 희망을 거는 것은 미신이다. 그러나 그것에 복종하려 하지 않는 것은 오만이다.

250 신으로부터 무엇을 받기 위해서는, 외적인 것을 내적인 것에 연결해 놓아야 한다. 무릎을 꿇거나 소리를 내어 하는 기도 등이 바로 그런 것이다.

그것은 신에게 복종하지 않으려 하는 오만한 사람을 피조물로 복종시키기 위함이다. 이런 외적인 것으로부터 도움을 바라는 것은 미신이지만, 그것을 내적인 것에 연결시키지 않으려 하는 것은 오만이다.

251 다른 여러 종교, 예를 들면 이교들은 외적인 것이기 때문에 좀더 대중적이다. 그러므로 그것은 지식인에게는 어울리지 않는다. 순수한 지적 종교는 지식인에게는 적합하겠지만, 일반 대중에게는 아무 소용이 없다. 오직 기독교만이 내적인 것과 외적인 것을 함께 가지고 있기 때문에 모든 사람들에게 적합하다. 그것은 일반 대중을 내적인 것으로 높이고, 오만한 사람을 외적인 것으로 끌어내린다. 따라서 이 두 가지를 모두 겸비해야만 비로소 완전해진다. 왜냐하면 일반 대중은 형식에서 정신을 이해하고, 지식인은 그들의 정신을 의식에 복종시켜야만 하기 때문이다.

---

5 〈로마서〉 10장 17절.
6, 7 이 두 개의 라틴어 동사는 1656년 '성형(聖荊)의 기적' 직후에 파스칼이 만들게 한 인형(印形)에 조각되어 있다.

252 ……왜냐하면 자기 자신을 오해해서는 안 되기 때문이다. 우리는 정신인 동시에 자동 작용이다. 그리하여 거기서 우리를 설득하는 도구는 단순히 논증만이 아니라는 말이 생각난다. 이 세상에는 증명할 수 없는 사물이 얼마나 많은가? 증거는 다만 정신을 설득할 따름이다. 습관은 가장 유력하고, 또 가장 믿을 만한 증거가 된다. 정신을 자신도 모르는 사이에 위안하는 자동 작용을 조종하는 것은 습관이다. 습관은 많은 기독교도를 만들 뿐만 아니라 터키인, 이교도, 직공, 군인을 만들기도 한다. 세례를 받고 신앙을 얻는 사람은 터키인보다 기독교도에게 더 많다. 요컨대 정신은 일단 진리가 어디 있는가를 파악한 이상, 끊임없이 달아나려는 이 신앙에 우리를 묶어 놓고 빠져들게 하려면 습관의 힘을 빌려야 한다. 왜냐하면 증거를 언제나 눈앞에 놓아두어야 한다는 것은 매우 귀찮은 생각이 들기 때문이다. 우리는 보다 손쉬운 신앙, 즉 습관적인 신앙을 얻어야 한다. 그것은 무리가 없고 기교가 없으며, 또 왈가왈부하는 논란이 없이 우리로 하여금 사물을 믿게 하며, 우리의 모든 능력을 이 신앙을 위해 바치도록 하여 우리 영혼을 스스로 거기에 빠져들게 한다. 인간이 내적인 확신에 의해서만 믿게 될 때에도, 자동 작용이 그 반대의 것을 믿게 하려 한다면 확신만으로는 충분하지 못하다는 증거이다.

그러므로 우리의 두 부문을 믿게 해야 한다. 일생에 한 번만 보면 충분한 이유로 정신을 믿게 하고, 습관에 의해 반대 방향으로 기울어지지 않도록 자동 작용을 믿게 할 일이다. "주여, 내 마음을 증거로 향하게 하소서."

이성은 여러 가지 견해로 많은 원리에 근거하여 서서히 작용하지만, 그 원리는 항상 현존하는 것이어야 한다. 그 원리들이 현존해 있지 않으면 이성은 언제나 졸거나 풀기 어려운 미혹에 빠져 버리기 때문이다. 직관은 그렇게 작용하지는 않는다. 그것은 순간적으로만 작용하고 있지만, 언제나 작용하려는 태세를 취하고 있다. 그러므로 우리의 신앙을 직관 속에 두어야 한다. 그렇지 않으면 우리의 신앙은 언제나 굳건한 토대 위에 바로 서 있지 못하고 흔들릴 것이다.

253 두 개의 극단.
이성을 배격하는 것과 이성만을 인정하는 것.

254 지나치게 순종적으로 남의 말을 듣는다고 사람들을 책망해야 할 경우도 종종 있다. 그것은 믿음을 갖지 못한 것과 마찬가지로 당연한 악덕이며, 또한 해로운 것이다.

255 신앙이란 미신과는 다르다. 신앙을 미신에 이르도록 고집하는 것은 신앙 자체를 파괴하는 것이다.

이단자들은 우리가 이 미신적인 복종에 빠져 있다고 비난한다. 그것은 그들 스스로 우리를 비난하는 것과 같은 짓을 저지르고 있기 때문이다.

성체(聖體)가 보이지 않는다는 이유로 그것을 믿지 않는 불신앙. 여러 명제를 믿는 미신. 신앙 등등.

256 참된 기독교도는 많지 않다. 신앙에 관해서도 마찬가지라고 나는 말하고 싶다. 믿는 사람은 많지만, 그것은 미신으로 믿고 있는 것이다. 믿지 않는 사람들 또한 많지만, 이는 자의에 의한 것이다. 그 양자 중 어느 편에도 속하지 않고 중간에 있는 자는 얼마 되지 않는다.

나는 참으로 경건한 덕성을 지닌 사람들, 마음의 직관으로 믿고 있는 사람들을 이들 속에 포함해 계산하지는 않았다.

257 이 세상에는 다만 세 부류의 사람들이 있을 따름이다. 첫번째는 신을 발견하여 이를 섬기는 사람들, 두 번째는 신을 발견하지 못하고 그를 애써 구하는 사람들, 그리고 세 번째는 신을 발견하지 못할 뿐만 아니라 추구하려 하지도 않는 사람들이다. 첫번째 사람들은 도리에 합당하고 행복하며, 세 번째 사

람들은 도리에 어긋나기 때문에 불행하며, 중간 사람들은 도리에는 합당하지만 불행하다.

258 "각자 모두 자신의 신을 만든다."[8] 혐오스럽다.

259 보통 사람들은 자기가 생각하고 싶지 않은 것은 생각하지 않고 견딜 수 있다. "메시아에 관한 구절들을 생각하지 말라"고 유대인은 그의 아들에게 말한다. 우리 시대 사람들도 때때로 그런 말을 한다. 그리하여 거짓 종교와 함께 참된 종교도 많은 사람들에게 보존되어 지금까지 전해진 것이다. 그러나 생각하는 것에 방해를 받지 않는 사람들, 금지될수록 오히려 더 깊이 생각하는 사람들도 있다. 그들은 확고한 논증을 발견하지 못하게 되면 참된 종교일지라도 내버리는 것이다.

260 그들은 군중 속에 몰래 숨어서 다수의 힘에 의지한다. 소란.
권위. 남에게서 어떤 일에 대해 들었다고 해서 그것을 신념의 기준으로 삼아서는 안 된다. 오히려 그것을 전혀 듣지 않았던 것과 같은 상태에 자신을 두고 무엇을 믿어야 한다. 당신을 믿게 하는 것은 자신에 대한 당신의 동의와, 당신 이성의 확고한 목소리여야 하며, 결코 다른 사람의 것이어서는 안 된다.

믿음이란 이처럼 중요한 것이다. 백 가지 모순이 모두 진실이 될 수 있는 것이다. 만일 고대성(古代性)이 신앙의 기준이라면, 고대인에게는 기준이 없다는 말인가? 만일 모든 사람의 동의가 신앙의 기준이라면, 인류가 멸망한다면 어떻게 될 것인가?

거짓 겸손과 오만. 위반하는 자에 대한 형벌과 오류.

---

[8] 구약외전 〈지혜서〉 15장 16절.

막을 올려라. 당신의 모든 시도는 헛수고가 될 것이다. 아무튼 믿든지 부정하든지 의심하든지, 어느 하나를 선택해야 하리라.

우리에게는 정말 기준이 없단 말인가? 동물에 대해서라면 그것들의 행위를 현명하다고 판단한다. 인간에 대한 판단의 기준은 없는 것일까?

인간으로서 부정하고 믿고 올바르게 의심하는 것은, 말에 비유하면 달리는 것과 같다.

261 진리를 사랑하지 않는 사람들은, 거기에 이론(異論)이 있다든가, 많은 사람들이 그것을 부정한다든가 하는 구실을 내세운다. 그런데 그들의 잘못은 그들이 진리 또는 자애를 사랑하지 않는 데서 비롯되는 것이다. 따라서 그런 점은 변명이 될 수가 없는 것이다.

262 미신과 사욕. 불안과 나쁜 욕망. 전율스러운 공포.
인간이 신을 믿기 때문에 생기는 것이 아니라, 신이 있는지 없는지를 모르기 때문에 생기는 두려움. 참된 두려움은 신앙에서만 생기는 것이고, 거짓된 두려움은 의혹에서 생긴다. 참된 두려움이 신앙에서 생기는 것이기 때문에, 또 그 믿는 신에 희망을 걸고 있기 때문에, 그것은 희망과 결부되어 있는 것이다. 하나는 신을 잃어버리게 될 것을 두려워하고 다른 하나는 신을 찾는 것을 두려워한다.

263 "기적이 일어나는 것을 본다면, 나의 신앙이 굳어질 텐데"라고 사람들은 말한다. 사람들이 그렇게 말하는 것은 기적을 보지 않았을 때이다. 이유란 멀리서 보면 우리 시야의 한끝에 있는 것처럼 보인다. 그러나 거기에 이르면 또다시 저편을 바라보게 된다. 우리 정신의 끊임없는 변화를 막을 수 있는 것은 없다. 세상에 예외없는 규칙이란 있을 수 없으며, 결함이 전혀 없는 일반적인 진리도 있을 수 없다고 사람들은 말한다. 그것이 절대로 보편적인 것은 아니라고

하면, 다음과 같은 이유를 밝힌 셈이다. 즉 현재의 문제에 예외를 적용시키거나, 혹은 "그것은 언제나 진리라고 할 수는 없다. 그러므로 진리가 아닌 경우도 있을 수 있는 것이다"라고 말하기 위한 구실로는 충분한 셈이다. 거기 남아 있는 것은 단지 현재의 경우가 그 예외임을 나타내는 것이다. 그리고 언젠가 그것을 찾지 않으면 우리는 그 일에 무지하거나 불행한 사람이 되고 말 것이다.

264 사람은 날마다 되풀이되는 먹고 자고 하는 일에 지치지 않는다. 배고픔과 졸음은 언제나 다시 생기는 것이기 때문이다. 그렇지 않다면 인간은 그런 일에 지치고 말 것이다. 이와 같이 영적인 것에 대해 비어 있음을 느끼지 않는다고 하면, 인간은 그것에도 지쳐 버리고 말 것이다. 의에 대한 굶주림, 제8의 지복.[9]

265 신앙은 감성으로는 이해할 수 없는 것을 알게 한다. 그러나 보는 것과 반대되는 것에 대해서 언급하지는 않는다. 그것은 신앙이 감성 이상의 것이며, 감성에 반대되는 것이 아니기 때문이다.

266 망원경은 옛 철학자들이 볼 수 없었던 별들을 우리에게 얼마나 많이 보여주고 있는가. 사람들은 성서에 별이 많이 기록된 것을 공공연히 비난하여, "우리가 알기로는 별은 1천 22개뿐이다"[10]라고 말한다. 땅 위에는 풀이 있다. 우리 눈에는 그 풀들이 보인다―달에서는 지상의 풀을 볼 수 없을 테지―이들 풀 위에는 털이 있고, 그 털 속에는 미소동물(微小動物)이 있다. 그

---

9 〈마태복음〉 5장에 나오는 예수 그리스도의 산상수훈의 서두를 가리킨 것으로, 제4의 지복을 잘못 안 것으로 생각된다.
10 〈창세기〉 5장 5절이나 〈예레미야〉에는 별의 숫자가 헤아릴 수 없을 정도로 많다고 한 데 반해, 서양 고대의 천문학을 대표하는 프톨레마이오스의 목록에는 1천 22개로 되어 있다.

이상은 아무것도 없다. 이 얼마나 교만에 찬 말인가. 화합물은 원소로 이루어져 있으며, 원소는 무엇으로도 이루어지지 않았다. 아아, 교만한 자들이여! 그것이 미묘한 점이다. 사람은 자기 눈에 보이지 않는 것을 있다고 말해서는 안 된다. 그러므로 다른 사람들처럼 말하는 것은 상관이 없지만, 그들처럼 생각해서는 안 된다.

267 이성의 마지막 걸음에 가서는, 이성을 초월하는 일이 얼마든지 있다는 것을 인정해야 한다. 그것을 초월하는 경지에까지 이르지 못한다면, 이성은 더없이 약한 것에 불과하다. 자연적인 사물까지도 그것을 초월해 있는데, 어찌 초자연적인 사물이 이성을 초월하지 못하겠는가?

268 복종. 의심해야 할 때 의심하고, 확신해야 할 때 확신하며, 복종해야 할 때 복종해야 한다. 그렇지 않은 사람은 이성의 힘을 이해하지 못하고 있는 것이다. 그런데 이 세 가지 원리에서 벗어나는 과오를 범하는 사람이 있다. 그들은 논증이 무엇인지조차 모르고 논증할 수 있다고 단정하거나, 복종해야 할 경우를 몰라 모두를 의심하거나, 판단해야 할 경우를 몰라 모든 것에 복종하기도 한다.

269 이성에 입각한 복종과 그 행사, 참된 기독교는 거기에서 성립한다.

270 성 아우구스티누스. 이성은 자신이 복종해야 할 경우가 있다는 것을 인정하려 하지 않는다. 그러므로 이성이 스스로 복종해야 한다고 판단한 후에 복종하는 것이 사리에 어긋나는 일이 아니다.

271 지혜는 우리를 어린이로 돌아가게 한다. "너희가 돌이켜 어린아이들과 같이 되지 아니하면……"¹¹

272 이런 이성의 부인처럼 이성에 적합한 것은 없다.

273 만일 인간이 모든 일을 이성에 의해서만 처리한다면, 우리가 믿는 종교에는 신비스럽고 초자연적인 것이란 하나도 없게 될 것이다. 만일 인간이 이성의 원리에 어긋난다면, 우리의 종교는 부조리하고 웃음거리에 지나지 않게 될 것이다.

274 우리의 모든 추리는 결국 직관에 양보하게 된다. 그러나 기분은 직관과 비슷하게 보이지만 반대되는 것이다. 사람들은 대부분 이런 대립을 알아차리지 못한다. 어떤 사람은 "나의 직관은 기분이다"라고 말하고, 또 다른 사람은 자기 기분을 직관이라고 생각한다. 기준이 있어야 한다. 이성은 제 자신을 기준으로 내세우지만, 그것은 모든 방면에 적용되기도 한다. 따라서 기준은 없는 셈이다.

275 사람들은 때때로 자기들의 공상을 자기 심정으로 착각한다. 그리하여 마음을 돌이키려고 생각하자마자 마음을 돌이켰다고 믿어 버린다.

276 드 로안네¹²는 말했다. "이유는 뒤에 가서야 알게 되겠지만, 어떤 일이 처음에는 이유도 분명히 알 수 없는데 나를 즐겁게 하기도 하고 불

---

[11] 〈마태복음〉 18장 3절.
[12] 청년 파스칼이 처음으로 대중의 주목을 끌 당시 친교를 맺었던 최고의 귀족 로안네 공작을 말한다.

쾌하게 하기도 한다. 그런데 한참 후에야 나를 불쾌하게 한 이유를 발견하게 되는 것이다." 그러나 내 생각에는 사람들이 불쾌해지는 것은 한참 후에 비로소 발견되는 그 이유 때문이 아니라, 불쾌해지기 때문에 그 이유를 발견하게 되는 것이다.

277 심정은 이성이 모르는 그 자신의 이성을 가지고 있다. 사람들은 그것을 매우 많은 사실에 의해 알고 있다. 나는 말한다. 심정이 스스로 보편적 존재를 사랑하고 또한 자신을 사랑하는 것은 그것들에 얼마나 관심을 가졌느냐에 달렸으며, 심정이 보편적 존재나 자기 자신에게 엄격해지는 것은 스스로의 뜻에 달린 것이라고. 당신은 보편적 존재를 버리고 자기 자신을 택했다. 당신이 자신을 사랑하는 것은 이성에 의한 것인가?

278 신을 직감할 수 있는 것은 이성이 아니라 심정이다. 이성이 아니라 심정에 직감되는 신, 이것은 곧 신앙이다.

279 신앙은 신으로부터의 선물이다. 우리는 그것을 추리의 선물이라고 생각해서는 안 된다. 다른 종교는 신앙에 대해 그렇게 말하지 않는다. 그런 종교는 신앙을 가지는 데는 추리만으로 충분하다고 하지만, 추리는 결코 거기까지 인도하지는 못한다.

280 신을 아는 것과 신을 사랑하는 것 사이에는 얼마나 먼 거리가 있는 것일까?

281 심정. 본능. 모든 원리.

282 우리는 이성에 의해서뿐만 아니라 심정에 의해서도 진리를 알 수 있다. 그런데 이 후자를 통해 우리는 기본 원리를 알게 되는 것이다. 그러므로 그것과 아무 관련이 없는 이성이 그 원리들을 반박하려 해도 소용없는 일이다. 이 반박을 유일한 목적으로 삼고 있는 회의론자들은 무의미한 노력을 하고 있는 것이다. 우리는 꿈을 꾸고 있지 않다는 것을 잘 알고 있다. 그것을 이성으로 증명한다는 것이 우리에게 불가능하다 하더라도 이 무능력은 우리의 이성이 약하다는 것을 드러내는 것으로, 그들의 주장처럼 우리의 모든 인식이 확실하지 않음을 증명하는 것은 아니다. 왜냐하면 공간·시간·운동·수가 존재한다는 기본적인 원리의 인식은, 우리가 우리에게 가르칠 수 있는 그 어떤 인식보다 견고한 것이기 때문이다. 그리고 이성은 이 심정의 인식, 즉 본능의 인식 위에 그 근거를 두어야 하며, 또 거기에 모든 논리의 토대를 두어야 한다. 공간에는 세 개의 차원이 있으며 수는 무한히 많음을 심정이 직감하고, 그 다음에 한쪽이 다른 쪽의 두 배가 되는 제곱수가 존재할 수 없음을 이성이 증명한다. 원리는 직감되는 것이고, 명제는 결론지어지는 것이다. 그리고 방법은 다르지만, 모든 것이 확실히 행해지고 있다. 만일 이성이 심정에게 기본적인 원리를 인정했다고 그것을 증명해 주기를 바라는 것은, 심정이 이성에게 후자가 증명하고자 하는 모든 명제를 받아들이려고 하니 그것들을 직감할 수 있게 해 달라고 하는 것과 마찬가지로 무익하고도 우스꽝스러운 노릇이다.

그러므로 이 무능력은 모든 것을 판단하려는 이성을 겸손하게 하는 데 소용이 있을 뿐, 우리를 가르칠 수 있는 것은 이성밖에 없듯이 우리의 확실성을 반박하는 데는 소용이 없는 것이다. 오히려 우리가 원하는 것은 이성을 필요로 하지 않고, 모든 것을 본능과 직감만으로 알고자 하는 일이다. 그러나 자연은 우리에게 이 행복을 거절하고, 오히려 우리에게 이런 종류의 인식을 조금밖에 주지 않았다. 그래서 그 밖의 모든 것은 추리를 통해서 인식할 수 있게 된 것이다.

그러므로 신에게서 심정의 직감을 통해 신앙을 얻은 사람들은 대단히 행복하며 정당한 방법으로 확신을 얻은 것이다. 그러나 신앙을 갖지 못한 사람들에게는 추리에 의해서만 신이 그들에게 심정의 직감을 통해 신앙을 부여해 주기를 바라면서도, 우리는 추리에 의해서만 그것을 줄 수 있을 뿐이다. 이 심정의 직감 없이는 신앙은 영혼을 구원하지 못하는 극히 인간적인 것에 불과하다.

283 질서. 성서에는 질서가 없다는 반론에 대해.

심정에는 그 자신의 질서가 있다. 정신에도 그 자신의 질서가 있어 이를 원리와 증명이라 하는데, 심정에는 이와 다른 것이 있다. 사람이 사랑의 이유를 순서에 따라 늘어놓아 보아도 자기가 사랑을 받아야 한다는 것을 증명할 수는 없다. 그것은 웃음거리가 될 따름이다.

예수 그리스도와 성 바울은 정신의 질서가 아니라 사랑의 질서만 가지고 있다. 왜냐하면 그들은 따뜻하게 해 주려고는 했지만 가르쳐주려고 하지는 않았기 때문이다. 성 아우구스티누스도 마찬가지이다. 이 질서는 낱낱이 살펴보면 지엽적인 것으로 이루어졌지만, 이 지엽적인 것이 언제나 목적을 제시하므로 목적에 관련되어 있는 것이다.

284 단순한 사람들이 추리하지 않고 믿어 버리는 것을 보고 놀랄 필요는 없다. 신이 그들에게 신 자신에 대한 사랑과 그들 자신에 대한 혐오를 느끼게 하여, 그들의 마음을 신앙으로 기울어지게 한 것이다. 만일 신이 마음을 기울이게 하지 않았다면, 사람들은 신념에 찬 신앙을 가질 수 없었을 것이다. 그러나 신이 마음을 기울이기만 하면 그들은 곧 믿게 될 것이다. 이것은 다윗이 잘 알고 있던 일이다. "내 마음을 주의 증거로 향하게 하시고……"[13]

---

[13] 〈시편〉 119편 36절.

285 이 종교는 모든 사람들에게 적응한다. 어떤 사람들은 오직 그 조직에만 유의하는데, 이 종교는 그 조직만으로도 진리성을 증명하기에 충분하다. 다른 사람들은 사도들에게까지 거슬러 올라간다. 그리고 학식이 있는 사람들은 세상의 시초까지 거슬러 올라간다. 천사들은 그것을 더 잘, 그리고 더 오랜 옛날부터 보고 있다.

286 성서를 모두 읽어 보지도 않고 믿는 사람들은 완전히 성스러운 내적 마음을 가지고 있기 때문이다. 또 우리의 종교에 대해 그들이 듣는 바가 그에 일치하기 때문이다. 그들은 신이 자신들을 창조하신 것을 직감하고 오직 신만 사랑하려고 하며, 자기 자신만을 미워하려고 생각한다. 그러나 그들은 자신들에게는 그런 능력이 없음을 느끼고 있다. 신의 경지에 이를 수 없다고 생각하며, 신이 그들에게 접근하지 않고는 신과의 어떤 교제도 불가능함을 느끼고 있다. 또 그들은 우리의 종교가 신만 사랑하고 자기 자신만 증오해야 한다고 설교하는 것과, 인간이 타락하여 신에게 접근할 수 없으므로 신 자신이 직접 인간이 되는 것으로 우리와 화합하고자 한다는 가르침을 이해한다.

이런 마음가짐으로 자기의 의무와 자기의 무능력을 그처럼 잘 인식하고 있는 사람들을 설득하는 데는 그 이상의 어떤 것도 필요하지 않다.

287 예언과 증거를 모르고도 기독교도가 된 사람들은, 그것을 알고 있는 사람들과 마찬가지로 이 종교를 잘 판단할 수 있다. 후자가 이지로 그것을 판단하듯이, 전자는 심정으로 그것을 판단하는 것이다. 신 자신이 그들에게 신앙을 가지게 했으므로 그들은 그것을 쉽게 이해할 수 있게 된다.

증거 없이 믿는 이들 기독교도 중의 한 사람이, 자기 자신에 관해 같은 말을 할 것임에 틀림없는 불신자를 설득시킬 수 없음을 나도 충분히 인정한다. 그러나 그런 신자는 자기가 그것을 증명할 수 없다 하더라도 신으로부터 진정한 영감을 받고 있음을, 이 종교의 증거를 알고 있는 사람이라면 증명하는 데 크게 어려움을 느끼지 않을 것이다. 왜냐하면 신은 그 예언(이것은 틀림없는 예언이다) 속에서, 예수 그리스도의 세계에서는 신의 성령이 모든 나라의 백성들에게 내리고, 교회의 자녀들과 젊은이들은 예언하게 되리라고 말씀하셨으므로, 신의 성령이 그들 위에 있고 다른 사람들 위에 있지 않다는 것은 의심할 여지가 없기 때문이다.

288 신이 몸소 자신을 숨기신 것을 한탄하는 대신, 신이 자신을 나타내 보이시는 것에 감사를 드려야 할 것이다. 또한 이토록 거룩한 신을 알기에 합당하지 않은 거만한 지자(智者)들에게 신이 자신의 모습을 나타내시지 않는 것만으로도 감사를 드려야 한다. 두 종류의 사람들이 신을 안다. 즉 겸손한 마음으로 높건 낮건 어느 정도의 이지를 가지고 있더라도 기꺼이 자기를 낮추는 사람들과, 또한 어떤 장애가 있더라도 진리를 찾기에 충분한 정신을 가진 사람들.

289 증거.
① 기독교, 자연과 아주 상반되는 것임에도 그토록 확고하고 그토록 조용하게 그 자체에 의해 이루어진 그 성립에 의해.
② 기독교도들의 영혼의 성결, 고귀, 겸손.
③ 성서의 여러 경이로운 사실.
④ 특히 예수 그리스도.
⑤ 특히 그의 사도들.
⑥ 특히 모세와 예언자들.
⑦ 유대 민족.
⑧ 여러 가지 예언.
⑨ 영속성. 다른 종교에는 영속성이 없다.
⑩ 모든 것을 설명하는 교리.

⑪ 그 율법의 신성함.

⑫ 세상 사람들의 행위에 의해.

이와 같은 것을 밝힌 이상, 인생이 무엇이며 종교가 무엇인가를 깊이 생각한 다음, 그에 순종하고자 하는 마음이 생긴다면 거부해서는 안 된다. 또 그 종교를 따르는 사람들을 비웃어서도 안 된다.

290 종교의 증거.
도덕, 교리, 기적, 예언, 표징.

정의와 현실의 이유　제5장

291 〈부정에 대하여〉라는 편지 속에서 장자가 전재산을 물려받는다는 것은 우스운 일임을 밝힐 것이다. "친구여, 그대는 산의 이쪽 골짜기에서 태어났다. 그러므로 그대의 형이 전부를 물려받는 것은 당연한 일이다."
"그대는 왜 나를 죽이려 하는가?"

292 그는 강 저쪽에 살고 있다.

293 "그대는 왜 나를 죽이려 하는가?"(나에게는 무기가 없기 때문에 그대가 우세한데도) ─ "뭐라고! 그대는 강 저쪽에 살고 있지 않은가? 친구여, 그대가 만일 이쪽에 살고 있다면 나는 살인자가 될 것이며, 그대를 죽이는 것은 부당한 일이 될 것이다. 그러나 그대가 저편에서 살고 있는 한 나는 용사이며, 내가 하는 일은 정당한 것이다."

294 사람은 어떤 기반 위에 통치하려는 세계의 기구를 세우려 하는가? 개개인의 변덕스러움 위에 세우려 하는가? 얼마나 소란스러울 것인가? 정의 위에 세우려 하는가? 인간은 정의를 모른다. 만일 인간이 정의가 무엇인지 알고 있었더라면, 그들은 사람들 사이에 가장 잘 알려진 격언, 즉 각 사람은 자기 나라의 풍습에 따라야 한다는 격언을 만들지는 않았을 것이다. 참으로 공정한 빛

이 모든 민족을 순종하게 했을 것이며, 입법자들은 이 변하지 않는 정의 대신 페르시아인이나 독일인의 공상이나 변덕을 법률의 원형으로 취하지는 않았을 것이다. 풍토에 따라 성격이 변하는 정의나 부정을 보는 대신, 지상의 어떤 나라 어떤 시대에도 통하는 불변의 정의가 세워지는 것을 보았을 것이다. 위도가 3도만 달라져도 모든 법률이 뒤바뀌고, 자오선 하나가 진리를 결정한다. 몇 해 동안 가지고 있던 소유권이 법적으로 바뀌고 권리에도 그 기간이 있으며, 토성이 사자자리에 들어가면 이러이러한 범죄가 발생하리라고들 한다. 우스꽝스러운 정의여! 강 하나에 따라서 달라지다니! 피레네 산맥 이쪽에서는 진리인 것이 저쪽에서는 오류가 되다니! 그들은 공언하기를, 정의는 그러한 습관 속에 있는 것이 아니라 모든 나라에서 인정되는 자연법 속에 있다고 한다. 만일 인간의 법률을 제정한 무모한 우연이 보편적인 법률의 단 하나에라도 해당하는 일이 있게 되면, 그들은 틀림없이 그것을 완강히 주장할 수 있었을 것이다. 그러나 우습게도 인간의 자의(恣意)는 너무나 다종다양하여 그런 법률은 전혀 없다.

절도, 불륜, 자식 살해, 친부 살해 등의 모든 것이 한때는 덕행으로 간주되던 적도 있었다. 어떤 사람이 강 건너편에 살고 있다든가, 또는 내가 그와 싸우지는 않았지만 그의 영주가 나의 영주와 싸웠다는 이유만으로 그가 나를 죽일 수 있다고 말하는 것처럼 터무니없는 일이 어디 있겠는가? 물론 자연법의 존재는 의심할 여지가 없다. 그러나 이 훌륭한 것이 타락하자, 다른 모든 것도 타락하고 말았다.

"세상에 우리 것은 하나도 없다. 내가 우리 것이라고 말하는 건 인공적인 것이다." "원로원의 결의와 국민 투표에 의해 죄가 이루어진다." "옛날에는 악덕 때문에 우리가 고통을 당했으나 지금은 법률 때문에 고통을 당한다." 이런 혼란 때문에 어떤 사람은 정의의 본질은 법률을 제정하는 사람의 권위라고 하고, 다른 사람은 군주의 편의라고 말하며, 또 다른 사람은 현행의 습관에 있다고 말하는 것이다. 그러나 이 마지막 견해가 가장 확실하다. 이성만 따른다면, 그 자체가 올바른 것은 하나도 없다. 모든 것은 시간의 흐름에 따라 변동하고 있다. 습관은, 그것을 세상 사람들이 사용하고 있다는 이유만으로도 완전히 공정한 것이 된다. 이것이 습관이 권위를 가지게 되는 신비한 토대이다. 습관을 그 시초까지 따져 올라가면 그것은 없어져 버리고 만다. 과오를 바로잡으려는 이 법률처럼 과오에 빠지기 쉬운 것은 없다. 그런 법률을 정의라 믿고 복종하는 사람을 정의의 본질에 복종하는 사람이라고 할 수는 없다. 그는 다만 그가 나름대로 상상하는 정의에 복종하고 있을 따름이다. 그것은 모두 자기 자신 속에 숨어 있는 것이다. 법률은 어디까지나 법률이며, 그 이상의 아무것도 아니다. 누구든지 법률의 유래를 곰곰이 생각해 본다면, 그것이 매우 연약하고도 경박한 것임을 알게 될 것이다. 그리고 만일 그 사람이 인간의 상상력이 불가사의한 것을 알지 못한다면, 어떻게 그 법률이 불과 1세기 만에 그처럼 큰 영광과 존경을 얻었을까 놀랄 것이다. 국가에 반항하고 국가를 전복시키는 길은, 기성 습관을 기원까지 거슬러 올라가 깊이 연구하여, 그 권위와 정의의 결여를 지적함으로써 가능한 것이다. 어떤 사람들은 말한다. "그릇된 습관이 폐지시킨, 국가의 기본적이며 원시적인 법률로 되돌아가야 한다"고. 그러나 이것은 모든 것을 파괴하려는 음흉한 유희이다. 그런 저울에 올려놓으면 그 어떤 것도 올바르게 되지 않을 것이다. 그러나 민중들은 그런 담론에 귀 기울이기를 좋아한다. 그들은 속박당하고 있다는 것을 알게 되면 곧 그 속박에서 벗어나려고 한다. 그리고 높은 자리를 차지하고 있는 사람들은 그 지위를 이용하여 민중을 파멸시키고, 기성 습관의 호기심에 찬 탐구자들을 파멸시킨다.

그러나 그와 대립되는 약점에 의해, 사람은 전례만 있다면 무엇이든 정의감을 가지고 행할 수 있다고 믿는다. 그리하여 가장 지혜로운 입법자는 말했다. "때로는 대중들의 행복을 위해 그들을 속일 필요가 있다."[1] 그리고 어느 훌륭한 정치가도 말했다. "대중이 구원을 얻기 위한 진리를 모른다면 차라리 기만당하는 편이

---

[1] 플라톤 《국가론》 제2권.

낫다."² 그들이 법률이란 무엇인가를 빼앗아 가는 것이라는 사실을 알게 해서는 안 된다. 옛날에는 법률이 무리하게 채택되었지만 지금은 정당한 것으로 되어 있다. 그것을 곧 없애 버릴 생각이 아니라면, 참되고 영원한 것으로 간주하여 그 기원을 숨겨둘 필요가 있다.

295 나의 것, 당신의 것. "이 개는 나의 것이다", "저곳은 내가 햇볕을 쬐는 장소이다"라고 이 가엾은 아이들은 말했다. 여기에 지상에서의 찬탈의 기원과 상징이 있다.

296 전쟁을 하여 많은 사람들을 죽여야 할 것인가 말아야 할 것인가, 많은 에스파냐 사람들을 처형해야 할 것인가 말아야 할 것인가를 결정해야 할 문제가 제기되었을 때, 그것을 결정하는 것은 오직 한 사람뿐이다. 즉 거기에 이해관계가 없는 공정한 제3자뿐이다.

297 참된 법률.
우리는 이미 참된 법률을 가지고 있지 않다. 만일 가지고 있었다면, 자기 나라 풍습에 따르는 것을 정의의 기준으로 삼는 따위의 일을 하지는 않았을 것이다. 그래서 인간은 정의를 찾지 못하고 단지 힘이나 그 밖의 것만 보게 되었던 것이다.

298 정의와 힘.
올바른 자에게 복종하는 것은 정당한 일이며, 가장 강한 자에게 복종하는 것은 불가피한 일이다. 힘이 없는 정의는 무력하며, 정의가 없는 힘은 압제

---

2 몽테뉴 《수상록》 제2권 12장에 기록되어 있는 성 아우구스티누스의 말을 잘못 인용한 듯하다.

에 불과할 뿐이다. 힘이 없는 정의는 반항심을 불러일으키게 된다. 왜냐하면 이 세상에는 항상 악인이 존재하기 때문이다. 정의를 수반하지 못한 힘은 공격을 받게 마련이다. 그래서 정의와 힘은 함께 있어야 한다. 그리고 이를 위해서는 올바른 자를 강하게 만들고, 강한 자를 올바르게 만들어야 한다.

정의는 논란의 대상이 되기 쉽고, 힘은 쉽게 인정을 받지만 좀처럼 논란의 대상이 되지는 않는다. 그래서 인간은 정의에 힘을 부여하지 못했다. 힘은 정의에 반항하며, 정의는 부정한 것이고 자기만이 정의의 편이라고 주장했기 때문이다. 이처럼 인간은 올바른 것을 강하게 할 수 없었으므로, 강한 것을 정의라고 단정했던 것이다.

299

보통 사물에 대한 유일하고 보편적인 기준은 국법이며, 그 밖의 사물에서는 다수성이다. 어디서부터 그런 일이 비롯되는가? 다수성 속에 있는 힘에 의해서이다. 거기서 또 다른 힘을 가진 국왕이, 그 각료들의 다수성을 따르지 않게 되는 일이 발생하는 것이다.

재산의 균등이란 분명히 옳은 일이다. 그러나 인간은 힘을 정의에 복종시킬 수 없었으므로 정의를 힘에 복종시켰던 것이다. 정의에 힘을 부여하지 못하고 힘을 정당화했던 것이다. 왜냐하면 올바른 것과 강한 것을 결합시켜 최고의 선인 평화를 얻고자 했기 때문이다.

300

강한 사람이 무장하고 자기 재산을 지키고 있으면 그의 소유물은 안전하다.

301

힘.
어찌하여 사람들은 다수에 복종하는가? 도리에 더 합당하기 때문일까? 아니다. 다수는 보다 강한 힘을 소유하고 있기 때문이다.

왜 사람들은 옛 법률이나 옛 사람들의 의견에 따르는가? 그것이 보다 건전하기 때문일까? 아니다. 그것은 단일하며, 다양성의 뿌리를 없애 주기 때문이다.

302 　그것은 힘의 결과이며 습관의 결과는 아니다. 왜냐하면 무엇을 창조해 낼 수 있는 사람은 소수이고 많은 사람들은 단지 추종하려 할 뿐이며, 독자적으로 영예를 추구하는 소수의 창조자들에게 영예를 돌리기를 거부하기 때문이다. 만일 창조자들이 애써 영예를 얻기 위해 창조하지 못하는 사람들을 경멸하면, 후자는 전자를 조롱하고 심지어 막대기로 때리려 들지도 모른다. 그러므로 누구든지 그런 재질을 가지고 있다고 자랑해서는 안 된다. 다만 자기 혼자 마음속으로 흡족해해야 한다.

303 　이 세상의 주인은 힘이며 여론은 아니다. 그러나 힘을 사용하는 주인은 여론이다. 힘이 여론을 만드는 것이다. 우리의 여론으로 보면 무기력한 것은 아름답다. 왜냐하면 한 가닥 줄 위에서 곡예를 하고자 하는 사람은 세상에 단 한 명밖에 없기 때문이다. 그런데 줄타기가 보기 싫은 것이라고 말하는 사람들을 모으면, 나는 더 강한 패거리 하나를 만들 수 있을 것이다.

304 　어떤 사람이 타인에 대한 존경을 유지하는 끈은 일반적으로 필연적인 끈이다. 왜냐하면 누구나 남을 지배하려고 하지만, 모두 그렇게 될 수는 없고 그중 소수의 사람들만이 그렇게 될 수 있으므로, 존경에 여러 계급이 생길 수밖에 없기 때문이다.

　그런 계급들이 생겨나는 것을 우리가 보고 있다고 가정하자. 그러면 가장 강한 파벌이 보다 약한 파벌을 굴복시킬 때까지 싸움이 계속되고, 마지막에는 지배적인 파벌이 나타나게 될 것은 확실하다. 그러나 어느 한 파가 지배권을 확보한 다음에는 지배자들은 싸움이 계속되기를 원하지 않는다. 또 그들이 손에 넣은 지배권이 그들의 뜻대로 계승될 수 있는 제도를 만든다. 어떤 자는 인민 투표를, 또 어떤 자는 세습이나 그 밖의 방법을 취한다. 그리고 이때부터 상상력이 그 능력을 발휘하기 시작한다. 그때까지는 힘이 일을 강행한다. 그러고 나서 힘이 어떤 당파, 프랑스로 말하면 귀족, 스위스에서는 평민의 상상력에 의해서 유지된다.

그러므로 사람이 그 존경심을 어떤 사람에게 묶어 연결하는 것은 상상력의 끈이다.

305 스위스인들은 귀족이란 말을 들으면 불쾌하게 여기고, 중책을 맡을 자격이 있다는 것을 인정받기 위해 순수한 평민임을 표방하고 싶어 한다.

306 공국(公國)·왕권·사법직(司法職) 등은 권력이 다스리고 있는 한 현실적이면서도 필요한 것이다. 그것은 어느 시대, 어느 곳을 막론하고 존재한다. 그러나 어느 특정한 개인에게 그런 직위를 갖게 하는 것은 우연한 생각에 의한 일이므로 일정하지 않고 자주 바뀌게 마련이다.

307 법관은 위세당당하게 법복을 입고 있다. 왜냐하면 그런 직위가 비현실적인 것이기 때문이다. 그러나 왕은 다르다. 그는 실력이 있을 뿐만 아니라 굳이 상상력의 힘을 빌릴 필요가 없다. 법관이나 의사 등은 상상력에 호소할 도리밖에 없다.

308 왕은 친위대·고적대·장교단, 그 밖에 백성들이 존경이나 위엄을 느끼게 되는 모든 것이 갖추어진 모습을 보이는 것이 관례이므로, 이따금 왕이 그런 것을 거느리지 않고 혼자 있을 때에도 신하의 마음속에 존경과 두려운 마음이 일게 된다. 인간은 그 관념 속에서 개인으로서의 왕과 언제나 왕과

함께 있는 신하들을 떼어놓고 생각할 수는 없기 때문이다. 그런 결과가 관례에서 나온다는 것을 모르는 세상 사람들은, 그것을 왕이 선천적으로 가지고 있는 힘이라고 믿는다. 그래서 "그 얼굴에 거룩한 기품이 새겨져 있다"는 말이 생겨난 것이다.

309 정의.
습관은 즐거움을 낳는 동시에 정의도 낳는다.

310 왕과 폭군.[3]
나도 나의 생각을 머릿속에 감추어 두리라. 나는 여행할 때마다 조심하리라.

제도의 위대성. 제도에 대한 존경.

귀족의 즐거움은 백성을 행복하게 해 준 다음에야 생겨난다.

부(富)의 묘미는 아낌없이 주는 데 있다.

낱낱의 사물의 특성은 깊이 연구되어야 한다. 힘의 특징은 보호해 준다는 점이다.

힘이 가면을 벗어던질 때. 일개 병졸이 최고 법원의 재판장의 모자를 벗겨 창밖으로 던져 버릴 때.

311 여론과 상상력에 의해 유지되는 정권은 어느 기간 동안은 통치할 수 있다. 그런 정권은 온건하고 자유롭다. 힘에 의거한 정권은 오랫동안 통치한다. 그러므로 여론은 세상의 주인과 같은 것이지만, 힘은 이 세상의 폭군과 같다.

---

3 이 단장은 소품집 《대귀족의 신분에 대하여》를 위한 노트로 추측된다.

312 정의는 이미 만들어져 있는 것이다. 이처럼 우리의 모든 법률이 이미 만들어졌다는 이유만으로 아무런 검토도 거치지 않고 당연히 옳은 것으로 간주되고 있는 것이다.

313 건전한 민중의 의견.
　　가장 무서운 재난은 내란이다. 만일 인간이 논공행상(論功行賞)을 요구하면 내란은 피할 수 없는 것이다. 저마다 자기의 공로를 주장하게 될 테니 말이다. 날 때부터 권리를 세습받은 어리석은 자로부터 생길지도 모르는 재앙은 그다지 크지도 않고 확실하지도 않다.

314 신은 자신을 위해 만물을 창조했으며, 자신을 위해 고통과 행복의 능력을 부여했다.
　당신은 그것을 신에서 난 것이라 하여 신에게 드릴 수도 있고, 혹은 당신 자신에게 줄 수도 있다. 신에게 드린다면 복음이 기준이 된다. 당신 자신에게 준다면 당신은 신의 지위에 오르게 될 것이다. 신이, 자신의 권능 안에 있는 사랑의 복을 구하고 있는 사랑에 가득 찬 사람들에게 둘러싸여 있듯이…… 그러므로 당신은 자신이 사욕에 찬 왕에 지나지 않음을 알고 사욕의 길을 택하는 편이 좋을 것이다.

315 현실의 이유.
　　비단옷을 입고 7, 8명의 시종을 거느린 사람을 내가 존경하는 것을 바라지 않는 사람이 있다는 것은 놀라운 일이다. 그런데 만약 내가 그 사람에게 절하지 않으면, 그는 시종으로 하여금 나에게 가죽 채찍을 휘두르게 할 것이다. 그런 옷은 일종의 힘을 가지고 있다. 그것은 훌륭한 마구(馬具)를 갖춘 말과 그렇지 못한 말의 차이와 같다. 몽테뉴가 거기에 어떤 차이가 있는지를 모르고, 남들이 그 차이를 발견하면 놀라면서 그 차이의 이유를 물었던 것은 우스운 일이다. "도대체 어째서 그런 일이……"⁴라고 그는 말했던 것이다.

316 민중의 건전한 이유.
몸치장을 한다는 것이 결코 무의미한 일은 아니다. 그것은 많은 사람이 자기를 위해 일하고 있음을 보여주는 것이기 때문이다. 그는 머리를 손질함으로써 미용사와 향료사 등을 데리고 있음을 나타내고, 그 가슴의 장식이나 수실이나 장식끈 등에 의해…… 그런데 많은 사람을 데리고 있다는 것은 단순한 허영이나 허식만은 아니다. 사람을 많이 거느리고 있을수록 그는 강자인 것이다. 몸치장을 하는 것은 자기 힘을 과시하기 위해서이다.

317 존경이란 '거북한 생각을 가지는 것'이다. 얼핏 보면 그것은 아무것도 아닌 듯하지만 사실은 아주 정당한 것이다. 왜냐하면 그것은 다음과 같이 말하는 것이니까. "만일 당신이 필요로 한다면 저는 기꺼이 거북하게 대하겠습니다. 그것이 당신에게 큰 도움이 되지 않을 때에도 나는 곧잘 그렇게 하고 있으니 말입니다." 또한 존경은 귀족을 구별하기 위해서도 필요하다. 만일 존경이 안락의자에 앉아 있는 것이라면 사람은 누구라도 존경하게 될 것이며, 따라서 식별하지도 못할 것이다. 거북한 생각을 가지기 때문에 쉽게 식별할 수 있다.

318 그는 네 사람의 시종을 거느리고 있다.

319 세상 사람들이 인간을 내면적인 성격이 아니라 외모로 구별한다는 것이 얼마나 올바른 일일까. 우리 두 사람 중 누가 먼저 지나가야 할까?

---

4 몽테뉴 《수상록》 제1권 42장.

누가 자리를 상대방에게 양보해야 할까? 머리가 좀 둔한 사람이 양보해야 할까? 그러나 상대방과 똑같이 현명하다면 틀림없이 분쟁이 일어날 것이다. 상대방이 네 사람의 시종을 거느리고 있고 자신은 한 사람밖에 거느리고 있지 못하다면 그것은 뻔한 일이다. 그것은 세어 보면 안다. 이 경우에 양보를 하는 것은 바로 자신이다. 만일 내가 거기에 이의를 제기한다면 이쪽이 바보가 되고 만다. 이렇게 하여 우리는 평화롭게 지낼 수 있다. 이것은 인간의 최대의 행복이다.

320 세상에서 가장 불합리한 것이 인간의 무질서로 말미암아 가장 합리적인 것이 되고 말았다. 한 나라의 통치자로서 왕의 장남을 택하는 것보다 더 부당한 일이 있을까? 인간은 배에 탄 승객들 중 가장 가문이 좋은 사람을 선장으로 택하지는 않는다. 그런 법률이란 우습기 짝이 없고 당치도 않은 것이다. 그러나 인간은 원래가 우습고 불합리한 존재이기 때문에 이런 법률이 합리적이고 정당한 것처럼 되고 말았다. 가장 덕이 있고 유능한 자로 사람들은 누구를 택할 것인가? 여기서 우리는 서로 분쟁을 일으키게 된다. 모든 사람은 저마다 가장 유덕하고 유능한 사람은 바로 자기라고 믿고 있기 때문이다. 그러니 이 자격에는 아무 이의도 갖지 못하게 해야 할 것이다. 이것이 곧 왕의 장남이다. 그렇게 하면 명백하여 논란의 여지가 없게 된다. 이성도 이보다 더 잘 처리할 수는 없다. 내란이야말로 가장 큰 재난이기 때문이다.

321 어린아이들은 자기 친구가 존경받는 것을 보면 매우 놀라워한다.

322 귀족은 얼마나 큰 이득을 보고 있는 것일까? 그들은 18세가 되면 이미, 다른 사람들은 50세가 되어야 겨우 얻을 명예와 존경을 얻게 된다. 그것은 아무 고생도 하지 않고 30년이나 버는 셈이다.

323

'나'는 무엇인가?

어떤 사람이 창가에 기대서서 지나가는 사람들을 바라보고 있을 때 마침 내가 그곳을 지나가고 있었다면, 그는 나를 보기 위해 창가에 서 있다고 말할 수 있을까? 그렇지는 않다. 그는 나에 대해 각별히 생각하고 있지는 않을 테니까. 그런데 누군가를 미모 때문에 사랑한다면, 진실로 그를 사랑하고 있다고 할 수 있을까? 아니다. 만일 천연두가 그 사람의 생명 대신 그 아름다움만 앗아갔다면 그는 그 사람을 사랑하지 않을 테니까 말이다.

그리고 만일 누가 판단력과 기억력 때문에 나를 사랑한다면, 그가 과연 나를 진실로 사랑하는 것일까? 아니다. 왜냐하면 나는 그런 장점을 잃을 수는 있어도 나 자신을 잃지는 않기 때문이다. 그러면 '나'라는 존재가 육체에도 영혼에도 있지 않다면, 도대체 어디에 있을까? 또 그런 것들은 소멸할 수 있으므로 나의 본질을 이루지는 않지만, 그런 성질들 때문이 아니라면 어떻게 육체나 영혼을 사랑할 수 있을까? 그렇다면 인간은 어떤 사람의 영혼의 본질과 그 속에 있는 몇 개의 특질을 추상적으로 사랑하려는 것일까? 그런 일은 가능하지도 않을 뿐 아니라, 또 결코 옳지 못한 일일 것이다. 그렇다면 인간은 인간 자체를 사랑하는 것이 아니라 그 특질만을 사랑하고 있는 것이 사실이다.

그러므로 그 지위나 직책 때문에 존경을 받고 있는 사람들을 경멸해서는 안 된다. 왜냐하면 인간은 어떤 사람을 그 빌려온 특질로 인해 사랑하기 때문이다.

324

민중은 매우 건전한 사상을 가지고 있다. 그에 대해 몇 가지 예를 들어 보겠다.

① 시가(詩歌)보다는 심심풀이나 사냥을 택한다. 아류(亞流)의 학자들은 그것을 비웃고, 그런 민중의 어리석음을 지적하며 의기양양해한다. 그러나 그런 속물스러운 학자들이 통찰하지 못하는 이유에 의해 민중들은 올바른 것이다.

② 인간을 가문이나 재산 같은 외적인 것으로 구별한다. 세상 사람들은 그것이

얼마나 옳지 못한 일인가를 지적하면서 우쭐거린다. 그러나 그것은 아주 올바른 것이다(식인종은 어린 왕을 비웃는다).

③ 뺨을 얻어맞고 화를 낸다. 혹은 기를 쓰며 명예를 추구한다. 그런데 명예는 그에 따르는 다른 이익으로 보아 원할 만한 대단한 가치가 있는 것이다. 뺨을 얻어맞고도 그 사실을 심한 모욕으로 생각하지 않는 사람은 모욕과 궁핍에 짓눌림을 당하게 될 것이다.

④ 불확실한 것을 위해 일한다. 항해하는 것, 판자 위를 건너가는 것.

325 몽테뉴는 잘못 생각한 것이다. 관습은 그것이 합리적이거나 정당해서가 아니라 단지 관습이기 때문에 따라야 한다. 그러나 민중은 관습이 정당하다는 이유만으로 그것에 따르고 있다. 그렇지 않다면 아무리 관습이라 해도 그에 따르지 않을 것이다. 인간은 도나 정의에만 복종하고 싶어하기 때문이다. 관습에 이런 것이 없다면 압제로 생각하게 될 것이다. 그러나 도나 정의에 의한 지배는 쾌락에 의한 지배만큼 압제적인 것은 아니다. 이것은 인간이 태어날 때부터 지니고 있는 원리이다.

따라서 인간이 법률이므로 법률에 복종하고, 관습이므로 관습에 따르는 태도는 좋은 일이다. 그리고 새로 채택해야 할 정당하고도 참된 법률은 없으며, 또 그런 것은 모르기 때문에 이미 우리가 알고 있는 것만 따른다는 것도 좋은 일이다. 그럼으로써 민중은 그런 법률이나 관습을 버리지 못하게 되는 것이다. 그러나 민중은 이런 주장을 인정하려 들지 않는다. 진리는 존재할 수 있으며 또 그 진리는 법률과 관습 속에 있다고 생각함으로써 그것을 믿고, 그것이 오래되었음을 진리의 증거라고 생각한다(진리를 떠난 단순한 그 자신의 권위의 증거로 보는 것이 아니라). 이처럼 인간은 관습과 법률에 복종하고 있다. 그러나 그런 것에 복종해야 할 가치가 없음을 깨닫게 되면 그들은 바로 그것들에 반항하게 마련이다. 복종할 만한 가치가 없다는 말은, 한편으로는 다른 모든 것에 대해서도 마찬가지로 적용할 수 있다.

326 부정.
법률은 정의가 아니라고 민중에게 말하는 것은 매우 위험한 일이다. 민중은 법률이 정의라고 믿기 때문에 복종하는 것이다. 그러므로 법률은 법률이라는 이유만으로 복종해야 한다. 마치 나이 많은 사람은, 그가 옳기 때문이 아니라 어른이기 때문에 복종해야 한다고 생각하는 것처럼 말이다. 그래서 만일 민중이 이런 이치를 이해하고 정의의 참뜻이 어떻다는 것을 이해할 수 있다면, 모든 반란은 사전에 막을 수 있을 것이다.

327 세상 사람들은 사물을 올바르게 판단한다. 인간의 참다운 바탕인 타고난 무지에 머물러 있기 때문이다. 지식에는 서로 연결되어 있는 양극단이 있다. 하나는 모든 인간이 선천적으로 가지고 있는 순수한 무지이고, 다른 하나는 인간이 알 수 있는 데까지 알고 난 후에 자기가 아무것도 알지 못함을 인식하고 첫 출발점과 같은 무지로 되돌아가는 위대한 영혼이 도달하는 무지이다. 그러나 이것은 자신을 아는 현명한 무지이다. 두 개의 극단 사이에 있으면서 선천적인 무지에서는 벗어났으나 아직 다른 무지에 도달하지 못한 사람들은, 그런 자만의 지식을 떠벌리면서 모든 것을 알고 있는 척한다. 이런 자들은 세상 사람들을 현혹시키고 만사를 잘못 판단한다. 민중과 그런 식자(識者)가 세상을 이루고 있지만, 이것도 저것도 아닌 자들은 세상을 경멸하고 그들 스스로가 경멸당하고 있다. 그들은 만사를 잘못 판단하지만 세상은 그들을 옳게 판단한다.

328 현상의 이유.
정(正)에서 반(反)으로의 끊임없는 전환.
우리는 이제 인간이 본질적이 아닌 것을 존중한다는 점에서 인간이 공허한 존재라는 사실을 입증했다. 그리고 이런 의견은 모두 파괴되었다. 따라서 이 모든 의견이 매우 건전하며 이 모든 공허는 올바른 기초를 지니고 있으므로, 민중은 사람들이 말하는 것처럼 공허하지 않음을 증명했다. 그리하여 우리는 민중의 의견을 파괴한 의견을 또다시 파괴했다.

그러나 이제야말로 최후의 명제를 파괴하고, 비록 민중의 의견이 건전하다 하더라도 그들이 공허하다는 사실은 언제나 옳은 것임을 입증해야 한다. 왜냐하면 그들은 진리가 자기 의견의 어느 부분에 있는지 모르고 뜻밖의 곳에 있다고 믿음으로써, 그 의견이 언제나 매우 부정확하고 불건전하기 때문이다.

329 현상의 이유.
인간의 연약함은 인간이 만들어내는 많은 아름다움의 원인이다. 마치 현악기를 잘 켤 수 있는 것처럼. 그것은 오직 우리의 약함 때문에 악이 된다.

330 왕의 권력은 민중의 이성과 우매 위에, 특히 우매 위에 기초를 두고 있다. 지상에서 가장 위대하고 중대한 것이 취약성을 그 토대로 삼고 있는 것이다. 그리고 이 토대는 깜짝 놀랄 만큼 튼튼하다. 왜냐하면 민중이 약하다는 사실보다 확실한 것은 없기 때문이다. 건전한 이성 위에 토대를 둔다는 것은 매우 위험한 일이다. 식자의 평가 등이 바로 그런 것이다.

331 플라톤이나 아리스토텔레스라면 학자답게 위엄있는 옷을 입고 있을 것이라 상상하게 된다. 그러나 그들도 보통 사람들과 다른 점은 없었고 그들도 남들처럼 친구들과 농담을 곧잘 했던 것이다. 또 그들이 《법률》이나 《정치학》의 저술에 몰두하고 있을 때, 반은 심심풀이로 그런 일을 했던 것이다. 그것은 그들의 일생에 있어 가장 철학자답지 못한 불성실한 부분의 하나였다. 가장 철학자다운 부분은 검소하고 조용하게 지낼 때였다.

그들이 《정치학》을 저술한 것은 마치 정신 병원의 규칙을 만든 것과 같았다. 그리고 그들이 매우 중대한 문제에 대해 견해를 밝혔다면, 그것은 그들의 이야기를 듣는 정신병자들이 스스로를 왕이나 황제라고 착각하고 있음을 알았기 때문이다. 그들은 정신병자들의 병으로 일어나는 해독을 가능한 한 줄이려고 자기들의 방식대로 했던 것이다.

332 압제는 대개 자기의 능력 이상으로 지배하려는 욕심에서 생겨난다. 강한 것, 아름다운 것, 지혜로운 것, 경건한 것은 모두 제각기 다른 분야를 가지고, 각각 그 내부만을 지배하고 있다. 그러나 때로는 서로 충돌을 일으키기도 하고, 어리석게도 강한 것과 아름다운 것은 서로 자기가 잘났다고 다투기까지 한다. 그러나 그 양자의 지배권은 그 종류가 다른 것이다. 그들은 상대방을 이해하려 하지 않는다. 그들의 잘못은 그 성질이 다른 분야들을 지배하려는 데 있다. 그런 일은 그 무엇으로도, 힘으로도 할 수 없는 일이다. 학자의 권위를 존중하는 곳에서는 힘이란 아무 소용이 없는 것이다. 힘은 다만 인간의 외적 행위를 지배하는 것에 불과하다.

압제.

다음과 같은 말은 잘못일 뿐만 아니라 압제적인 말이기도 하다. 즉 "나는 아름답다. 따라서 사람들은 나를 무서워할 것이다. 나는 강하다. 따라서 사람들은 나를 존경해야 한다. 나는……" 압제는 특정한 방법에 의해서만 얻을 수 있는 것을 다른 방법으로 얻으려는 것이다. 사람들은 가치에 따라 다른 경의를 표하고 있다. 쾌적에는 사랑의 경의를, 힘에는 공포의 경의를, 지식에는 신뢰의 경의를 표한다. 사람은 이런 경의를 표해야 한다. 그것을 거부하는 것은 옳지 못한 일이며, 다른 경의를 바라는 것도 마찬가지로 부당하다. 그와 동시에 다음과 같이 말하는 것도 잘못이며, 또한 압제적인 일이다. "그는 강하지 않다. 그렇기 때문에 나는 그를 존경하지 않는다. 그는 유능한 사람이 아니므로 나는 그를 두려워하지 않는다."

333   자신을 그리 대단찮은 존재로 본다고 불쾌하게 생각하여, 이러이러한 높은 사람이 자기를 존경한다고 떠벌리는 사람들을 본 일이 있는가? 나는 그런 사람들에게 다음과 같이 대답할 것이다. "그런 사람들의 기분을 맞춘 당신의 진가를 나에게 보여주시오. 그러면 나 역시 당신을 존경하겠소."

334   현상의 이유.
탐욕과 힘은 우리의 모든 행위의 근원이다. 탐욕은 마음속으로부터 우러나는 행위를, 힘은 마음속으로부터 우러나지 않는 행위를 하게 한다.

335   현상의 이유.
그러므로 세상 사람들이 착각 속에서 살고 있다는 것은 사실이다. 왜냐하면 민중의 의견이 건전할지는 몰라도 그들의 머릿속까지 건전한 것은 아니기 때문이다. 그들은 진리가 아닌 것을 진리인 것처럼 생각한다. 진리가 그들 의견 속에 있는 것은 분명하지만, 그것은 그들의 생각 속에서 나온 것이 아니다. 귀족을 존경해야 한다는 것은 옳은 일이지만, 현실적으로 가문이 훌륭하기 때문에 그렇게 해야 한다는 것은 아니다.

336   현상의 이유.
배후에 깊은 사상을 간직하고 있어야 한다. 그리하여 민중처럼 이야기하면서도 그 숨은 사상으로 모든 일에 대한 판단을 해야 한다.

337   현상의 이유.
단계. 민중은 고귀한 가문 출신을 존경한다. 반거들충이 식자는, 가문은 개인적인 장점이 아니라 우연한 것에 지나지 않는다고 이를 경멸한다. 한편 참된 식자는 민중의 견해에 무조건 추종하지 않고, 배후의 깊은 사상에 의해 그들을 존경한다. 많은 것을 알지는 못해도 깊은 신앙을 가진 사람들은 식자가 귀족을 존경하는 것을 못마땅하게 생각하여 그들을 멸시한다. 그들은 그들의 신앙을 통해 얻은 빛으로 그것을 판단하기 때문이다. 완전한, 그러나 보다 깊은 신앙을 가진 기독교도는 한층 높은 빛에 의해 그들을 존경한다. 이처럼 인간이 가지는 빛의 정도에 따라 그 의견도 정(正)이나 반(反)으로 서로 달라지게 된다.

338 참된 기독교도는 미치광이에게 복종한다. 그러나 그것은 미치광이를 존경해서가 아니다. 인간을 벌하기 위해 그들로 하여금 그런 미치광이에게까지 복종하게 하는 신의 질서를 존경하기 때문이다.

"피조물이 허무한 데 굴복하는 것은 자기 뜻이 아니요, 오직 굴복케 하시는 이로 말미암음이라."[5]

그래서 성 토마스[6]는 〈야고보서〉에 있는 부자를 편애한다는 대목[7]을 설명하기를, 그들이 그것을 신이 보는 앞에서 행하지 않으면 신의 가르침을 거역하는 것이라고 했다.

---

5 〈로마서〉 8장 20절.
6 토마스 아퀴나스 《신학대전》 제2장 63문.
7 〈야고보서〉 2장 1~4절.

철학자들　제6장

339 나는 손도 발도 머리도 없는 인간을 상상할 수 있다. 머리가 발보다 더 필요하다는 것을 가르쳐주는 것은 오직 경험밖에 없기 때문이다. 그러나 생각하지 않는 인간은 없다고 믿는다. 만약 있다면 그것은 인간이 아니라 돌이나 짐승일 것이다.

340 계산기는 동물의 어떤 행위보다도 한층 더 사고(思考)에 가까운 효과를 거둘 수 있다. 그러나 그것은 동물처럼 의지로 할 수 있는 일은 아무것도 하지 못한다.

341 리앙쿠르[1]의 모래무지와 개구리의 이야기.[2] 그들은 언제나 같은 일을 되풀이하며 결코 다른 일을 하지 않는다. 또한 정신적으로도 다른 일은 절대로 하지 않는다.

342 만일 어떤 동물이 본능으로만 할 수 있는 행동이나 말을 정신으로 한다면, 감정적인 사물을 한층 더 잘 이야기할 수 있을 것이다. 먹이를 찾을 때나, 먹이를 찾았다거나 그만 놓쳐 버렸다는 것을 알리기 위해서도 말이다.

---

[1] 당시 대귀족으로 포르루아얄의 후원자.
[2] 모래무지와 개구리의 싸움에서 개구리가 모래무지의 눈알을 뽑았다는 고서의 이야기.

예를 들어 "나를 괴롭히는 이 줄을 풀어 주게, 내 입이 거기까지 닿을 수 없으니" 하는 등.

343 앵무새는 그 부리가 아무리 깨끗해도 그것을 닦는다.

344 본능과 이성, 두 본성의 표징.

345 이성은 주인이 종에게 내리는 명령보다 더 무섭고 피할 수 없는 명령을 내린다. 이성에 거역하는 자는 바보이기 때문이다.

346 인간의 위대함은 사고한다는 데 있다.

347 인간은 하나의 연약한 갈대에 지나지 않는다. 모든 자연 중 가장 약한 존재이다. 그러나 그것은 생각하는 갈대이다. 그를 무찌르기 위해 전 우주가 무장할 필요는 없다. 한 줄기의 증기, 한 방울의 물만으로도 그를 죽이기에 충분하다. 그러나 우주가 그를 무찌른다 해도 인간은 자기를 죽이는 자보다 더 고귀하다. 왜냐하면 인간은 자기가 반드시 죽어야만 한다는 사실과 우주가 자기보다 강하다는 사실을 알지만, 우주는 그것을 전혀 모르고 있기 때문이다.

그러므로 인간의 존엄성은 그의 생각에 있는 것이다. 우리는 생각하는 것으로 스스로를 높여야 한다. 우리가 모두 채울 수 없는 공간이나 시간에 의해서가 아니다. 그러므로 인간은 생각을 잘 하려고 힘써야 한다. 이것이 바로 도덕의 근본이다.

348 생각하는 갈대. 내가 나의 존엄성을 구하려는 것은 공간에서가 아니라 내 생각의 규제에서이다. 내가 아무리 많은 영토를 소유하더라도 그

이상의 것을 손에 넣었다고 할 수는 없다. 우주는 공간으로 나를 포용하고, 하나의 점인 양 나를 삼켜 버린다. 그러나 나는 생각으로 우주를 포용할 수 있다.

349 영혼의 비물질성.
자기의 정욕을 억제한 철학자들.[3] 어떤 물질이 그런 일을 할 수 있겠는가?

350 스토아학파.
그들은 인간이 이따금씩 할 수 있는 것이면 언제나 할 수 있으며, 명예욕은 그것에 집착하는 사람들로 하여금 어떤 일을 훌륭하게 해내도록 하므로 다른 사람들도 그것을 훌륭하게 할 수 있다고 주장한다. 그러나 그것은 건강한 사람으로서는 모방할 수도 없는 열병에 걸린 사람의 움직임과 같다는 결론을 내린다.
에픽테토스는 견실한 기독교도가 있다는 사실에서 누구나 얼마든지 그렇게 될 수 있다는 결론을 내린다.[4]

351 영혼이 때때로 도달할 수 있는 저 위대한 정신적 노력은, 영혼이 언제까지나 머물러 있을 수는 없는 곳이다. 영혼은 다만 거기에 뛰어오를 수 있을 따름이다. 그것도 왕위에 오른 것처럼 오랫동안이 아니라 오직 한 순간에.

352 인간의 덕이란 그의 노력에 의해서가 아니라 그의 일상에 의해 측정되어야만 한다.

---

3 스토아학파를 말한다.
4 에픽테토스 《어록》 제4장 7절.

353 하나의 덕, 이를테면 충분한 용기를 가지고 있다 할지라도, 에파미논다스[5]가 충분한 용기와 훌륭한 관용을 아울러 가진 것처럼 그와 상반되는 덕을 갖지 못했다면 나는 결코 감탄하지 않을 것이다. 그렇지 않다면 그것은 향상이 아니라 타락이기 때문이다. 인간이 어떤 극단에 처했을 때 그 위대성이 나타나는 것은 아니다. 동시에 두 극단에 이르러 양자의 중간을 충족시킴으로써 위대성을 나타내는 것이다. 그러나 그것은 영혼이 그 두 극단 사이를 급속히 움직이는 것에 불과할지도 모른다. 영혼은 불붙은 장작개비를 휘두를 때처럼 한 점에만 있을지도 모른다. 그렇다면 그것으로 충분하다. 그러나 이 사실은 영혼의 넓이를 나타내지는 못한다 해도 최소한 영혼의 속도만은 나타낼 수 있는 것이다.

354 인간의 본성은 항상 발전하는 것이 아니며, 경우에 따라서는 후퇴하기도 한다. 열병에는 오한과 열이 있다. 오한도 열과 마찬가지로 열병의 열도(熱度)를 나타낸다. 오랜 세월에 걸친 인간의 발명도 이와 마찬가지이다. 세상 사람들의 선의나 악의도 대체로 이와 같다. "변화는 언제나 귀인들의 마음에 든다."[6]

355 오랫동안 계속되는 웅변은 권태를 가져온다. 영주나 왕들은 때때로 오락을 즐기기도 한다. 그들은 항상 보좌에만 앉아 있는 것이 아니다. 그들은 그 보좌에 권태를 느끼게 된다. 위대성을 느끼기 위해서는 떠나야 한다. 무엇이나 오래 계속되면 사람들은 불쾌해진다. 추위도 몸을 따뜻하게 하기 위해서는 기분 좋은 것이다. 자연은 '갔다가 다시 돌아오는' 순환에 의해 움직인다. 자연은 가고 또 되돌아온다. 다음에는 더욱 멀리 갔다가 두 배가 되어서 돌아오

---

5 몽테뉴 《수상록》 제2권 6장, 제3권 1장 참조.
6 호라티우스 《가요》 제3권 29장.

며, 그 다음에는 그전보다 더 멀리 가는 것처럼, 바다의 만조(滿潮)나 태양의 운행도 이와 마찬가지로 이루어지는 듯하다.

356 신체는 영양을 조금씩 섭취한다. 많은 영양과 약간의 음식물.

357 미덕을 가장 완전한 경지에까지 추구하려고 하면, 악덕이 무한히 작은 곳으로부터 나타나서 은밀히 미덕 속으로 잠입하게 된다. 그리고 그것이 지극히 큰 곳에서부터 무리를 지어 나타나기 때문에 인간은 그 악덕 속에 빠져 자신을 잃고 더 이상 미덕을 볼 수 없게 되어 버린다.
　사람은 완전한 덕 자체마저 비난하는 것이다.[7]

358 인간은 천사도 아니고 짐승도 아니다. 그런데 인간의 불행은 천사를 닮고 싶어하면서도 짐승을 닮아 가고 있는 데서부터 비롯된다.

359 우리가 미덕 속에 지탱하고 서 있는 것은 우리 자신의 힘에 의해서가 아니다. 양쪽에서 부는 두 바람 사이에 서 있는 것처럼 상반되는 두 개의 악덕이 균형을 이루고 있기 때문이다. 그 악덕 중 하나를 없애 버리면 우리는 다른 악덕에 빠지고 만다.

360 스토아학파의 학설은 매우 난해하고도 공허하다.
　스토아학파는 깊고 높은 지혜에 이르지 못한 사람은 마치 깊이가 두서너 치밖에 안 되는 물 속에 빠진 사람들처럼 모두 어리석고 부덕하다고 주장한다.

---

7 이 1행은 난외에 기록된 것이다.

361

지상선(至上善).

지상선에 대한 논의.

"당신이 당신 자신과 당신 자신에서 비롯된 선에 만족하기 위하여."**8**

바로 거기에 모순이 있는 것이다. 왜냐하면 그들은 결국 자살을 권장한 셈이기 때문이다. 아, 얼마나 복된 인생인가! 페스트의 위험에서 벗어나듯이 거기에서 벗어난다는 것은.

362

"원로원의 결의와 국민투표에 의하여……"**9** 이와 비슷한 구절을 찾을 것.

363

"원로원의 결의와 국민투표로 범죄 여부를 결정한다." 세네카, 588.**10**

"어떤 철학자에 의해서도 언급되지 않은 이론보다 부조리한 것은 없다." 점술.**11**

"어떤 특정한 것을 믿는 사람은, 자기가 믿지 않는 설을 옹호해야만 한다." 키케로.**12**

"인간은 모든 것의 과잉에 괴로움을 당하는 것같이 문학의 과잉에도 괴로움을 느낀다." 세네카.**13**

"모든 사람에게 가장 자연스러운 것이야말로 모든 사람에게 가장 잘 어울리는 것이다."**14**

---

8 얀세니우스 《아우구스티누스》에서 인용.
9 단장 294 참조.
10 숫자는 몽테뉴 《수상록》(1652년판)의 면수.
11 몽테뉴 《수상록》 제2권 12장, 키케로 《신성론》 제2권 58장.
12 몽테뉴 《수상록》 제2권 12장, 키케로 《투스쿨라네스》 제2권 1장 참조.
13 몽테뉴 《수상록》 제3권 12장, 세네카 《서한》 106 참조.
14 몽테뉴 《수상록》 제3권 1장, 키케로 《직분론》 제1권 31장.

"자연은 그들에게 먼저 한계를 부여했다."《게오르기카》.[15]

"건전한 정신을 위해서는 높은 학식이 필요한 것은 아니다."[16]

"부끄럽지 않던 일도 대중으로부터 찬사를 받고 나면 부끄러운 일이 되어 버리고 만다."[17]

"나는 내 방식대로 한다. 너는 네 방식대로 해라." 테렌티우스.[18]

364   "인간이 자신을 완벽하게 존경하기란 힘든 일이다."[19]

"수많은 신들이 오직 하나의 머리를 둘러싸고 법석을 떤다."[20]

"완전히 알지도 못하면서 단정하는 것보다 부끄러운 일은 없다."[21]

"나는 또한 그들처럼 자신이 알지 못하는 것을 모른다고 고백하는 것을 부끄럽게 생각하지 않는다."[22]

"중단하는 것보다 시작하지 않는 편이 더 낫다."[23]

365   사고(思考).
인간은 사고로 인해 존엄성을 갖게 되었다.

그러므로 사고는 그 본성으로 보아 매우 훌륭하며, 다른 그 무엇과도 비교할 수가 없는 것이다. 어떤 결함이 없는 한 사고는 결코 경멸당하지 않는다. 그런데 사고는 그보다 더 우스운 것이 없을 정도의 결함을 가지고 있다. 본성만으로 사고를

---

[15] 몽테뉴 《수상록》 제1권 30장, 베르길리우스 《게오르기카》 제2권 2장 참조.
[16] 몽테뉴 《수상록》 제3권 12장, 세네카 《서한》 106 참조.
[17] 몽테뉴 《수상록》 제2권 16장, 키케로 《종말론》 제2권 15장 참조.
[18] 몽테뉴 《수상록》 제1권 27장, 테렌티우스 《헤아우톤티모르메노스》 제1막 1장 참조.
[19] 몽테뉴 《수상록》 제1권 38장, 《퀸틸리아누스》 제10권 7장.
[20] 몽테뉴 《수상록》 제2권 13장, 세네카 《수아소리아에》 제1권 4장.
[21] 몽테뉴 《수상록》 제3권 13장, 세네카 《아카데미아》 제1권 45장.
[22] 몽테뉴 《수상록》 제3권 11장, 키케로 《투스쿨라네스》 제1권 25장.
[23] 몽테뉴 《수상록》 제3권 10장, 세네카 《서한》.

평가한다면 그것은 얼마나 훌륭한 것인가! 그 결함만으로 평가하면 사고는 또한 얼마나 하찮은 것인가!

366 세계 최고 법관의 정신도 그 주위에서 일어나는 소음에 혼란을 일으키지 않을 만큼 초연한 것은 못 된다. 그의 사고를 방해하는 데는 대포 소리가 아니라 풍차나 도르래 소리만으로도 충분하다. 그의 추리가 현재 잘 되어 가지 않는다고 해서 놀랄 것은 없다. 파리 한 마리가 그의 귓전에서 윙윙거리며 날고 있다. 그에게 뛰어난 생각이 떠오르지 못하게 하는 데는 이것만으로도 충분하다. 만일 당신들이 그가 진리를 발견하기 원한다면 그의 이성을 방해하고 또 많은 도시와 왕국을 다스리는 그의 뛰어난 지성을 혼란시키는 저 파리를 쫓아 버려라. 이 얼마나 허황된 신인가? "아아, 우스꽝스러운 영웅이여!"

367 파리의 힘. 파리는 우리 영혼의 활동을 방해하고, 우리 신체를 좀먹으며, 그리하여 결국 싸움에 이긴다.

368 열은 어떤 구성 분자의 운동이며, 빛은 우리가 감각하는 원심력이라고 사람들[24]이 말할 때 우리는 놀라게 된다. 뭐라고! 쾌감은 우리 정신의 움직임 이외에 아무것도 아니란 말인가? 우리는 그 문제에 대해 다른 견해를 가지고 있었다. 더구나 그런 느낌은, 그와 같은 것이라고 생각하는 다른 느낌과는 전혀 다른 것처럼 보인다. 불의 감각, 접촉과는 전혀 다른 방법으로 우리에게 전달되는 이 열, 소리나 빛의 감응, 이 모든 것은 인간에게는 매우 신비스럽게 보인다. 그러나 이런 일은 발에 채는 돌멩이같이 어디서나 흔히 볼 수 있다. 솜털 구멍 속까지 들어가는 아주 작은 정기(精氣)가 다른 신경에까지 닿는 것은 사실이다.

---

24 데카르트를 말한다.

그러나 그것은 역시 감촉된 신경이다.

369 이성이 활동하기 위해서는 기억력이 있어야 한다.

370 우연은 사상을 불러일으키기도 하고, 없애 버리기도 한다. 사상을 보존하거나 획득할 수 있는 방법은 없다. 도망쳐 버린 사상, 나는 그것을 기록해 두고 싶었다. 그러나 그렇게 하지도 못한 채 사상이 도망쳐 버렸다고 나는 기록한다.

371 어린 시절 나는 곧잘 내 책을 껴안곤 했다. 그리고 때로는 그것을 껴안았다고 생각하면서 나 자신을 의심하기도 했던 것이다.

372 나의 사고를 기록하는 도중 이따금 그것이 달아나 버리는 경우가 있다. 그 사실로 인해 나는 항상 잊고 있던 나의 연약함을 자각하게 된다. 그것은 잊어버린 사상과 마찬가지로 나에게 교훈을 주기도 한다. 왜냐하면 나는 언제나 자신의 허무를 인식하는 데 전념하고 있기 때문이다.

373 회의론.
나는 여기서 내 사상을 무질서하게, 그러나 뜻밖의 혼란에 빠지지 않고 기록하려 한다. 이것은 참된 질서이며, 이 질서가 무질서 바로 그 자체로서 나의 목적을 언제나 표현해 줄 것이다.
만일 내가 논리정연하게 이 문제를 다룬다면 그것을 존중하는 셈이 되는 것이다. 왜냐하면 나는 그것(피론의 회의주의)이 질서를 가질 수 없다는 사실을 증명해 보이고 싶기 때문이다.

374 내가 가장 놀라는 것은 세상 사람들이 자신의 연약함을 알고도 놀라워하지 않는다는 점이다. 사람들은 성실하게 행동하고, 각자는 자기 신분에 따라 행동한다. 사실상 그것은 습관에 의한 것이므로 따르는 것이 좋다고 생각해서가 아니라, 마치 각자가 도리와 정의가 어디에 있는지 알고 있는 것과 같은 이유에서 그렇게 하는 것이다.

인간은 언제나 기만당하고 있음을 알게 된다. 그러나 인간은 그것이 자기가 늘 자랑스럽게 여기는 처세술의 과실임을 깨닫지 못하고, 우스꽝스러운 겸손으로 인한 자기의 과오인 것처럼 생각하고 있다. 그러나 세상에 이런 사람들이 수없이 많아도 회의론자라고 부르지 않는 것은 회의론의 영예를 위해서는 차라리 다행한 일이다. 이것은 인간이 자기는 어쩔 수 없는 연약함 가운데 있음을 깨닫지 못하고, 오히려 타고난 지혜 속에 있다고 여기는 데서 터무니없는 생각을 가질 수 있음을 나타내는 것이다.

세상에 회의론자가 아닌 사람이 있다는 것처럼 회의론을 강하게 뒷받침해 주는 사실은 없다. 만일 모든 사람들이 회의론자라면 회의론자들이 잘못되었을 것이다.

375 나는 세상에 하나의 정의가 있음을 믿으며 나의 오랜 삶을 유지해 왔다. 그 점에서 내 생각은 옳았다. 왜냐하면 세상에는 신이 인간에게 정의를 보여주는 정도에 따라서 정의가 존재하기 때문이다. 그러나 나는 그렇게는 생각하지 않았다. 이것이 바로 내가 잘못 생각한 점이다. 왜냐하면 나는 우리의 정의를 본질적으로 옳다고 믿고, 그것을 나 자신이 인식하고 판단할 수 있다고 믿었기 때문이다. 그러나 나는 자신이 너무도 자주 올바른 판단을 내리지 못한다는 사실을 깨닫고, 마침내는 자신과 남까지도 믿지 않게 되었다. 나는 모든 나라와 인간들이 변하는 것을 보아 왔다. 그리하여 참된 정의에 대한 나 자신의 견해를 몇 번이나 바꾼 다음에야 비로소 인간의 본성은 끊임없는 변화에 불과하다는

사실을 깨달았다. 그리하여 그때부터 나는 바뀌지 않게 되었다. 만일 바뀐 것이 있다면 내 의견을 확증했다는 것뿐이다. 독단론자로 되돌아간 회의론자 아르케시라오스.[25]

376 회의론자는 지지자보다 반대자에 의해서 강화된다. 인간의 연약함은, 그것을 자각하고 있는 사람들보다 자각하지 못하는 사람들 속에 더욱 확실하게 나타나기 때문이다.

377 겸손에 대한 논의도 오만한 사람에게는 오만의 재료가 되고 겸허한 사람에게는 겸허의 재료가 된다. 이와 마찬가지로 회의론자에 대한 논의도 긍정론자에게는 긍정의 재료가 된다. 겸손에 대해 겸손하게 말하는 사람은 적고, 정절에 대해 순결하게 말하는 사람은 적으며, 회의론에 대해 회의적으로 말하는 사람도 적다. 인간은 허위와 이중성과 모순에 가득 찬 존재에 지나지 않는다. 그러므로 인간은 스스로 자기를 감추기도 하고 꾸미기도 한다.

378 회의론.
극단의 재지(才智)는 극단의 무지와 마찬가지로 매우 어리석다는 비난을 받게 된다. 중용보다도 더 좋은 것은 없다. 대중은 이를 확고히 하여, 그 어느 극단에서든 벗어나려 하는 것을 비난한다.

나도 거기에 대해 반대하지 않고 중용에 놓이는 것에 동의한다. 단지 하단에 놓이는 것만은 반대한다. 그것이 아래에 있어서가 아니라 극단이기 때문에 반대하는 것이다. 그리고 나는 상단에 놓이게 되어도 마찬가지로 반대할 것이다. 중용에서 벗어난다는 것은 인도(人道)에서 벗어난다는 것을 의미한다. 인간 영혼의 위대

---

25 기원전 300년경의 그리스 철학자로서 신아카데미파를 창설했다.

성은, 어떻게 하면 중용에 머무를 수 있는가를 아는 데 있다. 위대성은 중용을 벗어나는 데 있는 것이 아니라 오히려 벗어나지 않는 데 있다.

379
지나친 자유가 결코 좋은 것은 아니다. 필요한 것이 모두 충족되는 것도 결코 좋은 일은 아니다.

380
세상에는 훌륭한 격언들이 많이 있다. 단지 사람들이 그 격언을 제대로 적용하지 못하고 있을 뿐이다. 공공의 선을 위해서라면 목숨까지도 바쳐야 한다는 것을 사람들은 전혀 의심하지 않는다. 그렇기 때문에 많은 사람들이 실제로 그렇게 하고 있다. 그러나 종교를 위해서는 그렇게 하지 않고 있다. 사람 사이에 불평등이 필요하다는 것은 옳다. 그러나 일단 이를 긍정하면, 이내 길은 최선의 정치를 위해서가 아니라 최악의 압제를 향해서 열리고 만다. 정신은 어느 정도 긴장을 풀어 둘 필요가 있다. 그러나 그것은 최대의 방종을 허용하는 것을 의미한다. 그러므로 그 한계를 분명히 해야만 한다. 사물에는 아무런 한계가 없다. 법률은 사물에 한계를 정하려고 하지만, 정신은 이를 감당해 내지 못한다.

381
인간은 너무 젊으면 올바른 판단을 내릴 수 없다. 또한 너무 늙어도 마찬가지이다. 깊이 생각하지 않거나 너무 지나치게 생각해도, 완고해지거나 거기에 심취해 버리고 만다.

자기가 한 일을 끝낸 직후에는 선입관을 가지고 바라보게 마련이다. 그러나 어느 정도 시간이 지난 후에는 그런 선입관은 사라지게 된다.

그림도 역시 마찬가지이다. 너무 멀리서나 너무 가까이에서는 제대로 감상할 수 없다. 가장 적당한 거리는 오직 한 지점밖에 없다. 다른 지점은 모두 너무 가깝거나 멀거나, 높거나 낮다. 화법에서는 투시법이 그것을 결정해 준다. 그러나 진리나 도덕에는 과연 누가 그것을 결정해 줄 것인가.

382 모든 것이 한 가지 형태로 움직일 때에는 아무것도 움직이지 않는 것처럼 보인다. 배를 타고 있을 때가 바로 그렇다.

모든 사람이 방종한 생활에 젖어 버렸을 때에는 누구도 방종한 생활을 하고 있음을 느끼지 못한다. 멈춰선 사람이 고정된 점처럼 다른 것의 움직임을 지적할 수 있는 것이다.

383 불규칙한 생활을 하는 사람들은 규칙적인 생활을 하는 사람들이 본성에서 벗어난 생활을 한다고 생각하며, 자기들은 본성을 좇고 있다고 생각한다. 마치 배를 타고 있는 사람은 육지에 있는 사람이 멀어져 간다고 생각하는 것과 같다. 양쪽이 다 그렇게 말해도 상관없다. 그것을 바르게 판단하려면 고정된 점이 있어야 한다.

항구는 떠나가는 배를 판단할 수 있는 셈이다. 그러나 도덕의 경우에는 어디에 항구를 두어야 할 것인가.

384 모순은 진리를 찾는 데는 나쁜 증거이다. 수많은 확실한 사물에도 모순은 있다. 한편 많은 거짓된 사물이 모순 없이 통용될 때도 있다. 모든 것 자체가 허위의 증거는 아니며, 또 모순되지 않다고 진리의 증거가 될 수 있는 것은 아니다.

385 회의론.

이 세상의 개개의 사물은 한편으로는 진리이나 다른 한편으로는 허위이다. 그러나 본질적인 진리는 이것과는 다르다. 그것은 완전히 순수하며 완전히 진리인 것이다. 그러한 혼합은 진리를 손상시키고 멸망시킨다. 순수한 진실이란 존재하지 않는다. 그러므로 순수한 진리라는 입장에서 보면 진실한 것이란 하나도 없는 셈이다. 살인이 나쁘다는 것은 진실이라고 사람들이 말할지도 모른다. 우리는 그 거짓되고 흉악한 일을 잘 알고 있으니 말이다.

그러나 무엇을 가리켜 선이라고 할 것인가? 정결인가? 나는 그렇지 않다고 말하고 싶다. 세상에는 종말이 있으니까. 결혼인가? 아니다. 결혼보다는 절제하는 편이 나을 것이다. 살인하지 않는 것인가? 아니다. 무질서한 상태는 무서운 것으로서, 그렇게 되면 악인이 선인을 모조리 죽여 버릴지도 모르기 때문이다. 그러면 살인인가? 그것도 아니다. 그것은 인간의 본성을 파괴하는 것이기 때문이다.

우리는 진과 선을 부분적으로만 가지고 있으며, 거기에 악과 거짓이 혼합된 것을 가지고 있다.

386 만일 우리가 매일 밤 같은 꿈을 꾼다면, 그것은 우리가 낮에 보고 있는 사물과 마찬가지로 우리에게 영향을 미칠 것이다. 만일 어떤 직공이 밤마다 왕이 되는 꿈을 열두 시간씩 계속해서 꾼다면, 그는 밤마다 열두 시간씩 직공이 되는 꿈을 꾸는 왕만큼 행복하리라고 나는 생각한다.

만일 우리가 밤마다 적군의 추격을 받는 무서운 꿈을 꾸거나, 여행을 하고 있을 때처럼 일에 쫓겨 분주하게 지내는 꿈을 꾼다면, 우리는 그것을 실제로 당하는 일처럼 괴로워하고, 마치 실제로 그런 불행에 빠질 우려가 있는 사람이 잠이 깰까 봐 두려워하는 것처럼 잠이 드는 것을 두려워할 것이다. 또 그것은 현실과 거의 같은 정도의 고통을 줄 것이다.

그러나 꿈은 모두 다르고 같은 꿈이라도 변하기 때문에, 꿈은 깨어 있을 때처럼 사람의 마음을 움직이지는 않는다. 이것은 깨어 있을 때는 연속성이 있지만, 그것도 절대로 변하지 않을 만큼 연속적이거나 균형을 이루고 있어서가 아니라, 이따금 여행할 때처럼 급격한 변화를 거의 일으키지 않기 때문이다. 그래서 변화가 심할 때에는 "마치 꿈을 꾸는 것 같군" 하고 사람들은 말한다. 왜냐하면 인생도 변화가 적은 꿈과 같은 것이기 때문이다.

387	참다운 증명이 존재할 수 있을까? 그것은 확실하지 않다. 따라서 확실한 것은, 모든 것이 불확실하다는 사실밖에 없음을 말해 준다. 회의론에 영광이 있을지어다!

388	양식.
그들[26]은 "당신들[27]은 성실하게 행동하지 못했다. 우리가 잠만 자고 있는 것이 아니다"라고 말하지 않을 수 없다. 이런 오만한 이성이 겸손하게 애원하는 모양을 나는 얼마나 보고 싶어했는지 모른다. 왜냐하면 이것은 자기의 권리가 논의되고 있는 사람, 그리고 그 권리에 대한 위협을 무력으로 지키고 있는 사람의 말이 아니기 때문이다. 그것은 인간이 성실하게 행동하지 않는 것을 조롱하는 뜻은 아니지만, 그런 불성실을 힘으로 응징하는 것이다.

389	〈전도서〉는 신을 떠난 인간이 온갖 무지와 피할 수 없는 불행에 빠져 있음을 우리들에게 보여준다. 소원은 가지고 있으나 뜻을 이루지 못하는 것은 불행한 일이기 때문이다. 그러나 사람들은 행복해지기를 소망하고, 진리를 알기를 원한다. 그럼에도 불구하고 알 수도 없거니와, 그렇다고 알기를 단념할 수도 없다. 그는 의심할 수조차 없는 것이다.

390	신이여! 이런 논의는 얼마나 어리석습니까! "신이 세상을 창조한 목적은 저주하기 위해서일까? 신은 이처럼 연약한 인간에게 왜 이처럼 많은 것을 요구하는 것일까? 등등". 회의론은 그런 악의 구제책이며, 그런 허영을 깨뜨릴 수 있는 것이다.

26 독단론자들.
27 회의론자들.

391
대화.
허장성세(虛張聲勢), 종교, 나는 그것을 부인한다.

대화.
회의론은 종교를 정당화하는 데 효과적이다.

392
회의론의 반박.
그러므로 우리가 이런 사물들에 정의를 내리려고 하면, 오히려 그것을 더 모르게 된다는 것은 참으로 기묘한 일이다. 우리는 그것을 확신을 가지고 말할 수 있다. 우리는 모든 사람이 그에 대해 동일한 견해를 가지고 있다고 가정한다. 그러나 이런 가정에는 그것을 뒷받침할 만한 아무 근거도 없다. 우리가 그에 대해 아무런 증거도 가지고 있지 않기 때문이다. 이런 말들이 같은 경우에 적용된다는 것, 또 어떤 물체가 자리를 바꾸는 것을 두 사람이 보게 되면, 두 사람 모두 같은 대상의 관찰 결과를 동일한 말로 표현하여 "그 물체가 움직였다"고 한다는 것을 나는 잘 안다. 그리고 이 적용의 일치에서 사람들은 관념의 일치라는 유력한 추정을 이끌어낸다. 그러나 이것은 비록 긍정하는 편이 유리하다 할지라도 결정적인 확신을 의미하지는 않는다. 왜냐하면 때로는 전혀 다른 전제에서 같은 결과가 나올 경우도 있음을 우리가 알고 있기 때문이다. 이런 일은 문제를 복잡하게 만들기 쉽다.

그것은 이 사실을 우리에게 확인시켜 주는 자연의 빛을 완전히 끄고 아카데미파[28]와 같은 내기를 하는 것은 아니다. 오히려 그것은 그 빛을 흐리게 함으로써 독단론자들을 혼란에 빠뜨리고, 회의론자들로 하여금 승리를 차지하게 해 준다. 회의론자는 이런 막연한 모호성과 어떤 형태의 불확실한 어둠 속에 그 토대를 두고

---

[28] 몽테뉴 《수상록》 제2권 12장에 기록되어 있듯이 일종의 회의론이라고는 하지만, '아카데미파는 판단에서 모종의 경향을 승인하고 있었다'는 것이다.

있다. 거기에서는 우리의 불확실성도 모든 빛을 없애지 못하고, 또한 자연의 빛도 모든 암흑을 쫓아낼 수 없는 것이다.

393   선과 자연의 모든 법칙을 포기한 후 스스로 법률을 제정해, 그것에 고지식할 정도로 따르는 인간이 이 세상에 있다고 생각하면 웃지 않을 수 없다. 예를 들면, 마호메트의 병사, 도둑, 이단자 등이 그것이다. 논리학자도 예외일 수는 없다.

  그들이 그렇게 정당하고도 신성한 것을 아무렇지도 않게 짓밟아 버린 것을 보면, 그들의 방종에는 아무런 한계도 없는 것처럼 보인다.

394   회의론자, 스토아학파, 무신론자 등, 그들의 모든 원리의 전개는 정당한 것이다. 왜냐하면 그 반대의 논거도 역시 정당한 것이기 때문이다.

395   본능과 이성.
  우리에게는 증명할 수 있는 능력이 없다. 이것은 어떤 독단론도 극복할 수 없는 것이다. 우리는 어떤 회의론도 극복할 수 없는 진리에 대한 관념을 가지고 있다.

396   두 가지 사물이 인간의 모든 본성을 가르쳐준다. 본능과 경험이 바로 그것이다.

397   인간의 위대성은 자기의 비참을 인식하는 데 있다. 나무는 자기의 비참을 모른다. 그러므로 자기 비참을 깨닫는다는 것은 비참한 일이지만 위대한 일이기도 하다.

398 이러한 모든 비참이 바로 인간의 위대성을 증명한다. 이것은 대영주의 비참이며, 폐위된 왕의 비참이기도 하다.

399 인간의 비참은 인간의 의식에서 비롯된다. 파괴된 집은 비참을 의식하지 못한다. 비참한 것은 인간뿐이다. "고난당한 자는 나로다."[29]

400 인간의 위대성.
우리는 인간의 영혼이 위대하다고 생각하므로, 그것이 경멸을 당하거나 존경받지 못하는 것은 참을 수 없다. 인간의 모든 행복은 이 영혼에 대한 존경에 있다.

401 영예.
짐승은 서로 칭찬하지 않는다. 말은 자신의 동료를 칭찬하지 않는다. 달릴 때 그들 사이에 경쟁심이 전혀 없는 것은 아니지만, 그것은 아무런 영향도 미치지 못한다. 왜냐하면 마구간에서는, 인간이 자신에게 다른 사람들이 해 주기를 바라는 것처럼 가장 느리고 볼품없는 말이라도 다른 말에게 귀리를 양보하지는 않기 때문이다. 말의 미덕은 자기의 욕구를 충족시키는 데 있다.

402 인간은 탐욕에 빠졌을 때마저도 위대하여 탐욕에서 하나의 훌륭한 기준을 세울 줄 알았고, 그 속에서 어떤 사랑의 일면을 만들어냈던 것이다.

---

[29] 《예레미야 애가》 3장 1절.

403 위대성.
탐욕에서 그처럼 훌륭한 질서를 이끌어냄으로써 현실의[30] 이유는 인간의 위대성을 나타낸다.

404 인간이 가진 가장 비열한 점은 명예를 추구하려는 욕구이다. 그러나 이것은 인간이 우월한 가장 큰 특징이기도 하다. 인간은 아무리 많은 재산을 소유하고 있고 아무리 건강하고 안락을 누린다 해도, 다른 사람들로부터 존경을 받지 못하면 만족하지 않기 때문이다. 그는 인간의 이성을 매우 존중하므로, 지상에서 아무리 좋은 지위를 차지하고 있다 하더라도 인간의 이성 속에서 그런 지위를 차지하지 못하는 한 만족하지 않는다. 그것은 이 세상에서 가장 좋은 위치이므로, 그 무엇을 가지고도 그를 이 소망에서 떠나게 할 수는 없다. 또한 그것은 인간의 마음속에 있는 가장 뚜렷한 특성이다.

인간을 매우 경멸하고, 인간을 짐승처럼 취급하고 있는 사람들마저도 남들로부터 찬사와 신용 얻기를 좋아하며, 그것 때문에 자신의 감정에 의해 자기모순에 빠지는 것이다. 무엇보다도 강한 그들의 본성은, 이성이 그들에게 그들의 비천을 납득시키려는 것보다 더 강하게 인간의 위대성을 그들에게 인식시키고 있는 셈이다.

405 모순.
오만은 모든 비참을 상쇄하여 균형을 이루게 한다. 혹은 인간의 비참함을 감추거나 그것을 드러낼 경우 그것을 알고 있다는 것을 자랑스럽게 여긴다.

406 오만은 모든 비참을 상쇄하여 이를 제거해 버린다. 이것은 실로 이상한 괴물로, 매우 명백한 망상이다. 인간은 자기 지위에서 떨어져 불안

---

[30] 단장 328~337 참조.

한 마음으로 다시 그 지위를 찾아 헤매고 있다. 이것이 모든 인간의 참모습이다. 누가 그 지위를 찾을지 지켜보자.

407 사악은 자기 편이 이치에 맞는다고 생각되면 그 이치를 온갖 광채로 장식하려고 한다. 또한 사악은, 고행이나 엄격한 선택이 참된 선을 이루지 못하고 반드시 자연에 복종해야만 할 경우, 그 자연으로 다시 돌아오는 것을 자랑으로 삼는다.

408 악은 범하기 쉬워 이 세상에는 악이 무수히 많다. 그러나 선은 하나밖에 없다. 그리고 어떤 악은 사람이 선이라 하는 것과 마찬가지로 찾기가 어렵다. 그래서 사람들은 이 찾기 어렵다는 이유 때문에, 때로는 특수한 악을 선으로 착각하는 경우가 있다. 거기에 이르기 위해서는 선에 이르는 것 못지않게 영혼의 비상한 위대성이 필요하다.

409 인간의 위대성.
인간의 위대성은 인간의 비참 속에서도 찾을 수 있을 만큼 분명한 것이다. 왜냐하면 동물에게는 자연스러운 것도, 우리 인간에게는 비참하다고 말하는 경우가 있기 때문이다. 이것만으로도 오늘날 인간의 본성이 동물의 그것과 별 차이가 없다고 해도, 인간이 옛날에는 인간 특유의 뛰어난 본성으로부터 타락했음을 인정할 수 있다.

왜냐하면 폐위된 왕이 아니라면, 누가 왕이라는 것을 불행하다고 생각하겠는가? 사람들은 파울루스 에밀리우스[31]가 집정관의 지위에서 물러난 것을 불행하다고 생각했을까? 아니다. 오히려 그가 집정관이 된 것은 행복한 일이라고 생각했

---

31 기원전 182년과 162년에 집정관을 지낸 로마의 장군.

었다. 그의 지위가 영구적인 것은 아니었으니 말이다. 그러나 사람들은 페르세우스[32]가 왕위에서 쫓겨난 것에 대해 매우 불행한 일이라고 생각했다. 그의 지위는 영속적인 것이었고, 사람들은 그가 죽지 않고 살아남게 된 것을 의아하게 생각했다. 입이 하나밖에 없는 것을 불행한 일이라고 생각하는 사람이 있을까? 그리고 눈이 하나밖에 없는 것을 불행하지 않다고 생각하는 사람이 있을까? 사람은 눈이 세 개가 아닌 것을 결코 불행으로 생각하지는 않을 것이다. 그러나 눈이 하나도 없는 사람에게는 위로의 말조차 할 수 없다.

410 마케도니아의 왕 페르세우스와 파울루스 에밀리우스. 사람들은 페르세우스가 자결하지 않은 것을 비난했다.

411 우리 마음을 아프게 하고 우리 목을 죄는 모든 참상을 목격했음에도 불구하고, 우리는 자신을 높이려는 억제할 수 없는 본능을 가지고 있다.

412 이성과 정욕 사이에 일어나는 인간의 내면적 투쟁.
만일 그에게 정욕은 없고 이성만 있다면…… 만일 그에게 이성은 없고 정욕만 있다면……
그러나 인간은 양자를 모두 가지고 있기 때문에 투쟁을 하지 않을 수 없으며, 싸우지 않고는 화해할 수 없다. 이리하여 인간은 언제나 분열되어 자기 자신에 대해 반항한다.

413 이러한 이성과 정욕의 내면적 투쟁은 평화를 원하는 사람들을 두 파로 갈라놓았다. 한편은 정욕을 버리고 신이 되기를 원하고, 또 다른 편은

---

[32] 기원전 168년 파울루스 에밀리우스에게 패배한 마케도니아 최후의 왕.

이성을 버리고 짐승이 되려고 했다. 데 바로.[33] 그러나 그들은 그 어느 편도 될 수 없었다. 그리하여 이성은 여전히 정욕이 비천하고 부정한 것이라 하여 정욕에 몸을 맡긴 사람들의 마음의 평화를 깨뜨리며, 정욕은 그것을 버리려는 사람들의 마음속에 언제나 살아 있는 것이다.

414 인간은 모두 미치광이이기 때문에, 미치지 않은 사람도 다른 형태의 광증으로 보아 미치광이라고 볼 수 있다.

415 인간의 본성은 두 가지로 이루어졌다고 볼 수 있다. 하나는 그 목적에 의한 것으로, 이 경우 그는 대단히 위대하다. 다른 하나는 다수성으로 판단할 수 있다. 이를테면 말이나 개의 성질을 그 달리는 것이나 도망치려는 본능으로 판단하려는 경우와 같다.

이 두 갈래의 길이야말로 인간으로 하여금 여러 각도로 판단하게 하고, 그 때문에 철학자들은 심한 논쟁을 벌이고 있는 것이다. 그것은 양편이 서로 상대편의 역설을 부정하기 때문이다. 한편은 말한다. "인간은 그런 목적을 위해서 태어난 것이 아니다. 그의 모든 행위는 그 목적에 어긋나니까." 다른 편은 말한다. "인간이 그런 비열한 행동을 할 때 그는 목적에서 벗어난 것이다."

416 A. P. R.(A Port-Royal, 즉 포르루아얄의 약자) 위대와 비참.

비참함은 위대함으로부터, 또 위대함은 비참함으로부터 비롯되는 것이므로, 어떤 사람은 비참함의 근거를 위대함에 두었기 때문에 더욱 적절히 비참함을 결론짓고, 다른 사람은 비참함 자체에서 위대함을 결론지었기 때문에 더욱 뚜렷하게 위대함을 결론지었다. 한편이 위대함을 나타내려는 모든 말은 다른 편

---

33 파스칼과 같은 시대 사람으로 무신론자이다.

이 비참함을 결론지으려는 논의에 도움을 줄 뿐이다. 왜냐하면 인간은 높은 곳에서 떨어지면 비참하게 되고, 그 반대의 경우도 역시 진리이기 때문이다. 그들은 끝없는 원을 그리며 서로가 서로를 쫓아가고 있기 때문이다.

인간이 빛을 많이 가지면 가질수록 인간의 위대함과 비참함을 더 잘 발견할 수 있다는 사실만이 확실할 뿐이다. 인간은 자신들이 비참하다는 사실을 잘 알고 있다. 그러므로 인간은 비참하다. 왜냐하면 실제로 인간은 비참하기 때문이다. 인간은 자신의 비참함을 알고 있으며, 따라서 인간은 지극히 위대하다.

417 인간의 이런 이중성은 매우 뚜렷한 것이어서, 인간에게는 두 개의 영혼이 있다고 생각하는 사람조차 있을 정도이다. 그들은 똑같은 인물이 지나친 자만으로 말미암아 순식간에 무서운 절망에 빠지는 일은 있을 수 없다고 생각했던 것이다.

418 인간에게 그의 위대한 면을 보여주지 않고 그의 동물적인 면만 지나치게 보여주는 것은 대단히 위험한 일이다. 그러나 그에게 그의 비천함을 전혀 보여주지 않고 그의 위대성만을 너무 많이 보여주는 것도 마찬가지로 위험한 일이다. 또한 그 두 가지 측면을 하나도 보여주지 않고 방치해 두는 것은 더욱 위험한 일이다. 그러나 양쪽을 보여주는 것은 매우 유익하다.

인간은 자신을 동물이나 다름없다고 생각해서도 안 되고, 반대로 천사와 같다고 자만심을 가져서도 안 된다. 그러므로 양쪽을 모두 알고 있어야만 한다.

419 나는 인간이 머물 곳도 쉴 곳도 없으면서, 그가 그 어느 쪽에서 휴식을 취하고자 하는 것을 용납하지 않을 것이다.

420 그가 잘났다고 우쭐거리면 나는 그를 깎아내리고, 그가 겸손하면 나는 그를 추켜세울 것이다. 그래서 그가 자신이 불가해한 존재임을 깨닫게 될 때까지 그에게 반대할 것이다.

421 나는 인간에게 찬사를 보내는 사람이나, 인간을 비난하기 즐기는 사람이나, 또는 인생을 향락하려고 하는 사람이나 모두 비난한다. 그리하여 나는 괴로움을 극복하면서 진리를 탐구하려는 사람만 인정할 것이다.

422 참된 선을 추구하다가 괴로움에 지친다는 것은 좋은 일이다. 결국은 구세주에게 구원을 바라게 될 것이므로.

423 대립. 인간의 비열함과 위대함을 나타낸 다음에.
비로소 인간은 자기의 가치를 알기를 원한다. 또 자기 자신을 사랑하기 원한다. 왜냐하면 그의 내부에는 선을 행할 수 있는 본능이 있기 때문이다. 그러나 그렇다고 자기 내부에 있는 비열성까지 사랑해서는 안 된다. 그는 자신을 경멸해야만 한다. 왜냐하면 그가 선을 행할 수 있는 능력은 몹시 공허한 것이기 때문이다. 그러나 그렇다 해서 이 타고난 능력을 경멸해서는 안 된다. 그는 자신을 미워하는 동시에 사랑하기도 해야 한다. 그는 자기 내부에 있는 진리를 알 수 있고, 또 행복해질 수도 있는 능력을 가지고 있다. 그러나 그가 안정되고 만족할 만한 진리를 가지고 있는 것은 아니다.

    그러므로 나는 사람들이 진리를 찾겠다는 마음이 생기도록 도와주고 싶다. 그리고 또 나는 그의 인식이 정욕 때문에 얼마나 흐려져 있는지 알고 있으므로, 그가 진리를 찾을 수 있는 곳에서 그것을 찾도록 모든 준비를 갖추게 하고, 그가 정욕에서 벗어나도록 도와주고 싶다. 나는 인간이 그 의사를 결정하게 하는 탐욕을 미워하기 바란다. 그가 의사를 결정할 때 탐욕이 그를 맹목에 빠지게 하거나, 일단 결정한 일을 탐욕 때문에 멈추게 하거나 하지 않도록 말이다.

424 나로 하여금 종교를 알지 못하게 한 것처럼 보이던 이 모든 모순이 참된 것으로 빨리 나를 인도해 주었다.

도덕과 교의 제7장

425 제2부. 신앙이 없는 사람은 참다운 선도 정의도 알 수 없다.

모든 사람은 행복해지기 바란다. 여기에는 예외가 있을 수 없다. 행복해지기 위한 방법은 여러 가지가 있지만, 그것은 모두 동일한 목적을 위한 것이다. 어떤 사람은 전장에 보내고 또 어떤 사람은 전장에 보내지 않는 것도 모두 그들의 이 열망의 실현을 위해서이다. 이 열망은 양편 모두에 있는데, 각각 다른 견해를 가지고 있다는 점만 다를 뿐이다. 그러나 의지는 이 목적을 위한 것이 아니면 조금도 앞으로 나아가려 하지 않는다. 모든 사람의 ─ 심지어 목을 매어 자살하려는 사람까지 ─ 행위는 모두 이 목적을 이루기 위해서이다.

그러나 오랜 세월을 두고 모든 사람들이 언제나 바라는 이 지점에, 신앙을 통하지 않고 이른 사람은 아무도 없다. 모든 사람은 탄식하고 있다. 왕후도 신하도, 귀족도 평민도, 젊은이도 늙은이도, 강자도 약자도, 학자도 무식한 자도, 건강한 사람도 병든 사람도, 모든 나라, 모든 시대, 모든 연령, 모든 신분을 가진 사람이 한탄하고 있다.

이처럼 오래고 계속적이고 일치되는 경험은, 자기의 힘만으로는 선에 이를 수 없음을 우리에게 충분히 납득시켜 주었을 것이다. 그러나 사실은 우리에게 그다지 큰 교훈을 주지는 못하고 있다. 극히 작은 차이도 없는, 완전히 일치하는 경험이란 있을 수 없다. 그래서 우리는 이번만큼은 전처럼 기대에 어긋나는 일이 없기를 바란다. 그러나 현실이란 우리를 언제나 만족시킬 수는 없는 것이므로 경험은 우리를 기만하고 불행에서 또 더 깊은 불행으로 끌고 가 마침내는 그 영원한 정점인 죽음에까지 이르게 한다.

그러면 이 열망과 무기력이 우리에게 가르쳐주는 것은 무엇인가? 그것은 옛날에는 인간에게 참된 행복이 있었지만 현재에 이르러서는 완전히 공허한 기호와 흔적을 남겼을 따름이라는 것이다. 또 인간은 자기를 둘러싸고 있는 모든 것으로 그 공허를 메우려고 쓸데없이 초조하게 몸부림치며 현존하는 그 어떤 사물에서도 얻을 수 없는 구원을 현존하지 않는 사물에서 찾고 있지만, 이 한없는 심연은 무한하고 불변하는 존재인 신에 의해서만 채워질 수 있는 것이므로, 그런 사물에는 구원해 줄 능력이 없다는 사실이 아니고 무엇이겠는가?

신만이 인간의 진정한 선이다. 그러나 인간이 신을 멀리한 다음, 자연 속에는 인간이 우상으로 받들지 않은 사물이 하나도 없다는 것은 이상한 일이다. 별·하늘·땅·원소(元素)·식물·양배추·파·동물·곤충·소·뱀·열병·페스트·전쟁·기근·악덕·간음·불륜 등이 바로 그것이다. 그래서 인간이 참된 선을 잃어버린 이후로 그들에게는 모든 것이 똑같이 선으로 보였고, 선과 이성과 자연에 다 같이 어긋남에도 불구하고 심지어는 자살까지도 선으로 보이게 된 것이다.

어떤 사람은 참된 선을 권위에서 구하기도 하고, 어떤 사람은 호기심과 학문에서 구하기도 하고, 또 어떤 사람은 쾌락에서 구하기도 한다. 그 선에 실제로 더 가까이 다가갔던 다른 사람들은, 모든 사람들이 구하는 보편적인 선은 오직 한 사람만이 소유하고 있는 그런 사물 속에는 존재하지 않음을 확신했다. 왜냐하면 그런 사물은 분배되면 그 소유자가 자신이 가지고 있는 부분을 누리는 것으로 만족을 느끼기보다 그가 갖지 못한 부분의 결여에 대한 의식 때문에 괴로워하는 일이 더 많기 때문이다. 그들은 참된 선이란 손실도, 선망도 없이 모든 사람이 동시에 소유할 수 있고, 자기 의지에 반해 상실해서는 안 되는 것이라야 함을 알게 되었다. 그리하여 그들은 이 소망이 모든 사람에게 있고 또 누구도 이 소망을 갖지 않을 수 없는 한, 이것은 인간에게 극히 자연스러운 것이라고 말한다. 그래서 그들은 결론짓기를……

426 인간은 참된 본성을 잃어버렸기 때문에 모든 것이 인간의 본성이 되었다. 마치 참된 선을 잃게 되자 모든 것이 참된 선이 된 것처럼.

427 인간은 자신을 어디에 두어야 할지 모른다. 그는 확실히 어떻게 해야 할지 몰라 당황하고 있다. 그 본래의 장소에서 떨어져 나와 다시 그것을 찾지 못하고 있는 것이다. 그들은 앞을 분간할 수 없는 암흑 속에서 불안한 마음으로 이곳저곳을 헤매지만 찾지 못하고 있다.

428 만일 자연이 신을 증명하기에는 약한 증거라면 성서를 무시해서는 안 된다. 만일 이 모순을 알게 된 것이 강한 증거라면 성서를 소중하게 여겨야 한다.

429 짐승에 굴복하여 그것을 숭배하기에까지 이른 인간의 비열함이여!

430 A. P. R. 불가해를 설명한 후에 쓴 것.
인간의 위대함과 비참함은 너무나 뚜렷한 것이기 때문에, 참된 종교는 인간에게 위대하고도 비참한 근원이 있음을 우리가 깨달을 수 있도록 해 주어야 한다. 그러므로 참된 종교는 이 놀라운 모순이 어떻게 해서 생기는지 가르쳐줄 수 있어야 한다.

인간을 행복하게 하려면, 참된 종교는 그에게 세상에는 오직 한 분의 신만 존재하고 인간은 그 유일신을 사랑해야 하며, 우리의 진정한 행복은 그와 교제하는 데 있고 우리의 유일한 불행은 그를 떠나는 데 있음을 가르쳐주어야 한다. 참된 종교는, 우리가 암흑 속에 있으므로 신을 알지 못하고 그의 사랑을 느끼지도 못하며,

제7장 도덕과 교의 _ 177

그래서 우리의 의무는 우리에게 신을 사랑하기를 요구하지만 우리의 사욕이 신을 바라보지 못하게 하기 때문에 우리가 불의에 차 있음을 깨닫게 해 주어야 한다. 참된 종교라면 우리가 신과 참된 선을 외면하는 이유를 설명할 수 있어야 한다. 참된 종교는 우리가 이런 무능력에서 벗어날 수 있는 방법과 수단을 가르쳐주어야 한다. 이 문제에 대해 세계에 있는 모든 종교를 관찰하고, 그 문제에 대해 완전한 해결책을 제시할 수 있는 종교가 기독교 외에 또 어디 있는지 생각해 보기 바란다.

우리에게 있는 선을 완전한 선이라고 믿는 철학자들은 어떨까? 거기에 과연 참된 선이 있을까? 그 철학자들은 우리가 겪고 있는 불행으로부터 우리를 구제할 방법을 찾았을까? 인간을 신과 같은 위치로 끌어올려 인간의 오만을 고칠 수 있을까? 인간이 짐승과 다를 바 없다고 멸시하는 사람들, 지상의 쾌락을 내세에서도 완전한 선이라고 믿는 마호메트 교도, 그들은 과연 인간이 사욕으로부터 벗어나는 길을 가르쳐주었던가? 그러면 어떤 종교가 우리의 오만과 사욕을 극복하는 방법을 가르쳐줄 것인가? 대체 어떤 종교가 우리의 선, 우리의 의무, 배반하게 하는 우리의 연약성과 그 원인, 그것을 고칠 수 있는 방법과 그 방법을 실현하는 수단 등을 우리에게 가르쳐줄 것인가? 다른 모든 종교는 그것을 하지 못했다. 신의 지혜가 무엇을 할 수 있는지 보기로 하자.

신의 지혜는 다음과 같이 말한다. "인간에게는 진리도 위로도 기대할 수 없다. 나는 너희들을 창조한 자로서, 나만이 너희들이 무엇인지 가르쳐줄 수 있다. 그러나 너희는 이제 내가 너희를 만들 때의 상태대로 있지 않다. 나는 인간을 깨끗하고 죄 없으며 완전하게 만들었다. 너희에게 빛과 이지를 주었다. 그리고 나의 영광과 경이를 주었다. 그때 인간은 신의 위엄을 볼 수 있었다. 그때 인간은 그 시야를 가리는 어둠 속에 있지 않았고, 그를 괴롭히는 죽음과 불행 속에 있지도 않았다.

그러나 그는 그처럼 위대한 영광 속에서 오만해지고 말았다. 그는 자기를 자기 자신의 중심으로 삼아 나의 지배에서 벗어나려고 했다. 그래서 내 지배에서 벗어난 것이다. 그리고 자기 자신 속에서 행복을 찾아 나와 동등해지고자 했으므로 나는 그를 내버려두었다. 그리고 그때까지 그에게 복종하던 모든 피조물들로 하여금 그에게 반항하게 하고, 그의 적이 되도록 만들었다. 그래서 이제 인간은 짐승과 비슷해지고, 나를 멀리 떠났으므로 이제 그에게는 한 가닥 희미한 나의 빛만이 남아 있을 뿐이다.

이렇게 그가 본래 가지고 있던 지식은 점차 없어지거나 혼란에 빠져 버렸다. 감성은 이성에서 독립하여 때로는 이성을 지배하게 되고, 이성으로 하여금 쾌락을 추구하도록 했던 것이다. 모든 피조물은 그를 괴롭히거나 유혹한다. 그리고 힘으로 굴복시키거나 아름다움으로 매혹시켜 인간을 지배한다. 특히 유혹에 의한 지배는 보다 무섭고 뿌리치기 어려운 것이다.

이것이야말로 오늘날 인간이 처한 참모습이다. 그들에게는 그들 본래의 본성이 가진 행복에 대한 무력한 본능이 남아 있다. 그리하여 그들은 그 맹목과 사욕의 비참 속에 빠져 버렸고, 이것이 그들의 제2의 본성이 되고 말았다.

내가 너에게 제시하는 이 원리에 의해, 너는 모든 사람들을 놀라게 하고 수많은 견해들을 가지게 한 많은 모순의 원인을 알 수 있다. 이제는 이처럼 엄청난 비참의 시련으로도 지울 수 없는 위대하고 영광스러운 모든 움직임을 깊이 살펴보라. 그리고 그 움직임의 원인이 또 다른 본성에 있어야 하는지, 그렇지 않아도 되는지 생각해 보기 바란다."

A.P.R. 내일을 위하여. 의인법.
"오오, 인간들이여, 너희가 비참에서 벗어나는 길을 너희 자신 속에서 찾으려고 아무리 애써도 소용이 없다. 너희가 가진 모든 빛은, 너희 자신 속에서는 진리도 선도 찾을 수 없음을 깨닫게 해 줄 뿐이다.

철학자들은 그것을 찾아 주겠다고 너희에게 약속했지만, 그 약속을 지킬 수 없었던 것이다.

그들은 너희의 참된 선이 무엇이며, 너희의 참된 상태가 어떤 것인지조차도 알지 못한다.

너희의 비참의 원인을 모르면서 어떻게 불행의 구제책을 가르쳐줄 수 있겠는가? 너희를 신으로부터 멀어지게 하는 오만과, 너희를 이 지상의 것에 집착하도록 하는 사욕이 너희가 가진 가장 큰 결함이다. 그런데 철학자들은 이런 결함의 하나를 더 나쁜 방향으로 인도하는 외에 아무 일도 하지 못했던 것이다. 만일 철학자들이 너희에게 신을 목적으로서 제시했다면, 그것은 너희의 그 오만함을 단련시키기 위한 것이다. 그들은 너희로 하여금 너희가 날 때부터 신을 닮았으며 신에 뒤떨어지지 않는다는 생각을 가지도록 했다. 또 이와 같은 오만의 공허를 알게 된 사람들은 너희를 다른 위기에 몰아넣고 너희의 본성이 짐승의 그것과 다를 바 없다고 가르쳐주어, 너희로 하여금 동물적인 성격에 불과한 사욕 속에서 선을 구하도록 했다. 이것은 너희가 가진 불의를 고치는 길이 되지 못한다. 이런 현자들은 너희의 불의를 고치는 방법을 알지 못했던 것이다. 나만이 너희가 무엇인지 깨닫게 해 줄 수 있다."

아담, 예수 그리스도.

만일 너희가 신과 결합하는 것이 가능하게 된다면, 그것은 너희의 본성 때문이 아니라 신의 은총에 의해서이다.

만일 너희가 겸손해진다면 그것은 회개에 의한 것이며, 너희가 가진 본성 때문에 그렇게 된 것은 아니다.

그래서 이 두 가지의 능력은……

너희는 신에 의해 창조된 상태대로 있지 않다.

이 두 가지 상태가 신에 의해 분명해졌으므로 너희는 그것을 인정하지 않을 수 없을 것이다. 너희의 움직임을 따르고 너희 자신을 주의깊게 살펴보라. 그리고 거기에 두 본성의 뚜렷한 특성이 있는지 없는지 관찰하라.

이렇듯 많은 모순이 동일한 주체 속에 존재할 수 있단 말인가?

알 수 없는 것. 모든 불가해한 것이 존재하지 않는다는 법은 없다. 무한한 수. 유한한 것처럼 보이는 무한한 공간.

신이 스스로 우리와 결합한다는 것은 믿기 어렵다. 이런 생각은 우리의 비천함에서만 생겨날 수 있는 것이다. 그러나 너희가 진실로 성실하다면 나와 마찬가지로 스스로 그것을 추구하여, 실제로 우리에 대한 신의 긍휼이 우리를 그에게 연결시킬 수 있는지 여부를 우리 자신으로서는 알 수 없을 만큼 비천함을 깨닫도록 하라. 왜냐하면 자신의 연약함을 인식하고 있는 인간이 신의 긍휼을 헤아리고, 자기 환상으로 이루어진 한계를 신의 긍휼에 설정하는 권리를 어디서 얻었는지 알고 싶기 때문이다.

인간은 신이 무엇인지, 심지어는 자기 자신이 무엇인지조차 모른다. 그래서 자신의 처지를 알아차리고 당황하여, 신은 인간을 자기(신)와 결합시킬 수 없을 것이라고 말한다. 그러나 나는 그에게 이렇게 묻는다. 신은 인간이 신을 알고 난 다음에 사랑하는 것 외에 무엇을 인간에게 요구하겠는가? 또 인간은 자연히 사랑하고 인식할 수 있는 자인데, 어째서 신이 자신을 인식시키고 사랑하도록 만들 수 없다고 생각하는지 묻고 싶다. 인간은 자기가 존재하고 있다는 사실과, 자기가 어떤 것을 사랑할 만한 힘을 가졌음을 확실히 알고 있다. 그렇다면 그가 만일 자기가 처해 있는 어둠 속에서 무엇인가를 인식하고 지상에 있는 사물 가운데 사랑해야 할 대상을 발견했다면, 또 신이 그에게 신이 가진 본질의 빛을 준다면 어찌하여 우리는 신이 우리와 스스로 결합하기를 바라는 것과 같은 방식으로 신을 사랑할 수 없단 말인가? 따라서 이런 논의는 표면상으로는 겸손한 듯하지만 참을 수 없는 오만에 차 있음이 분명하다. 이 겸손은 우리가 무엇인지 자신의 힘만으로는 알지 못하므로 신의 가르침을 받지 않을 수 없다는 것을 우리에게 고백하게 하는 것이 아니라면, 진실하지도 정당하지도 않다.

"나는 너에게, 너의 신앙을 아무 이유도 없이 무조건 나에게 바치기를 바라지는 않는다. 네가 나에게 복종하도록 강요하고 싶지는 않다. 나는 또 너에게 모든 사물의 이치를 설명해 주고 싶지도 않다. 다만 이런 모순들을 조화시키기 위해, 나는 내 안에 있는 신의 표징을 네가 알 수 있는 증거에 의해 너에게 분명히 보여주고자 한다. 그런 표징들은 내가 어떤 존재인가를 분명히 알게 할 것이며, 네가 부정할 수 없는 기적과 증거로 내 권위를 나타낼 것이다. 그리고 그 표징이 참인지 아닌지 너 자신의 힘으로는 알 수 없다 하더라도 그것들을 거부할 이유를 찾을 수는 없을 것이므로, 내가 너에게 제시하는 사물들을 서슴지 않고 믿게 될 것이다."

신은 인간을 구원하기를 바라며, 구원을 바라는 사람들에게 그 구원의 문을 언제나 열어 주시고자 했다. 그러나 인간은 스스로 그런 자격을 포기했기 때문에, 신은 인간이 구원을 받을 수 없음에도 불구하고 이를 긍휼히 여기사 어떤 자들에게는 주시는 것을 다른 자들에게는 그 완악함 때문에 거절했는데, 이것은 옳은 일이다.

만일 신이 완악한 사람들의 고집을 꺾기 바라셨다면, 그들에게 자신을 더욱 뚜렷하게 나타냄으로써 그들이 신의 본질적 진리에 대한 의심의 여지를 없애 버릴 수 있을 것이다. 마치 최후의 심판날 죽은 자도 다시 살아나고 눈먼 사람도 볼 수 있도록 격렬한 우레와 자연의 붕괴와 함께 신이 나타나실 것처럼.

그러나 신은 평소에 이렇게 하시지 않고, 온유하게 강림하심으로써 자신을 나타내고자 했던 것이다. 왜냐하면 많은 사람들은 신의 자비를 받을 자격조차 이미 상실했으므로, 신은 그들이 원하지 않는 선을 굳이 베풀려 하지 않고 내버려두려 하셨기 때문이다. 그러므로 신이 분명히 신다운 거룩함으로 모든 사람들을 설득시킬 수 있는 절대적인 방법으로 자기를 나타내려는 것은 옳은 방법이 못 된다. 그러나 신이 자기를 온 마음을 다 바쳐 구하는 사람들조차 알 수 없을 정도로 깊이 숨어 계시는 것도 역시 옳지 못한 일이다. 그런데 신은 그런 사람들에게는 자기를 완전히 인식시켜 주시기를 원했다. 그리하여 온 마음을 다 바쳐 신을 찾는 사람에게는 분명히 나타내 보이고 철저히 신을 피하는 자에게는 숨으려고 했기 때문에, 신은 자기에 대한 인간의 인식을 적당히 조절하여 신을 구하는 자에게는 모습을 나타내 보이시고 구하지 않는 자에게는 나타내 보이지 않으셨던 것이다.

간절한 마음으로 신을 보고자 하는 사람에게는 충분한 빛을 주시고, 반대로 보려고 하지 않는 사람에게는 충분한 어둠을 주신 것이다.

431 다른 어떤 종교도 인간이 가장 훌륭한 피조물임을 알지 못했다. 인간의 우월성을 충분히 인식한 사람들은 인간이 원래 자신에 대해 가지고 있는 비천한 감정을 비겁하고 배은망덕한 것으로 보았고, 그런 비천함을 뚜렷이 자각하고 있는 사람들은 인간에게 자연스럽게 느껴지는 그 위대성에 대한 감정을 우스꽝스러운 오만 때문이라고 생각했던 것이다.

어떤 사람들은 말한다. "너희들의 눈으로 신을 바라보라. 너희들과 같은 모습을 하고, 너희의 섬김을 받기 위해 너희를 창조하신 신을 보라. 너희는 그를 닮을 수 있다. 너희가 그에게 순종하려 하면 지혜는 너희들을 그와 동등한 지위에 올려놓을 것이다"라고. 에픽테토스는 말한다. "자유인들이여, 그대들의 머리를 들라." 그런데 다른 사람들은 이렇게 말한다. "너희들의 눈을 땅으로 돌려라. 너희는 비천한 벌레에 불과하다. 너희와 같은 무리인 동물을 보라."

그럼 도대체 인간은 무엇이란 말인가? 신과 동등해질 것인가, 아니면 동물과 동등해질 것인가? 이 얼마나 놀라운 차이인가! 그러면 우리는 무엇이 되는가? 여기서 인간이 미로에서 헤맨다는 것, 그 지위에서 떨어져 있으며 불안한 마음으로 그것을 다시 찾으려 하지만 찾을 수 없다는 것을 깨닫지 못하는 자가 있을까? 그러면 누가 인간을 그 지위로 다시 끌어올릴 수 있을까? 가장 위대한 인간도 그것을 할 수 없었는데.

432 회의론은 진리이다. 왜냐하면 인간은 결국 예수 그리스도 이전에는, 자기가 놓인 상태는 물론 위대한지 보잘것없는 존재인지조차 몰랐기

때문이다. 그래서 이중 어느 것에 대해 언급한 사람들도 그것을 확실히 몰랐으며, 뚜렷한 근거도 없이 추측해 본 데 불과했던 것이다. 그리고 그들은 그 가운데 어느 한 가지를 배제함으로써 언제나 오류를 범하곤 했던 것이다. "당신이 알지도 못하면서 추구하고 있는 것을 종교가 당신에게 알려줄 것이다."[1]

433   인간의 본성을 완전히 알고 난 후에.
어떤 종교가 진실한 것이 되기 위해서는 그것이 인간의 본성을 알고 있지 않으면 안 된다. 그것은 인간의 위대함과 동시에 비속함을, 또 그 양편의 이유를 모두 알고 있어야만 할 것이다. 기독교 외에 어떤 종교가 그것을 알고 있었단 말인가?

434   회의론자들의 강점은, 자세한 것은 덮어 두고, 신앙과 계시를 제외하고는 우리가 자신의 내부에서 그 여러 원리들을 자연히 감지하게 된다는 바로 그 확증인 것이다. 그러나 이런 자연적 직관은 그런 원리가 진리라는 사실을 납득시키기에 충분한 증거는 되지 못한다. 왜냐하면 인간에게 신앙이 없다면 선한 신이 인간을 창조했는지 혹은 사악한 마귀가 창조했는지, 아니면 우연히 창조된 것인지 확인할 수 있는 방법이 없으므로, 이런 원리도 인간의 기원에 한해서만큼은 참인지 거짓인지 또는 불확실한 것인지 의문을 가지게 된다.

뿐만 아니라, 어느 누구도 신앙에 의하지 않고는 자신이 깨어 있는지 잠자고 있는지 확인할 수 없다는 것은, 꿈속에서도 자기가 꿈꾸지 않고 깨어 있다고 믿는 경우가 있다는 사실만 보아도 알 수 있다. 꿈속에서 인간은 공간과 형상과 운동 등을 보고 있다고 생각하며, 시간의 흐름을 느끼고 그것을 측정하기까지 한다. 즉 꿈속에서도 깨어 있을 때와 마찬가지로 행동하고 있는 것이다. 그래서 인생의 절

---

[1] 〈사도행전〉 17장 23절의 구절을 약간 바꾼 것이다.

반은 꿈속에서 지나가고, 거기서 어떤 일이 일어나더라도 참된 관념은 찾지 못한다는 것을 알 수 있다. 그렇다면 우리의 직관은 모두가 착각이며, 우리가 깨어 있다고 생각하는 인생의 나머지 절반도, 우리가 잠자면서 깨어 있다고 생각하는 것과는 다소 차이가 있는 또 하나의 잠이 아니라고 누가 단언할 수 있으랴.

또 사람이 다른 사람과 함께 꿈꾸고 나서 그 꿈이 우연히 일치했을 때, 그것은 실제로 가능한 일이기도 한데, 깬 다음 혼자 있으면서 그 반대로 생각할 수도 있음을 누가 의심하겠는가? 요컨대 우리가 꿈속에서 꿈을 꾸고 꿈에 꿈이 겹치듯이, 우리가 잠자지 않고 깨어 있다고 믿는 인생도 꿈에 지나지 않으며, 우리는 그 위에 꿈을 겹치다가 마침내는 죽음에 이르러서야 깨어나고, 그 동안은 잠자고 있을 때처럼 진리나 행복의 원리를 거의 알지 못하는 것이 아니겠는가? 우리를 움직이게 하는 이런 여러 가지 생각들도 우리가 꿈속에서 경험하는 시간의 흐름이나 환상과 마찬가지로 착각에 불과한 것이 아니겠는가? 바로 여기에 중요한 점이 있다.

나는 회의론자가 인습·교육·풍속·국가, 그리고 그 밖의 이와 유사한 사물들의 영향에 대해 반론하는 극히 소소한 것들은 제외시키려고 한다. 그런 것은 공허한 기초 위에 근거를 두고 단정을 내리기 좋아하는 대다수 사람들의 환심을 사기는 하지만, 회의론자들의 입김만으로도 뒤집혀질 그런 것이다. 만일 이 사실을 완전히 이해할 수 없다면 그들의 저서를 보면 된다. 지나칠 만큼 잘 납득하게 될 테니까.

나는 독단론자들의 유일한 강점을 좀더 깊이 살펴보려고 한다. 그 강점이란 진실과 성의로 말하기만 하면 자연의 원리를 의심할 수 없다는 것이다. 이에 대해 회의론자들은 한마디로 말해서 인간 본성의 기원까지도 포함하는 인간 기원의 불확실성을 가지고 반박한다. 독단론자들은 세상이 창조된 후 오늘날에 이르기까지 그에 대한 답변을 계속해 왔던 것이다.

인간들 사이의 논쟁은 모두 이렇게 해서 벌어진 것이다. 이 논쟁 속에서 각자는 거취를 결정하고, 독단론이나 회의론 중 어느 한쪽에 가담하게 마련이다. 왜냐하면 이 논쟁의 와중에 참여하지 않고 중립을 지킨다고 해도 그것은 훌륭한 회의론자의 태도에 불과할 것이기 때문이다. 이런 중립이 바로 이 학파의 특징이다. 그들에게 반대하지 않는 사람이라면 적극적으로 그들을 지지하는 자들인 셈이다. 바로 여기에 그들의 유리한 점이 있는 것같이 보인다. 그들은 그들 자신의 편에도 가담하지 않는다. 그들은 모든 일에 중립을 지킴으로써 무관심하고 결단성이 없으며, 그들 자신에 대해서까지 예외가 되어 있는 것이다.

그렇다면 이런 상태에 있는 인간은 무엇을 해야 할 것인가? 모든 것에 의혹을 품어야 할 것인가? 자신이 깨어 있다는 것도, 꼬집히고 있다는 것도, 불에 타고 있다는 것도 의심해야 할 것인가? 또한 자신의 존재까지도 의심해야 할 것인가? 인간은 그렇게 할 수는 없다. 그리고 세상에는 참으로 철저한 회의론자는 없다고 생각한다. 자연이 아무 힘도 없는 이성을 붙잡음으로써 그런 극단에까지 이르지는 못하도록 하고 있는 것이다.

그렇다면 반대로 인간이 분명히 진리를 알고 있다고 할 수 있는가? 조금만 영향을 받아도 진리를 파악하는 기능을 제대로 발휘하지 못하고, 이미 알고 있는 것조차도 잊어버리게 되는 인간이 말이다.

인간이란 도대체 어떤 괴물인가? 그 얼마나 신기하고, 어떤 요괴, 어떤 혼돈, 어떤 모순을 가지고 있으며, 그 얼마나 경이에 가득 차 있는 것일까? 만물의 심판자인 동시에 어리석은 지렁이에 불과하기도 한 존재, 진리를 맡은 자인 동시에 우매와 오류의 시궁창, 우주의 영광인 동시에 우주의 쓸모없는 폐물.

이처럼 뒤엉킨 내막을 풀 수 있는 자가 있겠는가? 자연은 회의론자들을 혼란에 빠뜨리지만, 이성은 독단론자들을 혼란에 빠뜨린다. 자연의 이성에 의해 자신의 참모습을 알려고 하는 인간이여! 그대는 무엇이 되려고 하는가? 그대는 이 두 학파 중 어느 한쪽에 가담할 수도 거부할 수도 없다.

그럴진대 오만한 인간이여! 그대는 자신이 얼마나 모순에 찬 존재인지를 깨달으라. 겸손할지어다. 아무 힘도 없는 이성이여! 입을 다물지어다. 어리석기 짝이 없는 본성이여! 인간은 무한히 인간을 초월해 있음을 깨달을지어다. 그리고 그대 자신의 힘으로는 알 수 없는 그대의 참모습도 그대의 주에게서 배울지어다.

신에게 귀를 기울이라! 왜냐하면 인간이 타락하지 않았더라면 죄없는 순결한 상태에서 행복을 누렸을 것이기 때문이다. 또 만일 인간이 처음부터 타락한 존재였다면, 진리나 축복에 대해 아무 관심도 갖지 않았을 것이다. 그러나 인간은 불행하다. 인간에게 위대한 점이 전혀 없는 것보다 더 불행한 것은, 인간은 행복을 추구하지만 행복에 이르지는 못한다는 점이다. 인간은 진리의 영상을 느끼면서도 허위밖에 가진 것이 없다. 완전한 무지의 상태에 있지도 못하고 완전히 알 수도 없다. 인간은 원래 완전한 단계에 있었으나, 불행히도 그곳에서 이탈해 버린 것이 분명하다!

그런데 이 얼마나 이상한 일인가. 우리의 이성에서 가장 멀리 떨어져 있는 이 비의(秘義), 즉 원죄 유전(原罪遺傳)의 비의를 무시하고는 우리 자신에 대해 그 어떤 것도 이해할 수 없다니! 왜냐하면 죄의 본원에서 멀리 떨어져 있어 죄에 가담할 수 없으리라 믿어지는 사람들까지도 죄인으로 살아왔다는 사실처럼 우리의 이성에 어긋나는 일은 없기 때문이다. 이와 같은 유전은 우리에게 불가능할 뿐만 아니라 매우 부당한 일처럼 보인다. 사실 아무 의지도 없는 어린아이를, 그가 세상에 태어나기 6천 년 전에 저질러진, 그리고 어린아이와는 아무 상관도 없을 듯이 보이는 죄(원죄)로 인해 언제까지나 죄인 취급을 해야 하는 것보다 더 우리의 보잘것없는 정의에 대한 규정에 위배되는 것은 없기 때문이다. 이런 교리보다 우리에게 더 강한 충격을 주는 것은 없다. 그러나 모든 것 가운데 가장 이해하기 어려운 비의를 깨닫지 못한다면 우리는 우리 자신을 알 수 없게 된다. 우리의 참모습을 알 수 있게 하는 실마리는 이 심연 속에 엉켜 있는 것이다. 그러므로 이 비의 없이는, 이 비의가 인간에게 불가해한 것보다 인간은 더 불가해한 것이 된다.

그렇기 때문에 신은 인간 존재의 난해한 문제를 우리 자신에게 이해시키지 않으려고, 그 해결의 실마리를 우리가 닿을 수 없을 만큼 높은 곳에 두기보다는 오

제7장 도덕과 교의 _ 187

히려 우리의 주의가 미치지 않는 낮은 곳에 감추어 두고 있는지도 모른다. 그래서 우리는 이성의 그 높고 귀한 활동에 의해서가 아니라, 이성의 단순한 복종에 의해 우리의 참모습을 알 수 있는 것이다.

침해할 수 없는 종교의 권위 위에 굳게 선 이런 토대는, 세상에는 두 개의 영원한 진리가 있음을 우리에게 가르쳐주고 있다. 하나는 인간이 창조의 상태나 은총의 상태에서는 모든 자연 위에 놓여 신과 비슷하며 신성에 접해 있는 존재라는 것이고, 또 하나는 타락과 죄에 빠져 있는 상태에서는 인간은 위에서 말한 상태로부터 떨어져 금수와 같은 존재로 전락하고 말았다는 것이다.

이 두 가지 명제는 매우 견고하고 확실하다. 성서는 이런 사실을 우리에게 명백히 선언하고 이렇게 말하고 있다. "사람이 거처할 땅에서 즐거워하며 인자들과 기뻐하였었느니라."**2** "내가 내 영을 만민에게 부어 주리라."**3** "너희는 신들이며……"**4** 등등. 또 이렇게도 말하고 있다. "모든 육체는 풀이요"**5** "사람은 존귀하나 장구치 못함이여 멸망하는 짐승과 같으며, 존귀에 처하나 깨닫지 못하는 사람은 멸망하는 짐승 같도다."**6** "내가 심중에 이르기를 인생의 일에 대하여……"**7** 이것들을 보아도 인간이란 은총을 받으면 신과 비슷해져서 신성에 접해 있는 자이지만, 은총이 없으면 금수에 불과하다는 것을 명백히 알 수 있다.

435 이와 같은 신성한 지식이 없으면, 사람은 그 과거의 위대성을 아직도 지니고 있는 내적 의식으로 스스로를 높이든가, 그들의 현재의 연약함을 보고 스스로를 낮추든가 할 수밖에 없다. 그것은 그들이 진리 전체를 보지

2 〈잠언〉 8장 31절.
3 〈요엘〉 2장 28절.
4 〈시편〉 82편 6절.
5 〈이사야〉 40장 6절.
6 〈시편〉 49편 12, 20절.
7 〈전도서〉 3장 18절.

못하여 완전한 덕에 이를 수 없었기 때문이다. 어떤 사람들은 인간의 본성이 타락하지 않았다고 착각하고, 또 어떤 사람들은 인간 본성의 타락은 회복할 수 없는 것으로 생각했기 때문에, 그들은 모두 악덕의 두 원천인 오만이나 나태에 빠지지 않을 수 없었던 것이다. 왜냐하면 그들은 타락으로 말미암아 악덕에 몸을 맡기거나, 오만으로 인해 악덕에서 벗어나거나 할 수밖에 없었기 때문이다. 그도 그럴 것이, 그들은 인간의 우월성을 인식하게 되었을 때는 그 타락을 몰랐으므로 나태에 빠지지는 않았으나 오만해지고, 또한 인간 본성의 그 연약성을 인식하게 되었을 때는 존엄성을 깨닫지 못해 오만을 피할 수는 있었으나 절망에 빠지고 만 것이다. 스토아학파, 에피쿠로스학파, 독단론자, 아카데미파 등 여러 학파는 모두 이렇게 해서 생겨난 것이다.

오직 기독교만이 이 두 가지 악덕을 고칠 수 있었다. 지상의 지혜에 의해 한 가지로 다른 것을 고친 것이 아니라, 단순한 복음으로 두 가지 모두를 동시에 고친 것이다. 기독교는 의인을 신성에 접할 수 있도록 끌어올리지만, 그렇듯 높은 상태에 있으면서도 그들은 모든 타락의 원천을 지니고 있는 자이며, 그것이 그들로 하여금 평생을 오해와 불행과 죽음과 죄에 빠지기 쉬운 자가 되게 했음을 가르쳐줄 뿐만 아니라, 가장 신앙이 약한 사람에게도 구주의 은총을 받을 수 있다고 외치기 때문이다. 그래서 기독교는 의로운 자들을 두렵게 하고 죄 많은 자들을 위로하면서, 은총도 받을 수 있고 죄도 범할 수 있는 이율배반적인 이중의 가능성으로 두려움과 희망을 공평하게 조절한다. 그리고 단지 인간의 이성으로 할 수 있는 것보다 더 겸손하게 하며, 인간 본성으로 인한 오만이 할 수 있는 것보다 사람을 더 높은 경지에 끌어올리면서도 오만해지지 않도록 한다. 이렇게 함으로써 오류와 악덕에서 벗어나 있으므로, 사람들을 옳은 길로 인도하고 잘못된 점을 바로잡을 수 있는 것은 기독교밖에 없음을 분명히 알 수 있다.

그런데 그 누가 이런 하늘의 영광을 믿고 받들지 않을 수 있겠는가? 우리가 자신의 내부에 지워 버리기 어려운 우월의 특성을 느끼고 있음은 대낮보다 더 분명한 일이며, 우리가 자신의 비참한 상태의 결과를 언제나 경험하고 있는 것도 역시 사실이 아닌가? 그러므로 이 기괴한 혼돈과 혼란은, 이 두 상태가 확고한 사실임을 부인할 여지 없이 강하게 우리를 향해 외치고 있는 것이 아니고 무엇인가?

436 약함.

인간들의 목적은 부를 얻고자 하는 것이다. 그러나 인간은 그 부를 소유하는 것이 정당하다는 이유를 밝히지 못하고 있다. 왜냐하면 그들은 인간의 변덕스러운 생각밖에 가지고 있지 않으며, 따라서 부를 소유할 만한 확실한 능력을 가지고 있지 않기 때문이다.

이것은 학문에도 적용되는 것이다. 병에 걸리게 되면 학문이나 다른 것도 추구할 의욕을 잃는다. 그래서 우리는 진리와 행복에 대해 무능한 것이다.

437

우리는 진리를 원한다. 그러나 우리 마음속에는 의심밖에 없다.
우리는 행복을 추구한다. 그러나 우리는 불행과 죽음을 발견할 뿐이다.
이처럼 우리는 진리와 행복을 구하지 않고는 견디지 못한다. 그러나 확실한 진리나 행복을 얻을 수는 없다.

이 욕구가 우리에게 남아 있는 것은 우리를 벌하기 위해, 또 우리가 어디에서 죄악에 빠졌는지 알게 하기 위해서이다.

438

만일 인간이 신을 위해 만들어진 것이 아니라면, 어찌하여 신 안에서만 행복할 수 있는가? 만일 인간이 신을 위해 만들어진 것이라면, 어찌하여 그렇게 신의 뜻을 거역하고 있는가?

439 타락한 본성.
인간은 그 본성을 이루는 이성에 따라 행동하지 않고 있다.

440 이성의 타락은 매우 다양하며, 그것은 부조리한 많은 풍습 속에 잘 나타나 있다. 인간이 더 이상 자기 자신 속에 살지 않기 위해서는 진리[8]가 오지 않을 수 없었던 것이다.

441 나는 기독교가 인간의 본성이 타락하여 신으로부터 벗어나 죄악에 빠졌다는 원리를 보여주자 곧 그것이 내 눈을 뜨게 하여 도처에서 이 진리의 증거가 나타났다는 것을 고백하는 바이다. 왜냐하면 자연은 인간의 내부나 외부를 막론하고 도처에서 잃어버린 신과 타락한 본성에 대해 입증하고 있기 때문이다.

442 인간의 참된 본성, 참된 선, 참된 덕, 참된 종교 등에 관한 인식은 불가분의 관계를 가지고 있다.

443 위대와 비참.
인간이 빛을 많이 가지게 되면 위대성과 비속성도 그 만큼 더 많이 발견하게 된다.
　보통 사람들. 좀더 교양이 있는 사람들.
　철학자들. 그들은 곧잘 보통 사람들을 놀라게 한다.
　또 기독교도들은 철학자들을 놀라게 한다.
　그래서 종교는 인간이 빛을 많이 가지면 가질수록 그만큼 더 많이 인식하게 된

---

8 예수 그리스도를 말한다.

다는 사실을 철저히 알게 한다. 그것을 보고도 놀라지 않을 사람이 있겠는가?

444 인간이 그들의 최대의 빛을 가지고 알 수 있었던 것을 이 종교가 그 자녀들에게 가르쳤다.

445 원죄는 인간의 눈으로 보면 매우 어리석은 것이다. 하긴 그것은 어리석은 것으로 인간에게 제공되어 있다. 당신들은 이 교리가 이치에 맞지 않는다고 나를 비난해서는 안 된다. 왜냐하면 나는 그것이 이치와는 아무 상관없이 존재한다고 생각하고 있기 때문이다. 그러나 이 어리석음은 인간의 모든 지혜보다 더 현명한 것이다. "하느님의 미련한 것이 사람보다 지혜 있다."[9] 이것을 떠나서 인간이 어떤 존재인지 말할 수 있겠는가? 그의 모든 존재도 결국은 이와 같이 지각할 수 없는 점에 달려 있는 것이다. 그리고 이성을 가지고는 그것을 알 수 없다. 그것은 이성에 위배되는 것이며 이성은 자신의 방법으로는 그것을 생각해 낼 수 없을 뿐만 아니라, 그것으로부터 멀리 떨어져 있기 때문이다.

446 원죄에 대하여. 유대인에 의한 원죄의 완전한 전승.[10]

〈창세기〉 8장에는[11] 인간의 마음은 어린아이 때부터 이미 악하다고 씌어 있다.

랍비 모세 하다르샨. 이 나쁜 누룩[12]은 인간이 창조될 때부터 이미 인간의 본성 안에 내재해 있는 것이다.

마세쉐트 수카. 이 나쁜 누룩은 성서에서는 일곱 가지 이름으로 부르고 있는데,

---
9 〈고린도전서〉 1장 25절.
10 이 단장 중의 모든 항목은 전부 중세기의 《신앙의 단도》라는 책에서 빌려온 것이다. 이 책은 13세기에 도미니코회의 수도사 레만 말탄이 쓴 것으로, 1651년 로데부의 사교 보스케가 복간했다.
11 〈창세기〉 8장 21절.
12 〈고린도전서〉 5장 8절.

'악', '포피(包皮)', '더러움', '적', '추문', '돌 같은 마음', '북풍' 등이 그것이다. 이것은 모두 인간의 마음속에 새겨져 있으며 숨어 있는 사악이다.

미스드라슈 틸림도 역시 "신은 인간의 선한 본성을 악한 본성으로부터 벗어나게 해 줄 것이다"라고 말했다.

이 사악이 날마다 인간에 대해 새로운 힘을 가지고 나타나는 것은 〈시편〉 37편[13]에 기록되어 있다. "악인이 의인을 엿보아 살해할 기회를 찾으나 여호와는 저를 그 손에 버려두지 아니하시고……" 이 사악은 현세에서는 사람의 마음을 유혹하고, 내세에서는 그것을 고발한다.

《탈무드》 속에 이 모든 것이 씌어 있다.

미스드라슈 틸림의 〈시편〉 4편[14]에 "너희는 떨며 범죄치 말지어다"라고 말한다. 몸서리치며 너희의 사악을 두려워해야 한다. 그래야 사악이 너희를 죄에 빠뜨리지 않을 것이다. "악인의 죄얼이 내 마음에 이르기를 그 목전에는 하느님을 두려워함이 없다 하니"라고 〈시편〉 36편[15]에 기록되어 있다. 이것은 틀림없이 인간이 본래 가지고 있는 사악이 불신자에게 그렇게 말하도록 만든 것이다.

미스드라슈 엘 코헬레트. "가난해도 지혜로운 소년은, 늙고 둔하여 간함을 받을 줄 모르는 왕보다 낫다."[16] 이때 왕은 인간의 사악이요, 소년은 인간의 덕이다. 왕이라고 부르는 것은 모든 지체가 다 그에게 복종하기 때문이다. 늙었다는 것은 어릴 때부터 늙을 때까지 인간의 마음속에 깃들여 있기 때문이다. 둔하다는 것은, 이것이 인간으로서는 미리 알 수 없는 멸망의 길로 인도해 가기 때문이다.

이와 같은 뜻을 가진 말이 미스드라슈 틸림에도 있다.

베레쉬트 라바의 〈시편〉 35편[17]에는 "내 모든 뼈가 이르기를 여호와와 같은 자

---

13 〈시편〉 37편 32절.
14 〈시편〉 4편 4절.
15 〈시편〉 36편 1절.
16 〈전도서〉 4장 13절.
17 〈시편〉 35편 10절.

누구리요, 그는 가난한 자를 그보다 강한 자에게서 건지시고 가난하고 궁핍한 자를 노략하는 자에게서 건지시는 이라 하리로다"라고 적혀 있다. 나쁜 누룩보다 더 강한 자가 있을 수 있단 말인가?

또 〈잠언〉 25장[18]에는 "네 원수가 배고파하거든 식물을 먹이고 목말라하거든 물을 마시우라"라고 기록되어 있다. 이것은 곧 나쁜 누룩이 굶주리면 〈잠언〉 9장에 있는 지혜의 빵을 주고 만일 그가 목마르다면 〈이사야〉 55장에 기록되어 있는 물을 주라는 것이다.

미스드라슈 틸림은 같은 것을 말하여, 성서가 몇 군데에서 우리의 원수라고 말하는 것은 나쁜 누룩을 가리키며, 또 그에게 빵과 물을 준다는 말은 그의 머리 위에 뜨거운 숯불을 올리는 것을 의미한다고 한다.

미스드라슈 엘 코헬레트의 〈전도서〉 9장[19]에는 "어떤 큰 왕이 작은 도시에 대군을 이끌고 와서 공격하고자 했다"라고 기록되어 있다. 여기서 큰 왕은 나쁜 누룩을 의미하고, 그가 도시를 포위한 대군은 유혹을 의미한다. 그리고 그 도시를 구한 가난하지만 슬기로운 사람이 있었다 함은 곧 덕을 가리킨다.

또 〈시편〉 41편[20] "빈약한 자를 권고하는 자가 복이 있음이여"의 주해. 그리고 〈시편〉 78편[21]의 "저희는 육체뿐이라 가고 다시는 오지 못하는 바람임을 기억하였음이로다"에 대한 주해. 어떤 사람은 이 말씀을 착각하여, 영혼의 불멸을 반박하는 근거로 이용했다. 그러나 그 참뜻은, 이 영혼이란 나쁜 누룩이요, 그것은 죽을 때까지 인간을 따라다니다 부활한 다음 다시 돌아오지 않는다는 것이다. 〈시편〉 3편에도 같은 말씀이 적혀 있다.

또 〈시편〉 16편.[22]

---

18 〈잠언〉 25장 21절.
19 〈전도서〉 9장 14절.
20 〈시편〉 41편 1절.
21 〈시편〉 78편 39절.
22 제1사본에는 여기에 다음과 같은 말이 덧붙어 있다. '랍비의 원리. 두 사람의 메시아.'

447 사람들이 말하는 것으로 미루어 보아 그들이 원죄를 의식하고 있다고 볼 수 있겠는가? "어느 누구든지 죽을 때까지는 참된 행복이 무엇인지 알지 못한다"는 말은, 죽음과 함께 영원한 본질적인 축복이 비로소 시작됨을 그들이 인정하고 있다는 증거이다.

448 미통[23]은 본성이 타락하고 인간이 덕에서 벗어나 있음을 잘 보고 있다. 그러나 그는 어째서 인간이 더욱 높이 날아오를 수 없는지는 모르고 있다.

449 질서.
타락에 관한 장(章) 다음에 말한다. 즉 "이 상태에 있는 사람은 그것을 좋아하는 사람이건 싫어하는 사람이건 모두 그것을 알고 있다는 것은 옳은 말이다. 그러나 모든 사람이 속죄를 이해하고 있다는 것은 옳지 못하다."

450 만일 인간이 오만과 야심과 탐욕과 비참과 부정에 가득 차 있음을 모른다면 그는 분명히 장님이다. 그리고 만일 그것을 알고 있으면서도 거기에서 구제되기를 원하지 않는다면, 인간에 관해 무엇이라고 말할 수 있겠는가?
그렇다면 사람들은 인간의 결점을 그처럼 잘 알고 있는 종교를 존중하는 것과, 또 그에 대해 그처럼 유망한 구제법을 약속하는 종교의 진리를 바라는 것들 외에 또 무엇을 할 수 있단 말인가?

451 모든 사람은 태어나면서부터 서로 증오한다. 인간은 탐욕을 가능한 한 공공의 선에 적용되도록 이용한다. 그러나 그것은 모두 가장에 불

---

23 파스칼의 사교계의 벗으로, 철저한 회의론자이다.

제7장 도덕과 교의 _ 195

과하다. 사람의 허상에 불과하다. 왜냐하면 실제로 그것은 증오에 지나지 않기 때문이다.

452 불행한 사람들을 동정하는 것이 탐욕을 줄이는 방법이 되지는 못한다. 그와 반대로 인간은 아무것도 주지 않고 다만 그런 호의를 드러내 보임으로써 인정이 많다는 평판을 듣는 것을 좋아한다.

453 인간은 탐욕으로 정치나 도덕이나 재판에 관한 훌륭한 규칙을 만들고 또 활용했다. 그러나 실제는 인간의 추악한 뿌리, 이 '나쁜 상태'[24]는 가려져 있을 뿐이며 제거되지는 않았다.

454 부정.
그들은 다른 사람에게 피해를 주지 않고 탐욕을 만족시키는 방법을 발견할 수 없었다.[25]

455 자아는 미워해야 할 대상이다. 미통 군, 자네는 그것을 덮어두는 것이 좋을 걸세. 그러나 그렇다고 해서 그것을 제거한 건 아닐세. 그러므로 자네는 언제나 미움을 받아야 할 존재일세.

그렇진 않네. 왜냐하면 우리처럼 모든 사람들에게 친절을 베풀면 남에게서 미움을 받을 까닭이 없을 테니 말일세. 하긴 그렇지. 만일 자아를 미워한다는 것이 자아에서 생기는 불쾌감만을 미워하는 것을 의미한다면, 그건 사실일세.

그러나 내가 그것을 미워하는 이유가, 그것이 옳지 못하며 모든 일의 중심이 되

---

[24] 〈시편〉 103편 14절에서 인용.
[25] 당시의 사교인들의 일을 가리킨 말. 그들은 자신과 사회를 동시에 만족시키기를 원했다.

기 때문이라면, 나는 그것을 미워할 수밖에 없네.

자아는 두 가지 특성을 가지고 있네. 그것은 모든 일의 중심이므로 그 자체가 부정한 것이지. 또 그것은 다른 사람을 예속시키려는 것이므로 다른 사람에게는 불쾌하다네. 왜냐하면 각 사람의 자아는 서로 적대시하며, 저마다 다른 사람 위에 폭군으로 군림하려 들기 때문이야. 자네는 불쾌한 마음을 없앨 수는 있지만 부정은 없애지 못해.

그러므로 자아의 부정을 미워하는 사람들에게 그것을 귀하게 생각하도록 할 수 없네. 자아 속에서 적을 발견하지 못하는 부정한 사람들에게만 그것을 아끼도록 할 수 있는 걸세. 그래서 자네는 여전히 옳지 못하며, 부정한 사람들로부터만 환영을 받는 걸세.

456 이 무슨 판단의 착오란 말인가! 사람들은 다른 사람 위에 올라서기 위해, 자기 자신의 선과 행복과 생명의 영속을 다른 모든 사람들의 것보다 사랑하지 않고는 견딜 수 없다니……

457 각 사람은 모두 자신에 대해 하나의 전체이다. 왜냐하면 그가 죽으면 그에 속한 모든 것은 따라서 죽기 때문이다. 그래서 각 사람은 모두가 자신이 만물에 대해 전체라고 생각한다. 자연은 나 자신의 입장에서가 아니라 그 자체에 입각해서 판단해야 한다.

458 "세상에 있는 것은 육신의 정욕과, 눈의 정욕과, 삶의 자랑이다."[26] '관능욕·지배욕·지식욕'[27]에 화 있을지어다. 이 세 개의 불의의 강

---

26 〈요한일서〉 2장 16절.
27 얀세니우스의 〈아우구스티누스〉 가운데 있는 말.

이 흐르고 있다기보다 불타고 있는 저주스러운 이 지상이여, 복될지어다. 이 강 위에 있으면서도 가라앉지도 휩쓸려 들어가지도 않고, 태연하게 안전한 장소에 앉아 있는 사람들이여! 그들은 빛이 비쳐오기 전에는 거기에서 일어나지 않고, 편히 쉰 다음에야 자기를 일으켜 거룩한 예루살렘 성문 앞에 굳게 서게 하려는 자에게 그 손길을 내민다. 거기서는 이미 오만도 그들을 공격해서 물리칠 수 없는 것이다. 그러나 그들은 눈물을 흘린다. 그것은 멸망해 버릴 모든 것이 격류에 휩쓸려 떠내려가는 것을 보았기 때문이 아니라, 그 오랜 유랑의 세월 동안 끊임없이 언제나 그리워해 온 그들의 사랑하는 조국, 하늘나라의 예루살렘을 그리워해서이다.

459　바빌론의 강[28]은 흐르고 떨어지며, 또 휩쓸어 간다.
아아, 거룩한 시온이여! 거기에는 모든 것이 안정되어 있어 결코 아무 것도 멸망하지 않는다.

우리는 강물 위에 앉아야 한다. 강물의 아래나 가운데가 아니라, 바로 그 위에 앉아야만 한다. 앉는 것은 겸허하기 때문이며, 위에 있는 것은 안전하기 때문이다. 그러나 예루살렘의 성문 앞에서는 일어서게 될 것이다.

그 쾌락이 머물러 있는지 흘러내려가는지를 살펴보라. 만일 흘러내려간다면 그것은 틀림없이 바빌론의 강이다.

460　육신의 정욕, 눈의 정욕, 자랑.
사물은 세 가지 질서를 가지고 있다. 육체 · 정신 · 의지가 바로 그것이다.

육체적인 것은 부자나 왕후들이다. 그들은 육체를 대상으로 한다.

---

[28] 거룩한 시온, 하늘의 예루살렘이 신의 나라는 표징인 데 반해, 바빌론의 강은 세속의 표징이다.

탐구자와 학자들은 정신을 대상으로 한다.

현자들은 정의의 실현을 그들의 목표로 삼고 있다.

신은 만물을 통제해야 하고, 만물은 모두 그에게 귀의해야만 한다.

육체에 관한 일은 원래 모두 탐욕의 지배를 받고, 정신에 관한 일은 원래 탐구심의 지배를 받으며, 지혜의 일은 원래 자랑의 지배를 받는다.

그러나 이것은 인간이 재물이나 지식으로 영광을 누리지 못한다는 뜻은 아니다. 다만 여기에 자랑이 끼어들 자리는 아니라는 것이다. 우리는 어떤 사람이 학자임을 인정한다고 말하면서도, 그가 스스로를 자랑하는 것은 잘못이라고 말하지 않을 수 없다.

자랑이라는 것은 모두 인간의 지혜에 의해서 생긴다. 우리가 어떤 사람이 지혜롭다는 것을 인정한다면, 그가 뽐내는 것을 잘못이라고 말할 수는 없다. 그것은 지극히 당연한 일이기 때문이다.

그러므로 지혜를 주시는 이는 오직 신밖에 없다. 그래서 "자랑하는 자는 주 안에서 자랑하라"[29]고 한 것이다.

461

세 가지 탐욕이 세 개의 학파를 만들었다. 철학자들은 세 가지 탐욕 가운데 하나를 따르는 것 외에는 아무 일도 하지 못한 셈이다.

462

참된 선의 탐구.

보통 사람들은 선을 재산이나, 외적인 행복이나, 오락에 두고 있다.

철학자들은 그 모든 것이 헛되다고 지적하고 그들이 놓을 수 있는 자리에 그것을 두었다.

---

[29] 〈고린도전서〉 1장 31절 참조.

463

"예수 그리스도 없이 신을 믿는 철학자들에 반박하여."
철학자들.

그들은 오직 신만이 사랑과 존경을 받을 자격이 있다고 믿으면서도, 자기 자신이 다른 사람들로부터 사랑과 존경을 받기 원했다. 그들은 자기 자신이 타락했다는 것을 모른다. 만일 그들이 신을 사랑하고 숭배하려는 마음으로 가득 차 있고, 거기에서 커다란 즐거움을 발견한다면, 스스로 자신이 선하다고 생각해도 무방할 것이다. 그러나 만일 그들이 자기 자신에 대해 혐오감을 가져 다른 사람들의 존경을 받아 자기를 내세우려는 생각을 가지고 있다면, 그리고 그들이 할 수 있는 단 한 가지 일이 사람들을 강제해 그들을 사랑하게 하고 그럼으로써 기쁨을 얻게 하려 하는 것이라면, 나는 그런 이상은 무서운 것이라고 말할 것이다. 뭐라고! 그들이 신의 존재에 대해 알고 있었단 말인가? 그리고 사람들이 신을 사랑하기만 원한 것이 아니라 자기들에게도 관심을 가져 주기를 원했다는 것인가?

464

철학자들.

우리는 자기 자신을 외부로 향하게 하려는 마음으로 충만해 있다. 우리의 본능은 행복을 자기의 외부에서 구하지 않으면 안 된다고 생각하게 한다. 우리의 정념은 그 대상이 나타나 자극하지 않을 때에도 눈을 밖으로 향하게 한다. 외부의 대상은 스스로 우리를 유혹하며, 우리가 그것을 생각하지 않을 때에도 우리에게 호소한다. 그러므로 철학자들이 "너 자신 속으로 돌아가라. 너희는 그곳에서 너 자신의 선을 발견하게 될 것이다"라고 말해 봐야 아무 소용이 없는 일이다. 사람들은 그들을 믿지 않는다. 그들을 믿는 자는 가장 허망하고 가장 어리석은 자들이다.

465

스토아학파 사람들은 이렇게 말한다. "너 자신 속으로 돌아가라. 거기서 너는 너의 참 평안을 찾을 수 있을 것이다." 그러나 그것은 진실한 것이 아니다.

다른 사람들은 말한다. "밖으로 나가라. 놀고 즐기는 속에서 너의 행복을 구하라." 그것도 옳은 말이 아니다.

행복은 우리들 내부에도, 우리들 외부에도 없다. 그것은 신에게만, 즉 우리의 내부와 외부에 있다.

466 에픽테토스는 도를 완전히 깨달았을 때에도 사람들에게 "너희들은 길을 잘못 들었다"고만 말한다. 그는 참된 도가 다른 곳에 있음을 지적했으나, 사람들을 그곳으로 인도하지는 않았다. 그 도는 신이 바라는 일을 하려는 것인데, 오직 예수 그리스도만이 그곳으로 인도할 수 있다. '길, 진리.'[30] 제논[31] 자신의 악덕.

467 현실의 이유.
에픽테토스.[32] "당신은 두통을 앓고 있다"라고 말하는 사람들. 그것은 같은 것이 아니다. 인간은 건강에 대해서는 확실히 알지만, 정의에 대해서는 그렇지 않다. 사실 인간의 정의란 매우 어리석은 것에 불과하다.

그런데도 그는 "우리의 능력으로 할 수 있다, 없다"라고 말하면서, 정의는 증명할 수 있는 것이라고 생각했다. 그러나 우리의 능력으로는 심정을 규정할 수 없음을 알지 못했다. 또 그가 이것을 기독교 신자가 존재한다는 사실에 의해 결론을 내린 것은 옳지 못했다.

---

30 〈요한복음〉 14장 6절.
31 스토아학파의 개조(開祖). 예레미야파의 철학자 제논에 대해 키프로스의 제논으로 알려져 있다. 에픽테토스가 그의 학설을 계승했다.
32 에픽테토스 《어록》 제4권 6, 7장.

468 기독교 외에 그 어떤 종교도 바로 인간 자신이 증오해야 할 존재임을 깨닫게 해 주지는 못했다. 그러므로 다른 종교는 자기를 증오하고 참으로 사랑할 만한 존재를 찾고 있는 사람들을 만족시킬 수 없다. 그러나 사람들은 겸손한 유일신의 종교인 기독교에 대해서는 곧 그것을 받아들이게 될 것이다.

469 나는 나 자신이 존재하지 않을 수도 있었으리라고 생각한다. 왜냐하면 나는 나 자신이 사고하는 속에 존재하기 때문이다. 내가 태어나기 전에 나의 어머니가 피살되었다면, 이 사고하는 나라는 존재는 없었을 것이다. 그러므로 나는 필연의 존재는 아니다. 마찬가지로 나는 영원이 될 수도 없고, 무한이 될 수도 없다. 그러나 자연 속에는 필연적이고 영원하며 무한한 그런 존재가 있다는 사실을 나는 확실히 알고 있다.

470 "기적을 보았다면 나는 회개하지 않을 수 없었을 것이다"라고 그들은 말한다. 그들은 자기가 알지도 못하는 것을 할 수 있다고 어떻게 단언할 수 있단 말인가? 그들은 이 회개가 마음대로 생각해 낸 교제나 대화처럼, 신은 예배함으로써 성립되는 것이라고 생각한다. 참된 회개는 이런 보편적인 존재, 즉 우리가 그를 수없이 분노하게 하고, 언제나 합법적으로 인간들을 파멸시킬 수도 있는 그 보편적인 존재 앞에서 헛된 것이 되어 버리는 데서 일어난다. 그리고 그것은 그 보편적 존재 없이는 그 어떤 일도 할 수 없다는 것, 그의 노여움을 사는 것 외에는 그로부터 아무것도 받을 자격이 없음을 인정하는 데서 일어난다. 또 그것은 신과 우리 사이에 제거할 수 없는 장벽이 있으며, 매개자가 없이는 그 양자 사이에 교섭이 있을 수 없음을 인식하는 데서 일어난다.

471 사람들이 자기 자신에 집착하는 것은, 설사 그것이 진심에서 우러났다 하더라도 옳지 않은 일이다. 나는 나로 인해 그런 마음을 일으킨 사람

들을 실망시키게 될 것이다. 왜냐하면 나는 어느 누구의 목적도 아니며, 그들을 만족시킬 만한 아무것도 가지고 있지 않기 때문이다. 나는 언젠가는 반드시 죽어야만 할 존재가 아닌가. 그렇게 되면 그들이 집착하고 있는 나라는 대상도 죽어 없어지는 것이다. 그러므로 허위를 믿게 한다는 것은 비록 내가 사람들을 친절하게 설복하고 또 사람들이 그것을 기꺼이 믿으며 나도 기쁨을 느꼈다 하더라도 역시 죄인 것처럼, 나를 사랑하게 하고 사람들이 나에게 집착하게 하는 것도 하나의 죄이다. 나는 거짓말을 믿으려는 사람들을 향해, 그것이 나에게 어떤 이익을 가져다 준다 해도 결코 거짓말을 믿어서는 안 된다고 경고해야 하는 것처럼, 그들도 나에게 집착해서는 안 된다고 경고해야만 한다. 왜냐하면 그들은 신의 뜻에 따르기 위해, 또는 신을 구하기 위해서만 그 생애와 온 마음을 다 쏟아야 하기 때문이다.

472 인간의 의지는[33] 모든 일이 뜻대로 될 때에도 결코 만족을 느끼지 못할 것이다. 그러나 인간은 자의를 포기하는 순간부터 만족감을 느끼게 된다. 자의가 없다면 불만이 있을 수가 없다. 그것이 있는 한 인간은 참된 만족을 얻을 수 없다.

473 사고하는 지체로 가득 찬 하나의 육신을 상상해 보라.[34]

474 지체, 여기서부터 시작한다.
사람이 자신에 대한 사랑을 조절하기 위해서는, 생각하는 지체로 가득 찬 하나의 육신을 상상해야 한다. 그것은 우리가 전체 속의 지체로서, 각 지체가 그 스스로를 어떻게 사랑해야 하는지 알고 있기 때문이다.

---

33 신으로부터 나오는 은혜에 대해 인간으로부터 나오는 의지를 말한다.
34 〈고린도전서〉 12장 12절 참조.

475 만일 발이나 손에 각기 다른 의지가 있다면, 그것은 전체를 다스리는 제일의 의지에 그 각각의 의지를 종속시킨 후에야 질서가 유지될 수 있다. 그렇게 하지 않으면 그것들은 무질서로 인해 불행해질 수밖에 없다. 오직 전체의 선을 추구해야만 그것들은 각자의 선을 달성할 수 있는 것이다.

476 우리는 신만 사랑하고 자기만 미워해야 한다.
만일 발이 원래 신체에 속해 있으며, 또 자기가 하나의 신체에 의존하고 있음을 몰랐다면, 그 발이 자신만 알고 자신만 사랑하며 자기가 의존해 있는 신체에 속해 있음을 모르고 가끔 느끼기만 했다면, 자기의 지난날의 생활에 대하여, 즉 자기에게 생명을 부여해 준 신체가 자기가 거기서 떠난 것처럼 자기를 버리고 떠났다면, 자기를 멸망하게 했으리라고 생각되는 그 신체에 대해 아무 이익도 되지 못했다는 것을 깨닫고 얼마나 후회하고 또 얼마나 당황할 것인가! 그리고 그 신체의 일부에 붙어 계속 남아 있기를 얼마나 바랄 것인가! 동시에 그 신체를 다스리고 있는 의지를 따르기 위해 얼마나 복종하며 헌신할 것인가! 그리고 만일 필요하다면 자기가 잘려나가는 것까지도 허용할 것이 아닌가! 그렇지 않다면 지체로서의 특성이 상실되고 마는 것이다. 왜냐하면 모든 지체는 전체를 위해서라면 자멸도 서슴지 않으며, 전체야말로 모든 지체가 존재하는 유일한 목적이 되기 때문이다.[35]

477 우리가 남들로부터 사랑받을 만한 가치가 있다고 생각하는 것은 잘못이며, 그렇게 되기를 바라는 것조차도 부당한 일이다. 만일 우리가 사려 깊고 공평하게 이 세상에 태어나 우리 자신과 남들을 잘 알고 있었다면, 우리

---

[35] "만약 발이 '나는 손이 아니므로 신체에 종속되지 않았다'고 말했다 해도 신체에 종속되어 있지 않은 것은 아니다."(〈고린도전서〉 12장 15절) 바울의 전체주의를 파스칼은 그 '변증론' 가운데 전개하려고 생각하고 있었다.

는 자신의 의지에 사랑받으려는 성향을 부여하지 않았을 것이다. 그러나 우리는 그런 편견을 가지고 이 세상에 태어난 것이다. 즉 날 때부터 합당하지 못하게 되어 있는 것이다. 왜냐하면 모든 것이 자신을 향해 기울어져 있기 때문이다. 이것은 모든 질서에 위배된다. 우리는 보편적인 것을 지향하지 않으면 안 된다. 자신에 대한 편향은 전쟁, 정치, 경제, 인간 개개의 신체 등에 있는 모든 무질서의 원천이다. 그러므로 의지는 원래 부패한 상태에 있는 것이다.

만일 자연적이고 문화적인 공동체의 각 지체가 전체의 행복을 지향하는 것이라면, 공동체 그 자체는 자기를 지체로 삼고 있는 보다 일반적인 다른 전체를 향해 나아가야 할 것이다. 그러므로 사람은 보편적인 것을 지향해야만 한다. 우리는 날 때부터 부정하고 부패해져 있는 것이다.

478 우리가 신에 대해 생각하고자 할 때, 우리 마음을 신으로부터 떠나게 하여 다른 것을 생각하도록 혼란시키는 것이 있지는 않은가? 그것은 모두 우리가 선천적으로 가지고 태어난 악이다.

479 오직 하나의 신이 존재한다면 그만 사랑해야 하며, 언젠가는 변할 피조물을 사랑해서는 안 된다. 《지혜서》에 있는 불신자들의 추론은, 신이 존재하지 않는다는 것만을 그 근거로 삼고 있다. 그들은 "그러므로 이제 우리는 피조물을 즐기자"[36]고 한다. 이것은 세상에서 할 수 있는 가장 악한 말이다. 그러나 만일 사랑해야 할 신이 있음을 안다면, 그들은 그런 결론을 내리지 않고 오히려 그 반대의 결론을 내렸을 것이다. 그리고 그것이야말로 지혜로운 자들의 결론이다. "세상에는 오직 한 분의 신만 존재한다. 그러므로 피조물을 즐겨서는 안 된다."

---

36 구약외전 〈지혜서〉 2장 6절.

그러므로 우리를 미혹해서 피조물에 집착하게 하는 것은 모두가 악이다. 왜냐하면 그것은 우리가 이미 신을 알고 있을 때에는 신에게 헌신하는 것을 방해하고, 우리가 신을 모르고 있을 경우엔 신을 구하지 못하게 하기 때문이다. 그러나 우리는 정욕과 악으로 가득 차 있어서, 자기 자신과 신 이외의 것에 집착하도록 하는 그 모든 것들에 대해 증오심을 가져야 한다.

480 각 지체를 행복하게 하기 위해서는 그것들이 하나의 의지를 가지게 하고, 또 그 의지를 신체에 복종시켜야 할 것이다.

481 스파르타인들이나 그 밖의 사람들의 훌륭한 죽음의 예는 우리를 그다지 감동시키지 못한다. 그것은 우리에게 별로 큰 도움을 주지 못하기 때문이다. 그러나 순교자들의 모범적인 죽음은 우리를 충분히 감동시킨다. 그것은 우리의 지체라고 할 수 있으므로, 우리는 그들과 공통된 유대 관계를 가지고 있다. 그들의 결의가 우리의 결의를 이루게 해 준다. 단지 모범에 의해서뿐만 아니라 아마도 그들의 결의가 우리의 결의를 촉진시킬 수 있었기 때문이리라.

이것은 이교도의 모범에서는 결코 찾아볼 수 없다. 우리는 그들과 아무런 관계가 없다. 이것은 마치 아무 상관도 없는 남이 부자가 되어도 자신은 부자가 될 수 없지만, 자기의 아버지나 남편이 부자가 되면 자기도 부자가 되는 이치와 같다.

482 도덕.
신은 천지를 창조했으나 천지는 자기 존재에서 행복을 느낄 수 없으므로, 그는 그것을 의식하는 존재, 즉 사고하는 지체로 하나의 전체를 구성하는 존재를 만들려고 했다. 왜냐하면 우리의 지체는 지체들의 결합의 행복, 그들의 놀라운 이해의 행복, 그들에게 정신을 부여해 성장시키고 존속시키기 위해 자연이 배려해 준 행복을 느끼지 못하기 때문이다. 만일 그것을 느끼고 의식할 수 있다면 얼마나 행복한 일이겠는가. 그러나 그러기 위해 그것들은 그것을 알 수 있는 지성과, 우주론의 의지에 따르는 선한 의지를 필요로 할 것이다. 그렇지만 그런 이해력을 가지게 되었다 하더라도 지체가 그것을 자신의 양분으로 섭취하는 데 그치고 다른 지체에 보내 주지 않는다면 그것은 옳지 않을 뿐만 아니라 불행한 일이며, 따라서 그것은 자신을 사랑하는 것이 아니라 미워하는 결과가 될 것이다. 지체의 축복은 그 의무와 마찬가지로 그것들이 속해 있는 모든 영혼, 즉 지체가 사랑하는 이상으로 그것들을 사랑해 주는 영혼의 올바른 인도에 동의하는 데 있다.

483 지체가 되어 있다는 것은 전체의 정신에 의해서만, 또 전체를 위해서만 생명과 존재와 운동을 계속하는 것을 의미한다. 지체가 분리되어 자기가 속한 전체를 무시한다면, 그것은 이미 멸망하여 죽음에 이르는 존재에 불과하다. 그럼에도 불구하고 그것은 자기를 전부라고 믿어 자기가 의존하고 있는 전체를 보지 못하고 오직 자신에게만 의존해 있는 것같이 잘못 생각하며, 자기를 중심으로 삼고 전체로 간주하려 한다. 그러나 그 자신 속에는 생명의 근원이 없으므로 그는 길을 잘못 들어 방황할 수밖에 없다. 또 자기는 전체가 아니라고 느끼고 있으면서도 자기가 전체의 일부에 지나지 않는다는 사실을 깨닫지 못하여, 자기의 존재가 확실하지 못하게 된 것에 놀라게 된다. 마침내 참된 자신을 알게 되면, 그제야 마치 자기 자신에게 돌아간 것처럼 전체를 위해서만 자기를 사랑하게 된다. 그래서 지난날의 방황을 애석하게 여기는 것이다.

지체는 그 성질상 자기 자신을 위해, 그리고 자기에게 복종시키려는 것이 아니면 어떤 것도 사랑할 수 없다. 왜냐하면 만물은 무엇보다 먼저 자기 자신을 사랑하기 때문이다. 그러나 전체를 사랑함으로써 지체는 비로소 그 자신을 사랑할 수 있게 된다. 왜냐하면 그것은 전체에 속해 있으며, 전체에 의해, 전체를 위해서만 존재하기 때문이다. "주와 합하는 자는 한 영이니라."[37] 온몸은 손을 사랑한다. 만일 손이 의지를 가지고 있다면, 영혼이 그것을 사랑하는 것처럼 자기 자신을 사랑해야 한다. 그 이상의 사랑은 모두 잘못된 것이다.

"주와 합하면 한 영(靈)이 된다." 인간은 모두 예수 그리스도의 지체이기 때문에 자기를 사랑하게 된다. 인간은 모두가 지체이며, 예수 그리스도야말로 참된 전체이므로 사랑한다. 삼위일체처럼 전체는 하나요, 하나는 전체 속에 있다.

484 모든 정치적인 법률보다 더 훌륭하게 기독교 국가를 다스리는 데는 두 가지 율법[38]만으로도 충분하다.

485 그렇기 때문에 참된 유일한 도덕은 자기를 미워하는 것이다. 왜냐하면 사람은 탐욕 때문에 미워해야 할 존재이므로, 참으로 사랑해야 할 존재를 사랑하기 위해 이를 구하는 것뿐이다.

그러나 우리는 자기 자신의 밖에 있는 것을 사랑할 수는 없으므로, 우리 안에 있기는 하지만 참된 우리가 아닌 존재를 사랑할 수밖에 없다. 이것은 모든 인간 개개인에게 적용되는 진리이다. 그런데 그런 것은 오직 보편적인 존재 속에서만 찾을 수 있다. 신의 나라, 곧 천국은 우리 안에 있다.[39] 보편적인 선은 우리 안에 있으며, 그것은 우리 자신인 동시에 우리가 아닌 것이다.

486 인간의 존엄은, 그것이 타락하기 전에는 피조물을 사용하고 지배하는 데 있었다. 그러나 지금은 피조물에서 떨어져 나와 그에 복종하는 데 있다.[40]

---

37 〈고린도전서〉 6장 17절.
38 〈마태복음〉 22장 35절, 〈마가복음〉 12장 28절에서 볼 수 있는 훈계.
39 〈누가복음〉 17장 21절.
40 피조물에서 떠나는 것은 신과의 결합을 위해서이고, 그것에 따르는 것은 자신을 떨어지게 하기 위한 것이다.

487 　하나의 신을 모든 만물의 근원으로 숭배하는 신앙을 갖지 않는 종교, 오직 하나의 신을 모든 사물의 목적으로 사랑하는 도덕을 갖지 않는 종교는 모두 거짓된 것이다.

488 　그러나 신이 시원(始源)이 아니라면 그는 종극(終極)이 될 수 없다. 우리는 높은 곳에다 눈을 두고 있지만, 몸은 모래 위에 버티고 서 있다. 그러므로 땅이 무너지면 인간은 하늘을 바라보면서 쓰러질 것이다.

489 　만일 세상의 모든 것에 유일한 근원이 있고 모든 것에 유일한 목적이 있다면, 만물이 그것을 통해 그 위에 존재하게 된다. 그러므로 참된 종교는 우리에게 그것만 숭배하고 그것만 사랑해야 한다는 것을 가르쳐주어야 한다. 그러나 우리는 자기가 모르는 것을 숭배할 수도 없고 자기 이외의 것을 사랑할 수도 없으므로, 이런 의무를 가르쳐주는 종교는 이런 무능력에 대해서도 가르쳐주고 그것을 치료하는 법도 가르쳐주어야 할 것이다. 그것은 오직 한 사람에 의해 모든 것이 상실되고 신과 우리 인간의 연결이 두절되었지만, 오직 한 사람에 의해 그것이 다시 연결되었다는 것을 우리에게 가르쳐준다.

　우리는 세상에 날 때부터 신의 사랑을 배반하고, 또 신의 사랑은 반드시 있어야만 하는 것이므로, 우리가 날 때부터 죄를 가지고 있지 않았다면 그것은 신이 잘못되었음을 의미한다.

490 　사람들은 선행을 하는 데서는 그 행한 선에 대해서만 익숙해져 있기 때문에 신까지도 자기들 마음대로 해석한다.[41]

---

41 신의 은혜는 어디까지나 자발적이고 선행적이므로 인간의 행위에 좌우되지 않지만, 인간은 자신의 자발적 태도에서 추측하여 신이 인간의 행위에 대응하여 은혜를 베푸는 것이라고 생각하기 쉽다.

491　참된 종교는 신에 대한 사랑을 강요하는 것을 그 특징으로 삼아야 한다. 그것은 당연한 일임에도 불구하고 우리가 믿는 종교 외에는 그 어떤 종교도 그것을 명령하지 않았다. 진정한 종교는 인간의 탐욕이나 무능력을 알고 있어야만 한다. 우리의 종교는 그것을 알고 있었다. 그리고 종교는 그에 대한 구제법도 가르쳐주어야 하는데, 그 방법 중 하나가 바로 기도이다. 어떤 종교도 신을 사랑하고 신에게 복종하게 해 달라고 신에게 요구하지는 않았다.[42]

492　자기 자신 속에 숨어 있는 자애심을 미워하지 않고, 또 자기 자신을 신처럼 높이려는 본능을 미워하지 않는 사람이 있다면 그는 장님임에 틀림없다. 그것처럼 정의와 권리에 어긋나는 일이 없다는 것을 인정하지 않는 사람이 세상에 존재할 수 있을까? 왜냐하면 신과 인간이 비슷하게 될 수 있다고 생각하는 것은 헛된 망상이기 때문이다. 인간이 신의 경지에 이를 수 있다는 것은 가능한 일도 정당한 일도 아니다. 그것은 모든 사람이 다 같은[43] 것을 요구하고 있기 때문이다. 그러므로 그것은 우리가 날 때부터 가지고 있는 분명한 부정이요, 우리 스스로의 힘으로는 벗어날 수 없는 것이다. 그러나 인간은 거기에서 벗어나지 않으면 안 된다.[44] 그런데 어떤 종교도 자애(自愛)가 죄이며, 우리는 그것을 가지고 세상에 태어났고, 인간이 거기에 반항하지 않으면 안 된다는 것을 경고하지 않았으며, 그 구제법을 가르쳐주려고 하지도 않았다.

493　참된 종교는 인간의 의무와 무력함, 그리고 오만과 탐욕을 지적해 주고, 그것을 고칠 수 있는 겸허와 절제까지도 우리에게 가르쳐준다.

[42] 어떤 종교에서도 신에게 "당신을 사랑하고 당신을 따를 힘을 주소서"라고 기도하지는 않았다는 의미.
[43] 신의 경지에 이른다는 것은 모든 것을 지배하려는 욕구이다. 그러므로 모든 사람은 태어나면서부터 보편적인 지배욕을 가지고 있어, 그것이 서로 충돌하지 않을 수 없다.
[44] 종교는 인간에게 신의 능력에 의지하지 않으면 절대 불가능한 임무를 맡기고 있다.

494　참된 종교는 인간의 위대성과 비참함을 가르쳐주고, 자신에 대한 존경과 경멸, 그리고 사랑과 미움으로 인간을 인도해 줄 수 있어야 한다.

495　사람이 무엇인지 깊이 생각해 보지 않고 살아가는 것이 어처구니없는 맹목이라면, 신을 믿으면서도 그릇된 생활에서 벗어나지 못하는 것이야말로 더욱 무서운 맹목이다.

496　신앙과 선행 사이에는 커다란 차이가 있음을 우리는 경험을 통해서 알게 된다.

497　신의 자비를 믿으면서도 선행을 하지 않은 채 방탕하게 살아가는 사람들에 대하여.

　우리의 죄의 두 원천은 오만과 나태이므로, 신은 그것을 고치기 위해 두 가지 특성을 우리에게 밝혀 주었다. 자비와 정의가 바로 그것이다. 정의는 오만을 없애는 데 그 특성이 있다. 비록 그 행위가 아무리 신성한 것이라 할지라도. "주의 종에게 심판을 행치 마소서……."[45] 자비의 특징은 나태와 싸우기 위해 선행을 권고하는 데 있다. 그에 관한 성구로는 "하느님의 인자하심이 너를 회개케 한다"[46]는 것이 있다. 또 니느웨 사람들의 다른 구절은 "신이 우리에게 자비를 베풀어 주시는지 어떤지를 보기 위해서 회개하자"[47]라고 적었다. 이처럼 신의 자비는 인간의 방종을 용서하지 않으며, 또 방종에 대해 단연코 싸우는 것을 특징으로 하고 있다. 그러므로 "신에게 자비심이 없었다면 덕을 위해 모든 노력을 다할 수 있을 텐데"라고 말하기보다는 "신에게 자비가 있기 때문에 모든 노력을 다해야 한다"라

---

45 〈시편〉 143편 2절의 상반구이지만, 이 경우는 오히려 하반구가 더 적절하다.
46 〈로마서〉 2장 4절.
47 〈요나〉 3장 9절.

고 말해야 할 것이다.

498 신앙을 가지는 데는 고통이 따르게 마련이다. 그러나 이 고통은 우리 속에서 싹트기 시작한 신앙에서 비롯된 것이 아니라, 아직도 거기에 남아 있는 불신앙에서 비롯된 것이다. 만일 우리의 감정이 회개하기를 거부하지 않고, 우리의 부패가 신의 성결을 반대하지 않았다면, 우리는 신앙을 가지는 데 아무 고통도 겪지 않을 것이다. 우리는 인간이 원래 가지고 태어난 악덕이 초자연적인 신의 은총을 거역하는 데 따라서만 괴로움을 당하게 될 것이다. 우리의 마음은 상반되는 두 개의 노력에 의해 분열되는 것을 느낀다. 그런데 이런 괴로움의 원인을 우리를 붙잡아두고 있는 이 세상에 돌리지 않고, 우리를 인도하는 신 때문에 빚어진 것이라고 생각하는 것은 매우 잘못된 것이다. 그것은 한 어린아이가 어머니의 힘으로 도둑의 손에서 벗어나게 될 때, 그 고통 속에서 자신에게 자유를 가져다 준 어머니의 사랑에 찬 정당한 폭력을 사랑하고, 그를 부당하게 붙잡아두려는 잔인한 자들의 폭력을 증오해야 하는 것과 마찬가지 이치이다. 우리 인생에 있어서 신이 인간에게 줄 수 있는 가장 참혹한 싸움은, 신이 가져온 이 싸움을 인간들에게 주지 않고 그냥 내버려두는 것, 바로 그것이다. 그는 "나는 세상에 화평이 아니라 검을 주러 왔노라"[48]고 했다. 또 이 싸움에 대해 가르쳐주기를 "내가 불을 땅에 던지러 왔노라"[49]고도 했다. 그가 오기 전 사람들은 참된 평화 속에서 살지 못했던 것이다.

499 외적 행위.
신과 인간 모두에게 즐거움을 주는 일만큼 위험한 것은 없다. 왜냐하면 신을 기쁘게 하는 것과 인간을 기쁘게 하는 것은 각각 서로 다른 점을 지니고

---

48 〈마태복음〉 10장 34절.
49 〈누가복음〉 12장 49절.

있기 때문이다. 성 테레사[50]의 위대성이 바로 거기에 있다. 신의 마음을 기쁘게 한 것은 그녀가 성령을 받았을 때의 깊은 겸허이며, 인간을 기쁘게 한 것은 그녀의 지혜였다. 그래서 다른 사람들은 그녀를 닮기 위해 그녀의 말을 모방하기에 정신이 없었고, 그렇게 함으로써 신이 사랑하는 것을 사랑하려 하거나 신이 사랑하는 상태에 머물려고 했다.

단식을 하지 않고 겸손한 것은, 단식을 했다고 뽐내는 것보다 낫다.

바리새인 세리.[51]

만일 이 기억이 나에게 이(利)도 되고 해(害)도 되는 것이라면, 그리고 모든 것이 신의 축복에 달려 있다면, 그것을 기억해 봤자 무슨 소용이 있겠는가? 신은 그 축복을 주시되 신을 위해 만들어진 사물에게만 주며, 그것도 신이 만든 규칙과 방법에 따라서만 주는 것이므로, 방법은 사물과 마찬가지로, 아니 그 이상 소중한 것이 아니겠는가. 왜냐하면 신은 악에서 선을 끌어낼 수 있지만, 인간은 신으로부터 떠나면 오히려 악을 끌어내기 때문이다.

500 선과 악이라는 두 가지 말의 이해.

501 제1단계 — 악을 행하면 비난을 받지만 선을 행하면 칭찬을 받는다는 것.

502 아브라함은 자기를 위해서는 아무것도 취하지 않고 오직 그 종들을 위해서만 취했다.[52] 그런 의인도 자신을 위해서는 세상에서 아무것도 취하지 않으며 세상의 칭찬도 바라지 않고, 오직 그의 정념만을 위해서 취하되 어디

---

50 종교개혁에 대항해 에스파냐에 가톨릭 신앙을 진흥시킨 성녀.
51 〈누가 복음〉 18장 9~14절 참조.
52 〈창세기〉 14장 24절.

까지나 자신이 주인으로서 그 정념을 사용하고, 어떤 것에는 "가라"[53]고 말하며 다른 것에는 "오라"고 한 것이다. "너는 너 자신의 욕망을 다스릴지어다."[54] 이와 같이 지배된 정념은 곧 덕이다. 탐욕·질투·분노는 신까지도 자기의 속성으로 가지고 있다. 그리고 그런 정념은 관용·연민·성실과 함께 훌륭한 덕인 것이다. 우리는 그것들을 노예로 삼아 그것들에게 먹이를 주며 기르되, 영혼이 그 먹이를 가로채지 못하도록 해야 한다. 왜냐하면 정념이 주인이 될 때 그것들은 악이 되기 때문이다. 정념이 영혼에게 자기 양식을 제공하며, 그것을 먹으면 중독을 일으키게 된다.

503 철학자들은 악덕을 신에게서 비롯된 것이라고 하여 성스러운 것이라 했다. 그러나 기독교도들은 덕을 성스러운 것이라 했다.

504 의인은 사소한 일까지도 모두 신앙에 의해 처리한다. 종을 꾸짖을 때에도 신의 성령에 의해 그들이 회개하기를 바라고, 신이 그들의 마음을 고쳐 주시기를 기도한다. 그리고 자신의 책망에 기대하는 동시에 신에게 기대하며, 그가 마음을 바로잡도록 신이 축복해 주기를 바란다. 다른 행위에서도 이와 마찬가지이다.

505 모든 것은, 우리에게 유용하게 만들어진 것까지도 우리에게 큰 화를 줄 수 있다. 자연계에 있는 별은 우리를 얼마든지 죽일 수 있고, 계단도 우리가 잘못 디디면 역시 우리를 죽일 수 있다. 극히 보잘것없는 작은 운동도 모든 자연에 영향을 미치게 된다. 넓은 바다도 돌멩이 하나만 집어던지면 파문을

---

53 〈마태복음〉 4장 9절.
54 〈창세기〉 4장 7절.

일으킨다. 이와 마찬가지로 은총의 세계에 있어서도 하찮은 작은 행위의 결과가 모든 것에 영향을 미친다. 그러므로 중요하지 않은 것이란 없다. 어떤 행위를 하더라도 행위 그 자체 외에 우리의 현재와 과거와 미래의 상태 및 그것이 영향을 주는 다른 상태를 관찰하고, 이 모든 것의 연관성을 살펴보아야 한다. 그러면 사람은 한층 더 신중해질 것이다.

506 신께서 우리 죄의 모든 결과와 귀결을 우리에게 돌리지 않으시기를! 극히 하찮은 잘못이라도 무자비하게 추구하게 되면 무서운 것이 되어 버린다.

507 은혜, 은혜의 움직임, 마음의 냉혹, 외적 사정.[55]

508 한 인간을 성자로 만들기 위해서는 반드시 은총이 필요하다. 그것을 의심하는 자는, 성자가 무엇인지 또는 인간이 무엇인지도 모르는 자이다.[56]

509 철학자들.
자신을 모르는 인간에게 스스로 신을 향해서 가라고 소리치는 것은 부질없는 일이다. 또 자신을 아는 인간에게 그렇게 말하는 것도 부질없는 일이다.

510 인간은 신의 은총을 받을 만한 자격을 가지고 있지 않지만, 그 자격을 가지는 것이 전혀 불가능한 일만도 아니다.

---

[55] 기독교도의 영혼은 신의 은혜의 움직임과 태어나면서부터의 긍휼 사이에 끼여, 신의 섭리의 표징인 외적 사정에 따라 결정을 강요하는 경우가 간혹 있다.
[56] 인간성과 은혜의 대립은 얀세니우스의 근본 교리였다.

신이 비참한 인간과 연결되어 있는 것은 신다운 일이라고 할 수 없지만, 인간을 그 비참한 처지로부터 구원하는 것은 신다운 일이다.

511 만일 어떤 사람이 인간이 신과 교제를 하기에는 너무도 보잘것없는 존재라는 판단을 내리려 한다면 그것이야말로 위대한 일임에 틀림없다.

512 그의 말에 따르면 그것은 모두 예수 그리스도의 몸이지만, 그것이 예수 그리스도의 몸[57]의 전부는 아니다. 두 사물이 변하지 않고 결합한다고 해서 하나가 다른 하나로 된다고 할 수 없는 것과 같다. 그와 같이 영혼은 육체에, 불은 장작에 변화하지 않은 채 결합하는 것이다. 그러나 한편의 모양이 다른 한편의 모양이 되기 위해서는 반드시 변화해야만 한다.

그것이 바로 신의 말씀이 인간과 결합하게 되는 경우이다.

내 육체는 내 영혼을 바탕으로 해서만 인간의 몸을 이룰 수 있으므로, 내 영혼은 어떤 물질, 그것과 결합해서 내 몸을 구성할 것이다. 필요조건과 충분조건은 구별할 수 없는 것이다. 결합은 필요하지만 그것만으로는 충분하지 않다.

왼팔이 바로 오른팔이 될 수는 없다.

불가입성(不可入性)은 모든 물체의 본질이다.

수(數)의 동일은 동일한 시간에서 동일한 물질을 필요로 한다. 따라서 만일 신이 내 영혼을 중국에 있는 어떤 사람의 육체에 결합시켜 주었다면, '수에 있어서'와 같이 그 육체는 중국에 있을 것이다. 그곳에서 흐르고 있는 동일한 강은, 동일한 때 중국에서 흐르고 있는 강과 '수에 있어서'는 동일하다고 할 수 있다.[58]

---

[57] '모든…… 몸'은 toute le corps, '몸의 전부'는 tout le corps이다.
[58] 이 단장은 가톨릭 교회의 미사 성찬에서 성체의 실체적 변화에 관한 것임이 확실하다. 전체적으로 극히 난해하므로 여기서는 별도로 해설을 첨가하지 않기로 했다.

513 왜 신이 기도를 만들었는가.

① 그의 모든 피조물에게 인과(因果)의 존엄성을 깨우쳐 주기 위해.

② 인간이 누구로부터 덕을 받았는지 가르쳐주기 위해.

③ 우리의 노력으로 다른 모든 덕을 가질 수 있기 위해.

그러나 신은 모든 것을 자신의 뜻대로 분배해 주시므로, 신은 자신의 마음을 기쁘게 하는 자에게 기도를 주신다.

항의. 그러나 인간은 스스로의 힘으로 기도를 하고 있다고 착각한다.

그것은 불합리한 일이다. 인간에게 신앙이 있다고 해서 덕이 자연히 따르는 것이라고 할 수는 없는데 어떻게 신앙을 가지게 될 것인가? 불신앙에서 신앙에 이르기가, 신앙을 가진 자가 덕을 가질 수 있는 거리보다 더 멀지 않을까?[59]

"……할 자격이 있다."[60] 이 말은 확실하지가 않다.

"그는 구세주를 가질 만한 가치가 있다."[61]

"그는 그처럼 성스러운 지체에 손대기에 합당했다."[62]

"나는 감당치 못하겠나이다."[63]

"(주님의 몸이 의미하는 바를) 깨닫지 못하고 먹고 마시는 자."[64]

"받으심이 합당하다."[65]

"나를 합당한 자로 만드소서."[66]

신은 자신이 하신 약속을 결코 저버리지 않는다.

---

59 mérite는 이 경우 인간이 구세주의 공적에 합당함을 의미한다. 그것이 명확하지 않다는 것은, 사람은 예수 그리스도의 공적에 의지할 때 비로소 그 공적에 합당하게 된다고 말할 수 있기 때문이다.
60 부활제 전일의 기도.
61 성(聖) 금요일의 기도.
62 〈누가복음〉 7장 6절.
63 〈고린도전서〉 11장 29절.
64 〈요한계시록〉 4장 11절.
65 성모일의 기도.
66 〈마태복음〉 7장 7절.

신은 기도하는 자에게는 정의를 주겠다고 약속하셨다. 그렇지만 기도를 주시겠다는 약속은 약속한 자녀들에게만 하셨다.[67]

성 아우구스티누스는 분명히 말하기를 "능력은 의인으로부터 제거될 것이다"[68]라고 했다. 그러나 그렇게 말한 것은 우연한 일이다. 왜냐하면 그가 그렇게 말할 기회가 오지 않았을 수도 있었을 테니 말이다. 그러나 그 기회가 오면 그의 본성으로 미루어 보아 그렇게 말할 것은 명백한 일이며, 따라서 반대가 되는 말을 하지는 않을 것이다. 그래서 기회가 왔기 때문에 그가 그런 말을 하게 되었다기보다는, 기회가 온 이상 그런 말을 하지 않을 수 없었을 것이다. 전자는 우연이며 후자는 필연이다. 그러나 이 두 가지야말로 사람들이 원하는 것의 전부라고 할 수 있다.

514

"두려움으로 너희의 구원을 이룰지어다."[69] 기도의 증거. "구하라, 그러면 얻을 것이니라."[70] 그러므로 구하는 것은 우리의 능력이 미치는 곳에 있다. 얻는 것은 우리의 능력으로 할 수 있는 것이지만, 기도하는 것은 우리의 능력으로는 할 수 없는 것이다. 왜냐하면 구함이 우리의 능력 안에 있지 않고 얻음이 그 안에 있는 것이라면, 기도는 그 안에 있을 만한 것이 아니기 때문이다.

그렇다면 의인은 신에게 기대해서는 안 될 것이다. 그는 기대할 것이 아니라 구하는 것을 얻기 위해 노력해야 하기 때문이다. 그래서 인간은 최초의 타락 이래 지금까지 불의 속에 있는 것이다.

또 신은 인간에게서 소외당하지 않는 것이 그런 이유 때문이기를 바라지 않으므로, 인간이 신에게서 멀리 떨어져 있지 않은 것은 오직 최초의 효력 때문이라고

---

[67] 〈로마서〉 9장 8절.
[68] 의인(義人)이 자기의 공적을 인정하지 않고 단지 구세주의 공적에만 의지하려는 것.
[69] 〈빌립보서〉 2장 12절.
[70] 〈마태복음〉 7장 7절.

말할 수 있다. 그러므로 신에게서 멀어지려고 하는 자들은 이 최초의 것, 즉 인간이 신에게 접근할 수 있는 유일한 수단을 지니고 있지 않은 자들이요, 멀어지지 않는 자들은 모두 이 최초의 효력을 지니고 있는 자들이다. 따라서 이 최초의 효력에 의해 은총의 시기를 어느 정도 가지고 있지 않았다 해서 기도하지 않으려는 자들은 모두 이 최초의 효력이 결여되어 있는 자들이다.

그리하여 신은 바로 그런 뜻에 의해 스스로 인간으로부터 멀리 떨어져 있는 것이다.[71]

515 신에 의해 택함을 받은 자는 자기의 덕을 모르고, 신으로부터 버림을 받은 자는 자기의 죄가 얼마나 무거운지 모른다.

516 〈로마서〉 3장 27절. "자랑할 데가 어디 있느뇨. 있을 수가 없느니라. 무슨 법으로냐, 행위로냐, 아니라, 오직 믿음으로니라." 그러므로 신앙은 율법의 행위처럼 우리의 능력으로 도달할 수 있는 것이 아니다. 그것은 다른 방법을 통해 우리에게 부여된다.

517 마음을 스스로 안정시켜야 한다. 너희는 그것[72]이 너희 자신을 위해 오리라고 기대해서는 안 된다. 너희 자신을 위해서는 아무것도 기대하지 않음으로써 그것을 기대하지 않으면 안 되는 것이다.

518 모든 신분의 사람은, 심지어 순교자까지도 성서에 의하면 두려워해야 한다.

---

71 이 단장은 전체가 불명확하다.
72 신의 은혜를 말한다.

연옥(煉獄)의 괴로움 가운데 가장 큰 괴로움은 심판의 미결이다.
"숨어 계시는 하느님."[73]

519

〈요한복음〉 8장.

"많은 사람들이 그것을 믿었다. 이에 예수께서 말씀하시기를 '너희가 내 말에 거하면 참 내 제자가 되고 진리를 알지니 진리가 너희를 자유케 하리라.' 그들이 대답하기를 '우리가 아브라함의 자손이라 남의 종이 된 적이 없나이다.'"[74]

제자와 참 제자 사이에는 큰 차이가 있다. 양자를 구별하기 위해서는 그들에게 "진리가 너희를 자유롭게 하리라"고 말하는 것이 좋으리라. 만일 그들이 "우리는 자유롭고 또 악마의 굴레에서 스스로의 힘으로 벗어났노라"고 대답한다면, 그들은 제자이기는 하지만 참된 제자는 아니다.

520

율법은 인간의 본성을 파괴한 것이 아니라 오히려 그것을 교육했다.[75] 은총은 율법을 실행시켰으며,[76] 결코 그것을 파괴하지는 않았다.

세례를 받을 때에 받은 신앙이야말로 기독교도와 회개자들의 참된 생명의 원동력이다.

521

은총은 영원히 이 세상에 존재할 것이다. 그리고 자연도 마찬가지로 존재할 것이다. 은총은 어떤 의미에서 보면 자연적인 것이다. 그래서 세상에는 언제나 펠라기우스파[77]가 있고, 언제나 가톨릭 교도가 있으며, 또 분쟁

---

[73] 〈이사야〉 45장 15절.
[74] 〈요한복음〉 8장 30~33절.
[75] 〈로마서〉 7장 7절.
[76] 〈로마서〉 3장 31절.
[77] 아우구스티누스의 논적으로, 인간은 선천적인 힘에 의해 선을 이룰 수 있다고 주장하여 종교회의 결과 이단이란 판결을 받았다.

이 있다. 왜냐하면 제1의 탄생이 전자를 만들고, 제2의 탄생인 은총이 후자를 만들기 때문이다.

522 율법은 자기가 부여하지 않은 것을 명령했다. 그러나 은총은 자기가 부여한 것을 명령한다.

523 모든 신앙은 예수 그리스도와 아담에 의해 이루어진 것이고, 도덕은 탐욕과 은총에 의해 이루어지는 것이다.

524 인간은 갈망과 오만의 이중 위험에 항상 직면해 있기 때문에, 은총을 받을 수도 있고 잃을 수도 있다는 이중의 가능성을 가르쳐줄 수 있는 교리보다 더 인간에게 적절한 교리는 없다.

525 철학자들은 두 가지 상태에 적응할 수 있는 감정을 규정하지는 못했다. 그들은 매우 위대한 운동을 강조했으나, 그것은 인간의 상태가 아니다. 그들은 매우 비열한 운동을 강조했으나, 그것도 인간의 상태는 아니다.

자연에서가 아니라 회개에서 비롯된 자기비하의 움직임이 필요한데, 그것은 거기에 머물기 위해서가 아니라 위대해지기 위해서이다. 인간의 공덕이 아니라 신의 은총에 의해 생기는 저 자기비하 다음의 위대한 움직임이 필요하다.

526 비참에서 절망이 생기고 오만에서 자만심이 생긴다. 신의 아들이 인간이 된 것은 인간이 바라는 구제의 크기로 인간의 비참의 크기를 보여주는 것이다.

527 자신의 비참을 모르고 신을 알게 되면 오만해진다. 신을 모르고 인간의 비참을 알게 되면 절망에 빠진다. 예수 그리스도를 알게 되면 그 중용을 취하게 된다. 왜냐하면 그를 통해서만 우리는 신과 인간의 비참을 함께 알 수 있기 때문이다.

528 예수 그리스도는 인간이 오만해지지 않고 접근할 수 있고, 절망에 빠지지 않고도 그 밑에서 자기를 낮출 수 있는 신이다.

529 (기독교에서 볼 수 있는 것은) 우리로 하여금 선을 행할 수 없다고 생각하게 할 정도로 자신을 낮추는 것도 아니고, 악에서 완전히 벗어날 수 있을 만큼 깨끗한 것도 아니다.

530 어떤 사람이 어느 날 고해를 마치고 돌아오면서 큰 위안과 기쁨을 느꼈노라고 내게 말했다. 또 어떤 사람은 두려움을 느꼈노라고 내게 말했다. 그에 대해 나는 이 두 사람을 하나로 묶을 수 있다면 훌륭한 한 인간이 될 수 있으리라는 생각이 들었다. 두 사람이 모두 상대방이 가지고 있는 감정이 결여된 데 그 결함이 있다. 이런 현상은 다른 사물에서도 종종 볼 수 있는 일이다.

531 주인의 뜻을 알면서도 잘못을 저지른 자는 훨씬 많은 매를 맞으리라.[78] 안다는 것은 그의 특권이기 때문이다. "의로운 자는 그대로 의를 행하느니라."[79] 가장 많이 받은 자는 또 가장 많이 갚을 것이다. 많이 받는 것은 그의 특권이기 때문이다.

---

[78] 〈누가복음〉 12장 47절.
[79] 〈요한계시록〉 22장 11절.

532　성서는 모든 상태에 처해 있는 사람들을 위로하고, 또한 모든 상태에 처해 있는 사람들을 위협하기 위해 그 구절들을 기록한 것이다.

자연도 자연적이고 도덕적인 두 개의 무한에 의해 같은 일을 해 놓은 것처럼 보인다. 왜냐하면 우리가 높은 것과 낮은 것, 훌륭한 것과 조잡한 것, 고귀한 것과 천한 것을 언제나 함께 지니고 있다는 것은, 우리의 오만을 끌어내리고 우리의 비천함을 높게 하기 위해서일 테니 말이다.

533　"찢어진 마음."[80] 성 바울. 이것이야말로 기독교도가 마땅히 가져야 할 성격이다. "알바는 당신을 지명했다. 그래서 나는 이미 당신과 아무 관련도 없다(코르네이유)."[81] 이것은 참으로 비인간적인 성격이다. 인간적인 성격은 그와는 반대되는 것이다.

534　세상에는 오직 두 가지 형태의 인간이 있을 뿐이다. 하나는 자신을 죄인으로 생각하는 의인이요, 다른 하나는 자신을 의인이라고 믿고 우쭐거리는 죄인이다.

535　우리는 자신의 결점을 지적해 주는 사람에 대해 감사하는 마음을 가져야만 한다. 왜냐하면 그들이야말로 우리를 단련시켜 주는 자들이기 때문이다. 그들은 우리가 멸시당하고 있었던 것을 가르쳐주지만, 앞으로도 같은 일을 되풀이하는 것을 막아 주지는 않는다. 왜냐하면 우리에게는 남에게 멸시를 받을 만한 결점들이 그 밖에도 많이 있기 때문이다. 그들은 우리의 결점을 바로잡는 일과, 그 결점에서 벗어날 수 있도록 준비해 준다.

---

80 〈시편〉 51편을 상기시키는 말이다.
81 코르네이유 〈오라스〉 제2막 3장.

536 인간은 "너는 바보다"라고 자주 말하면 실제로 자신이 그런 줄 알고, 또 "나는 바보다"라는 말을 자주 들으면 그 사람이 그런 줄 믿게 되어 있다. 그러므로 그것을 잘 조절해야 한다. "악한 동무들은 선한 행실을 더럽히나이다."[82] 우리는 가능한 한 침묵을 지키고, 우리가 진리로 생각하는 신하고만 이야기해야 한다. 그래야만 우리 자신에게 진리를 깨닫게 할 수 있다.

537 기독교는 묘한 점을 가진 종교이다. 그것은 인간에게 자신이 비열하고 증오해야 할 자임을 깨달을 것과 또 신을 닮을 것을 원하고 명령한다. 이런 균형을 잡아 주는 저울추가 없었다면 인간의 오만은 그를 가공할 만큼 공허하게 하거나, 자기를 낮추는 것은 가공할 만큼 그를 비천하게 했을 것이다.

538 기독교는 자신이 신과 연결되어 있음을 알면서도 지극히 겸허하다. 자신을 지렁이에 비유하면서도 결코 비굴하지 않다. 삶과 죽음, 복과 화를 받아들이는 그 아름다운 태도!

539 순종에 대하여 병사와 샤르트르[83]의 수도사 사이에는 얼마나 큰 차이가 있는 것일까? 그들은 다같이 순종하고 의존적이며, 함께 고통스러운 일을 행한다. 그런데 병사는 언제나 명령하는 자가 되기를 바라지만, 결코 그렇게 되지는 못한다. 대장이나 왕후에 대해서도 언제나 예속된 자이며 의존하는 자이기 때문이다. 그러나 언제나 그렇게 되기를 희망하며 또 실제로 그렇게 되고자 노력한다. 그 반면 샤르트르의 수도사는 오로지 언제까지나 의존자가 되기를 원할 따름이다. 그들은 이렇게 언제나 예속되어 있다. 이것은 양자가 항상 속해

82 〈고린도전서〉 15장 33절.
83 1084년 쾰른의 브루노가 알프스 산간의 불모지에 창설한 수도회로서, 규율이 엄격하기로 유명하다.

있는 상황이라는 점에서는 동일하지만, 한편은 언제나 소망을 가지고 있는 데 반해 다른 편은 결코 이를 가질 수 없다는 점에서 매우 다른 것이다.

540 무한한 선을 가지려는 기독교도의 소망에는 현실적인 즐거움이라는 공포가 섞여 있다. 그것은 신하의 몸으로서는 아무리 어떤 왕국을 얻고 싶어해도 도저히 그 소망을 이룰 수 없다는 것과는 다르다. 그런데 기독교도는 성결과 불의로부터 해방되기를 원하며, 이미 그것들을 어느 정도 얻고 있다.

541 참된 기독교도만큼 행복하고 도리에 합당하며, 유덕하고 사랑스러운 자는 없다.

542 기독교만이 인간을 사랑스러우면서도 동시에 행복한 자로 만들 수 있다.

543 서론.
선에 대한 형이상학적인 증명은 인간의 추리로는 접근할 수 없을 만큼 멀리 떨어져 있고, 너무도 모순이 많으므로 별로 감명을 주지는 못한다. 그것은 설사 어떤 사람에게는 도움이 될지 몰라도, 그들이 그 증명을 보고 있는 순간에만 유용할 뿐이다. 조금만 지나면 곧 속임을 당한 것이나 아닌가 하고 의심한다.
"그들은 호기심 때문에 발견하게 된 것을 오만 때문에 잃어버렸다."[84]
이것이 예수 그리스도라는 매개자 없이 인식하게 된 신과, 매개자 없이 교제한 결과이다. 그러나 매개자를 통해 신을 안 사람들은 자신의 비참도 알 수 있다.

---

[84] 아우구스티누스 《설교》 141.

544　기독교의 신은, 신이 그 영혼의 유일한 선이며 영혼의 유일한 안식은 신을 사랑하는 데 있음을 느끼게 해 주는 신이다. 그와 함께 신은, 영혼이 온 마음을 다해 신을 사랑하는 것을 훼방하려는 장애물에 증오를 느끼게 한다. 영혼을 저해하는 자애와 그릇된 욕망은 신이 참을 수 없는 것이다. 이 신은, 영혼이 스스로를 멸망하게 하는 자애의 원천을 가지고 있으며, 신만이 그것을 없앨 수 있다는 것을 영혼으로 하여금 느끼도록 해 준다.

545　예수 그리스도는 다음과 같은 교훈을 인간에게 가르쳐주었을 뿐이다. 인간은 자기 자신을 사랑하고 있으며, 그들은 노예요, 장님이요, 비천한 자요, 죄인이라는 것을. 그는 인간을 해방시켜 빛을 주고, 구제해 주어야만 했다. 이것은 인간이 자신을 미워하고 십자가의 고난과 죽음을 거쳐 그에게 순종함으로써 이룰 수 있는 것이다.

546　예수 그리스도를 떠난다면 인간은 악덕과 불행 속에 빠질 수밖에 없다. 예수 그리스도와 함께 있다면 인간은 악덕과 비참에서 벗어나게 된다. 예수 그리스도 안에서만 우리의 모든 덕과 행복이 있다. 그를 떠나면 악덕·불평·오류·암흑·죽음·절망이 있을 따름이다.

547　예수 그리스도를 통한 신. 우리는 예수 그리스도를 통해서만 신을 알 수 있다. 이 매개자가 없으면 신과의 교제는 완전히 끊어져 버린다. 예수 그리스도에 의해서 신을 알게 된다.

　예수 그리스도 없이도 신을 알 수 있고 신을 증명할 수 있다고 생각하는 사람들은 헛된 증거를 가지고 있다. 그러나 예수 그리스도를 증명하는 것으로 예언이 된다. 그것은 분명한 증거이다. 그리고 이 예언은 이루어졌고 그것이 진실임이 실제로 증명되었으므로, 이 진리의 정확성에 따라 예수 그리스도가 신이라는 증거를 보여주고 있는 것이다. 그러므로 그 안에서, 그리고 그에 의해서 우리는 신을 안다. 그를 떠나서는 성서도 없고 원죄도 없으며, 약속대로 강림하신 매개자 없이는 인간이 신을 완전하게 증명할 수 없을 뿐만 아니라 올바른 도덕과 교리를 가르칠 수도 없는 것이다. 그러나 예수 그리스도 안에서 사람은 신을 증명하고 도덕을 가르친다. 그러므로 예수 그리스도는 인간의 참된 신이다.

그러나 우리는 그와 동시에 우리의 비참한 상태도 안다. 왜냐하면 이 신은 바로 우리의 비참을 구원해 줄 분이기 때문이다. 우리는 자신의 죄악을 분명히 알아야만 신을 뚜렷이 알 수 있다. 따라서 자신의 비참함을 알지 못하고 신을 알게 된 사람들은, 신을 숭배하는 것이 아니라 사실은 자기 자신을 숭배하고 있을 뿐이다.

"이 세상이 자기 지혜로 하느님을 알지 못하는 고로, 하느님께서 전도의 미련한 것으로 신을 믿는 자들을 구원하시기를 기뻐하셨도다."[85]

548 우리는 오직 예수 그리스도에 의해서만 신을 알 수 있을 뿐 아니라, 예수 그리스도에 의해서만 자기 자신도 알 수 있다. 또 우리는 예수 그리스도에 의해서만 삶과 죽음을 알 수 있다. 예수 그리스도를 떠나서는 우리의 삶과 죽음과 신, 그리고 우리 자신이 무엇인지조차 모른다.

그래서 예수 그리스도만을 주제로 하는 성서가 없다면 우리는 아무것도 알 수 없으며, 신의 본성이나 우리 자신의 본성에 관해서도 암흑과 혼란을 발견할 따름이다.

549 예수 그리스도를 떠나서 신을 안다는 것은 불가능할 뿐만 아니라 아무 소용 없는 일이기도 하다. 그들은 신과 멀리 떨어져 있는 것이 아니라 오히려 가까이 느낀다.[86] 자신을 낮추지 않고 "우리를 선하게 해 주는 이유를 자

---

85 〈고린도전서〉 1장 21절.
86 스스로의 죄를 의식하지 않음으로써 신과의 결합을 쉽게 생각했다는 뜻 같다.

기 자신에게서 찾으면, 선한 자라도 악한 자가 되고 말 것이다."[87]

550 "나는 모든 사람들을 내 형제처럼 사랑한다. 왜냐하면 그들은 모두가 자기 죗값을 치르고 있기 때문이다." 나는 빈곤을 사랑한다. 그리스도도 그것을 사랑하셨으므로. 나는 부를 사랑한다. 그것으로 불쌍한 사람을 도울 수 있기 때문이다. 나는 모든 사람들에게 신의를 지킨다. 나는 나를 악으로 대하는 자에게도 악으로 대하지 않는다. 오히려 나는 사람들이 선도 악도 받지 않는 나와 같은 상태가 그들에게 부여되기를 바란다. 나는 모든 사람들에게 공정하고, 진실하고, 진지하고, 신의를 지키려고 애쓴다.[88] 또한 신이 나에게 가장 가깝게 연결해 준 사람들에 대해 깊은 애정을 가지고 있다. 그래서 그것을 나 혼자거나 여러 사람들이 보고 있는 앞이거나 간에 나의 모든 행위를 심판하실 신 앞에서 행한다.

이것이 나의 마음이다. 나는 이런 마음을 나에게 부여해 주신 나의 구세주, 연약함과 허욕과 오만과 야심에 가득 찬 인간을 은총으로써 그 모든 악에서 벗어난 참된 인간이 되게 해 준 구세주를 내 목숨이 남아 있는 한 찬미하겠다. 모든 영광은 그의 은총에 돌려야 마땅하고, 나에게는 비참과 오류가 있을 뿐이다.

551 "입을 맞추기는커녕 뺨을 얻어맞아야 마땅한 자격밖에 없어도 나는 두려워하지 않는다. 왜냐하면 나는 사랑하고 있기 때문이다."[89]

552 예수 그리스도의 묘.
예수 그리스도는 돌아가셨다. 그래서 사람들이 십자가 위에 있는 그

---

[87] 베르나르 《아가 강해 설교》 84장.
[88] 처음에는 '나는 충신(忠信)과 정의를 지키고자 한다'고 교정을 보았는데, 그것은 아마 겸허한 마음에서였을 것이다.
[89] 베르나르 《아가 강해 설교》 84장.

를 보았다. 또 그는 무덤 속에 들어갔다.

성도만이 예수 그리스도를 무덤에 장사지냈다.

그 속에서는 아무런 기적도 일어나지 않았다.

예수 그리스도가 새 생명을 가지게 된 것은 십자가 위가 아니라 바로 그 무덤 속에서였다.

그것은 고난과 속죄의 마지막 비밀이다.[90]

예수 그리스도가 땅 위에서 휴식할 곳은 무덤뿐이었다.

그의 적은 그가 무덤에 들어갈 때까지 끊임없이 괴롭혔다.

553

예수의 비의.[91]

예수는 그의 고난 속에서 인간들이 그에게 가한 괴로움을 참으셨다. 그러나 최후의 고뇌 속에서는 자기가 자신에게 가하는 괴로움을 받으셨다. "심령에 통분히 여기시고……."[92] 그것은 인간에 의해 가해지는 고통이 아니라, 전능자의 손에서 비롯되는 고통이었다. 왜냐하면 전능자가 아니라면 그것을 견디어낼 수 없기 때문이다.

예수는 가장 사랑하는 세 사람의 벗으로부터 약간의 위로를 얻고자 하셨다. 그러나 그들은 잠자고 있었다. 예수는 그들이 자기와 잠시만이라도 함께 참고 견딜 것을 바라셨다. 그러나 그들에게는 동정심이 없었으므로 잠깐 동안의 졸음도 이기지 못하고 예수를 내버려두었던 것이다. 그래서 예수는 홀로 신의 분노 앞에 남겨지게 되었다.

---

90 이 대목에서 '예수 그리스도는 살고, 죽고, 무덤에 들어가고, 그리고 부활한다고 가르친다'는 6장이 있지만 지워져 있다.
91 '예수의 비의(秘義)'는 어떤 해설도 따를 수 없는 것이라 한다. 어떤 부분도 기독교의 독자적 성격을 이만큼 감동적으로 표현한 것은 없다. 여기에 현실적인 한 인격을 찾아서 사람의 마음이 존재하는 가장 높고도 보편적인 감정, 즉 자기방기와 사랑의 정신이 집중하고 있는 것이다.
92 〈요한복음〉 11장 33절.

예수는 오직 홀로 땅 위에 계셨다. 땅 위에는 그의 괴로움을 알고 그와 함께 그 고통을 나눠 가질 자가 없었을 뿐만 아니라, 그런 사실을 아는 사람조차 없었다. 그것을 아는 자는 하늘과 예수 자신뿐이었다.

예수는 동산에 계셨다. 그것은 최초의 인간인 아담이 자신과 전인류를 타락하게 한 쾌락의 동산이 아니라, 그가 자신과 전인류를 구원한 고뇌에 찬 동산이었다.

그는 이 고통과 버림받은 슬픔을, 밤의 공포 속에서도 참고 계셨다.

예수가 탄식한 것은 한 번뿐이었다고 나는 믿는다. 그러나 이때에는 극도의 괴로움을 더 이상 참을 수 없다는 듯 탄식하셨다.

"내 마음이 심히 고민하여 죽게 되었노라."[93]

예수는 인간에게서 동정과 위안을 구했다. 이런 일은 그의 일생에서 단 한 번뿐이었다고 나는 생각한다. 그러나 그는 동정과 위안을 얻지 못했다. 그 제자들이 모두 잠들어 있었기 때문이다.

예수는 세상의 종말까지 고민하고 계시리라. 그 동안 우리는 잠들어서는 안 된다.

이처럼 예수는 모든 사람들로부터 버림을 받고 그와 함께 있던 선택받은 벗들에게서조차 버림을 받으셨던 것이다. 그러나 그들이 잠들어 있는 것을 보시고는, 자신을 위해서가 아니라 그 벗들에게 닥쳐올 위험을 마음 아파하시고, 그들이 은혜를 잊고 있는 동안에도 그들에 대한 깊은 애정을 가지고 그들 자신의 구제와 그들의 행복에 대하여, 그들에게 "마음에는 원이로되 육신이 약하도다"[94]라고 말씀하셨다.

예수는 그들이 예수를 생각하거나 혹은 그들 자신에 관한 일을 생각하면서도 눈을 뜨고 있을 수가 없어 그대로 잠들어 있음을 보시고, 그들을 깨워 일으키지

---

93 〈마가복음〉 14장 34절.
94 〈마태복음〉 26장 41절.

않고 친절하게도 휴식을 취하게 내버려두신 것이다.

　예수는 아버지의 거룩하신 뜻을 확실히 알지 못했으므로 기도하셨으며, 또 죽음을 두려워하셨다. 그러나 그 뜻을 아신 후에는 스스로 죽음에 자신을 내맡기셨다. "일어나라, 함께 가자."[95]

　예수는 인간에게 간절히 바랐으나, 인간은 그런 예수의 소원대로 행하지 않았다.

　예수는 그 제자들이 잠들어 있는 동안에 그들을 구원하셨다. 그는 의인이 생전의 허무와 사후의 죄 속에 잠들어 있는 동안에 그 모든 사람들을 구제하셨다.

　그는 단 한 번만 기도하셨다. "이 잔을 내게서 지나가게 하옵소서"라고. 그리고 다시 "그러나 나의 원대로 마옵시고 아버지의 원대로 하옵소서"[96]라고 경건하게 기도하셨다.

　슬픔에 잠기신 예수.

　예수는 그의 제자들이 잠들어 있으나 그의 적들은 모두 깨어 있음을 보시고, 자신을 모두 아버지에게 맡기셨다.

　예수는 유다의 마음속에 있는 적의를 보지 않으시고, 자기가 사랑하는 신의 명령을 찾아보신 후에 그것을 말했다. 왜냐하면 유다를 친구라고 했으니 말이다.

　예수는 마지막 고민을 하기 위해 제자들의 곁을 떠났다.

　예수를 따르기 위해서는 가장 가깝고 가장 친한 사람들로부터 떠나야 한다.

　예수는 고민 속에, 최대의 고통 속에 계셨다. 그러므로 우리도 좀더 오랫동안 기도해야 한다.

　우리는 신의 자비를 간절히 바란다. 신이 우리를 악덕 속에 내버려두지 않고, 그 속에서 우리를 구원해 내시도록.

　만일 신이 손수 주인들을 우리에게 보내 주신다면, 진심으로 그들을 따르고 그

---

95 〈마태복음〉 26장 46절.
96 〈마태복음〉 26장 39~42절.

들에게 순종하는 일이 얼마나 필요하게 될까? 결핍과 사건은 반드시 그에 따라서 온다.[97]

"안심하라. 너희가 나를 발견하지 않았더라면 너희는 나를 찾지 않았을 것이다."[98]

"나는 나의 마지막 고민 중에 너희를 생각하였다. 나는 너희를 위해 이와 같이 피를 흘렸노라."

"아직 일어나지도 않은 일에 대하여 여러 가지로 깊이 염려하는 것은, 너희 자신을 시험하는 것이 아니라 나를 시험하는 것이다. 그런 일이 실제로 일어난다면 나도 너희 속에서 그것을 행할 것이니라."

"내 율법이 인도하는 대로 하라. 나를 자기들 속에서 활동하도록 하게 한 성모나 성자들을 내가 얼마나 잘 인도했는가를 볼지어다."

"아버지께서는 내가 하시는 모든 일을 기뻐하신다."

"너희는 눈물도 흘리지 않고 나에게 인성의 피를 언제까지나 흘리기를 바라느냐?"

"너희가 회개하는 일이야말로 나의 최대의 관심사이다. 두려워 말지어다. 나를 위해 기도할 때처럼 확신을 가지고 기도하라."

"나는 성서 속에 있는 내 말에 의해, 교회 속에 있는 내 성령에 의해, 사제들에게 있는 나의 힘에 의해, 신도들 속에 있는 나의 기도에 의해 너희들 앞에 존재할 수 있다."

"의사는 너희들을 치료하지 못할 것이다. 너희는 언젠가는 죽게 될 테니 말이다. 그러나 나만이 너희를 치료하고 너희의 육체를 영생하게 할 수 있다."

"물질적인 쇠사슬과 육체의 속박을 참고 견디어라. 나는 지금 정신적인 속박으

---

97 이 구절은 파스칼이 예수의 비의를 명상하고 있을 때 마음에 떠오른 격언으로, 자신을 위해 적어 둔 것일 뿐 이 단장의 본질적 부분을 형성하는 것은 아니다.
98 아우구스티누스 《고백》 제10장 18~20절.

로부터만 너희를 해방시키려는 것이다."

"나는 그 누구보다도 친한 너희의 벗이다. 왜냐하면 나는 너희를 위해 그들보다도 더 많은 일을 했으므로. 그들은 내가 너희를 위해 괴로워한 것처럼 그렇게 심각하게 괴로워하지는 않았으며, 너희가 믿지 않고 잔인할 때 내가 너희를 위해 죽은 것같이 죽지는 않을 것이다. 그리고 그 죽음이야말로 내가 택한 자들과 거룩한 이적 사이에서, 내가 전에 행하려 했고 또 지금 하고자 하는 것이다."

"만일 네가 자신의 죄를 알면 용기를 잃지 않을 수 없을 것이다."

"그러면 주여, 저는 용기를 잃게 될 것입니다. 나는 당신의 증언에 의해 나의 죄가 악한 것임을 믿고 있기 때문입니다."

"그래서는 안 된다. 왜냐하면 너에게 그것을 알려주는 나는 너의 병을 치료할 수 있기 때문이다. 또 내가 그것을 너에게 말하는 것은 내가 너를 치료하려는 증거이다. 너는 속죄함으로써 그것을 알게 될 것이다. 그리고 '보라! 네 죄를 용서받았노라' 하는 말을 네가 듣게 될 것이다. 그러므로 너의 숨어 있는 죄 때문에, 그리고 네가 알고 있는 죄들의 숨은 악 때문에 회개하라."

주여, 나는 당신에게 나의 모두를 바치나이다.

너희가 자신의 더러움을 사랑한 것보다도 더 열렬히 나는 너희를 사랑한다. "진 흙탕에 빠져 더러워졌으므로."[99]

"나에게 영광을 돌리고, 벌레요 흙덩이에 불과한 너희들에게 돌리지 말라."

"나 자신의 말이 너희에게 악과 허영과 호기심의 기회가 된다면 너희 지도자에게 물어 보라."

나는 나 자신 속에서 오만과 호기심, 그리고 탐욕의 심연을 본다. 나에게서 신에 이르는, 또는 의로운 예수 그리스도에 이르는 길은 없다. 그러나 그는 나를 위해 죄인이 되셨다. 당신의 재난은 모두 그분 위에 떨어졌다. 그는 스스로 나보다

---

[99] 호라티우스 《서간집》 제1권 제2서한 5장 26절.

도 더 증오해야 할 존재가 되셨다. 그러나 그는 나를 미워하지 않고 오히려 내가 그의 곁에서 그의 편을 드는 것을 영광으로 생각한다. 그러나 그는 자기 자신을 스스로 고쳤다. 그러니 나도 고쳐 주시리라는 것은 당연한 일이다.

나의 상처를 그의 상처와 결합시켜 나를 그에게 연결시켜야 한다. 그러면 그는 자신을 구원하면서 동시에 나를 구원하실 것이다.

그런데 이것은 천천히 해도 된다고 미루어 둘 일이 아니다.

"너희가 그것을 먹는 날에는 너희 눈이 밝아 하느님과 같이 되어 선악을 알 줄을 하느님이 아심이니라."[100] 모든 사람은 "이것은 좋고 저것은 나쁘다"는 따위의 판단을 내리는 것으로, 또는 여러 가지 일들에 대해 너무 슬퍼하거나 너무 기뻐하는 것으로 신을 우롱한다.

작은 일도 큰 일처럼 행하라. 그 일들을 통해 모든 일을 행하라. 우리의 삶을 살아 주시는 예수 그리스도의 영광을 위해. 그리고 큰 일도 작은 일처럼 쉽게 하라. 그는 전능한 분이시므로. 빌라도의 불의한 재판은 예수 그리스도에게 고통을 주었을 뿐이다. 왜냐하면 빌라도는 그의 그릇된 재판으로 예수 그리스도에게 채찍을 가하게 하고 마침내는 죽였기 때문이다. 차라리 그를 먼저 죽였더라면 좋았을 것이다. 이렇게 해서 불의한 의인들은 군중들의 비위를 맞추려고 선한 것을 나쁜 것으로 조작하여, 자기들은 예수 그리스도와 아무 관계도 없음을 군중들에게 나타내려고 애썼다. 왜냐하면 그들은 자기들이 하는 일을 부끄럽게 생각했기 때문이다. 그리고 마침내 큰 유혹과 기회 속에서 그들은 예수 그리스도를 죽였다.

554 예수 그리스도는 부활하신 후 그의 상처에 손대는 것을 허락하신 것으로 나는 생각한다. "나를 만지지 말라."[101] 우리는 그의 고난에만 연결

---

100 〈창세기〉 13장 5절.
101 〈요한복음〉 20장 17절.

되어야 한다.

그는 최후의 만찬에서는 죽어야 할 자로서, 엠마오의 제자들에 대해서는 소생한 자로서, 모든 교회에 대해서는 승천한 자로서 친교하기 위해 자신을 맡기셨다.

555 "너를 남과 비교하지 말고 나와 비교하라. 만일 네가 너와 비교하는 자들 속에서 나를 찾지 못한다면, 너는 증오해야 할 자와 너 자신을 비교하고 있는 것이다. 만일 네가 거기에서 나를 찾게 된다면 그 나에게 너를 비교해 보아라. 그러나 너는 거기에서 무엇을 비교할 것인가? 너를 비교할 것인가? 그렇지 않다면 네 속에 있는 나를 비교할 것인가? 만일 너라면 그것은 가증스러운 노릇이다. 만일 나라면 너는 나에게 나를 비교하고 있는 것이다. 그런데 나는 만물의 신이니라."

"나는 때때로 너에게 말하고 너에게 충고한다. 그것은 너의 지도자가 말할 수 없기 때문이다. 왜냐하면 나는 너에게 지도자가 없는 것을 바라지 않기 때문이다."

"그리고 아마 나는 그의 기도에 응해서 그것을 할 것이다. 거기서 그는 너의 눈에 보이지 않게 너를 지도하는 것이다. 네가 나를 가지고 있지 않았다면 나를 찾지 않았을 것이다."

"그러므로 너희는 마음에 근심하지 말라."

기독교의 기초　제8장

556 그들은 자신들이 알지도 못하는 것을 비난하고 있다. 기독교는 두 가지 점 때문에 성립된다. 그것을 아는 것은 인간에게 매우 중요한 일이며, 그것을 모르는 것은 위험한 일이다. 그리고 이 두 가지 특징이 제시된 것은 역시 신이 인간을 긍휼히 여기기 때문이다. 그런데 그들은 이 두 가지 점 가운데 하나가 존재하지 않는다는 것을, 다른 하나의 존재를 긍정해야만 하는 논거에서 결론짓기 쉽다. 세상에는 유일신이 존재한다고 정당하게 주장한 현자들은 박해를 받고, 유대인들은 미움을 받고, 기독교도들은 더 심한 미움을 받았던 것이다. 그들은 자연의 빛에 의해 지상에 참된 유일한 종교가 있다면, 모든 사물의 질서는 그 중심적 위치에 있는 이 종교를 지향해야 할 것이라고 생각했던 것이다.

사물의 모든 질서는 종교를 확립하고 그 위대성을 실현하기 위한 것이라야만 한다. 인간은 종교가 우리에게 가르쳐주는 일에 대해 합당한 감정을 가지고 있어야만 한다. 또 종교는 모든 사물이 도달해야 할 목적이며 중심이라고 하면, 그 원리를 아는 자는 부분적으로 인간이 가진 모든 성질을, 일반적으로는 세계의 모든 동향을 설명할 수 있어야만 한다.

이상의 것으로 그들은 기독교를 공격하는데, 그것은 모두 그들이 기독교를 올바르게 알지 못하기 때문이다. 그들은 기독교를 위대하고 유능하며, 또 영원하다고 생각되는 어떤 신을 예배하는 것으로만 성립되는 종교라고 상상한다. 이것은 이신론(理神論)으로 기독교와 전혀 다른 것인데, 그 상반되는 주장인 무신론과 별 차이가 없을 정도이다. 그런데 그들은 거기에서 결론을 내리기를, 종교는 진리가 아니라는 것이다. 그 이유로 신이 분명히 자기를 인간에게 나타낸다는 점을, 모든 사물이 확증하고자 협력하고 있다고는 생각되지 않기 때문이라는 것이다.

그러나 이신론에 대해서라면 마음 내키는 대로 결론을 내린다 해도 괜찮다. 그러나 그것이 무엇이든 간에 기독교에 대한 결론이 될 수는 없다. 기독교는 원래 구세주의 비의에 의해 성립된 것이며, 이 구세주는 자기 속에 있는 두 가지 성질인 인성과 신성을 합하여, 그 신성으로 인간을 신과 화해시키기 위해 인간을 죄로 인한 타락에서 구원해 낸 것이다.

그래서 기독교는 다음의 두 진리를 동시에 인간에게 가르쳐주고 있다. 이 세상에는 유일한 신이 존재하며, 인간은 그 신을 알 수 있었으나, 인간의 본성이 부패하여 알 수 없게 되었다는 것이다. 이 두 가지 진리를 모두 안다는 것은 인간에게 매우 중요한 일이다. 그리고 자기의 비참을 알지 못하면서 신만을 아는 것과, 그 비참을 없앨 수 있는 구세주를 알지 못하면서 자기의 비참을 아는 것은 인간에게 위험한 일이다. 이런 인식의 어느 한쪽으로 기울어진 것이, 신을 알지만 자신의 비참을 알지 못하는 철학자가 오만한 이유와, 구세주를 모르고 자기의 비참만 알게 된 무신론자가 절망하는 이유이다.

이처럼 인간에게는 이 두 가지 점을 모두 아는 것이 필요하며, 동시에 그것을 우리가 알 수 있도록 한 것은 신이 베푼 자비이다. 기독교는 그것을 인간에게 가르쳐주는 종교이며, 그 위에 성립되어 있는 종교이다.

바로 이런 점에서 우리는 세계의 질서를 살펴보고, 모든 사물이 이 종교의 두 가지 요점을 분명히 하는 방향으로 움직이고 있는지 여부를 알아보아야 한다. 어느 쪽이든 방향을 제대로 잡지 못한 채 방황하는 것은, 모두가 이들 요점 가운데 한쪽을 보지 못하기 때문에 일어나는 현상이다. 그러므로 인간은 자기의 비참을 알지 못하면서도 신을 알 수 있고, 반대로 신의 비참은 알고 있어도 자신의 비참은 모르기도 하는 것이다. 그러나 예수 그리스도를 알기 위해서는 자신의 비참과 신의 비참을 함께 알아야만 한다.

예수 그리스도야말로 모든 사물의 목적인 동시에 그 사물이 지향하는 중심이기도 하다. 그를 안다면 모든 사물의 이유를 알 수 있다. 그러므로 나는 여기서 자연적인 이유로, 신의 존재나 삼위일체나 영혼의 불멸 등등을 증명할 생각은 없다. 그것은 나에게 완고한 무신론자를 설득할 수 있는 논거를 자연계에서 구할 만한 자신이 없기 때문은 아니다. 그것은 예수 그리스도를 통하지 않는 한 무익하며, 헛된 노력에 불과하기 때문이다. 어떤 사람이 수의 비례란 비물질적인 영원의 진리이며, 그 본원이 되는 신이라 부르는 저 근본적인 원리에 의거하여 존립한다고 납득하게 되더라도, 나는 그 사람이 자기 자신을 구원하는 데 큰 도움을 받았다고는 생각하지 않는다.

기독교의 신은 단순한 기하학적 신이나 여러 원소의 질서를 창조하는 그런 신은 결코 아니다. 그것은 이교도나 에피쿠로스파의 견해에 불과하다. 그리고 그 신은 인간의 생활이나 재산 위에서만 그 섭리를 행하고, 경배하는 자에게 복된 생활을 베풀어 주는 데 불과한 그런 신도 아니다. 그것은 유대교도들의 관심사일 따름이다. 이와는 반대로 아브라함의 신, 이삭의 신, 야곱의 신, 기독교도의 신은 참사랑과 위안을 베푸는 신이다. 선택된 사람들의 마음과 영혼을 충만하게 하시는 신이다. 자연의 비참과, 신의 무한한 자비를 마음에 느낄 수 있도록 하는 신이다. 영혼의 밑바닥에서 그들과 연결되고, 그들에게 겸손과 신뢰와 기쁨과 사랑으로 충만하게 하시고, 또 그들에게 이런 것 이외의 다른 것을 추구하지 못하도록 하는 신이다.

예수 그리스도 밖에서 신을 구하고 자연 속에 머물러 있는 자들은 그들을 만족시킬 수 있는 아무런 빛도 찾지 못하거나, 혹은 매개자 없이 신을 알고 신에게 봉사하는 방법을 자기 혼자서 마음대로 생각하는 데 그치기 때문에, 거기서 무신론이나 이신론에 빠져 버리게 되는 것이다. 그러나 기독교는 이 두 가지 주장을 거의 똑같이 혐오한다.

예수 그리스도가 없었다면 세계는 존재할 수 없었을 것이다. 왜냐하면 예수 그리스도 없는 세계가 붕괴하지 않았다면 지옥과 같이 되지 않을 수 없었을 테니 말이다. 만일 이 세상이 인간에게 신을 가르치기 위해서 존재한다면, 그 신성은 틀림없이 모든 면에서 빛을 발하고 있었을 것이다. 그러나 세계는 예수 그리스도에 의해, 또 예수 그리스도를 위해서만 존재하며, 인간에게 그들의 타락과 속죄를 가르치기 위해서만 존재하기 때문에, 모든 사물은 이 두 가지 진리를 증명하는 존재로서 세상에 나타나 있는 것이다.

이 세상에 현존하는 것은 어느 것도 신성을 완전히 배제하지 않았으며, 그렇다고 신성을 명백히 나타내고 있는 것도 아니다. 다만 인간에게 자신을 숨기고 있는 신의 존재를 가리켜 보이고 있는 것이다. 모두가 이 특성을 가지고 있다.

이 본성을 아는 자만이 그 사실을 알고 비참해지는 것일까? 그것을 아는 자만이 홀로 불행한 것일까? 그는 아무것도 보지 않을 수는 없다. 그리고 그가 그것을 소유하고 있다고 생각할 정도로 충분히 볼 수도 없다. 다만 그것을 잃어버렸다는 것을 아는 데 충분할 정도로만 보는 것이다. 왜냐하면 타락했다는 것을 알기 위해서는, 보는 것과 함께 보지 않는 것도 필요하기 때문이다. 그리고 이것이야말로 가장 자연적인 인간의 상태이다.

그가 어느 쪽을 택하든 나는 그를 거기에 안일하게 내버려두지는 않을 것이다.

557

그러므로 모든 것이 인간에게 그 상태를 가르쳐주고 있다. 그러나 그는 그것을 정확하게 이해하지 않으면 안 된다. 왜냐하면 모든 사물이 신을 나타내지는 않으며, 또 모든 것이 신을 감추고 있는 것도 아니기 때문이다. 그러나 신은 자신을 시험하는 자에게는 자신을 감추고, 자신을 구하는 자에게는 나타난다는 것이 진실이다.[1] 왜냐하면 인간은 신에 대해 무가치한 동시에 가치가

---

1 시험한다는 것은 신을 안다는 것이 자신의 권리인 것처럼 자신의 지혜나 힘에 의해 신을 알고자 하는 일이며, 구한다는 것은 자기에게는 신을 알 자격이 없음을 깨닫고 추리보다는 기도에 의해 신에게 다가가는 것을 의미한다.

있을 수도 있으며, 그 타락에 의하면 신을 알 수 없으나 그 최초의 본성에 의해서는 신을 알 수 있기 때문이다.

558 우리의 모든 불명확함으로부터 내릴 수 있는 결론은, 인간이 무가치하다는 것이 아니고 무엇이겠는가?

559 만일 신이 한 번도 나타나지 않았다면 이 영원한 결여는 양의성(兩義性)을 가졌을 것이며, 인간에게 신을 알 수 있는 자격이 없음을 알려 주는 결과가 되었을 것이다. 그러나 신이 항상은 아니지만 때때로 나타난다는 것은, 이 양의성을 부인하게 한다. 만일 그가 한 번이라도 나타났다면 그는 언제나 존재하고 있는 것이다.[2] 따라서 신은 존재하지만 인간은 신을 볼 자격이 없다는 결론을 내리지 않을 수 없다.

영원한 존재자는 한 번 존재하면 영원히 존재한다.

560 우리는 아담의 영광에 찬 모습도, 그가 저지른 죄의 성격도, 그리고 그것이 우리의 죄가 된 유전도 이해할 수가 없다. 그것은 우리 자신의 것과는 전혀 다른 성질의 상태 속에서 일어난 것으로, 현재 우리의 이해력으로는 알 수 없는 것이다.[3] 이 모든 것은 우리가 그곳으로부터 벗어나는 데 아무 소용도 없는 것이다. 우리가 반드시 알아야 할 일은, 우리는 비참하고 우리의 타락 때문에 신으로부터 버림을 받았으나 예수 그리스도에 의해 구원받게 되었으며, 그 점에

---

[2] '신이 우리에게 잘 보이지 않는 것은 어둠 속에 숨어 있기 때문인 것처럼, 그 원인은 신에게 있는 것이 아니고 우리 자신 속에 있다. 즉 우리 정신의 통찰력이 약하기 때문에, 아니 둔하기 때문에 우리는 신 가까이 다가설 수 없는 것이다.'
[3] 이것은 얀세니우스가 그의 저서 《아우구스티누스》에서 취급한 중요한 문제였다. 그러나 파스칼은 인간의 현재 상태와 기독교의 현실에 독자의 주의를 집중시키기 위해, 이것들을 그의 《변증론》에서 제외시킬 생각이었던 것으로 보인다.

대해 우리는 지상에 놀라운 증거를 가지고 있다는 사실들이다.

이처럼 타락과 속죄의 두 증거는 종교에 대해 그리 깊이 생각하지 않은 채 살아가는 불신자와, 종교가 화해하기 힘든 적인 유대인에게서 찾을 수 있는 것이다.

561 우리 종교의 진리를 납득시키는 방법에는 두 가지가 있다. 하나는 이성의 힘에 의한 것이며, 다른 하나는 말하는 사람의 권위에 의한 것이다.

사람들은 후자가 아니라 전자에 의해 진리를 납득시키려 한다. "이것은 믿어야 한다. 왜냐하면 이것을 기록한 성서는 신성한 것이기 때문이다"라고는 말하지 않는다. 오히려 "이것은 이러이러한 이유로 믿어야 한다"고 말한다. 그것은 빈약한 논리이다. 이성은 모든 것들에 굴하지 않는가.

562 지상에는 인간의 비참이나 신의 자비를 보여주지 않는 것은 하나도 없으며, 신을 떠난 인간의 무력과 신과 함께 있는 인간의 능력을 보여주지 않는 것은 없다.

563 지옥에 떨어지는 자들이 당황하는 이유의 하나는, 그들이 기독교의 유죄를 주장했던 바로 그 이성으로 이제는 자기 자신이 정죄되는 것을 보는 것이다.

564 예언이나 기적조차도, 그리고 우리 종교의 모든 증거도 절대적으로 납득시킬 수 있는 것이라고는 말할 수 없다. 그러나 이런 증거들은 그것을 믿는 것이 불합리하다고 할 수 있을 만큼 그릇된 것이라고 할 수도 없다. 거기에는 어떤 사람들에게는 비춰지지만 또 다른 어떤 사람들은 볼 수 없는 밝음과 어둠이 있는 것이다. 그러나 그런 밝음은 그 반대의 증거를 능가하거나 동등한 것이

다. 그래서 이성이 그것을 따르지 않겠다고 할 수는 없다. 그러므로 그것을 따르지 않는 것은 사욕이나 악덕이 아닐 수 없다. 그래서 정죄하기에는 충분하지만, 설득하는 데는 충분하지 않은 것이다. 그것은 그 밝음에 따르는 사람들에게 자기들을 순종하게 만드는 것은 은총이며 이성이 아님을 명시해 주고, 그것을 피하는 사람들에게는 자기들을 피하게 하는 것은 사악이며 이성이 아님을 밝히기 위해서이다.

참된 제자, 참된 이스라엘 사람, 참된 자유, 참된 빵.

565 그러므로 종교의 그 불분명함 속에서, 그것에 대해 우리가 가지고 있는 빛이 적은 속에서, 그것을 아는 데 우리가 그리 큰 관심을 가지고 있지 않은 속에서 종교의 진리를 발견해야 한다.

566 신이 어떤 사람들에게는 맹목적이 되게 하고 어떤 사람들에게는 깨우쳐 주려고 한다는 것을 원칙적으로 인정하지 않으면, 인간은 신의 거룩한 업적에 관해 아무것도 이해할 수 없다.

567 두 가지 상반되는 이유. 바로 거기에서 시작해야 한다. 그렇게 하지 않으면 우리는 어떤 것도 이해하지 못하며, 모든 것은 이단적이다. 그리고 각각의 진리의 끝에 반대의 진리가 상기될 수 있음을 덧붙여야만 한다.

568 항의. 성서에는 확실히 성령에 의해 쓰여지지 않은 부분이 매우 많이 있다.

대답. 그렇다고 해서 그런 사실들이 신앙을 저해하는 것은 아니다.

항의. 그러나 교회는 그 전부가 성령에 의한 것이라고 결정해 놓았다.

대답. 나는 다음의 두 가지 이유를 들어 대답하겠다. 하나는 교회가 그렇게 결정하지 않았다는 것이며, 또 하나는 교회가 설사 그렇게 결정했다 하더라도 그것은 지지를 받을 수 있다는 것이다.

세상에는 거짓 영이 많이 있다.

디오누시오[4]는 자비심을 가졌다. 즉 그는 자리에 앉아 있었다.

복음서 속에 인용된 예언은 당신들로 하여금 믿게 하기 위해 기록된 것이라고 생각하는가? 아니다. 그것들은 당신들을 신앙에서 멀어지게 하기 위한 것이다.[5]

569
정전(正典).
이단적인 것도 초대 교회에서는 정전(正典)을 증명하는 데 효과적이었다.[6]

570
'기초'의 장에 '표징'의 장에 있는 표징의 이유에 관한 것을 첨가하지 않으면 안 된다. 예수 그리스도가 최초의 강림을 예언하게 된 이유. 그 강림의 방법이 왜 모호하게 예언된 것인가 하는 이유.

571
표징을 사용하는 이유.
"그들(예언자)은 육적(肉的)인 민족을 영적(靈的)인 계약을 받은 자로 삼지 않으면 안 되었다."

구세주를 믿게 하기 위해서는 앞서 예언이 있어야 했으며, 또 그 예언이 남들로부터 비난을 받지 않고 근면 충실하고 열렬하며, 게다가 온 세상에 널리 알려진 사람들에 의해 보존될 필요가 있었다.

---

4 〈사도행전〉 17장 34절의 디오누시오라고 생각되나, 이 구절은 의미가 분명하지 않다.
5 이것은 파스칼이 불신자들에게 던진 일대 통박이다. 성서는 선택된 사람에게는 분명한 것이지만, 버림받은 사람에게는 그 불분명함이 그들을 거절하는 도구가 된다는 뜻이다.
6 이단적인 사람들이나 문서는 성서를 그릇 해석할 경우라도 성서에 입각해야 하며, 내용적으로 그 권위를 입증하게 되기 때문이다.

이 모든 것을 성취시키기 위해 신은 이 육적인 민족(유대인)을 택하여 메시아를 구세주로, 또 그 민족이 좋아하던 육적 행복을 소유한 자로서 보내겠다고 예언하게 했던 것이다. 그래서 그들은 그 예언자들에게 대단한 관심을 가지고, 그들의 구세주를 예고해 기록해 둔 책(성경)을 만인 앞에 내보이며 구세주가 세상에 오리라는 것, 더구나 그 구세주가 올 때는 전세계에 널리 공표한 성경에 예고한 방식대로 오리라는 것을 모든 국민에게 확언했다.

그러나 이 민족은 구세주가 비천하고 가난한 인간의 모습으로 강림한 것을 보고, 자기들의 기대에 어긋났다는 이유로 그의 가장 잔인한 적이 되고 말았다. 그리하여 그들—우리가 친근감을 가장 적게 느끼는, 그리고 그 율법과 예언자에 대해 가장 엄격하며 열성적이라는 말을 들을 수 있는 민족—이 그 성경을 순수하게 보존했던 것이다.

따라서 그들을 실망시킨 예수 그리스도를 배척하고 십자가에 못박은 그 사람들이야말로 그를 증거하고, 그가 배척을 받고 그들의 장애물이 될 것이라고 예고한 성경 말씀을 전하는 사람들이 된 것이다. 그들은 그를 배격함으로써 오히려 그가 그리스도임을 입증한 것이며, 그는 자기를 믿는 유대인과 자기를 배척한 유대인에 의해 똑같이 입증된 것이다. 그 모든 것이 이미 예언되어 있었기 때문이다.

그러므로 예언은 일종의 숨은 의미를 가지고 있다. 그것은 그 민족이 싫어한 영적인 의미로, 그들이 좋아한 육적인 의미의 배후에 있는 것이다. 비록 영적인 의미가 드러나 있다 하더라도, 그들은 그것을 믿을 수 없었을 것이다. 그리고 만일 그들이 영적인 약속을 믿고 구세주가 올 때까지 그것을 순수하게 보존했다고 하면, 그들의 증언은 효력을 상실했을 것이다. 왜냐하면 그들은 구세주의 벗이 된 셈이기 때문이다.

여기에 영적인 의미가 숨겨져 있는 것이 오히려 다행한 일이었다고 말하는 이유가 있다. 그러나 그 의미가 완전히 숨겨져 전혀 드러나지 않았다면, 구세주의 증명으로는 무용지물이 되었을 것이다.

성경의 여러 구절은 현세적인 것으로 인해 가려져 있고, 또 어떤 구절은 분명히 표현되어 있다. 또 강림의 시기와 세계의 상태는 명백하게 예언되었다. 또한 이 영적인 의미는 어떤 대목에는 아주 명백하게 설명되어 있으므로, 영혼이 육신에 굴복할 때 육신이 영혼을 눌러 눈뜬장님이 되게 하지 않는 한 그것을 인정하지 않을 수 없게 되어 있다.

그러므로 여기서 신의 업적을 보는 것이 좋으리라. 이 영적인 의미는 많은 곳에서는 다른 의미로 가려지고, 또 어떤 대목에서는 드물게 나타나 있다. 그런데 그것이 감춰져 있는 대목은 두 가지 의미로 해석할 수 있도록 되어 있으며, 한편 그것이 나타나 있는 곳은 영적인 의미 한 가지로만 해석할 수 있도록 되어 있다.

그렇지만 이것이 우리를 오류로 이끌 수는 없었다. 그것을 오해할 정도로 육적인 민족은 단 한 민족뿐이었다. 왜냐하면 무한한 행복이 약속되어 있는 경우 그것을 참된 축복으로 해석함을 방해하는 것은, 그 의미를 지상의 행복으로 한정시키는 그들의 욕심이었던 것이다. 그러나 행복을 오직 신 안에서만 찾는 사람들은, 그런 행복은 오직 신이 주신 것으로만 믿으면서 받아들였다.

거기에는 욕심과 사랑이라는, 인간의 의지를 분리시키는 두 개의 원리가 있기 때문이다. 그렇다고 해서 욕심이 신을 지향하는 신앙과 병행될 수 없고, 사랑이 지상의 행복과 공존할 수 없다는 말은 아니다. 다만 욕심은 신을 이용하여 이 세상을 즐기지만, 사랑은 그와는 반대라는 뜻이다.

그런데 성경에서는 최후의 목적에 따라 사물의 명칭이 부여된다. 우리는 그 목적에 방해가 되는 모든 것을 적이라고 한다. 그러므로 아무리 훌륭한 피조물일지라도 의인으로 하여금 신을 배반하게 한다면, 그 의인의 적이 되는 것이다. 신이라 하더라도 그 신에 의해 탐욕이 어지럽게 타오르는 사람이 있다면, 그 신은 그에게 적이 되는 것이다.

이와 같이 적이라는 말은 최후의 목적에 달려 있으므로, 의인은 그들의 욕정을 적이라고 간주했으며 육적인 사람들은 바빌로니아인을 적이라고 생각했다. 따라서 이런 용어는 불의한 사람에 대해서만 분명치 않았던 것이다.

이것 때문에 이사야가 "율법을 나의 제자 중에 봉함하라"[7]고 말했고, 예수 그리스도는 "거치는 돌, 걸리는 반석이 되리라"[8]고 말했다. 그러나 "누구든지 나를 인하여 실족하지 아니하는 자는 복이 있도다."[9] 호세아는 이를 교묘하게 말했다. "누가 지혜 있어 이런 일을 깨달으며, 누가 총명이 있어 이런 일을 알겠느냐. 여호와의 도는 정직하니 의인이라야 그 도에 행하리라. 그러나 죄인은 그 도에 거쳐 넘어지리라."[10]

572 사도들이 사기꾼이었다는 가설.
시기는 명확하게, 방법은 모호하게. 표징의 다섯 가지 증거.

2천 년 { 1천 6백 년   예언자들.
         4백 년   흩어진 자들.

573 성서의 맹목.
유대인들은 이렇게 말했다. "그리스도께서 오실 때에는 어디서 오시는지 아는 자가 없으리라고 성서에 기록되어 있다(《요한복음》 7장 27절). 또 12장 34절에는 "그리스도께서는 영원히 이 땅에 계신다고 하셨거늘 이 사람은 자기는 죽으리라고 했다."

또한 성 요한은 "그가 이처럼 많은 기적을 행했어도 그를 믿지 않음은 선지자 이사야의 말씀을 이루려 함이라. 가로되, 신이 그들의 눈을 멀게 하시고……"라고 했다(12장 37~40절).[11]

---

7 《이사야》 8장 16절.
8 《이사야》 8장 14절.
9 《누가복음》 7장 23절.
10 《호세아》 14장 9절.
11 《요한복음》 12장 37, 38, 40절.

574 위대성.
이 종교는 실로 위대하다. 그러므로 이 종교가 분명하지 않다면, 그것을 추구하기에 힘쓰지 않는 자들로부터는 박탈하는 것이 당연한 일이다. 이 종교는 구함으로써 찾을 수 있는 것이라고 한다면 무슨 불평을 할 수 있겠는가.

575 모든 것은—성서의 모호함까지도—선택된 자들에게는 다행한 것으로 변한다. 왜냐하면 그들은 신성한 빛 때문에 그런 분명하지 않은 구절도 존중하기 때문이다. 그러나 모든 것은, 빛조차도, 택함을 받지 못한 사람들에게는 재앙으로 변한다. 왜냐하면 그런 사람들은 자신이 이해할 수 없는 모호한 것으로 인해 그 빛까지도 모독하기 때문이다.

576 순서. 교회에 대한 일반 사람의 태도. 신은 우리의 눈을 어둡게도 하고 밝게도 한다.
이런 예언들이 신에서 비롯된 것임은 일어난 일들이 입증해 주었으므로, 나머지 예언도 믿을 수 있을 것이다. 그것에 의해 우리는 세계의 질서를 다음과 같이 생각한다. 즉 천지 창조와 대홍수의 기적이 잊혀졌으므로 신은 모세의 기적과 율법을 보내셨고, 또 특수한 일들을 예언하는 선지자들을 보내 주셨다.
그래서 영속적인 기적의 준비로 여러 가지 예언과 그 성취를 준비하셨다. 그러나 예언은 의심을 받을 수 있는 것이므로, 신은 그것들을 의심할 여지조차 없는 것으로 만들고자 하셨던 것이다.

577 신은 택한 자들의 행복을 위해 이 민족의 우매까지도 이용하셨다.

578 택한 자들을 계몽하는 데는 충분한 빛이 있고, 그들을 겸허하게 하는 데는 충분한 어둠이 있다. 또한 버림받은 자들의 눈을 멀게 하기 위해

서는 충분한 어둠이 있고, 그들을 정죄하고 변명의 여지가 없도록 하기 위해서는 충분한 빛이 있다. 성 아우구스티누스, 몽테뉴, 스봉.[12]

구약성서의 예수 그리스도 계보는, 많은 다른 불필요한 것들 속에 섞여서 거의 분간해 내기 어려울 정도가 되어 있다. 만일 모세가 예수 그리스도의 조상들만 기록했다면 그것은 너무나 명확했을 것이다. 만일 그가 예수 그리스도의 조상들에 대해 기록하지 않았다면 그것은 너무나 불명확했을 것이다. 그러나 자세히 살펴본 사람들은 예수 그리스도의 계보를, 다말이나 룻이나 그 밖의 사람들에 의해 충분히 식별할 수 있음을 알게 된다.

희생의 제물을 제정한 사람들은 그것이 소용없는 일임을 알고 있었고, 그 소용없는 노릇을 선언한 사람들은 그것을 집행하기를 중단하지 않았다.

만일 신이 단 하나의 종교밖에 허락하지 않았다면, 그 종교를 알기 위해 그리 큰 어려움을 겪지는 않았을 것이다. 그러나 자세히 살펴보는 사람은 이런 혼란 속에서도 참다운 것을 충분히 분간해 낼 수 있다.

원리. 모세는 현명한 사람이었다. 따라서 그가 이지에 의해 자기를 이끌어 나갔더라면 이지에 반대되는 일을 드러내 놓고 분명하게 말하지는 않았을 것이다.

579

신과 사도들은 오만에 의해 이단이 생길 것을 미리 알고, 그 이단이 자기 자신의 말에서 생기게 되는 것을 막기 위해 성서와 교회의 기도서 속에 상반되는 말과 씨를 두어 그것들이 알맞은 시기에 열매를 맺도록 하셨다. 마찬가지로, 신은 도덕 속에도 탐욕에 대적하여 열매를 맺는 사랑을 두셨다.

580

자연은 스스로 신의 영상임을 표시하기 위해 완전성을 지니고 있으며, 스스로 다만 영상에 지나지 않음을 표시하기 위해 불완전성을 지니고

---

[12] 몽테뉴의 《수상록》 제2권 12장 《레이몽 스봉의 변호》 중 아우구스티누스의 의미.

있다.

581 신은 이지보다도 의지를 갖추기를 더 원하신다. 완전한 빛은 이지에 있어서는 유용한 것이겠지만 의지에 있어서는 해로울 것이다.
  오만을 비하시킬 것.

582 인간은 진리조차도 우상화한다. 왜냐하면 사랑을 떠난 진리는 신이 아니라 신의 영상이며 우상이기 때문이다. 그것은 사랑하거나 예배할 만한 대상이 되지는 못한다. 더구나 진리와 상반되는 허위를 사랑하거나 예배해서는 안 된다.[13] 나는 완전한 어둠을 사랑할 수는 있다. 그러나 신이 나를 어스름한 곳에 두신다면, 그런 약간의 어둠은 나를 불쾌하게 한다. 그것은 완전한 어둠 속에서는 볼 수 있는 장점을 거기서는 볼 수 없어 마음에 들지 않기 때문이다. 이것은 결점이며, 내가 신의 질서에서 떠나 어둠을 자기 우상으로 만들고 있다는 증거이다. 그런데 우리가 받들고 숭배해야 할 것은 오직 신의 질서뿐이다.

583 약한 자란 진리를 인식할 수는 있지만 자신들의 이해(利害)가 거기에 합치할 경우에만 그것을 지지하는 사람들이다. 그 이해를 벗어난 경우 그들은 진리를 팽개친다.

584 세계는 신의 긍휼과 심판을 이루기 위해 존속하며, 사람들은 그 속에서 신의 손에 의해 태어난 자처럼 살고 있는 것이 아니라 신의 적처럼 살고 있다. 그들에 대해 신은, 그들이 신을 찾고 또 따르기를 원하기만 하면 신에

---

[13] 단순한 진리는 그것을 성찰하는 지성에게는 만족을 주고 그것을 발견한 지성에게는 자랑스러운 씨앗을 주기 때문에, 그것을 목적으로 하는 일은 사욕에 몸을 맡기는 셈이며 신에 거역하는 일이 된다.

게 다시 돌아갈 수 있는 빛을 은총으로 주시지만, 그들이 찾고 순종하기를 거부한다면 그들을 벌하기에 충분한 빛도 또한 부여하신다.

585 신이 자신을 숨기려 하셨던 일.
만일 종교가 오직 하나밖에 없다면, 신은 그 속에 뚜렷하게 나타나실 것이다. 만일 우리 종교에만 순교자가 있었다 해도 역시 마찬가지일 것이다. 신은 이처럼 숨어 계시므로, 신이 숨어 계심을 설교하지 않는 종교는 어떤 것이든 모두 진리가 아니다. 또한 그 이유를 설명하지 않는 모든 종교도 인간을 이롭게 하지는 못한다. 그런데 우리가 믿는 종교는 그 모든 것들을 할 수 있다. "진실로 주는 스스로 숨어 계시는 하느님이시니이다."[14]

586 만일 불분명한 점이 없었더라면 인간은 자신의 타락을 깨닫지 못했을 것이다. 만일 빛이 없었더라면 인간은 아예 구원을 바라지도 않았을 것이다. 따라서 신이 부분적으로 나타나 있고 부분적으로 감춰져 있음은 우리에게 정당할 뿐만 아니라 유익한 것이다. 왜냐하면 자신의 비참을 모르고 신을 아는 것과, 신을 모르고 자신의 비참만을 아는 것은 인간에게 똑같이 위태로운 일이기 때문이다.

587 신성한 기적, 성도, 독신자, 덕이 높은 자, 학자, 귀족, 증인, 순교자, 옹립을 받은 왕(다윗), 왕족 이사야 등에게도 위대하고, 지식면에서도 위대한 이 종교는, 모든 기적과 지혜를 보여준 뒤에 그 모든 것을 부인하면서 말한다. "나에게는 지혜도 표징도 없고, 단지 십자가와 우매함이 있을 뿐이다"라고. 왜냐하면 이 표징과 지혜로 너희가 신앙을 가질 수 있게 해 준 사람들, 그리고 그

---

[14] 〈이사야〉 45장 15절.

런 품성을 너희에게 입증한 사람들은 이렇게 선언한다. "그런 모든 것은 우리의 마음을 개혁할 수 없고, 또 우리로 하여금 신을 알거나 사랑하게 할 수 없으며, 그것을 하도록 할 수 있는 것은 지혜도 증거도 없는 십자가의 어리석은 힘이며 그 힘을 지니지 않은 표징은 아니다"라고. 이처럼 우리의 종교는 현실적인 힘의 원인에 대해서는 어리석지만, 준비를 하는 지혜에 대해서는 지혜로운 것이다.

588 우리의 종교는 현명하면서도 우매하다. 현명하다는 것은, 그것이 가장 지혜롭고, 기적이나 예언 위에 굳게 서 있기 때문이다. 우매하다는 것은, 사람을 거기에 귀의하게 하는 것이 모두 이런 것들은 아니기 때문이다. 이런 것들(기적이나 예언 등)은 종교를 믿지 않는 자를 정죄하겠지만, 거기에 귀의하는 자에게 신앙을 갖도록 해 주는 것은 아니다. 십자가만이 그들에게 신앙을 줄 수 있는 유일한 길이다. "십자가가 헛되지 않게 하려 함이라." 그래서 지혜와 표징을 가지고 온 바울은, 자기는 지혜도 표징도 가지고 오지 않았다고 말하는 것이다. 그는 회개시키기 위해 왔기 때문이다. 그러나 설득하기 위해서 온 사람은 지혜와 표징을 가지고 왔다고 말할 수 있을 것이다.

모순. 이 종교의 무한한 지혜와 어리석음.

영속성 제9장

589 기독교가 유일한 종교가 아니라는 주장에 대하여. 이것은 기독교가 참된 종교가 아니라고 믿게 하는 이유가 되기는커녕, 오히려 참된 종교임을 확신시켜 주는 것이다.[1]

590 여러 종교에 대해서는 진지해야 한다. 참된 이교도, 참된 유대인, 참된 기독교도.

591 마호메트 ─┐
예수 그리스도 ─┼─ 신에 대한 무지.
이 교 도 ─┘

592 다른 종교의 허위.
그들은 증인을 가지고 있지 않다. 이 사람들은 증인을 가지고 있다. 신은 다른 여러 종교에 도전하여 이와 같은 표적을 만들어 보라고 한다. 〈이사야〉 43장 9절, 44장 8절.

---

[1] 기독교는 신이 버린 자는 장님이 된다고 설교하므로 기독교의 진리가 그들에게 불분명하게 보이는 것은 당연한 일이며, 거기에서 여러 가지 유사 종교가 생길 수 있는 것이다.

593

중국사.[2]

나는 증인이 그 역사를 위해서라면 죽음까지도 두려워하지 않는 역사만을 믿는다.

"이 두 가지 중에서 어느 쪽이 더 신빙성이 있는가? 모세인가, 그렇지 않으면 중국인가?"

문제는 그것을 개관하는 것이 아니다. 내가 너희에게 말하고 싶은 것은, 거기에는 눈을 어둡게 하는 것과 눈을 밝게 하는 것이 있다는 사실이다.

이 한 마디로 나는 너희의 모든 주장을 타파한다. "그러나 중국은 이해하기 어렵다"고 너희는 말한다. 그러나 나는 이렇게 대답한다. "중국은 난해하다. 그러나 거기에는 발견할 만한 빛이 있다. 그것을 찾아보아라." 이와 같이 너희가 말하는 것은 모두 한 가지 목적만을 이룰 수 있을 뿐, 또 다른 목적에 대해 배치되는 것은 아니다. 따라서 그것은 도움을 주는 것이며 결코 해를 입히는 것은 아니다.

그러므로 그것은 자세히 살펴볼 필요가 있다. 기록할 종이를 책상 위에 두어야 한다.

594

중국사에 대한 반박. 멕시코의 역사가들, 다섯 개의 태양. 더구나 마지막 태양은 8백 년밖에 되지 않았다. 한 민족에 의해 받아들여진 서적과 한 민족을 창조한 서적의 차이.

595

다른 종교의 허위.

마호메트는 권위가 없었다.[3] 따라서 그의 이론은 그의 고유한 힘에만

---

2 1658년 마르티니가 《중국사》를 라틴어로 출판했다. 이 저술에 의하면, 중국 최초의 왕조는 노아의 홍수 이후 인류가 세계로 분산될 때보다 6백 년 전에 존재했었다고 한다. 그렇다면 성서의 기사와는 모순된다. 그래서 이 문제에 대해 파스칼이 소견을 밝혔으리라 생각된다.
3 그의 말을 지지할 만한 외적 증거가 없었다는 뜻.

의지했으므로 매우 힘이 있었을 것이다. 그렇다면 그는 무엇을 말했던가? 자기를 믿지 않으면 안 된다고 말했을 뿐이다.

596 〈시편〉은 온 세상에 노래로 울려퍼지고 있다.
마호메트에 대한 증언을 하는 사람은 누구인가? 그 자신이다. 예수 그리스도는 자신에 대한 증언이 무효가 되기를 바란다.[4] 증인은 그 성질상 언제나 여러 곳에 존재해야 한다. 그런데 딱하게도 마호메트는 자기 혼자뿐이다.

597 《코란》은 마호메트의 것이지만, 〈마태복음〉은 성(聖) 마태의 것이다. 왜냐하면 복음서는 많은 저자들에 의해 여러 세기를 두고 인용되어 왔으며, 또 심지어는 그 적인 케르소스나 포르피리오스까지도 그것을 부인하지 않았기 때문이다.[5]

《코란》은 성 마태는 선한 사람이었다고 말했다. 그러나 선인을 악인이라고 말하기도 하고, 그 선인들이 예수 그리스도에 대해 말한 바를 부인하기도 한 마호메트는 거짓 예언자였던 셈이다.

598 마호메트의 가르침에 있는 막연한 것, 신비적인 의미로 해석할 수 있는 것에 의해서가 아니라, 오히려 그의 천국 등의 가르침처럼 뚜렷한 것으로 그를 비판하기 바란다. 그것이야말로 그의 우스운 점이다. 그러니 그의 분명한 점을 가소로운 것이라고 한다면, 이 막연한 점을 신비스러운 것이라고 해석하는 것은 잘못이다.[6]

성서는 그렇지 않다. 거기에 마호메트의 막연함과 다를 바 없는 기묘한 막연함

---

[4] 〈요한복음〉 5장 31절.
[5] 이 단장은 파스칼이 그로티우스의 《기독교의 진리에 대해서》 제2장 5절에서 인용한 것이다.
[6] 샤롱 《세 가지 진리》 제2장 11절.

이 있다는 사실은 나도 인정한다. 그러나 거기에는 놀라운 빛이 있고, 명백하게 이루어진 예언들이 있다. 그러므로 두 가지를 대등한 입장에서 비교할 수는 없다. 막연함에 있어서만 서로 비슷하고, 그 막연한 것을 존중하게 할 만한 빛에 대해서는 다른 점을 혼동해서 같은 것으로 생각해서는 안 된다.

599 예수 그리스도와 마호메트의 다른 점. 마호메트는 예언될 수 없지만, 예수 그리스도는 예언될 수 있다.

마호메트는 남을 죽이지만, 예수 그리스도는 자기 자신의 것, 즉 신자들을 죽게 한다.

마호메트는 독서를 금했지만,[7] 사도들은 독서를 하도록 명했다.

요컨대 완전히 상반되어 있기 때문에, 그리스도는 인간적인 입장으로 보아서는 파멸하는 길을 택했던 것이다. 그리고 "마호메트가 성공했으니 예수 그리스도도 충분히 성공할 수 있었을 것이다"라고 결론을 내리는 대신, "마호메트가 성공했으니까 예수 그리스도는 당연히 파멸했어야 한다"라고 결론지어야 한다.

600 마호메트가 한 일은 누구라도 할 수 있는 그런 일에 불과하다. 마호메트는 기적도 행하지 않았고 예언도 하지 못했으므로. 그러나 예수 그리스도가 한 일은 그 누구도 못하는 일이다.

601 우리 신앙의 기초.
이교는 오늘날 기초가 없다. 이교도의 말에 의하면, 옛날에는 신탁이라는 기초가 있었다고 한다. 그러나 그것을 우리에게 입증해 주는 서적은 어떤 내

---

[7] "내가 들은 바에 의하면 마호데트는 그의 신도들에게 학문을 금했다."(몽테뉴) "독서할 것을 항상 마음속에 간직하라."(바울)

용을 가진 것일까? 그런 책은, 그 책의 저자들에게 덕이 있기 때문에 믿을 만한 것인가? 그 서적들은 결코 고쳐지지 않는다고 보증할 수 있을 만큼 충분한 주의 속에 보존되어 있는 것일까?

마호메트교는 그 기초로 《코란》과 마호메트를 가지고 있다. 그러나 세계 최후의 희망이어야 할 이 예언자는 사람들에게는 보이지 않는 어떤 표적을 가지고 있었던 것일까? 자기류의 전설에 의해서라도 그는 무슨 신비를 가르쳤는가? 어떤 도덕과 행복을 가르쳤는가?

유대교는 성서의 전승과 민중의 전승에 대해서는 서로 다르게 해석해야 한다. 그 도덕이나 행복이라는 것은 민중의 전승에 의하면 웃음거리로 보이지만, 성서의 전승으로 보면 놀라운 일이다(이것은 모든 종교에 있어서 마찬가지이다. 기독교도 성서와 회의론자 사이에는 큰 차이가 있다). 그 기초는 매우 훌륭한 것이다. 그것은 세계에서 가장 오래 된 책인 동시에 가장 진실된 책이기도 하다. 또 마호메트가 자기의 경전을 존속시키기 위해 그것을 읽는 것을 금한 데 반해, 모세는 자기의 서적을 존속시키기 위해 모든 사람에게 그것을 읽으라고 명했다.

우리의 종교(기독교)는 다른 하나의 신성한 종교(유대교)를 그 기초로 하고 있으므로 신성한 것이다.

602

질서.
유대인의 모든 상태 속에서, 명백한 것과 논쟁의 여지가 없는 것을 찾아볼 것.

603

유대교는 그 권위・기관・영속・도덕・교리・효과에 있어서 완전히 신성하다.

604 상식과 인간의 본능에 어긋나는 유일한 학문이야말로 사람들 사이에 언제나 존속해 온 유일한 것이다.

605 본성에 어긋나고 상식에 어긋나며 우리의 쾌락에 어긋나는 유일한 종교야말로 항상 존재해 온 유일한 종교이다.

606 우리의 종교 이외에는 어떤 종교도 인간이 죄악 속에 태어났다는 사실을 가르쳐주지 않는다. 철학자들의 어떤 학파도 그런 이야기를 하지 않았다. 그러므로 아무도 진리를 말하지 않았다.

기독교 이외에는 어떤 학파나 종교도 지상에 영구히 존재하지 않았다.

607 유대인의 종교를 조잡한 자료로 미루어 판단하려는 사람은 그것을 완전하게 제대로 알 수 없다. 이 종교는 성서와 예언자들의 전기로 보아 명백하며, 그들이 율법을 자의적으로 해석하지 않는다는 것은 그들 자신이 명백히 가르쳐주었다. 마찬가지로 우리의 종교도 복음과 사도와 전승에서는 신성하지만, 그 취급 방법을 그르치는 사람들에게는 우스운 것이 되고 만다.

구세주는, 육적인 유대인의 견해에 따르면 이 세상을 다스리는 군주여야만 했다. 예수 그리스도는 육적인 기독교도[8]에 의한다면, 우리로 하여금 신을 사랑하는 일에서 면제해 주고, 우리가 참여하지 않고도 온갖 효력을 나타내는 기적을 베풀어 주기 위해 이 세상에 오셨다고 할 수 있다. 그것은 기독교도 아니고 유대교도 아니다.

진정한 유대인과 기독교도는 그들로 하여금 신을 사랑하게 하고, 그 사랑으로 인하여 그들이 적과 싸워 이기게 해 주는 구세주를 언제나 기다리고 있었던 것

---

[8] 얀세니스트의 논적인 모리니스트나 예수회를 말하는 것 같다.

이다.

608 육적인 유대인은 기독교도와 이교도의 중간에 위치해 있다. 이교도는 신을 모르고 이 세상만 사랑하며, 유대인은 참된 신을 알면서도 세상만 사랑한다.

기독교도는 참된 신을 알고 세상을 사랑하지 않는다. 유대교도와 이교도는 같은 행복을 추구하고, 유대인과 기독교도는 같은 신을 인정한다.

유대인에게는 두 종류가 있었다. 그 하나는 이교적 감정밖에 가지고 있지 않았으나, 다른 하나는 기독교적 감정을 가지고 있었다.

609 어떤 종교에나 모두 있는 두 종류의 사람들.
이교도 사이에는 동물 숭배자, 그리고 자연 종교 중의 유일신 숭배자가 있다. 유대인 가운데는 육적인 사람들, 그리고 옛날 율법 안에서 기독교도였던 영적인 사람들이 있다. 기독교도 사이에는 새 율법 안의 유대인인 조잡한 사람들이 있다. 육적인 유대인은 육적인 메시아가 그들에게 신을 사랑하지 않아도 괜찮다고 한 줄 잘못 알고 있었다. 참된 유대인과 참된 기독교도는 자기들로 하여금 신을 사랑하게 하는 메시아를 숭배하는 것이다.

610 참된 유대인과 참된 기독교도가 단 하나의 같은 종교를 가졌음을 보이기 위해.

유대인의 종교는 근본적으로 아브라함의 부성(父性), 할례, 제물, 의식, 언약의 궤, 성전, 예루살렘, 그리고 모세의 율법과 계약 등으로 이루어진다고 사람들은 생각했다.

그러나 나는 다음과 같이 말한다. 유대인의 종교는 결코 그런 것이 아니라 오직 신의 사랑에 의해서만 이루어지며, 신은 사랑 이외의 것은 모두 버리셨다고.

신은 아브라함의 후손을 받아들이지 않으셨다.

이방인과 똑같이 유대인도 신의 명령을 거역하면 그로부터 벌을 받지 않을 수 없다. 〈신명기〉 8장 19절, "네가 만일 네 하느님 여호와를 잊어버리고 다른 신을 좇아 그를 섬기며 그들에게 절하면 내가 너희에게 경고하노니 너희가 정녕히 멸망할 것이라."

만일 이방인도 신을 사랑하면 유대인처럼 용납될 것이다. 〈이사야〉 56장 3절, "여호와께 연합한 이방인은 여호와께서 나를 그 백성 중에서 반드시 갈라내시리라 말하지 말며, 고자도 나는 마른 나무라 말하지 말라."

참된 유대인은 자기들의 공덕이 오직 신에게서 오는 것이며, 아브라함에게서 오는 것이 아니라고 생각하고 있었다.

〈이사야〉 63장 16절, "주는 우리 아버지시라, 아브라함은 우리를 모르고 이스라엘은 우리를 인정치 아니할지라도 여호와여, 주는 우리의 아버지시라. 상고부터 주의 이름을 우리의 구속자라 하셨거늘."

모세까지도 그들에게 말하기를, 신은 사람을 외모로 취하지 않으신다고 했다.

〈신명기〉 10장 17절, "너희의 하느님 여호와는 신의 신이시며, 주의 주이시요, 크고 능하시며 두려우신 하느님이시라. 사람을 외모로 보지 아니하시며 뇌물을 받지 아니하시고."

안식일은 하나의 표징에 불과했다. 〈출애굽기〉 31장 13절, 그리고 또 애굽에서 자기 민족을 구원해 낸 기념에 지나지 않았다. 〈신명기〉 5장 15절, "그러므로 이것은 이제 필요없다. 애굽은 잊어야 할 곳이니까." 할례는 표징에 지나지 않았다. 〈창세기〉 17장 11절. 그래서 광야에 있을 때에는 그들이 할례를 받지 않았던 것이다. 왜냐하면 광야에서는 그들이 다른 민족과 혼교할 위험은 없었기 때문이다. 할례는 예수 그리스도가 강림한 후엔 이미 필요가 없게 되었다.

마음의 할례를 명했다. 〈신명기〉 10장 16절, 〈예레미야〉 4장 4절, "너희는 스스로 할례를 행하여 너희 마음 가죽을 베고 나 여호와께 속하라. 그렇지 아니하면 너희 행악으로 인하여 나의 분노가 불같이 발하여 사르리니 그것을 끌 자가 없으리라."

신은 어느 날 그것을 행하리라고 말씀하셨다. 〈신명기〉 30장 6절, "네 하느님 여호와께서 네 마음과 네 자손의 마음에 할례를 베푸사 너로 마음을 다하며 성품을 다하여 네 하느님 여호와를 사랑하게 하사 너로 생명을 얻게 하실 것이며……"

마음의 할례를 받지 않은 자들은 심판을 받을 것이다. 〈예레미야〉 9장 26절, 신은 할례를 받지 않은 민족과 모든 이스라엘 민족을 심판하실 것이다. 왜냐하면 이스라엘 민족들은 "마음의 할례를 받지 않은 자들"이기 때문이다.

외면적인 것은 내면적인 것이 있으면 아무런 소용이 없는 것이다. 〈요엘〉 2장 13절, "너희는 옷을 찢지 말고 마음을 찢고." 〈이사야〉 58장 3, 4절 등. 신을 사랑하라 함은 〈신명기〉의 전편을 통해 권고되어 있다.

〈신명기〉 30장 19절, "내가 오늘날 천지를 불러서 너희에게 증거를 삼노라. 내가 생명과 사망과 복과 저주를 네 앞에 두었은즉 너와 네 자손이 살기 위하여 생명을 택하고."

이 사랑이 결여되어 있는 유대인은 그 죄로 말미암아 버림을 받고 그들 대신에 이방인이 선택되리라. 〈호세아〉 1장 10절.

〈신명기〉 32장 20절. "여호와의 말씀에 내가 내 얼굴을 숨겨 그들에게 보이지 않게 하고 그들의 종말이 어떠함을 보리니 그들은 심히 패역한 종류요 무신한 자녀임이로다. 그들이 하느님 아닌 자로 나의 질투를 일으키며 그들의 허무한 것으로 나의 진노를 격발하였으니 나도 내 백성이 되지 아니한 자로 그들의 시기가 나게 하며 우준(愚蠢)한 민족으로 그들의 분노를 격발하리로다." 〈이사야〉 65장 1절.

이 세상의 복은 거짓이며 참된 복은 신과 하나 되는 데 있다. 〈시편〉 144편 15절.

그들의 제사는 신을 언짢게 한다. 〈아모스〉 5장 21절.

유대인의 공물은 신을 언짢게 한다. 〈이사야〉 66장 1~3절, 1장 11절. 〈예레미야〉 6장 20절. 다윗 〈시편〉 51편. 선인조차도 〈이사야〉 5장 7절. 〈시편〉 58편 8~14절.

신은 공물을 그들의 냉혹함 때문에 마련하셨다. 〈미가〉 6장은 매우 훌륭하다. 〈열왕기상〉 15장 22절. 〈호세아〉 6장 6절.

이교도의 공물은 신이 받으시지만 유대인의 공물은 신의 마음을 언짢게 하리라. 〈말라기〉 1장 11절.

신은 메시아로 인해 새로운 언약을 맺으시고 오랜 언약은 버리실 것이다. 〈예레미야〉 31장 31절.

"좋지 않은 규정." 〈에스겔〉

옛날 일들은 잊혀질 것이다. 〈이사야〉 43장 18, 19절. 65장 17, 18절.

언약의 궤는 이제 상기되지 않는다. 〈예레미야〉 3장 15, 16절.

성전은 버림받을 것이다. 〈예레미야〉 7장 12~14절.

하느님은 공물을 받아들이지 않을 것이며 다른 깨끗한 공물이 새로 정해질 것이다. 〈말라기〉 1장 11절.

아론의 제사장직은 박탈당하고 멜기세덱의 제사장직이 메시아에 의해 새로 채택될 것이다. 〈시편〉 110편.

이 제사장직은 영원히 전해 내려갈 것이다. 〈시편〉 110편.

예루살렘은 버림을 받게 되고 로마는 인정받을 것이다. 〈시편〉 110편.

유대인의 이름은 폐기될 것이고, 새로운 이름이 정해질 것이다. 〈이사야〉 65장 15절.

그 이름은 유대인의 이름보다 더 훌륭한 것이며, 또 영원히 지속될 것이다. 〈이사야〉 65장 15절.

유대인은 예언자도 없고(〈아모스〉) 왕도 없으며, 지도자도 없고 제물도 없으며, 우상도 없게 될 것이다. 그러나 민족으로서의 유대인은 언제까지나 남아 있을 것이다. 〈예레미야〉 31장 36절.

611 국가.
기독교의 국가도 유대교의 국가와 같이 신만을 그 지배자로 모시고 있었다. 유대인이었던 피론[9]이 《왕국론》에서 지적하고 있는 것처럼.

그들이 전쟁을 한 것은 신을 위해서였다. 그들은 근본적으로 신에게 그 희망을 두었다. 그래서 그들은 도시가 모두 신에게 속해 있다고 생각하고, 그 도시들을 신을 위해 지켰다. 〈역대상〉 19장 3절.

612 〈창세기〉 17장. "내가 내 언약을 나와 너와 내 대대 후손의 사이에 세워서 영원한 언약을 삼고 너와 네 후손의 하느님이 되리라."

"너는 내 언약을 지켜야 하느니라."

613 영속성.
이 종교, 즉 인간은 영광의 상태 및 신과의 교제에서 비애와 회한과 신으로부터 격리된 상태로 떨어졌으나, 그런 생활을 해 오던 끝에 구세주에 의해 다시 원래대로 되돌아가리라는 신앙으로 성립되는 이 종교는 언제나 지상에 존재했었다. 모든 것은 다 사라져 갔지만, 만물이 존재하는 목적인 이 종교는 존속했다.

이 세상의 초기에 사람들은 여러 가지 혼란 상태에 있었으나, 그래도 에녹이나 라멕 및 그 밖의 사람들처럼 세상 처음부터 약속된 구세주를 끈기있게 기다린 성도들이 있었다. 노아는 인간의 악이 극도에 이른 것을 보고 그 자신이 표상이던 구세주를 기대함으로써 스스로 인간을 구원할 수 있는 자가 되었다. 아브라함은 우상을 숭배하는 자들에게 둘러싸여 있을 때 그가 오래 전부터 그 출현을 축복한

---

[9] 1세기경의 그리스 철학자로 알렉산드리아학파의 선구자. 유대의 전설과 그리스 철학을 조화시키고자 했으며, 모세에게서 플라토니즘의 기원을 구했다.

구세주의 비의를 신으로부터 계시받았다. 이삭과 야곱의 시대에 가증스러운 일이 온 세상에 널리 퍼져 있었으나, 이 성도들은 오직 신앙에 의지하여 살았던 것이다. 그리고 야곱은 죽음에 임박해서 그 아들들을 축복하고 몹시 감격에 찬 목소리로 말했다. "여호와여, 나는 주의 구원을 기다리나이다." 애굽 사람들은 우상 숭배와 마법에 젖어 있었다. 신의 택함을 받은 백성들까지도 그들의 그런 세속적인 관례에 젖어 있었다. 그럼에도 불구하고 모세와 그 밖의 사람들은 눈에 보이지 않는 신을 믿고 그에게 경배하며, 그가 그들을 위해 마련해 둔 영원한 은총을 갈망하고 있었다.

이어서 그리스인과 로마인들은 온갖 우상들이 판을 치게 했다. 시인들은 수백 가지의 다른 신학을 창안해 냈으며, 철학자들은 수천의 서로 다른 학파로 분열했던 것이다. 그럼에도 불구하고 유대의 중심에는 택함을 받은 사람들이 언제나 존재해 왔으며, 그들만이 알고 있던 메시아의 강림을 예언하고 있었던 것이다.

때가 되어 마침내 그는 강림했다. 이때부터 사람들은 많은 분열과 이단과, 많은 나라의 멸망과 만물의 심한 변화를 보았다. 그러나 언제나 예배해 오던 신만을 예배하는 교회는 끊임없이 존속되어 왔다. 그러므로 아주 놀랍고 비할 데 없이 거룩한 것은, 끊임없이 지속되어 온 교회가 언제나 공격의 대상이 되어 왔다는 사실이다. 그것은 얼마나 많은 완전한 파괴의 위기를 겪었는지 모른다. 그러나 그럴 때마다 신은 그 신비한 힘으로 그 위기를 견뎌내도록 했고 또 부흥하게 했던 것이다. 그와 함께 그것이 폭군의 의지에도 굴하지 않고 스스로를 수호해 왔다는 사실은 놀라운 일이다. 왜냐하면 국가라면 그 법률을 필요에 따라 임의로 바꾸어 존속할 수 있다는 것이 이상하지 않기 때문이다(몽테뉴의 저서 속에 지시된 곳을 보라).[10]

---

[10] 《수상록》 제2권 23장의 끝부분을 말하는 듯하다.

614 국가는 때때로 그 필요에 따라 그 법률을 굽혀야만 한다. 그렇게 하지 않으면 멸망하고 말 것이다. 그러나 종교는 그것을 허용하지 않았으며 또 그렇게 하지도 않았다. 따라서 그런 타협이라든가 기적이 반드시 필요하다.

그렇게 굽힘으로써 자신을 보존한 예도 많았다. 그러나 그것은 엄밀히 따진다면 자신을 지속시키는 일이 아니다. 그렇게 한다 해도 결국 멸망을 막을 길이 없다. 1천 년이나 계속된 나라는 하나도 없다. 그러나 이 종교가 언제나 자신을 지속시키면서도 변절하지 않았다는 사실은 그 신성을 나타내는 증거이다.

615 새삼스럽게 더 말할 필요는 없지만, 기독교에 무엇인가 놀랄 만한 것이 있다는 사실을 인정하지 않으면 안 된다. "그렇게 말하는 것은 당신이 그 속에서 태어났기 때문이다"라고 말할지도 모른다. 결코 그렇지 않다. 바로 그런 이유 때문에 선입관에 빠질까 나는 크게 염려하고 있다. 그러나 내가 그 속(기독교)에서 태어났어도 그것이 아주 놀랄 만한 일이라는 것을 나는 인정하지 않을 수 없다.

616 영속성.

인간은 언제나 메시아를 그 신앙의 대상으로 삼았다. '구세주에 대한' 아담의 전설은 노아와 모세에 이르러 더 한층 새로워졌다.

그후로 예언자들은 메시아(구세주)에 대해 예언해 왔으며, 그와 함께 다른 일도 언제나 예언해 왔다. 이런 일들은 가끔 사람들의 눈앞에서 일어났으며, 그들의 사명이 진실하고 또 구세주에 대한 그들의 약속이 진실함을 나타냈다. 예수 그리스도는 기적을 행하셨고 사도들도 그것을 행하여 모든 이교도들을 회개시켰다. 그리하여 모든 예언의 말씀은 이루어지고 구세주는 영원히 입증된 것이다.

617 영속성.
다음과 같은 사실에 대해 깊이 생각해 보기 바란다. 세계의 창조 이후, 구세주에 대한 대망(待望) 또는 예배가 끊임없이 계속되어 온 것, 그 백성을 구하실 구세주가 나타나리라는 표징을 신으로부터 받았다고 말하는 사람들이 존재해 왔다는 것, 아브라함이 그 후손 중에서 구세주가 나리라는 계시를 받았다고 한 것, 야곱이 그 열두 명의 아들 가운데 유다에게서 메시아가 탄생하리라고 말한 것, 다음에는 모세와 예언자들이 나타나서 메시아 강림의 시기와 방법을 언명한 것, 그들이 가진 율법은 메시아의 율법을 준비하는 데 불과하며, 그때까지 그들의 율법은 존속될 것이지만 메시아의 율법은 영원히 지속되는 것이며, 그래서 그들의 율법이나 그 율법이 약속한 메시아의 율법은 언제까지나 땅 위에서 존속할 것이라고 말한 것, 마침내는 예수 그리스도가 이미 예언했던 모든 상황 아래서 강림하셨다는 이 모든 사실들을 생각해 보라. 이것은 놀랄 만한 일들이 아니고 무엇인가?

618 이것은 분명한 일이다. 모든 철학자가 여러 학파로 나뉘어 분쟁하는 동안, 세계의 한쪽에 세상에서 가장 오랜 역사를 가진 민족에 속해 있는 사람들이 있어 "온 세계가 미망에 빠져 있으며, 신은 그들에게 진리를 계시하셨다"는 것과 "이 진리는 언제까지나 지상에 존재하리라"는 것을 선언했다. 사실 모든 학파는 어느 정도 세월이 흐르면 모두 끊어졌지만, 오직 이 종교만은 끊임없이 존속되어 그후 4천 년 동안이나 존속되어 오고 있다. 그들은 다음과 같이 선언한다. 인간은 신과의 교제를 잃어버리고 신에게서 멀리 떠났지만, 신은 그들의 구원을 약속했다는 사실을 그들은 조상들에게서 전해 들었다. 이 교리는 언제까지나 지상에 존속될 것이다. 그들의 율법은 두 가지 의미를 지니고 있다.

1천 6백 년 동안 그들이 예언자라고 생각한 사람들이 있어, 시기와 방식에 대해 예언했다. 그후 그들은 사방으로 흩어졌는데, 그것은 예수 그리스도의 가르침을 모든 곳에 전하기 위해서였다. 예수 그리스도는 미리 예언한 그런 상태와 그런 시기에 오셨으며, 그후로 유대인들은 사방에 흩어져 저주를 받으면서도 아직껏 존속하고 있는 것이다.

619 나는 기독교가 그보다 먼저 있던 종교(유대교)를 토대로 하여 성립된 것임을 인정한다. 그리하여 이 종교에 대해 분명하다고 생각되는 것을 말하고자 한다.

여기서 모세나 예수 그리스도나 사도들의 기적에 대해 말할 생각은 없다. 그것은 처음부터 설득력이 있는 것으로 생각되지 않고, 내가 여기서 분명히 하려는 바는 기독교의 모든 기초, 즉 어느 누구도 감히 의심을 품을 수 없을 만큼 명백한 것뿐이기 때문이다. 우리가 세계 곳곳에서 다른 모든 민족과는 다른 특수한 민족, 즉 자칭 유대인이라고 하는 사람들을 목격하고 있는 것은 분명한 일이다.

그리고 나는 세상에는 시대와 장소를 가리지 않고 많은 종교가 있었음을 인정한다. 그러나 그런 종교에는 내가 납득할 수 있는 도덕도, 내가 관심을 가질 만한 증거도 없다. 그래서 나는 마호메트의 종교도, 중국의 종교도, 고대 로마인의 종교도, 애굽인의 종교도, 다음 한 가지 이유 때문에 배격한다. 그런 종교에서는 진리를 찾아볼 수 없으며, 꼭 이것이어야만 한다는 뚜렷한 특징도 찾을 수 없으므로, 이성은 나를 그 어느 것에도 열중하지 못하도록 하기 때문이다.

그러나 이렇게 시대가 변함에 따라 풍속이나 신앙도 불안정하고 기괴한 여러 양상을 띠는 것을 보고, 나는 세계의 한구석에 있는, 지상의 다른 민족과는 달리 가장 오래 되었으며 우리가 알고 있는 가장 오랜 역사보다 수세기 앞서 있는 역사를 가진 어떤 특수한 민족이 있다는 것을 발견하게 된 것이다.

또 나는 이 위대한 민족이 오직 한 사람에게서 태어났으며, 유일한 신을 섬기고, 그 신의 손에서 받았다고 말하는 하나의 율법에 의해 인도되고 있다는 사실을 알게 되었다. 그들은 신으로부터 계시를 받은 세계의 유일한 민족이며, 인간은 타락으로 인해 신의 은총을 잃었으며, 인간은 모두 자기의 타고난 감정과 이지 속에 방임되어 있으며, 그로 인해 종교나 습관에 대한 괴이한 미망이나 끊임없는 변화가 생기며, 그럼에도 불구하고 사람들은 그런 행위를 뉘우치지 못하며, 그래도 신은 다른 여러 민족들을 결코 버리지 않으시며, 만인을 위해 구세주를 보내시며, 그들은 이 사실을 사람들에게 알리기 위해 이 세상에 존재하며, 이 크나큰 사건의 선구자 및 전달자가 되기 위해, 그리고 만인에게 외쳐 그들과 함께 이 구세주를 기다리기 위한 특별한 사명을 가지고 있다는 것을 그들은 주장한다.

이 민족을 알게 된 것을 나는 매우 놀랍게 생각하며, 나의 주의를 집중시킬 만한 가치가 있다고 생각하고 있다. 그들이 신에게서 받았다고 자랑하는 그 율법은 극히 뛰어난 것이었다. 그것은 모든 율법 가운데 가장 오래된 것이며, 그리스인들 가운데 법률이라는 말이 생기기 몇 해 전에 그들에게 베풀어졌으며, 그들은 또 그것을 숭배해 왔다. 그리고 내가 한편으로 이상하게 생각하는 것은, 세계에서 가장 오래된 이 법률이 가장 완전한 것이었다는 바로 그 점이다. 따라서 세계 최대의 입법자들이 이 유대인의 율법을 본뜬 사실은 아테네의 12계율[11]에도 나타나 있다. 이것은 그후에도 로마인들에게 채택되고 요세푸스[12]와 그 밖의 사람들이 이 문제를 충분히 논하지 않았다 해도 그것을 증명하기는 아주 쉬운 일이다.

620 유대 민족의 장점.
이 문제에 관한 연구에서 먼저 나는 유대 민족 속에 나타나 있는 그 많은 경이로운 사실 때문에 그것에 주의가 끌렸다.

최초로 내 주의를 끈 것은 한 민족 모두가 동포로 이루어져 있다는 사실이다.

---

[11] 아테네에는 '12계율'이란 것이 존재하지 않는다. 그로티우스의 저작 중에 '아테네의 오래된 법률에는(그후 로마인의 법률의 근원이 되었지만) 그 기원을 모세의 율법에서 잡은 것이 있다' 라는 구절이 있는데, 파스칼은 이것을 그로티우스로부터 잘못 인용한 듯하다.
[12] 요세푸스(37~100년경)는 유대의 역사가로서, 로마군이 예루살렘을 포위, 공격했을 때 포로가 되어 그후 로마에서 살았으며, 플라비우스 가의 황제 밑에서 일했다.

다른 민족들은 잡다한 종족들의 집단인 데 비해, 오직 이 민족만은 단 한 사람에게서 태어났다. 이 민족은 모두 같은 혈육이고 서로 그 지체가 되므로, 그들은 하나의 강한 가족국가를 이루고 있는 셈이다. 이것이 독특한 점이다.

이 가족 또는 민족은 사람들이 알고 있는 한 세계에서 가장 오래된 민족이다. 이 사실은 내게 그 민족에 대한 특별한 경의를 품게 한다. 우리가 지금 연구를 하고 있는 시점에서는 더욱 그러하다. 그것은 만약 신이 모든 시대에 걸쳐 그 자신의 모습을 표징했다면, 우리가 그 전승을 알기 위해서는 반드시 찾아야 하는 것이 바로 이 민족이기 때문이다.

또 이 민족은 그 역사가 오래됐다는 점에서 중요할 뿐만 아니라, 그 역사의 과정에도 특이한 점이 있다. 이 민족은 발생 이후 지금까지 꾸준히 존속되어 왔다. 이 민족보다 훨씬 나중에 생긴 그리스, 이탈리아, 스파르타, 아테네, 로마, 그 밖의 여러 민족은 이미 오래 전에 멸망했지만, 이 민족만은 지금까지 존속되어 온 것이다. 그리고 유대인 사학자가 입증하고 있는 것처럼, 또 오랜 세월에 걸친 역사의 자연적인 추이에서 쉽사리 알 수 있는 것처럼, 수많은 강한 힘을 가진 왕들이 수없이 그들을 멸망시키려고 온갖 수단을 썼음에도 불구하고 그들은 여전히 존속되었으며, 또 그 존속이 예언되어 있었던 것이다. 또한 그들의 역사는 최고대로부터 현대에 걸쳐 있으므로, 그 기간 내에는 우리의 모든 역사가 포함되어 있다.

이 민족을 다스리는 율법은 세계의 모든 율법 가운데 가장 오래되고 또 가장 완전한 율법이며, 한 세대에서 중단되지 않고 끊임없이 지켜져 온 유일한 율법이다. 이것은 요세푸스가 《아피온을 반박한다》라는 글에서 훌륭하게 표현했으며, 유대인 피론도 글로 지은 일이[13] 있다. 그 책들에서 그들은, 유대인의 율법이 아주 오래된 것임은 율법이라는 말조차 그보다 1천 년 이상이나 지난 후에야 이 가장 오

---

13 《모세전》 2.

래된 민족에 의해 겨우 알려질 정도였다고 지적하고 있다. 아닌게아니라 여러 나라의 이야기를 쓴 호메로스도 이 말(율법)을 쓰지는 못했다. 그리고 이 율법의 완벽성은 한 번만 읽어 보아도 알 수 있다. 이 율법에서는 모든 것이 뛰어난 지혜와 엄청난 공정과 굉장한 판단력으로 서술되어 있으므로, 그것을 어느 정도 알고 있던 그리스와 로마의 입법자들은 그들의 중요한 법률을 유대의 율법에서 차용했을 정도이다. 이것은 요세푸스가 12계율이라는 법률로 제시한 증거로 보아 명백한 일이다.

그러나 이 율법은 동시에 그들의 종교적 의식에 관한 한 모든 법률 가운데 가장 엄격한 것으로, 이 민족이 그 의무에 복종하게 하기 위해 수천 가지나 되는 복잡한 시행 세목을 사형이라는 극형에 호소하여 그 실시를 요구하고 있다. 그런 율법이 이처럼 반항적이고 성급한 민족에 의해 오랜 세기를 걸쳐 계속하여 간직되어 왔다는 것은 놀라운 일이 아닐 수 없다.

다른 모든 나라들은 그들의 법률을, 훨씬 너그러운 것이었음에도 불구하고 무수히 변경했던 것이다. 모든 법률 중 최초의 법률이 담겨 있는 이 책은 세계에서 가장 오래된 책으로, 호메로스나 헤시오도스의 저술, 그 외의 다른 어떤 저서보다 거의 6, 7백 년이나 앞선 것이다.

621 천지 창조와 대홍수는 이미 지나갔으며, 신은 이미 세계를 파괴하는 것은 물론 그것을 재창조하는 것도, 그리고 또 그렇듯 크나큰 표징을 주는 것도 필요없는 일이 되었으므로 특별히 탄생시킨 한 민족을 지상에 배치하기 시작했으며, 구세주가 그의 성령으로 만드시는 한 민족이 생겨날 때까지 그들을 존속시키려 한 것이다.

622 천지 창조는 이미 과거의 일이 되기 시작했으므로, 신은 동시대의 역사가 한 사람을 내세워, 한 민족에게 그 책을 지키는 책임을 맡겼다.

그리하여 그 민족의 역사가 세계에서 가장 올바른 것이 되게 하고, 전인류가 반드시 알아야만 할 일을 그 책을 통해 배울 수 있게 하고, 따라서 오직 그 책을 통해서만 알 수 있게 했다.

623 야벳에서 그 계보가 시작되었다.
요셉은 두 팔을 교차시켜 아우를 택하여 내세웠다.[14]

624 모세의 증거.
왜 모세는 사람들의 수명을 그처럼 길게 해서 그 세대를 그렇게 적게 만들었을까?[15]

그것은 연대의 길이가 아니라 세대의 많음이 사실을 모호하게 만들기 때문이다. 왜냐하면 진실은 사람들의 변화에 의해서만 왜곡되는 것이기 때문이다.

그러나 그는 인간이 상상할 수 있는 일 중 가장 잘 기억해 두어야 할 두 가지 귀중한 사실, 즉 천지 창조와 대홍수를 아주 가까이 두고 세상에 나타난 것이다.[16]

625 셈은 라멕을 보고, 라멕은 아담을 보았다. 그리고 셈이 야곱[17]을 보고, 야곱이 모세를 본 이들을 보았다. 그러므로 천지 창조와 대홍수는 틀림없는 사실이다. 이 사실은 그것을 올바르게 이해하는 사람들 사이에는 결코 부정할 수 없는 일이다.

---

14 〈창세기〉 48장 12~19절. 단장 711 참조.
15 〈창세기〉에 기록되어 있는 아담에서 야곱까지의 시조 및 족장의 계보는 22대 2천 3백 15년이다. 그러나 그들의 전 수명을 합치면 다섯 사람으로 그 기간을 메울 수 있다.
16 이 두 가지 사건은, 연대를 두고 계산하면 상당히 멀지만 세대를 두고 계산하면 매우 가깝다.
17 이것은 〈창세기〉에 기록되어 있는 것과는 일치하지 않는다는 이유로 포르루아얄 판에서는 '적어도 아브라함을 보고 아브라함은 야곱을 보았다'라고 정정했다.

626
다른 원.[18]

족장들의 긴 수명은 지나간 사실들에 대한 설화를 부정하는 것이 아니라 오히려 그것을 보존하는 데 많은 도움이 되고 있는 것이다. 왜냐하면 자기 조상들의 이이야기를 모르는 사람들이 아주 많은데, 그것은 그들이 조상과 함께 생활하지 않았기 때문이다. 또 그것은 그들에게 분별력이 생기게 될 때까지 그들의 조상이 살아 있지 않았기 때문이기도 하다.

사람의 수명이 아주 길던 시대에는 자식들도 그들의 부모와 오래도록 함께 살아갈 수 있었다. 그들은 오랫동안 서로 이야기할 수 있었던 것이다.

그럴 때 그들 부자는 자기 조상들에 관한 것 외에 무슨 이야기를 했겠는가? 왜냐하면 모든 이야기는 결국 조상에 관한 이야기로 돌아가게 되고, 그들은 오늘날 우리의 일상적인 이야기의 대부분을 이루는 연구·학문·예술 등에 관해서는 아는 것이 거의 없었기 때문이다. 그러므로 그 시대에는 사람들이 그들의 혈연적 계보에 특별한 관심을 가졌다는 것을 알 수 있다.

627
내 생각에, 여호수아는 신의 백성 중 이름[19]을 가지게 된 최초의 사람이며, 예수 그리스도는 신의 택함을 받은 사람 중 가장 마지막 사람인 것 같다.

628
유대 민족의 고대성.

어떤 책과 다른 책 사이에는 얼마나 크나큰 차이가 있는가? 나는 그리스인이 《일리아드》를 쓰고, 이집트인이나 중국인이 자기들의 역사를 기록한 사실을 그다지 이상하게 여기지는 않는다. 다만 어째서 그것이 발생했는가에 대해서는 알아둘 필요가 있다. 이 전설적인 역사가들은 자기들의 시대를 기록하는 것은

---

18 라뮈마 판에 의해 보충. 원고에 있는 지시.
19 여호수아와 예수는 히브리어로는 같은 뜻인데, 둘 다 구세주를 뜻한다.

아니다.

호메로스는 한 편의 설화를 썼는데, 그것을 설화로 발표했고, 또 설화로 받아들여진 셈이다. 왜냐하면 트로이도 아가멤논도 황금의 사과도 실재하지 않는 것을 아무도 의심하지 않았기 때문이다. 따라서 그는 그 역사를 기록하려는 것이 아니라, 단지 오락적인 작품을 만들려 했던 것이다. 호메로스는 자기 시대의 사물을 쓴 유일한 사람이며, 그 작품의 아름다움에 의해 자기가 쓴 사물을 후세에 남겨놓은 사람이다. 모든 사람이 그것을 알고 또 이야기한다. 그것은 반드시 알아야 할 일이며, 또 실제로 많은 사람들이 그것을 암기하고 있다. 4백 년 후에는, 썩어진 사물의 증인들은 이미 세상에 없다. 누구도 자신의 지식으로서는 그것이 조작된 것인지 또는 실제의 역사인지 알 도리가 없다. 다만 자기 조상들에게 배웠다는 사실만으로 그것은 진실로 통하는 것이다.

같은 시대에 관한 기록이 아닌 모든 역사, 예를 들면 《시빌라에의 서》나 《트리스메기스토스의 서》[20] 및 그 밖에 세상 사람들이 진실한 것으로 믿어 온 책 가운데 다수가 거짓된 책이며, 세월이 지남에 따라 더 많은 책이 거짓된 책이라는 것이 드러난다. 그러나 같은 시대의 저서들은 그렇지 않다.

한 개인이 써서 그 민족에게 알리는 책과 민족 자신이 만드는 책 사이에는 뚜렷한 차이가 있다. 민족이 만든 책이 그 민족만큼 오래됐다는 것은 의심의 여지가 없다.

629   요세푸스는 자기 민족의 수치를 감추었다.
           모세는 자기 민족의 수치를 전혀 감추지 않았을 뿐만 아니라……

---

20 '시빌라에'는 무녀를 말하며, 《시빌라에의 서》는 신탁집이다. 처음 그것은 불명확한 그리스어로 씌어졌는데, 로마 기원 680년에 화재로 탄 다음 새롭게 편집 증보되어 이후 그리스도 기원 389년까지 그리스, 로마, 아프리카 등 많은 신탁을 포함하게 되었다. 트리스메기스토스란 '삼중의 위대한 자'란 뜻으로 그리스에서는 헤르메스신의 별명이었다. 《트리스메기스토스의 서》란 《시빌라에의 서》와 같은 신탁집으로 전 42권에 이르는 방대한 것이었는데, 지금은 그 가운데 극소수만 남아 있다.

"여호와께서 그 신을 그 모든 백성에게 주사 다 선지자가 되게 하시기를 원하노라."**21** 그는 자기 백성들을 인도하기에 지쳤던 것이다.

630

유대인의 순진성.
그들에게 이미 예언하는 사람들이 없어진 다음의 마카베오 가(家)의 사람들.**22** 예수 그리스도 후의 마소라.**23**

"이 책은 너희들에게 증거가 되리라."**24**

결함이 있는 문자의 어미(語尾)의 문자.**25**

그들은 그들의 명예와는 상관없이 순진하며, 그것을 위해서는 죽음까지도 무릅쓴다. 그런 일은 세상에서 그 유례를 찾을 수 없을 뿐만 아니라 자연에서조차도 찾아볼 수 없는 일이다.

631

유대인의 순수성.
그들이 사랑과 충성으로 전하는 이 책 속에서 모세는, 그들이 사는 날까지 신에 대해 배은망덕했으며 자기가 죽은 후에는 그런 현상이 더 심해질 것임을 잘 알고 있지만, 자기는 하늘과 땅을 불러 그들에 대한 증인으로 삼으리라는 것과, 그들에게는 가르쳐줄 만큼 충분히 가르쳐주었다는 것을 언명했다.

모세는 또 마침내 신이 그들에 대해 분노할 것과, 그들을 땅 위에 있는 모든 민족들 사이로 흩어지게 할 것을 함께 경고하고, 그들은 신이 아닌 다른 여러 신을

---

21 〈민수기〉 11장 29절.
22 마카베오 가는 기원전 2세기경 예루살렘을 통치한 일가로, 당시 시리아 왕의 폭정에 반항하여 유대인의 종교적 자유를 되찾고자 과감한 투쟁을 계속한 것으로 잘 알려져 있다.
23 히브리어로 전승이란 뜻이며, 특히 구약성서의 올바른 해석을 결정하기 위해 구성된 법률학자들의 전승을 말한다.
24 〈이사야〉 30장 8절.
25 단장 687, 688 참조.

숭배하여 신의 분노를 산 것과 같이 신도 그 백성들이 아닌 다른 백성들을 불러 그 백성들을 분노하게 하리라고 말했다.

신은 그가 한 모든 말이 영원토록 지켜질 것을 바라고, 동시에 성서가 그들에 대해 어디까지나 증거로 쓰이도록 이 언약의 궤 속에 넣기를 원한다고 말했다.[26]

632

에스라에 대하여.

여러 책들이 신전과 함께 모조리 불타 버렸다는 이야기.《마카베오서》에 의하면 허위.[27] "예레미야는 그들에게 율법을 주었다."

그가 모두를 암기했다는 이야기. 요세푸스[28]와 에스라[29]는 그가 책을 읽었다고 했다.

바로니우스《연대기》180, "여러 책들이 불타 버린 후 에스라에 의해 재편집되었다는 것은 〈에스라 제4서〉 외에는, 고대 히브리인 중 어느 누구도 말하지 않았다."

그가 문자를 바꾸었다는 이야기.

피론의 《모세전》에는 "옛날 율법을 기록하던 때의 언어와 문자는 70인의 번역 때까지 계속 사용되었다."

요세푸스는 말한다.[30] "율법은 70인에 의해 번역될 때까지 히브리어로 기록되어 있었다."

안티오쿠스와 베스파시아누스 치하에서는 여러 서적을 금지하려 했고, 그 당시에는 예언자도 없었으나 그것을 실행하지는 못했다. 바빌로니아인 치하에서는 아무 박해도 없었고 예언자도 많았는데, 어찌하여 그것들을 소각하기에 이르도록

---

26 〈신명기〉 31, 32장.
27 구약외전 〈마카베오 제2서〉 제2장 2절.
28 요세푸스 《고대사》 제11권 5장.
29 구약외전 〈에스라 제2서〉 제8장 8절.
30 요세푸스 《고대사》 제12권 2장.

방치해 두었을까?

요세푸스는 ……을 견디지 못했던 그리스인을 얕잡아 보고 있다.[31]

테르툴리아누스,[32] "바빌로니아인의 침략으로 예루살렘이 멸망했을 때 유대인의 여러 서적을 에스라는 성령으로 복원할 수 있었다." 그는 말하기를, 에스라가 포로로 잡혀갔을 때 잃어버린 성서를 재편한 것은, 노아가 홍수로 없어진 에녹의 책을 기억에 의해 재편할 수 있었던 것과 같았을 것이라 했다.

"느부갓네살 치하에서는 유대 민족들이 바빌로니아의 포로가 되고 율법의 책은 소각되었으나…… 신은 레위족의 자손인 제사장 에스라에게 성령을 주어 이미 있었던 예언자들의 말을 다시 재록하게 하고, 모세가 하느님으로부터 받아 유대 민족에게 선포한 율법을 백성들 앞에서 다시 세우게 하신 것이다."[33] 그는 이것을 인용함으로써 다음 사실을 증명하고자 했다. 즉 70인이, 세상 사람들이 놀랄 정도로 일치되게 성서를 번역했다는 것은 믿기 어려운 일이 아니라는 사실을. 에우세비오스 《교회사》 5권 8장. 그는 이것을 성 이레나에우스에서 취했었다.[34]

성 힐라리우스는 〈시편〉의 서문 중에서 "에스라는 〈시편〉을 정확하게 다시 배열해 놓았다"고 했다. 이 전설의 기원은 〈에스라 제4서〉 14장에서 나온 것이다.

"모든 사람이 그것을 처음부터 끝까지 같은 말로 인용하고 있기 때문에 신은 찬미를 받고, 참된 성서는 믿어졌다는 것을 알 수 있다. 그래서 사람들은 신의 성령에 의해서만 성서를 해석할 수 있고, 또 실제로 신이 그런 일을 행하셨다는 것을 아무 의심도 없이 믿게 된 것이다. 느부갓네살 치하에 백성들이 잡혀 갔을 때 많은 종류의 책들을 잃어버렸지만 70년 후에 유대인은 고향으로 되돌아왔으며, 다음에 페르시아 왕 아르타크세르크세스 때에는 신이 레위족의 제사장 에스라에

---

31 그리스인을 브랑슈비크 판에서는 '유대인'으로 읽지만, 여기서는 슈발리에와 기타의 판에 따라 읽기로 한다.
32 테르툴리아누스 《데 크루트 페미나룸》 제2권 3장.
33 이 문장은 그리스어로 씌어 있다.
34 이레나에우스 《이단 반박론》 제3권 25장.

게 성령을 부어 일찍이 있었던 예언자들의 말을 상세히 기억하게 해 주시고, 모세에 의해 유대인에게 준 율법을 그의 백성(유대 민족)들 앞에서 복원시켜 주신 것이다."

633

에스라의 이야기[35]를 반박한다. 〈마카베오 제2서〉 2장. 요세푸스 《고대사》 2권 1장. 키루스는 이사야가 한 예언을 내세워 민족을 석방했다. 유대인은 키루스 치하의 바빌로니아에서 자기들의 재산을 유지했다. 그래서 그들이 율법을 그대로 존속시킬 수 있었을 것이다. 〈열왕기하〉 17장 27절.

요세푸스는 에스라에 관한 모든 역사 가운데서 이 율법의 복원에 관해서는 한 마디도 언급하지 않고 있다.

634

만일 에스라의 이야기를 믿을 수 있는 것이라고 생각한다면, 성서가 신성한 책이라는 것은 더 쉽게 믿을 수 있을 것이다. 왜냐하면 그 이야기는 70인 번역의 권위를 주장하는 사람들의 권위 위에만 그 근거를 두고 있으며, 그 70인 번역은 성서가 신성한 것임을 입증하고 있기 때문이다.

따라서 그 이야기가 진실된 것이라면 우리는 그로 인해 이롭게 될 것이며, 진실하지 않아도 해를 입지는 않을 것이다. 그러므로 모세 위에 세워진 우리 종교의 진리를 파괴하려는 자들이야말로 자기들이 공격에 사용하는 바로 그 권위에 의해 우리의 종교가 진리라는 사실을 세워 주게 되는 것이다. 그러므로 바로 이런 섭리 아래 우리의 종교는 언제까지나 존속할 수 있는 것이다.

---

35 구약외전 《에스라 제4서》 14장에 있는 이야기로, 에스라가 포로로 붙잡혀 있으면서 불타 버린 성서를 복원했다고 기록되어 있다. 이 이야기는 성서의 순수성을 위험에 빠뜨림으로써 가톨릭 교회에서는 《에스라 제4서》를 제외하고 있을 정도이다. 파스칼도 트리엔트 공회의의 결의에 따라 교회의 입장을 지지한 것이다.

635 랍비 교의의 연대기(페이지는 푸기오의 책을 인용했음).

27페이지, R. 하카도슈(200년). 《미슈나》 혹은 구전 율법 혹은 제2율법의 저자.

《미슈나》의 주해(340년). 《시프라》, 《바라예토트》, 《탈무드 히에로솔》, 《토시프토트》.

《베레쉬트 라바》, 랍비 오사이아 라바가 쓴 《미슈나》의 주해.

《베레쉬트 라바》와 《바르 나코니》는 정교하고도 적절한 논술로, 역사적인 동시에 신학적인 의의를 가지고 있다. 바로 이 사람이 《라보트》라는 책을 썼다.

《탈무드 히에로솔》이 나온 지 1백 년 후(440년)에 랍비 아세가 《바빌론의 탈무드》를 편집했다. 그것은 모든 유대인의 지지를 받은 것으로, 거기에는 유대인이 반드시 지켜야 할 의무가 기록되어 있다.

랍비 아세의 부록은 《게마라》라고 한다. 그것은 《미슈나》의 주해이다.

또 《탈무드》는 《미슈나》와 《게마라》를 모두 포함한다.

636 '만일'은 무관심을 의미하는 말이 아니다.
〈말라기〉[36]

〈이사야〉

〈이사야〉, "너희가 즐겨 순종하면……"[37]

"그날에는……"[38]

637 예언. 왕권은 바빌로니아의 포로가 되었다고 해서 중단되는 것은 아니다. 귀환이 약속되고 또 예언되어 있었기 때문이다.

---

36 〈말라기〉 2장 2절.
37 〈이사야〉 1장 19절.
38 〈창세기〉 2장 17절.

638
예수 그리스도의 증거.
70년 후에는 다시 석방되리라는 확신을 지닌 채 사로잡힌 것은, 진정한 의미에서 보면 사로잡힌 것이 아니다. 그러나 이제는 아무 희망도 없이 사로잡힌 신세가 되고 말았다.

신이 그들에게 약속하시기를, 비록 내가 그들을 세상의 끝에서 끝까지 흩어 놓는다 하더라도, 그들이 나의 율법에 충실하면 그들을 다시 불러모을 것이라고 했다. 그들은 율법을 잘 지키지만 아직도 박해를 당하고 있다.

639
느부갓네살 왕이 유대 민족을 포로로 잡아갔을 때, 왕권이 유다로부터 박탈당했다고 사람들이 생각하게 될까 봐 신은 그들의 포로 기간이 짧으리라는 것과, 다시 되돌아가게 해 주리라는 것을 그들에게 미리 예언하신 것이다.

그들은 예언자들로부터 위로를 받고, 그들의 왕실은 단절되지 않고 계속되었다. 그러나 제2의 파멸은 언제 다시 회복시켜 주시겠다는 약속도 없고, 예언자도 없고, 왕도 없고, 위로도 없고, 아무런 희망도 없다. 그들의 왕권이 영원히 박탈당했기 때문이다.

640
다음과 같은 사실은 놀라운 일이며, 특별히 주의할 만한 일이다. 즉 유대 민족이 오랜 세월 동안 비참한 생활을 하면서도 예수 그리스도를 증거하기 위해 아직까지 존속하고 있으며, 그를 십자가에 못박았기 때문에 비참하며, 또 비참한 것과 존속한다는 것 자체는 서로 상반되는 것이지만, 그들이 그런 비참 속에서도 멸망하지 않았다는 것 등은 매우 놀라운 일로서 각별히 주의를 기울여야 한다.

641 그들이 구세주의 증인으로 쓰이기 위해 특별히 탄생된 민족이라는 것은 분명하다(《이사야》 43장 9절,[39] 44장 8절). 그들은 여러 문서들을 보존하고 소중히 했으나, 그것을 전혀 이해하지 못했다. 그리고 신의 심판은 모두 그들에게 맡겨졌으나, 그것은 봉인된 책[40]으로서 맡겨졌다는 것이 모두 예언되어 있다.

---

[39] 오히려 10절의 "너희는 나의 증인이로다"가 더 적절하다.
[40] 《이사야》 29장 11절.

표 징 제10장

642 구약과 신약을 동시에 증명하는 것.[1]
　　　이 두 가지를 한꺼번에 증명하기 위해서는, 한쪽의 예언이 다른 쪽에서 이루어졌는지 여부를 알아야만 한다. 그런데 그 둘을 모두 이해하지 않고는 예언을 검토할 수가 없다. 만일 사람들이 그 두 가지 가운데 어느 한쪽밖에 이해하지 못한다면, 구세주가 강림하지 않은 것이 사실이다. 그러므로 모든 문제는 결국 예언이 두 가지 의미를 지니고 있는지 여부를 아는 데 있다.

　그런데 예수 그리스도와 사도들이 성서에 밝힌 이중의 뜻은 다음에 의해 증명될 수 있다.

　① 성서 자체에 의한 증명.

　② 랍비(유대교 법학자)들에 의한 증명. 모세 마이모니데스는 말하기를, 성서에는 두 가지 면이 있고 예언자들은 예수 그리스도에 관해서만 예언했다고 한다.

　③ 카바라(구약에 관한 전설)에 의한 증명.

　④ 랍비들 자신이 내린 성서에 관계된 신비적인 해석에 의한 증명.

　⑤ 랍비들의 해석 원리에 의한 증명. 여기에는 두 가지 뜻이 있다. 따라서 영광된 강림이냐 비천한 강림이냐에 대한 두 가지 강림 방법이 있다. 예언자들은 구세

---

[1] 얀세니우스의 정식에 의하면 '신약은 구약 속에 숨어 있고, 구약은 신약 가운데 나타나 있다.' (《아우구스티누스》 〈구세주 그리스도의 은혜에 대하여〉 제3권 8장)

주에 관해서만 예언해 왔던 것이다. 율법이란 영원한 것이 아니므로, 구세주의 강림에 의해 시정되어야 할 것이다. 그래서 사람들은 홍해의 일에 대해서는 기억하지 않을 것이며, 유대인과 이방인은 서로 혼교하여 하나가 될 것이다.

⑥ 예수 그리스도와 사도들이 우리에게 보여주는 해석에 따른 증거.

643 〈이사야〉 51장. 홍해, 속죄의 표상.
"인자가 땅에서 죄를 사하게 하는 권세가 있는 줄을 너희로 알게 하려 하노라. 일어나라."[2]

신은 눈에 보이지 않는 청정한 것으로 거룩한 백성이 되게 만들고, 또 그 백성이 영원한 영광으로 충만하게 하려고 눈에 보이는 사물을 만들었다. 자연은 신의 은총의 표상이므로, 신은 은총의 축복 위에서 하실 일을 자연의 사물들 위에서 하셨던 것이다. 이것은 곧 신은 눈에 보이는 것을 능히 할 수 있는 만큼 눈에 보이지 않는 것도 할 수 있다는 것을 사람들이 알 수 있도록 하기 위한 것이다.

그래서 신은 대홍수로부터 이 민족을 구하셨다. 신은 아브라함에게서 그 민족이 태어나게 하시고, 그 민족을 그들의 적으로부터 구해 주심으로써 평안한 삶을 누릴 수 있도록 해 주셨다.

신의 참 목적은 대홍수로부터 이 백성을 구하는 데 있는 것이 아니라, 젖과 꿀이 흐르는 복된 땅으로 그들을 인도하기 위해 아브라함에게서 탄생하게 하는 데 있다.

또 은총도 영광의 표징이었다. 은총은 궁극의 목적이 아니기 때문이다. 그것은 율법에 의해 상징으로 나타나 있으며, 그 자체가 영광의 표징이다. 그것은 영광의 표징인 동시에 시원, 즉 원리의 표징이기도 하다.

보통 사람들의 생활도 성도들의 생활과 별 차이가 없다. 그들은 모두 자기들의

---

[2] 〈마가복음〉 2장 10~11절.

만족을 추구하며, 다만 그 만족을 어디에 두느냐가 다를 뿐이다. 그들은 자기 일을 방해하는 사람들을 적이라고 부른다. 이에 신은 그가 보이는 것에 대해 힘을 가졌다는 것을 나타냄으로써 눈에 보이지 않는 축복을 줄 수 있는 힘을 나타낸 것이다.

644   표징.

다른 모든 민족들로부터 분리시키고, 또 적으로부터 그들을 구원하며, 안식의 땅에 정착하게 해서 거룩한 백성을 만들고자 신은 약속했으며, 예언자들의 입을 통해 메시아 강림의 시기와 방법을 예언하게 했던 것이다. 또 자기가 택한 백성에게 그런 희망을 확실하게 하기 위해서, 그들을 구원하는 신의 의지와 권능을 확실히 믿도록 하기 위해서, 신은 언제나 그 민족에게 희망의 증거를 보여주었다. 왜냐하면 인간이 처음 창조되었을 때 아담은 그 증인이었고, 구세주가 여자로부터 태어나리라는 약속을 받은 사람이기 때문이다.

그때는 천지 창조 직후였으므로 사람들이 그들의 창조와 타락을 뚜렷이 알 수 있었던 무렵이었다. 아담을 본 사람이 이미 세상에 없던 때에 신은 노아를 보내어 그를 구원했으며, 온 세상이 물에 잠기게 했다. 이것은 기적이었다. 이 기적은 신이 세상을 구할 수 있는 충분한 능력을 지니고 있음을 입증했고, 그가 약속한 구세주를 여자의 자손으로 탄생하게 하고 구제해 줄 의지를 분명히 나타냈던 것이다. 신의 이런 기적은 희망을 견고하게 하기에 충분했다.

이 홍수의 기적이 사람들의 기억 속에 너무나 뚜렷하게 남아 있었으므로, 노아가 아직 살아 있을 때 신은 아브라함에게 약속했으며, 셈이 아직 살아 있을 때 신은 모세를 보내고……[3]

---

[3] 유대 민족의 역사가 여기서는 신의 목적과 관련해서 해석되고 있다. 유대 민족은 신의 예언의 수탁자이며, 각 시대에 있어서 이 예언에 대한 신앙은 신의 힘과 의지를 명시하는 어떤 증거에 의해 갱신되고 확인되어 왔다. 이것은 최근의 유럽 신학계의 한 경향인 구제사적 견지와 상통하는 것이다.

645 표징.
신은 그의 백성들에게서 소멸해 가는 행복을 빼앗으려는 데 있어서, 이는 그럴 힘이 없어서가 아님을 나타내기 위해 유대 민족을 만든 것이다.

646 유대인의 교회는 망하지 않았다. 이는 유대인의 교회가 신의 표징이었기 때문이다. 그러나 단지 표징에 불과할 따름이며, 그는 예속의 상태로 떨어졌다. 표징은 신이 진리를 나타낼 때까지 존속했다. 교회는 언제나 진리를 약속하는 회화적인 형상으로, 혹은 현실로 볼 수 있도록 한 것이다.

647 율법도 일종의 표징이라는 것.[4]

648 두 가지 오류.
① 모든 것을 문자 그대로 해석하는 것.
② 모든 것을 추상적으로 해석하는 것.

649 너무 지나친 표징에 반대하여 말하는 것.

650 표징에는 명백하게 논증적인 것도 있지만, 논리나 당연성이 결여된 듯한 표징도 있다. 이런 표징은 이미 설득당한 사람들에게는 증거가 될 수 있다. 후자의 특징은 묵시주의자[5]의 것과 비슷하다. 하지만 자세히 살펴보면

---

4 얀세니우스는 "구약성서의 상태는 표징이다"(《아우구스티누스》 제3권 8장)라고 말하고 있다. 파스칼에게 표징의 교리는 일반적으로 이야기되고 있는 것처럼 중세 신학으로의 복귀나 모방이 아니라, 이 얀세니우스 신학에 대한 적응이다.
5 묵시주의란 신약성서 중의 〈요한계시록〉을 비롯해서 구약성서 중의 〈다니엘〉이나 구약외전 중에 있는, 경향 문헌의 사상을 중심으로 하여 성서의 예언을 공상에 섞어서 종말론적으로 해석하는 입장을 말한다.

약간의 차이를 발견할 수 있다. 그 차이는 그것들이 확실성이 없다는 바로 그 점에 있다. 따라서 그것이 우리의 어떤 표징과 마찬가지로 충분한 기초를 가지고 있다는 것보다 더 큰 잘못은 없을 것이다. 왜냐하면 그들의 표징이란 것은 우리의 표징과는 달리 논증적인 그 무엇을 가지고 있지 않기 때문이다.

그래서 그들 사이의 승부는 꼭 같은 것이 아니다. 두 가지를 서로 똑같은 계열에 놓을 수는 없다. 이 두 가지는 한쪽에서 보면 아주 큰 차이가 있기 때문이다. 사람들이 모호성을 소중하고 신성하게 여기는 이유는 거기에 지극한 분명함이 숨어 있기 때문이다.

이것은 어떤 막연한 대화를 나누고 있는 사람들과 마찬가지이다. 그것을 이해하지 못하는 사람에겐 그 말들 속의 하찮은 뜻밖에 이해되지 않는 것이다.

651

묵시주의자, 아담 이전의 인류 존재론자, 천년지복론자들[6]의 부조리. 성서에다 부조리한 이론으로 기초를 마련하려는 사람.

예를 들면 "이 시대가 지나기 전에 이 일을 이루리라"고 말하는 것[7] 등은, 부조리한 논리로 자기 주장을 세우려 하는 것이다. 그에 대해서 나는, 이 시대가 지나가면 대를 이어 다음 시대가 계승되리라는 것을 말하고자 한다. 〈역대하〉에는 솔로몬과 왕이 서로 다른 인물처럼 기록되어 있다.[8] 나는 그들이 두 인물이었다고 말하고자 한다.

652

특수한 표징.
두 가지의 율법, 두 개의 십계명, 두 개의 신전, 두 명의 포로.

---

6 천년지복론이란 말세 전에 1천 년간 메시아(그리스도)가 세계를 통치해서 이상왕국을 실현한다는 설.
7 〈마태복음〉 24장 34절 참조.
8 〈역대하〉 1장 14절 참조.

653
표징.
예언자들은 허리띠, 수염, 불에 그을린 머리카락을 표징⁹으로 가지고 예언했다.

654
오찬과 만찬의 차이. 신에게는 말과 뜻은 다르지 않다. 신은 진실하신 존재이기 때문이다. 또 말씀의 결과도 결코 어긋나는 일이 없다. 그는 전능한 존재이므로. 그 수단과 결과가 어긋나는 법도 없다. 그는 현명한 존재이기도 하니까. 베르나르, "보내진 자에 대한 최후의 설교."

아우구스티누스의 《신국론》 제5권 10장. 이 기준은 보편적인 것이다. 신은 모든 일을 행할 수 있다. 죽는다는 것이나 사기당하는 것 등의 일을 행한다면 그는 전능한 존재가 될 수 없으므로. 이 일 외에는 모든 일을 행할 수 있다.

이 진리를 확증하기 위한 그토록 많은 복음사가들. 유익한 그들의 불일치.

최후의 만찬 후의 성찬. 표징 다음의 진리.

예루살렘의 멸망은 곧 세계의 멸망의 표징이니, 이는 예수 그리스도 사후 40년의 일이다.

"나는 모른다." 인간으로서, 또 사자(使者)로서. 〈마가복음〉 13장 32절.

유대인과 이방인에 의해 정죄된 예수. 두 사람의 아들로 표징된 유대인과 이방인. 아우구스티누스의 《신국론》 제20권 9장.

655
여섯 개의 시대.
여섯 개의 시대의 여섯 명의 조상, 시초의 여섯 개의 기적, 여섯 시대의 시초의 여섯 가지의 서광.¹⁰

---

9 〈예레미야〉 13장 1절, 41장 5절. 〈다니엘〉 3장 27절.
10 아우구스티누스의 《마니교도》를 반박하고 〈창세기〉를 논하다. 1장 23절에 의하면 여섯 개의 서광이란 천지 창조, 하선(下船), 아브라함의 소명, 다윗의 바빌로니아 이주, 예수의 전도이다.

656

아담, "오실 자의 표상."[11]

한쪽을 형성하기 위한 6일, 다른 쪽을 형성하기 위한 여섯 시대. 모세가 기록한 아담의 형성을 위한 6일은, 예수 그리스도와 그의 교회를 형성하기 위한 여섯 개의 시대의 형상에 불과하다. 만일 아담이 죄를 범하지 않고, 따라서 예수가 강림하지 않았더라면, 계약도 인간의 시대도 오직 하나뿐이었을 것이다. 그리고 천지 창조도 단 한 시간 동안에 성취된 것으로 묘사되었을 것이다.

657

표징.

유대와 애굽의 두 민족은 모세가 만난 두 사람에 의해 분명히 예언되었다. 애굽인이 유대인을 학대했을 때 모세는 유대인에 대한 복수로 그 애굽인을 죽였으나, 그 유대인은 그 은혜를 알지 못했다는 것이다.[12]

658

병든 영혼의 상태를 나타내는 복음의 표징은 병든 몸뚱이이다. 그러나 하나의 육체만으로는 그 병을 나타내기에 충분하지 못하므로, 많은 몸뚱이를 필요로 한 것이다. 따라서 귀머거리, 벙어리, 소경, 중풍병자, 죽은 나사로, 귀신 들린 자들이 있다. 이런 것들은 모두 병든 영혼 속에 포함되어 있는 것이다.

659

표징.

구약성서가 단지 표징에 지나지 않으며, 예언자들이 현세의 행복을 내세의 행복으로 해석한 것을 다음에서 알 수 있다.

우선 그것은 신에게 합당하지 않으리라는 것, 다음에 그들의 교설은 현세의 행

---

11 〈로마서〉 5장 14절 참조.
12 〈출애굽기〉 2장 11~14절 참조.

복으로 그 약속을 설명하고 있으나, 그럼에도 불구하고 그들의 교설은 매우 막연한 것이어서 그 의미는 결코 이해되지 못하리라 말하고 있다. 이것으로 그 숨은 뜻을 그들이 명백하게 설명하고 있는 것은 아니고, 따라서 그들은 다른 제물과 다른 구세주 등에 대해 말하려고 했다. 시대의 종말에 이르기까지 그것은 이해될 수 없는 것이라고 말하고 있다. 〈예레미야〉 30장 마지막 구절.

제3의 증거는 그들의 교설이 대립하여 서로 상쇄되어 버리는 데서 그들의 율법이나 제물 따위의 어휘가 모세의 그것들을 의미하는 데 불과하다고 생각하면, 거기에는 커다란 모순이 생긴다는 것이다. 그러므로 그들이 같은 문제에 서로 모순된 말을 하고 있을 때는, 다른 것을 제시하고 있었던 것이다.

그래서 어떤 저자가 의미하는 바를 이해하고자 한다면……[13]

660 사욕은 우리에게 아주 자연스러운 것으로서, 우리의 제2의 천성이 되고 말았다. 그러므로 우리 마음속에 하나는 좋고 하나는 나쁜 두 가지 천성이 있는 것이다. 신은 과연 어디에 있는 것일까? 너희가 없는 곳에. 그러나 신의 나라는 너희 안에 있다.[14] 랍비들.

661 모든 신비로운 교리 속에 단 하나 참회만이 유대인에게 분명히 선포되어, 선구자 성 요한에 의해 이루어졌다. 거기에서 또 다른 교리들이 잇따랐다. 전세계에 있어서도, 각 사람에게 있어서도 이런 순서를 지킬 것을 표시하기 위해.

---

13 단장 684 참조.
14 신은 인간의 본성이 타락되어 있는 한 그 마음속에 존재하지 않는다. 그러나 그 본성이 최초의 상태로 복귀하면 그곳에 머물러 있는 것이다. 이와 같이 육적인 유대인이 물질적으로 해석하려고 하면 신은 성서 속에 존재하지 않으나, 그들이 사랑을 가지고 정신적으로 해석하려 할 때 그 속에 있게 된다.

662

육적인 유대인은 그들의 예언 속에 나타나 있는 구세주의 위대함과 겸허를 모두 이해하지 못했다. 그들은 구세주를 이해하지 못하고 오해한 것이다. 말하자면 구세주는 다윗의 자손이면서 그의 주인이라고[15] 하거나, 그는 아브라함보다 먼저 있었던 사람으로 아브라함이 그를 보았다든가[16] 하는 식으로 그리스도에 대해 말한 것으로 보아 알 수 있다. 그들은 구세주의 위대함이 그 영원성에 있음을 깨닫지 못했다. 그리고 또 그들은 구세주의 겸허나 죽음도 마찬가지로 오해했다. 그들은 "구세주는 영원히 살 것이라고 했는데, 이 사람은 '나는 죽을 것이다'[17]라고 말했다"고 했다. 그들은 그가 죽지도 않고 영원히 살지도 않는다고 생각했다(그러나 사실 구세주는 육신으로는 한 번 죽었지만, 영원히 산 것이다). 곧 그들은 구세주 안에서 육적인 위대함만을 추구한 것이다.

663

표징적인 것.
탐욕처럼 사랑과 흡사한 것은 없다. 또 탐욕처럼 사랑과 상반되는 것도 없다. 그래서 탐욕을 만족시키는 많은 재물에 싸인 유대인들은 기독교도와 아주 비슷하지만, 한편 매우 대조적이기도 하다. 이런 가능성 때문에 그들은 함께 가지고 있어야 할 두 가지 특성, 즉 구세주를 표징하기 위해 그리스도를 닮는 것과, 또 의심스러운 증인이 아니라는 것을 나타내기 위해 그리스도와 반대되는 특징을 가지고 있었다.

664

표징.
신은 유대인으로 하여금 예수 그리스도를 섬기게 하기 위해 유대인의 사욕을 이용했다. 그리스도는 유대인의 그 사욕을 바로잡을 방법을 가져왔으므로.

---

15 〈마태복음〉 22장 45절.
16 〈요한복음〉 8장 56~58절.
17 〈요한복음〉 12장 34절.

665 사랑은 표징적인 가르침은 아니다. 진리를 세우기 위해 표징을 없애러 온 예수 그리스도에게, 전에 있던 현실적인 것을 제거하기 위해 사랑의 표징을 세우러 왔으리라 말하는 것은 두려운 일이다.

"빛이 어둠이라면 그 어둠은 얼마나 크겠느뇨."[18]

666 매혹. "깊은 잠."[19]
"이 세상의 상태."[20]

"너희가 먹는 식물."[21]

"우리의 양식."[22]

"신의 원수는 땅을 핥으리라."[23] 죄인이 땅을 핥는다는 말은 지상의 쾌락을 즐긴다는 뜻이다.

구약성서는 내세에 관한 환희의 표징을 가지고 있는데, 신약은 그곳에 이르는 방법을 제시하고 있다. 표징은 환희이지만 그 방법은 참회이다. 그러나 유월절의 희생물인 어린 양은 쓴 나물을 곁들여 먹었다.[24]

"나는 온전히 면하게 하소서."[25] 예수 그리스도는 그가 죽기 전에는 단 한 사람의 순교자였다.

667 표징적인 것.
검, 방패라는 용어. "대장부."[26]

---

[18] 〈마태복음〉 6장 23절.
[19] 〈시편〉 76편 6절.
[20] 〈고린도전서〉 7장 31절.
[21] 〈신명기〉 8장 9절.
[22] 〈누가복음〉 11장 3절.
[23] 〈시편〉 72편 9절.
[24] 〈출애굽기〉 12장 8절. 라틴어 번역은 다소 잘못된 부분이 있다.
[25] 〈시편〉 141편 10절.
[26] 〈시편〉 45편 3절 참조.

668 인간은 사랑에서 떨어져 있을 때에는 방황하게 된다. 우리의 기도나 덕도 예수 그리스도의 기도나 덕이 아니었더라면 신 앞에서는 미움을 받을 수밖에 없었을 것이다. 그리고 우리의 죄가 예수 그리스도의 죄가 아니라면, 신의 연민의 대상이 아니라 정의의 대상이 될 것이다.

예수 그리스도는 우리의 죄를 대신 맡아 지고, 우리에게 그와의 결합을 허용해 주셨다. 왜냐하면 덕은 그에게는 고유한 것이며 죄는 외래의 것이지만, 우리에게는 죄가 본래의 것이고 덕이 외래의 것이기 때문이다.

선한 것을 판단하기 위해 우리가 오늘날까지 가지고 있던 기준을 고쳐야 한다. 우리는 우리의 의지를 기준으로 삼아 왔다. 그러나 지금은 신의 의지를 가지고 있는 것이다. 신이 원하는 것은 모두가 우리에게 선하고 이로운 것이지만, 신이 바라지 않는 것은 모두가 악이다.

신이 바라지 않는 것은 모두 금지되어 있다. 죄는 신이 내린 일반적인 선언에 의해 금지당한 것이다. 신은 그것을 바라지도 않는다. 신이 일반적으로 금하지 않고 그대로 내버려두고 있는 것, 그것을 구실로 사람들이 해도 좋다고 말하는 것은 반드시 허용된 것은 아니다. 왜냐하면 신이 우리로부터 어떤 일을 멀리했을 때에는, 그 일은 죄로서 우리에게 금지되어 있기 때문이다. 그것은 신의 의지가 그 어느 것을 해서도 안 된다는 것을 우리에게 말하고 있다. 다만 양자 사이에 존재하는 차이는, 신이 죄를 원하지 않는다는 것은 분명한 사실이지만, 신이 다른 편을 원하지 않는다는 것은 불분명하다는 점뿐이다. 그러나 신이 그것을 원하지 않는 한 우리는 그것을 죄로 여기지 않을 수 없다. 오직 홀로 완전한 선이며 완전한 의인 신의 뜻이 결여됨으로써, 그것이 부정이 되고 악이 되는 한에서는.

669 우리의 약함으로 인하여 표징을 바꾼다.

670 표징.

유대인들은 다음과 같은 세속적인 생각을 가지고 늙어갔다. 즉 신은 그들의 조상 아브라함과 그 육체 및 거기서 날 자손을 사랑했다. 그래서 그들을 번식하게 하고 다른 민족과의 잡혼을 허용하지 않았다. 그들이 애굽에서 고난을 당할 때에는, 그들을 위해 많은 위대한 기적으로 그들로 하여금 거기에서 빠져나오게 했다. 광야에서는 만나(신이 광야에 있는 그들에게 내린 기적적인 하늘의 양식)로 그들을 먹이고, 매우 기름진 땅으로 그들을 인도하셨다. 신은 그들에게 왕과 훌륭한 신전을 주고, 거기서 희생의 제물을 바치게 했다. 그 희생의 제물에서 나오는 피로 그들을 정결하게 하신 것이다. 그래서 장차 그들을 세계의 지도자로 삼으려 했으며, 구세주를 보내 그의 강림의 시기를 예언했던 것이다.

세계가 이같은 육적인 미망 속에 빠져 헤매고 있을 때 예수 그리스도는 예언된 시기에 강림하셨지만, 사람들이 예기하던 바와 같은 그런 육적인 광휘를 지니지는 않았다. 그 때문에 사람들은 그를 메시아(구세주)로 생각하지 않았다. 그가 죽은 후 성 바울은 다음과 같은 것을 가르치기 위해 왔다. 곧 이런 모든 것은 표징으로 일어났으며, 신의 나라는 육에 있는 것이 아니라 영에 있으며, 유대인의 적은 바빌로니아인이 아니라 정욕이며, 신은 인간의 손으로 세운 신전을 기뻐하지 않고 맑고 겸손한 마음을 기뻐하시며, 육체의 할례는 아무 이익이 되지 않지만 마음의 할례는 필요한 것이며, 모세는 그들에게 하늘의 양식을 주지 않았다는 등.

그러나 신은 이런 일을 깨달을 자격이 없는 이 민족에게 보여주려고 하지 않았다. 그렇지만 그것을 믿게 하기 위해 그 시기를 분명히 예언하고 때로는 그 예언을 분명하게 하고, 또 대부분의 경우에는 표상으로 나타내어 표징하는 것을 좋아하는 사람들이 그것에 관심을 갖도록 하고, 그 표징된 것을 좋아하는 사람에게는 거기서 자기가 사랑하는 것을 찾아내게 했다.[27]

---

[27] '표징하는 것'은 외면적·현상적·시간적인 것, '표징된 것'은 내면적·본질적·영원한 것.

사랑에 이르지 못하는 모든 것은 표징이다.

성서의 유일한 목적은 사랑이다.

성서의 이 유일한 목적에까지 이르지 못하는 모든 것은 표징이다. 왜냐하면 목적은 하나밖에 없으며, 정확한 말로 그것을 나타내지 않는 것은 모두 표징이므로.

이와 같이 신은 우리를 신에게 인도하는 이 다양성에 의해 그 다양성을 바라는 우리의 호기심을 만족시키려고 하는 것이다. 왜냐하면 필요한 것은 오직 하나뿐이지만, 우리는 다양한 것을 좋아하기 때문이다. 그래서 신은 유일한 필요로 인도하는 이 다양성으로 둘을 다 충족시키는 것이다.

유대인들은 표징으로 나타나는 것을 아주 좋아했다. 그래서 그것을 열렬히 바랐으므로, 실제로 예언된 시기와 방법대로 그것이 나타났을 때 그들은 그 사실을 오해했다.

랍비들은 신부(新婦)의 젖가슴[28]을 표징으로 삼았으며, 그들의 유일한 목적, 즉 지상의 재보를 나타내지 않는 것은 무엇이든 현세적인 행복의 표징으로 여겼다. 그러나 기독교도들은 성찬까지도 그들이 지향하는 영광의 표징으로 삼았다.

671

여러 나라들과 여러 왕들을 지배하도록 소명을 받은 유대인은 죄의 노예였다. 그리고 봉사와 순종을 사명으로 알고 있는 기독교도들은 자유의 아들인 것이다.[29]

672

형식주의를 위해서.

성 베드로와 사도들은 할례의 폐기, 즉 신의 율법에 반하는 행동에 대

---

28 〈아가〉 4장 5절.
29 "기독교도는 모든 것의 위에 있는 자유로운 주인으로 누구의 아래에도 있지 않다. 기독교도는 모든 사람에게 헌신적인 하인이다." (루터 《기독교도의 자유》)

해 협의할 때,³⁰ 그들은 예언자들과 상의하지 않고³¹ 다만 할례를 받지 못한 사람이 성령을 받는 것에만 주목했다.

그들은 율법을 지켜야 한다는 것보다도, 신은 그의 영이 충만한 사람을 귀하게 여긴다는 것이 확실하다고 판단했다. 율법의 목적은 단지 성령일 뿐이라는 것, 그래서 할례 없이 성령을 받은 이상 할례가 필요하지 않음을 알고 있었다.

673 "너희들은 삼가 이 산에서 네게 보인 식양대로 할지니라."³²
그렇다면 유대인이 믿는 종교는 구세주의 진리와 비슷한 곳에 그 뿌리를 두고 있으며, 구세주의 진리는 그 표징인 유대인의 종교에 의해 인정된 것이다.

교회는 그 진리를 숨겨 두기 때문에, 표징을 통해서만 그 진리를 알 수 있는 것이다.

표징은 진리에 그 바탕을 두고, 진리는 표징에 그 바탕을 두고 있다.

성 바울은 사람들이 결혼을 금할 것이라고 스스로 말하고도³³, 유독 고린도인에게만 올무와 같은 방식으로 결혼에 대해 말했던 것이다.³⁴ 만일 어떤 예언자가 결혼을 금하라 말하고 그후 성 바울이 결혼해야 한다고 말했다면, 그는 비난받았을 것이다.

674 "삼가 모든 것을 산에서 네게 보이던 본을 좇아 지으라." 거기에 대해 성 바울은, 유대인들이 천상의 것을 본받은 것이라고 말했다.³⁵

30 〈사도행전〉 15장 7절 이하.
31 〈창세기〉 17장 10절. 〈레위기〉 12장 3절.
32 〈출애굽기〉 25장 40절.
33 〈디모데전서〉 4장 1~3절.
34 〈고린도전서〉 7장 35, 37절.
35 〈히브리서〉 8장 5절.

675 그러나 어떤 사람들을 눈멀게 만들고 또 다른 사람들을 눈뜨게 하려고 만들어진 이 성서는, 눈멀게 된 사람들에게까지 다른 사람이 반드시 알아야 할 진리를 나타낸 것이다. 그들은 신으로부터 받은 눈으로 볼 수 있는 행복이 너무 크고 엄청난 것이어서, 눈에 보이지 않는 행복과 구세주를 주시는 것도 가능하다고 생각했던 것이다.

그것은 자연이 신의 은총의 표상이며, 보이는 기적은 보이지 않는 것의 표상이기 때문이다. "내가 네게 이르노니 일어나 네 상을 가지고 집으로 가라."[36]

이사야는 속죄를 홍해를 건너는 것에 비유했다.[37]

신은 홍해를 건너 탈출하는 데서, 여러 왕들의 패배에서, 만나에서, 아브라함의 전 계보에서 신의 구원과 하늘의 음식을 내려줄 수 있음을 나타냈다. 그러므로 원수인 이 백성들은 그들이 알지 못하는 구세주의 표상이요 표징인 셈이다. 그래서 결국 신은 이런 모든 것이 표징에 불과하며 '참다운 자유'[38] '참된 이스라엘'[39] '참된 할례'[40] '참된 하늘의 빵'[41] 등등이 무엇인가를 가르쳐준 것이다.

이런 약속 가운데 각 사람은 그의 마음 깊은 곳에 자리잡고 있는 것이 현세적인 행복인가 영적인 행복인가, 또는 신인가 피조물인가를 알아차릴 수 있게 된다. 그러나 거기에는 이런 차이가 있다. 즉 거기에서 피조물을 구하는 사람은 구하는 것을 찾을 수는 있지만, 여러 가지 모순과, 그것을 사랑해서는 안 된다는 금제와, 신만을 사랑하고 경배하라는 명령에 대한 모순과 함께 그 구하는 것을 발견한다. 결국 구세주는 그들을 위해 강림하지 않았다. 그러나 거기에서 신을 찾는 사람은, 어떤 모순도 없이 단지 신만을 사랑하라는 명령과 함께 신을 발견한다. 구세주는

---

36 〈마가복음〉 2장 11절.
37 〈마가복음〉 10장 11절.
38 〈요한복음〉 8장 36절.
39 〈요한복음〉 1장 47절.
40 〈로마서〉 2장 28, 29절.
41 〈요한복음〉 6장 32절.

그들이 찾고 있는 행복을 주기 위해 이미 예언자들이 예언했던 바로 그 때에 강림한 것이다.

이와 같이 유대인은 기적과 예언을 가지고 그것들이 이루어지는 것을 보았다. 또한 그들의 율법은 유일신만을 사랑하고 경배하라는 가르침으로, 이것은 영원한 명령이다. 따라서 그것은 참된 종교가 갖추어야 할 모든 특징을 가지고 있으므로 진실한 종교이다. 그러나 유대인의 가르침과 율법의 가르침 사이에는 뚜렷한 차이가 있다. 유대인의 가르침에는 기적과 예언, 그리고 영원성이 있었지만 진실한 것은 아니었다. 그것은 오직 유일신인 여호와만을 사랑하고 경배하라는 가장 중요한 이 한 가지 사실을 빠뜨렸기 때문이다.

676 유대인이 이해하지 못하도록 성서 위에 씌워진 베일은,[42] 사악한 기독교도와 자기 자신을 미워할 줄 모르는 모든 사람들을 위한 것이기도 하다. 그러나 인간이 참으로 자기 자신을 미워할 수 있는 때야말로, 성서를 참으로 올바르게 이해하고 예수 그리스도를 이해할 수 있는 때이다.

677 표징은 있는 것과 없는 것, 유쾌와 불쾌를 가져온다. 이중의 의미를 가진 부호는 명백한 것과 숨겨져 있는 것의 두 가지 뜻을 가지고 있다.

678 초상이라는 비슷한 모양은 있는 것과 없는 것, 유쾌와 불쾌를 가지고 온다. 실물은 없는 것과 불쾌한 것을 제거해 준다.

표징.

율법과 제물이 실물인지 표징인지 알기 위해서는, 예언자들이 그런 이야기를 할 때 그들의 견해와 사상을 그것에만 한정시켜, 다만 저 낡은 언약만 보았는지,

---

42 〈고린도후서〉 3장 12~18절.

아니면 그 언약이 그림으로 나타나는 어떤 다른 것을 보았는지 확인할 필요가 있다. 초상이라는 비슷한 모양 속에서 표징의 주제를 찾아낼 수 있기 때문이다. 그것을 보기 위해서는 거기에 관한 예언자들의 이야기를 곰곰이 생각해 보면 된다.

그들이 그것을 영원히 있는 것이라고 말할 때, 그것은 그들 자신이 "그것은 변하리라"고 언명한 계약에 대해 말하고 있는 것이라고 해석해야만 될 것인가?

부호는 이중의 의미를 가지고 있다. 인간이 뜻밖에 아주 중요한 편지 한 통을 받고 거기서 분명한 의미를 알 수 있으면서도 그 뜻이 가려져 있어 확실히 알 수 없다고 할 때, 그 편지를 보아도 보이지 않고 들어도 들리지 않는 경우, 사람들은 거기에 이중의 의미를 가진 부호가 있다고 생각하는 외에 무엇을 생각할 수 있겠는가? 하물며 문자의 의미에서 아주 뚜렷한 모순을 찾아낼 때는 더 말할 필요조차 없지 않을까?

예언자들은 분명히 예언하고 있다. 이스라엘은 한결같이 신의 사랑을 받게 될 것이며, 율법은 영원한 것이라고. 또 사람들은 그들의 말의 뜻을 깨닫지 못하고, 그 말은 가려진 채 알려지지 않고 있을 것이라고.[43]

그러면 부호를 우리에게 분명히 드러내어 그 숨은 참뜻을 우리가 알 수 있도록 가르쳐주는 사람들을 존경해야 하지 않겠는가? 더구나 그들이 거기에서 밝혀내는 원리가 참으로 자연적이고 명료한 경우라면 더 말할 필요조차 없는 것 아닐까? 예수 그리스도와 그의 사도들이 바로 그와 같이 행했던 것이다. 그들은 봉인을 뜯고 베일을 찢은 다음 참다운 뜻을 인간들에게 보여준 것이다. 그들은 그렇게 하여 인간의 적은 자기의 정념이라는 것, 대속의 주는 영적이라는 것, 두 번의 강림이 있을 것인데, 한 번은 오만한 인간을 누르기 위해 비천한 모습으로, 다른 한 번은 억압받는 인간을 높이기 위해 영광된 모습으로 강림한다는 것, 예수 그리스도는 신인 동시에 인간이라는 것을 우리에게 가르쳐준 것이다.

43 난외에 있는 말.

679 표징.

예수 그리스도는 성서를 이해시키려고 그들의 마음의 문을 열어 주셨다. 그 2대 계시는 다음과 같다.

① 모든 것은 그들에게 표징으로 나타났다. 참된 이스라엘, 참된 자유, 하늘로부터의 빵.

② 십자가에 못박히기까지의 겸허한 신. 그리스도는 그의 영광에 들어가기 위해 고난을 받아야만 했다. "당신은 당신의 죽음에 의해 죽음을 이기셨다."[44] 두 번의 강림.

680 표징.

한 번 비밀이 나타나면 누구나 이를 보지 않을 수 없게 된다. 그런 뜻에서 구약성서를 읽어 보라. 그 제물은 참된 것이었는지, 아브라함을 조상으로 믿는 것이 신의 사랑을 받을 수 있는 참된 조건이었는지, 또 약속된 땅이 안식을 위한 참된 고장이었는지 살피도록 하라—그렇지는 않았다. 그러므로 그것은 표징이었던 것이다. 마찬가지로, 정해진 모든 의식, 사랑을 목적으로 하지 않는 모든 계율을 살펴보라. 그것이 표징임을 곧 알게 될 것이다.

이 모든 제물이나 의식은, 표징 아니면 어리석은 짓 두 가지 중 하나이다. 그런데 그것들은 어리석은 짓으로 단정해 버리기에는 너무 고상하고 분명하다.

예언자들이 자기들의 견해를 구약성서에만 한정하고 있는지, 혹은 거기서 다른 것을 찾아냈는지를 이해한다는 것.

681 표징적인 것.

부호를 푸는 열쇠.

---

[44] 〈히브리서〉 2장 14절.

"진실한 예배자."[45] ― "보라, 세상 죄를 지고 가는 하느님의 어린 양이로다."[46]

682

〈이사야〉 1장 21절, 선을 악으로 바꾸는 것 및 신의 복수.

〈이사야〉 10장 1절, "불의의 계율을 정하는 자는 화 있으리라."

〈이사야〉 26장 20절, "네 백성아, 갈지어다. 네 밀실에 들어가서 너의 뒷문을 닫고 분노가 사라질 때까지 잠시 숨어 있으라."

〈이사야〉 28장 1절, "교만한 면류관이여, 화 있을진저."

기적―〈이사야〉 33장 9절, "땅이 슬퍼하고 쇠잔하며, 레바논은 부끄러워 마르고……" "여호와께서 가라사대 내가 이제 일어나며 내가 이제 나를 높이며 내가 이제 지극히 높이리니……"[47]

〈이사야〉 40장 17절, "그 앞에는 모든 열방이 아무것도 아니라, 없는 것같이, 빈 것같이 여기시느니라."

〈이사야〉 41장 26절, "누가 처음부터 이 일을 우리에게 고하여 알게 하였느뇨. 누가 이전부터 우리에게 고하여 이가 옳다고 말하게 하였느뇨."

〈이사야〉 43장 13절, "우리가 떠난다면 누가 이룰 수 있겠느냐."

〈예레미야〉 11장 21절, "주의 이름으로 예언하지 말라. 두렵건대 우리 손에 죽을까 하노라. 주께서 이렇게 말씀하시도다."

〈이사야〉 44장 20절, "내 오른손에 거짓 것이 있지 아니하냐 하지도 못하리라."

〈이사야〉 44장 21, 22절, "야곱아, 이스라엘아, 이 일을 기억하라. 너는 내 종이니라. 이스라엘아, 나는 너를 잊지 아니하리라. 네 허물을 구름의 사라짐같이, 네 죄를 안개의 사라짐같이 지워 버렸으니 너는 내게로 돌아오라. 내가 너를 구속하였음이니라."

---

[45] 〈요한복음〉 4장 23절.
[46] 〈요한복음〉 1장 29절.
[47] 〈이사야〉 33장 10절.

〈이사야〉 44장 23, 24절, "하늘이여, 노래할지어다. 땅의 깊은 곳들이여, 노래 부를지어다. 여호와께서 야곱을 구속하셨으니 이스라엘로 자기를 영화롭게 하실 것임이로다. 네 구속자요 모태에서 너를 조성한 나 여호와가 말하노라. 나는 만물을 지은 여호와라. 나와 함께 한 자 없이 홀로 하늘을 폈으며, 땅을 베풀었노라."

〈이사야〉 54장 8절, "내가 넘치는 진노로 내 얼굴을 네게서 잠시 가리웠으나 영원한 자비로 너를 긍휼히 여기리라. 네 구속자 여호와의 말이니라."

〈이사야〉 63장 12절, "그 영광의 팔을 모세의 오른손과 함께 하시며 그 이름을 영원케 하려 하사 그들 앞에서 물을 둘로 갈라지게 하신 분."

〈이사야〉 63장 14절, "주께서 이같이 주의 백성을 인도하사 이름을 영화롭게 하셨느니라."

〈이사야〉 63장 16절, "주는 내 아버지시라. 아브라함은 우리를 모르고 이스라엘은 우리를 인정치 아니할지라도."

〈이사야〉 63장 17절, "우리의 마음을 강퍅하게 하사 주를 경외하지 않게 하나이까."

〈이사야〉 66장 17절, "스스로 정결케 하고 동산에 들어가서 …… 자(者)가 모두 함께 망하리라. 여호와의 말씀이니라."

〈예레미야〉 2장 35절, "너희들은 말하기를 나는 무죄하니 그 진노가 참으로 내게서 떠났다 하거니와, 보라 너의 말이 나는 죄를 범하지 않았다고 말함으로써 내가 너희를 심판하게 되리라."

〈예레미야〉 4장 22절, "그들은 악을 행하기에는 지각이 있으나, 선을 행하기에는 무지하도다."

〈예레미야〉 4장 23~27절, "내가 땅을 본즉 혼돈하고 공허하며 하늘들을 우러른즉 거기 빛이 없으며, 내가 산들을 본즉 다 진동하며 작은 산들도 요동하며, 내가 본즉 사람이 없으며 공중의 새가 다 날아갔으며, 내가 본즉 좋은 땅(갈멜)이 황

무지가 되었으며, 그 모든 성읍이 여호와의 앞 그 맹렬한 진노 앞에 무너졌으니, 이는 여호와의 말씀에 이 온 땅이 황폐할 것이나 내가 진멸하지는 아니할 것이며."

〈예레미야〉 5장 4, 6절, "내가 말하기를 이 무리는 비천하고 우준한 것들뿐이라, 여호와의 길 즉 자기 하느님의 법을 알지 못하니 내가 귀인들에게 가서 그들에게 말하리라. 그들은 여호와의 길 즉 자기 하느님의 법을 안다 하였더니, 그들도 일제히 그 멍에를 꺾고 결박을 끊은지라. 그러므로 수풀에서 나오는 사자가 그들을 죽이며 사막의 이리가 그들을 멸하며 표범이 성읍들을 엿본즉."

〈예레미야〉 5장 29절, "내가 이들로 인하여 벌하지 아니하겠으며, 내 마음이 이 같은 나라에 보수하지 않겠느냐. 여호와의 말씀이니라."

〈예레미야〉 5장 30절, "이 땅에 기괴하고 놀라운 일이 있도다."

〈예레미야〉 5장 31절, "선지자들은 거짓을 예언하며 제사장들은 자기 권력을 다스리며 내 백성은 그것을 좋게 여기니, 그 결국에는 너희가 어찌하려느냐."

〈예레미야〉 6장 16절, "여호와께서 이같이 말씀하시되, 너희는 길에 서서 보며 옛적 길, 곧 선한 길이 어디인지 알아보고 그리로 행하라. 너희 심령이 평강을 얻으리라 하나 그들의 대답이 우리는 그리로 행치 않겠노라 하였도다."

"내가 또 너희 위에 파수꾼을 세웠으니 나팔소리를 들으라 하나, 그들이 답하기를 우리는 듣지 않겠노라 하였도다."

"그러므로 너희 열방아 들으라. 내가 이 백성들에게 재앙을 내리리니……"[48]

겉으로 행하는 제사에 대한 충성. 〈예레미야〉 7장 14절, "그러므로 내가 실로에 행함같이 너희가 의뢰하는 바 내 이름으로 일컬음을 받는 이 집, 곧 너희 선조에게 준 이곳에서 행하겠고 내가 너희 모든 형제 곧 에브라임 온 자손을 쫓아냄같이 내 앞에서 너희를 쫓아내리라 하셨다 할지니라. 그런즉 너는 이 백성을 위하여 기

---

48 〈예레미야〉 6장 18~19절.

도하지 말라."⁴⁹

중요한 것은 겉으로 드러나는 제물이 아니다.

〈예레미야〉 7장 22절 이하, "대저 내가 너희 선조를 애굽 땅에서 인도하여 낸 날에 번제나 희생에 대하여 말하지 아니하며 오직 내가 이것으로 그들에게 명하여 이르기를 너희는 내 목소리를 들으라. 그리하면 나는 너희 하느님이 되겠고, 너희는 내 백성이 되리라. 너희는 내가 명한 모든 길로 행하라. 그리하면 복을 받으리라 하였나니. 그러나 그들이 청종치 않는도다."⁵⁰

다수의 교설.

〈예레미야〉 11장 13절, "유다야, 네 신들이 성읍의 수효와 같도다. 너희가 예루살렘 거리의 수효만큼 많은 수치스러운 물건의 단, 즉 바알에게 분향하는 단을 쌓았도다. 그러므로 너는 이 백성을 위하여 기도하지 말라."

〈예레미야〉 15장 2절, "그들이 만일 네게 말하기를 우리가 어디로 나아가리요 하거든, 너는 그들에게 이르기를 여호와의 말씀에 사망할 자는 사망으로 나아가고, 칼을 받을 자는 칼로 나아가고, 기근을 당할 자는 기근으로 나아가고, 포로될 자는 포로될 곳으로 나아갈지니라 하셨다 하라." ― 〈예레미야〉 17장 9절, "만물보다 거짓되고 심히 부패한 것은 마음이라, 누가 능히 이를 알리요마는." 그것은 누가 그 모든 악의를 알 수 있을까, 왜냐하면 그 사악은 이미 알려져 있다는 뜻이다. "주된 나는 심장을 살피며 폐부를 시험한다.⁵¹ 그들이 말하기를 이제 우리가 계략을 써서 예레미야의 마음을 시험해 보자. 그러면 사제에게는 율법이, 예언자에게는 말씀이 있어 없어지지 않으리라."⁵² ― 〈예레미야〉 17장 17절, "주는 내게 두려움이 되지 마옵소서, 재앙의 날에 주는 나의 피난처시니이다."

---

[49] 〈예레미야〉 18장 18절.
[50] 〈예레미야〉 17장 10절.
[51] 〈예레미야〉 7장 22~24절.
[52] 〈예레미야〉 7장 14~16절.

〈예레미야〉 23장 15절, "사악이 예루살렘 선지자들에게서 나와서 그 온 땅에 미치니라."

〈예레미야〉 23장 17절, "항상 그들이 나를 멸시하는 자에게 이르기를 너희가 평안하리라 하며, 또 자기 마음의 강퍅한 대로 행하는 모든 사람들에게 이르기를 재앙이 너희에게 임하지 아니하리라 하였느니라."

683　표징.

문자는 죽인다. 모든 것은 표징으로 인해서 일어난 것이다. 이것이 곧 성 바울이 우리에게 가르쳐준 부호이다. 그리스도는 고난을 당해야 할 운명을 가지고 태어났다. 겸허한 신.

마음의 할례, 참된 금식, 참된 제물, 참된 신전, 이런 모든 것들은 영적인 것이 아니면 안 된다고 예언자들은 우리에게 가르쳐주었다.

썩어서 없어지는 식량이 아니라 절대로 썩어서 없어지지 않는 식량.

"너희는 참으로 자유를 얻으리라."[53] 그러므로 다른 자유란 이 자유의 표징에 불과한 것이다.

"나는 하늘로부터 내려온 떡이로다."[54]

684　모순.

모든 상반되는 것을 서로 일치시키지 못하고는 훌륭한 인간상을 만들 수 없다. 또한 상반되는 것을 일치시키지 않고 일치하는 성질의 계열만 따르는 것도 불충분하다. 어떤 저자가 뜻하는 바를 알기 위해서는 상반된 모든 구절을 일치시켜야 한다.

---

[53] 〈요한복음〉 8장 36절.
[54] 〈요한복음〉 6장 41절.

성서를 이해하기 위해서도 이처럼 상반된 모든 구절이 일치되어야 한다는 점에 유의해야 한다. 일치한 많은 구절들에서 조화를 이루고 있는 점을 찾아내는 것만으로는 부족하다. 상반되는 구절에서도 서로 일치하는 의미를 파악할 필요가 있는 것이다.

모든 저자는 서로 상반되는 구절을 일치시키는 하나의 의미를 가지고 있다. 그렇지 않다면 그들에게는 전혀 의미가 없을 것이다. 그러나 우리가 성서나 예언자들에게 그런 말을 할 수는 없다. 그들에게는 분명히 훌륭한 의미가 있었던 것이다. 그러므로 상반된 모든 구절을 일치시킬 수 있는 바로 그 의미를 찾아내야만 한다.

그렇게 보면 참된 의미는 유대인이 해명한 그런 것이 아니었다. 오직 예수 그리스도에 의해서만 모든 모순이 일치될 수 있었다. 유대인은 호세아가 예언한 왕위나 후위(侯位)의 단절을 야곱의 예언에 일치시킬 수 없었을 것이다.[55]

만일 우리가 율법이나 희생이나 왕위 등을 현실적인 것으로 해석한다면, 사람들은 모든 구절을 일치시킬 수 없다. 그러므로 우리는 그런 것들을 모두 표징으로 보아야 한다. 사람들은 같은 저자, 같은 서적, 심지어 같은 구절까지도 일치시키지 못한다. 그것은 저자가 무엇을 의미했는지 분명하게 보여주고 있다. 마치 〈에스겔〉 20장[56]에 사람은 신의 계명에 따라 살아야 하고, 또 그렇게 살아서는 안 된다고 말하고 있는 것과 같다.

685 표징.

만일 율법과 제물이 진리였다면 신은 그것들을 기꺼이 받아들일망정 못마땅하게 여기지는 않을 것이다. 그러나 만일 그것들이 표징이었다면, 받아들

---

55 〈호세아〉 3장 4절과 〈창세기〉 49장 10절을 비교해 보라.
56 그 13절과 25절을 가리키는 듯하다.

이기도 하고 또 미워하기도 했을 것이다. 그런데 성서를 읽어 보면 이들이 받아들여지기도 하고 미움을 받기도 했다. 율법과 제물은 변할 것이라고 성서에는 씌어있다. 또한 그들에게는 율법도 군주도 제물도 없어지고 새로운 언약이 맺어지며, 율법은 갱신될 것이라고 했다. 그들이 받은 훈계는 좋지 않고, 그들의 제물은 미움을 받을 것이며, 신은 결코 그런 것들을 원하지 않는다고 기록되어 있다.

한편, 율법은 영구히 계속되고, 이 언약은 영원히 존속될 것이며, 제물은 언제까지나 시행될 것이라고 했다. 또한 왕권은 그들에게서 제거당하지 않을 것이라고 했다. 왜냐하면 영원한 왕이 강림할 때까지 그것을 그들에게서 제거하지 않을 것이라고 기록되어 있기 때문이다.

이 모든 구절들이 현실적인 것들을 기록했다고 할 수는 없다. 이런 모든 것은 표징으로 말한 것이라고 할 수 있다. 그러므로 현실적인 것으로 말한 것이 아니라 표징으로 말한 것이다.

"양은 세상의 시초부터 죽여져 있었다."[57] 이 말은 희생의 의미를 결정한다. 사제인 심판장.

686

모순.
메시아(구세주)에 이르도록 지속된 왕권, 왕도 없고 군주도 없다.

영원한 율법—변화된 율법.

영원한 계약—새로운 계약.

선한 율법—나쁜 계율.

〈에스겔〉 20장.[58]

---

[57] 〈요한계시록〉 13장 8절.
[58] 이 상반된 예는 다음의 여러 단장에서 해명된다.

687 표징.

신의 진실한 말씀은 인간이 기록하는 문자로는 잘못이 있을 수도 있지만, 영적으로는 진실하다. "나의 우편에 앉으라."[59] 이것은 문자대로는 잘못된 것이다. 그러나 영적으로는 진실하다.

이런 표현에서 신은 의인화되어 있다. 이것은 인간이 그들의 우편에 어느 누구를 앉힐 때 갖는 의도를 신도 갖는다는 것 외에는 아무 뜻도 없다. 이것은 신의 의사의 표시일 뿐 그것을 이루는 구체적인 방법의 표시는 아니다.

다음과 같이 기록되어 있을 때도 마찬가지이다. "신은 너희가 바치는 향의 향기를 기쁘게 받으셨도다. 그 보답으로 기름진 땅을 너희에게 주시리라." 다시 말하면, 어떤 사람이 당신들이 바치는 향을 기꺼이 받고 그 보상으로 기름진 땅을 주려고 할 때 갖는 의도를 신도 당신에 대해 갖는다는 말이다. 당신은 누군가가 향을 바치는 사람에 대해 갖는 것과 같은 마음을 신에 대해 가졌기 때문이다.

"신은 분노하신다", "질투의 하느님"[60]도 이와 마찬가지이다. 그도 그럴 것이 신의 일이란 인간의 힘으로는 설명하기 어려운 것이며, 달리 바꾸어 말할 방법도 없는 것이기 때문이다. 그래서 교회는 오늘날에도 그런 말을 쓰고 있다. "저가 네 문의 빗장을 견고히 하시고……"[61] 따위.

성서가 그 안에 가지고 있으면서 우리에게 계시하지 않은 뜻을 성서에 부여하는 것은 허락되지 않고 있다. 예컨대 선지자 이사야가 봉한 '멤(mem)'[62]이 6백 년을 의미한다고 하는데 이것은 계시된 것이 아니다. 맨 끝의 '츠아데(tsade)'[63]와 미정의 '헤(he)'[64]가 신비를 뜻하는 것이라고 할 수 있을지는 모른다. 그러나 그렇

---

59 〈시편〉 110편 1절.
60 〈출애굽기〉 20장 5절.
61 〈시편〉 147편 13절.
62 히브리어의 알파벳 제13자.
63 히브리어의 알파벳 제18자.
64 히브리어의 알파벳 제15자.

게 말하는 것은 허용되지 않으며, 그것을 화금석[65]과 같은 것이라고 말하는 것은 더욱 허용되지 않는다. 그러나 문자 그대로의 의미가 진실한 것이 못 된다는 것은 예언자들도 말했으므로 우리도 그렇게 말할 수는 있다.

688 '멤'을 비의적이라고 말하고 싶지는 않다.

689 모세는 〈신명기〉 30장에서 "신은 그들의 마음에 할례를 베풀어 그들로 하여금 신을 사랑하게 하리라"고 약속했다.

690 다윗과 모세의 말, "신은 마음에 할례를 행하셨다"와 같은 것은 그들의 정신을 판단하게 한 것이다. 다른 설화는 모두 너무나 막연해서 그들이 철학자인지 혹은 기독교도인지 의심스럽다 해도, 마침내는 이런 성질의 한 구절은 다른 모든 것을 결정한다. 마치 에픽테토스의 한 구절이 다른 모든 구절을 반대의 뜻으로 결정해 버리는 것처럼, 거기까지는 모호하지만 그 다음부터는 그런 모호함이 없어지는 것이다.

691 어리석은 이야기를 하고 있는 두 사람 가운데 한 사람이 자기들끼리 쓰는 이중의 뜻을 가진 말을 하고, 다른 한 사람은 한 가지 뜻을 가진 말을 했다고 하자. 그때 그들의 대화 내용을 알지 못하는 어떤 사람이 그 사이에 끼여서 두 사람이 그런 식으로 이야기하는 것을 듣는다면, 그들에 대해 같은 판단을 내릴 것이다. 그런데 마침내 한 사람이 그 대화의 마지막 부분에 이르러 천사와도 같은 이야기를 하고 다른 한 사람은 여전히 평범한 이야기만 한다면, 두 사람의 차이를 곧 알게 될 것이다. 왜냐하면 한 사람은 그런 어리석기 짝이 없는 이

---

[65] 옛사람들은 하등 금속을 황금으로 바꾸는 힘을 가지고 있다고 믿었다.

야기는 할 수 없고 오직 신비스러운 것만 이야기할 수 있으며, 다른 한 사람은 신비스러운 것이라곤 조금도 이야기할 수 없고 오직 어리석은 이야기만 할 수 있다는 사실이 충분히 드러났기 때문이다.

구약성서는 부호이다.

692 인간의 유일한 적은 인간을 신의 품에서 떠나게 하는 사욕이지 결코 신[66]은 아니라는 것, 유일한 행복은 풍요로운 땅이 아니라 신이라는 사실을 분명히 알고 있는 사람들이 있다. 인간의 행복은 육신에 있고, 관능적인 쾌락에서 멀어지는 데 불행이 있다고 생각하는 사람들은 그런 쾌락에 흠뻑 빠지기를 바란다. 그러나 참된 마음으로 신을 찾고, 또 신을 잃어버려 신을 이해하지 못하는 것을 불행으로 생각하며, 신을 마음속에 모시려는 간절한 소원만 가지고 신으로부터 자신을 떼어놓으려는 자를 적으로 여기며, 그런 적이 자신을 둘러싸고 있음을 한탄하는 사람들이야말로 마음을 놓아도 좋다. 나는 그런 사람들에게 복된 소식을 전하고자 한다. 그들에게는 오직 한 사람의 구세주가 있다. 나는 그 구세주를 그들에게 보여줄 것이다. 그러나 다른 사람들에게는 보여주지 않을 것이다. 나는 믿음이 돈독한 자들을 적의 손에서 건져낼 한 분의 구세주가 약속되어 있다는 것, 그분은 그들을 죄에서 구원하기 위해 이 세상에 강림했으며, 적의 수중에서 그들을 구해 주는 것이 그분의 참 목적이 아님을 알려주려고 한다.

구세주가 그 백성을 적의 수중에서 구원할 것이라고 다윗이 예언했을 때, 그것은 이스라엘 민족을 애굽인의 박해로부터 구원할 것을 가리키는 말이라고 육적으로 해석할 수도 있다. 그러나 만일 그렇다면 그 예언이 이루어졌다는 것을 증명할 도리는 없다. 그런데 그것은 죄로부터의 구원이라는 해석도 충분히 가능하다. 왜

---

[66] 브랑슈비크는 여기에 '신' 자를 보충하고 있으나, 투르노르는 '이집트인'이나 '바빌로니아인'을 보충하는 편이 적당하리라 시사하고 있다.

냐하면 죄야말로 애굽인보다 더 무서운 적이기 때문이다. 적이라는 말은 그런 두 가지 뜻을 지니고 있다. 그러나 그가 실제로 말한 바와 같이[67] 이사야와 그 밖의 사람들처럼 구세주가 그 백성을 죄에서 구원할 것[68]을 다른 곳에서 말했다면, 그 이중적인 뜻은 애매함이 제거되고, 적이라는 이중의 뜻은 죄라는 한 가지 뜻으로 환원되는 셈이다. 왜냐하면 마음속에 죄의식을 가지고 있으면 그것을 적이라고 표현할 수 있지만, 만일 단순히 적에 대해서만 생각하고 있다면 그것, 즉 적을 죄라고 부를 수는 없기 때문이다.

그런데 모세나 다윗이나 이사야는 모두 같은 말을 사용했다. 그렇다면 그런 말이 같은 뜻을 지니고 있지 않다고 누가 생각할 수 있겠는가? 그리고 다윗이 적이라고 말했을 때는 분명히 그것은 죄를 의미했는데도, 모세가 적이라고 했을 때 그것이 다윗과 같은 의미로 사용한 것이 아니라고 누가 생각할 수 있겠는가?

다니엘은 〈다니엘〉 9장[69]에서 그의 백성이 포로 상태에서 벗어날 수 있도록 기도했다. 그러나 그는 그 기도를 하면서 죄에 관해 생각하고 있었다. 그래서 그것을 나타내려고 천사 가브리엘이 나타나, 그의 기도가 하느님의 응답을 받았으며, 이제 70주만 기다리면 된다, 그 날짜가 지나면 이스라엘 백성은 죄에서 구원되고 죄는 종말을 고하며, 거룩한 구세주는 단순한 율법적인 정의가 아닌 영원한 정의를 이 세상에 실현시키리라 했다는 말을 했다.

---

67 〈시편〉 130편 8절.
68 〈이사야〉 43장 25절.
69 〈다니엘〉 9장 21~25절.

예 언 제11장

693 인간의 맹목과 비참을 보며 침묵하고 있는 전우주를 바라볼 때, 아무 빛도 없이 홀로 버림받아 우주의 한구석에서 누가 자기를 그곳에 버렸는지, 왜 그곳에 왔는지, 또한 죽은 다음에는 어떻게 될지도 모르고 모든 인식을 박탈당한 채 방황하는 인간을 볼 때, 나는 잠든 사이에 거칠고 사나운 섬에 운반되어, 눈을 떠보니 자신이 어디 있는지도 모르고 그곳에서 벗어날 방법도 모르는 사람처럼 두려움에 사로잡힌다. 그것을 생각하면 나는 이처럼 비참한 상태에 놓인 인간이 어떻게 절망에 빠지지 않고 살아가는지 의아한 생각이 든다. 나는 내 주위에 이런 사람들이 있는 것을 알고 있다. 그들에게 나보다 많은 것을 알고 있느냐고 물어 보면 모두 아니라고 대답한다. 그래서 이 비참한 방황자들은 자기 주위를 둘러보고 무엇이든 즐거워 보이는 것을 찾아내어, 그것에 온 마음을 기울이고 집착했다. 그러나 나는 결코 그런 것에 집착할 수 없었다. 그래서 내가 보고 있는 것 외에 무엇이 또 있는 듯한 기미가 다분히 있음을 보고, 신이 자신의 표징을 어떤 곳에 남겨두시지 않았나 하여 이를 탐구했던 것이다.

나는 교리가 상반되는 종교들이 많이 있음을 안다. 그러므로 그 가운데 오직 하나만 제외하고 다른 모든 종교는 거짓이다. 각 종교는 모두 자신의 권위를 가지고 믿을 것을 강요하며, 믿지 않는 자를 위협한다. 따라서 나는 그런 종교들을 믿지 않는다. 그런 말은 누구든지 할 수 있다. 누구든지 자신을 예언자라고 부를 수 있다. 그러나 기독교를 잘 살펴보면 거기에 예언이 있음을 발견하게 된다. 그 예언은 다른 어떤 종교도 할 수 없는 것이다.

694 ……그리고 이 모든 것들이 이루어지게 하는 것은 예언이다. 그것이 우연히 이루어진 것이라고 말하지 못하도록 하기 위해.

누구든 일주일밖에 살 수 없는 사람이, 이 모든 것이 우연히 이루어진 것이 아니라고 생각하는 편이 득이 된다는 사실을 깨닫지 못한다면…… 그런데 만일 정욕이 우리를 미혹하지 않았다면 일주일이나 1백 년 동안이나 마찬가지일 것이다.

695 위대한 판[1]은 죽었다.

696 "간절한 마음으로 말씀을 받고, 정말 그러한지 알아보기 위해 날마다 성경을 상고했다."[2]

697 "이미 말한 것을 읽을지어다."
"이미 이루어 놓은 것을 볼지어다."
"장차 이루어져야 할 일을 생각하라."

698 예언한 일이 이루어지는 것을 보고서야 사람들은 그 예언을 이해하게 된다. 따라서 은둔·근신·침묵 등의 증거는, 그것들을 알고 믿는 사람들에게만 유효한 것이다.

완전히 외적인 율법 속에 있으면서도 지극히 내적이기만 했던 요셉.

외적 참회는 내적 참회의 준비이다. 마치 비하가 겸손을 가져오는 것같이.

---

1 그리스 신화에 나오는 숲·목축·수렵의 신. 산양의 발과 수염을 가지고 갈대 피리를 부는 모습으로 알려졌다.
2 〈사도행전〉 17장 11절.

699 유대인의 교회는 기독교도의 교회보다 먼저 있었다. 유대교도는 기독교도보다 먼저 있었다. 예언자들은 기독교에 관해 예언했고, 성 요한은 예수 그리스도를 예언했다.

700 헤롯이나 카이사르의 역사를 신앙의 눈으로 보면 얼마나 아름다운가.

701 율법과 성전에 대한 유대인의 열성(요세푸스와 유대인 피론의 《가이우스에게 바침》).

다른 어떤 민족이 또 그런 열성을 가졌단 말인가. 그들은 열성을 갖지 않을 수 없었다.

예수 그리스도의 강림 시기와 그에 필요한 세계 정세는 이미 예언되어 있었던 것이다. 발 사이에서 떠나는 주권의 지팡이[3]와 제4왕국.[4]

이런 암흑 속에서도 이런 빛을 볼 수 있는 사람은 얼마나 복된 사람인가.

다리우스와 키루스, 알렉산드로스, 로마인들, 폼페이우스, 그리고 헤롯이 복음의 영광을 위해서, 자기 자신은 그런 줄도 모르면서 일하는 것을 신앙의 눈으로 보면 얼마나 훌륭한가!

702 율법에 대한 유대 민족의 열성, 특히 예언자가 없어진 후부터의 열성.

703 예언자들이 율법을 수호하기 위해 세상에 태어났던 그 시기에는 민중들이 냉담했다. 그러나 예언자들이 사라진 후에야 열성을 나타내기 시작했다.

---

3 〈창세기〉 49장 10절 참조.
4 〈다니엘〉 2장 참조.

704 예수 그리스도가 강림하기 이전에는 마귀가 유대인의 열성을 방해했다. 왜냐하면 그런 열성이 유대인에게 이로운 것이었기 때문이다. 그러나 구세주가 강림한 후에는 방해하지 않았다.

이방인들로부터 비난받는 유대 민족, 박해당한 기독교도.

705 증거. 예언과 그 성취. 예수 그리스도 이전 것과 그가 강림한 이후의 것.

706 예수 그리스도의 최대의 증거는 예언이다. 신 또한 예언을 위해 최대의 준비를 했던 것이다. 왜냐하면 예언을 이룬 사건은 교회의 발생에서 종국에 이르도록 계속되는 큰 기적이기 때문이다. 그래서 신은 1천 6백 년 동안이나 예언자들을 보내셨고, 그후의 4백 년 동안은 그 모든 예언을, 예언의 전달자인 유대인들과 함께 세계 각처로 전파하신 것이다. 이런 일은 모두 예수 그리스도의 강림에 대한 준비였다. 그 복음은 온 세계 모든 민족이 믿어야 하는 것이었기 때문에, 그것을 믿게 하려면 예언이 있어야 할 뿐만 아니라, 그 복음을 온 세계 사람들이 받아들이자면 먼저 예언이 온 세계에 전파되어 있어야 했던 것이다.

707 그러나 예언이 있다는 사실만으로는 부족했다. 그것이 모든 곳에 분포되어 있고 모든 시대에 보존되어 있어야 했다. 그래서 예언의 성취가 우연한 일이 아니라고 생각하게 하기 위해 그것이 예언될 필요가 있었다.

구세주의 가장 큰 영광은 유대인들이 그 목격자이면서 자기 영광의 수단이기도 하다는 사실이다. 신이 그들을 보존한 것은 제외하고.

708 예언. 그 시기는 유대 민족의 상태, 다른 신을 섬기는 민족들의 상태, 성전의 상태, 햇수에 의해 예언되었다.

709 　동일한 것을 많은 방법으로 예언하기 위해서는 용기가 필요하다. 우상 숭배적인, 또는 이교적인 네 왕국과 유다의 치세의 종말과 70주는 동시에 일어나야만 했고, 또 이 모든 것은 제2의 성전이 파괴되기 전에 일어나지 않으면 안 되었다.

710 　단 한 사람이 예수 그리스도의 강림 및 그 시기와 방법에 대해 예언하는 책을 썼는데, 예수 그리스도가 그 예언대로 강림했다 해도 그것은 무한한 힘을 가질 것이다.
　그러나 여기에 그 이상의 것이 있다. 그것은 역대의 사람들이 4천 년에 걸쳐 계속해서 나타나 이와 똑같은 사건을 예언한 것이다. 그것을 예고하는 것은 한 민족 전부이다. 그들이 가지고 있는 확신을 한 덩어리가 되어 입증하기 위해 4천 년 동안이나 계속 존재해 온 것이다. 그들에게 가해진 어떤 협박이나 박해도, 그들에게서 그런 확신을 제거할 수는 없었다. 이것은 참으로 엄청난 사실이다.

711 　특별한 일들의 예언.
　그들(유대인)은 애굽에서도 다른 곳에서와 마찬가지로 사유 재산이라고는 하나 없는 이방인이었다. 그 당시의 그들에게는 그로부터 오랜 후에 있게 된 왕권이나, 모세가 제정해서 예수 그리스도에 이르도록 계속된 산헤드린이란 70명의 심판관으로 구성된 최고회의는 아직 시작되지 않았다. 이 모든 것은 그때의 상황으로 보아서는 매우 요원한 것들이었다. 그때 야곱은 죽음에 임하여 열두 명의 아들들을 축복하여 이르기를, 그들이 넓은 땅을 갖게 될 것이라고 했다. 그리고 특히 유다의 가족에 대해 후일 그들을 다스릴 왕들이 그의 자손 중에서 태어날 것이며, 그의 형제들은 모두 그 신하가 되리라(온 백성이 다같이 대망하는 구세주마저 그에게서 탄생하게 될 것이다. 기다리는 구세주가 그의 종족 중에서 나올 때까지 왕권은 유다의 땅에서 빼앗기지 않을 것이고, 통치자와 입법자들도 그 자손들에게서 떠나지 않을 것이다)고 예언했다. 이와 같이 야곱은 앞날에 갖게 될 땅을 마치 자신이 소유자인 듯 분배하고 특히 요셉에게 그것을 더 많이 배당해 준 다음, "내가 네게 네 형제보다 일부분을 더 주었다"[5]고 말했다. 그리고 요셉이 그(야곱)의 앞에 자기 두 아들 에브라임과 므낫세를 데리고 와서 형인 므낫세를 오른편에, 아우인 에브라임을 왼편에 세우고 축복할 때, 두 손을 교차시켜 오른손은 에브라임의 머리에, 왼손은 므낫세의 머리 위에 올려놓고 축복했던 것이다. 이때 요셉이, 아버지께서는 아우를 더 사랑하시느냐고 항의하니 그는 위엄에 찬 얼굴로 "나도 안다, 내 아들아, 나도 안다. 그도 한 족속이 되며 크게 되려니와 그 아우가 그보다 더 큰 자가 되리라"[6]고 대답했다. 그의 이 말은 실현되었다. 이 일족은 크게 번성했고 두 혈통을 합친다면 한 나라를 이룰 정도였으므로, 이들은 보통 에브라임이라는 하나의 이름으로 불렀다.

바로 그 요셉이 임종할 때 아들들에게, 그 땅에 들어갈 때는 그의 뼈를 함께 가지고 가도록 명했으나, 그 말은 2백 년이 지난 뒤에야 실현되었다.

모세는 이 일이 일어나기 오래 전에 모든 것을 기록했는데, 그는 마치 주인이라도 되는 듯 그 땅에 들어가기도 전에 몫을 나누어 모든 지파에게 분배했다. 그리고 그는 신이 그들의 민족과 가문에서 한 사람의 예언자를 일으키실 것이며, 자기는 그 예언자의 표징이라고 말하고, 자기가 죽은 다음 그들이 들어갈 땅에서 당할 모든 일, 신이 그들에게 주실 승리, 신에 대한 그들의 배은망덕과 그로 인해 그들이 받게 될 벌, 그 밖에도 그들이 당하게 될 모든 일들을 정확하게 예언했다. 모세는 그들에게 그 분배를 맡을 중재인을 주고 그들이 지켜나가야 할 통치의 모든 형태, 그들이 세울 피난의 도시 등등을 정해 주었다……

---

5 〈창세기〉 48장 22절.
6 〈창세기〉 48장 19절.

712 예언자들은 구세주에 관한 예언을 특수한 예언과 혼합했던 것이다. 왜냐하면 구세주에 관한 예언은 증거를 가져야 했고, 특수한 예언은 열매를 맺지 않을 수 없었기 때문이다.[7]

713 유대인의 돌아올 수 없는 포로 생활.
〈예레미야〉 11장 11절, "내가 재앙을 그들에게 내리리니, 그들이 피할 수 없을 것이라."

표징.
〈이사야〉 5장 1~7절, "주는 한 포도원을 가지고 좋은 포도가 열리기를 기다리셨도다. 그러나 열린 것은 들포도였으니라. 그러므로 나는 그 포도원을 황폐케 하여 파괴하리라. 땅은 다만 가시만 맺을 것이니라. 나는 하늘에 이르되 비도 오지 말라고 하리라. 주의 포도원은 이스라엘의 집이요, 유대인들은 그의 즐거운 싹이니라. 나는 그들이 정의를 행하기를 바랐지만 그들은 불의를 행하였느니라."
〈이사야〉 8장 13~17절, "너희는 두려움과 경외로 주를 섬기라. 주 이외의 것을 두려워해서는 안 된다. 주는 너희의 성소가 되리라. 그러나 이스라엘의 두 집에는 발에 거치는 돌이 되고 걸리는 반석이 되리라. 예루살렘의 백성들에게는 함정과 멸망이 될 것이다. 그들 가운데 대다수는 이 돌에 걸려 쓰러져 부상을 입을 것이며, 이 함정에 빠져서 영원히 멸망할 것이니라. 나의 제자들을 위해 말씀을 싸매며 나의 율법을 봉해 둘지어다."
"그러므로 나는 야곱의 집에서 스스로를 덮어 가리고 스스로를 숨기시는 주를 참을성있게 기다릴 것이다."

---

[7] 특별한 사건이 예언자들의 말대로 세인들 앞에 실현되면 그들은 예언자로 확인되며, 따라서 그들이 메시아에 대해 예언한 바를 의심받지 않게 된다.

〈이사야〉 29장 9~14절, "이스라엘 백성들아, 너희는 당황하고 두려워할지어다. 너희는 동요하며 비틀거릴지어다. 그러나 그것은 술을 마셨기 때문이 아니니라. 비틀거리나 그것은 취했기 때문이 아니다. 그것은 신이 너희들에게 숙면의 영을 불어넣었기 때문이다. 신은 너희의 눈을 가리고 너희의 임금들과 환상을 보는 예언자(선지자)들의 눈을 어둡게 하시리라."

〈다니엘〉 12장 10절, "악인들은 그것을 깨닫지 못하리라. 그러나 올바른 교육을 받은 자들은 그것을 알 수 있으리라."

〈호세아〉의 마지막 장 마지막 절에, 현세의 행복이 무엇인가를 명백히 밝힌 다음에 "지혜있는 자는 누구인가? 그는 이 일들을 깨달을 수 있을 것이다……"

"모든 예언자들의 환상이 너희에게는 봉한 책과 같은 것이 되리라. 글을 아는 학자에게 그것을 내보여도, 봉한 것이어서 읽지 못하겠노라고 그는 대답할 것이다. 또 글을 읽지 못하는 사람들에게 보이면 나는 글을 모른다고 말할 것이다."

"주는 나에게 말씀하신다. 이 백성은 입술로만 내게 경배할 뿐 그 마음은 이미 내게서 떠났노라(이것이 이유인 동시에 원인이기도 하다. 만일 그들이 참된 마음으로 주를 경배했다면 예언들을 깨달을 수 있었을 것이다). 그들이 나에게 봉사하는 것은 오직 사람의 길에 의한 것뿐이다. 그러므로 나는 내가 이 백성들에게 이미 준 모든 것 외에 하나의 놀라운 사실, 즉 지극히 두려운 하나의 기적을 더해 줄 것이다. 왜냐하면 현자의 지혜는 사라질 것이요, 그들의 지성도 역시 점차 흐려질 것이기 때문이다."

예언, 신성의 증거.

〈이사야〉 41장 21~26절, "너희들이 신이라면 확실한 증거를 볼 수 있으리라. 장차 일어날 일을 나에게 말하라. 나는 너희의 말에 마음을 기울일 것이다. 처음에 있었던 일을 나에게 가르쳐주고 앞으로 일어날 일들에 대해 나에게 예언하라."

"그것으로 나는 너희가 신임을 알 수 있을 것이다. 너희들이 할 수 있는 일이라면 복이나 화를 내려 보이라. 나는 그것을 보고 함께 논할 것이니라. 과연 너희야말로 아무것도 아니며 가증한 것들에 지나지 않노라…… 너희들 중에 누가(사건과 동시대의 저서들에 의하여) 세상의 시초부터 행해진 일들을 우리에게 가르쳐주었던가?—나로 하여금 '너희가 옳다'고 말할 수 있게 했던가? 나를 가르칠 수 있는 자는 하나도 없고 앞일을 예언하는 자도 역시 없도다."

〈이사야〉 42장 8~9절, 43장 8~27절. "나는 주로다. 나는 나의 영광을 결코 다른 자에게 주지 않노라. 이미 일어났던 일들을 예언했던 자도 나요, 앞으로 일어날 일들을 예언할 자도 바로 나이니라. 온 땅들이여, 신에게 새로운 찬가를 부를지어다."

"눈이 있어도 보지 않고, 귀가 있어도 들으려 하지 않는 민족을 이리로 데리고 오라. 모든 나라의 백성들이 한자리에 모일지니라. 그들 중에—또 그들이 섬기는 신들 가운데—누가 이미 지난 일들과 앞으로 일어날 일들을 너희에게 가르쳐줄 수 있단 말인가? 그들은 자신의 정당함을 증명할 수 있는 증인들을 데리고 와야 하리라. 만일 그렇게 할 수 없다면 내 말을 듣고 진리는 여기에 있다는 것을 고백해야 할 것이다."

"주는 말씀하신다. 너희는 나의 증인이라. 나를 알려주고 내가 구세주임을 믿게 해 주기 위해 내가 선택한 나의 종이니라."

"나는 예언했고 구원했으며 나만이 너희 앞에서 이 기적들을 행하였노라. 너희는 내가 신이라는 것을 증명하는 증인이라고 주는 말씀하셨다."

"나는 너희가 물 속과 바닷속과 격류 속을 지날 수 있도록 했으며, 너희에게 반항하던 강한 적들을 영원히 물 속에 잠기게 해 멸망시켰노라."

"그러나 옛날의 은혜들을 기억하지는 말지어다. 이미 지난 일들에 눈을 돌려서는 안 되느니라."

"보라, 나는 이제 새로운 일을 준비하겠노라. 그것은 머지않아 일어날 것이며,

너희는 그것을 알 수 있을 것이니라. 나는 황야를 사람이 살 수 있는 아름다운 곳으로 만들리라."

"나는 나 자신을 위해 이 민족을 만들고 나의 찬양을 널리 알리기 위해 이 민족을 세웠노라."

"그러나 나는 나 자신을 위해 너희의 죄를 지워 버렸고 너희가 저지른 과오를 마음에 깊이 새겨두지 않았느니라(너희는 너희 자신의 의를 나타내기 위해 너희 자신의 많은을 마음에 새겨두라). 너희의 선조는 죄를 범했고 너희의 스승들도 번번이 나를 배반했노라."

〈이사야〉 44장 6~8절, "주는 말씀하신다. 나는 처음이요 마지막이 되리라. 나와 대등하다고 생각하는 자는 내가 태초에 인간을 만든 이래 오늘까지 행한 경과를 나에게 말하고 또 앞으로 일어날 일들을 고하라. 두려워하지 말지어다. 내가 이미 이 모든 일들을 너희에게 가르쳐주지 않았던가? 너희는 나의 증인이니라."

키루스에 관한 예언.

〈이사야〉 45장 4절, "내가 택한 야곱으로 말미암아 내가 너의 이름을 불렀노라."

〈이사야〉 45장 21절, "자, 함께 논의해 보기로 하자. 누가 세상의 시초부터 일어난 일들을 깨닫게 했는가? 누가 그때부터의 일들을 예언하게 했는가? 그 모든 일은 주인 내가 한 것이 아니냐?"

〈이사야〉 46장 9~10절, "너희는 태초의 세상을 상기하고 내게 비할 만한 자는 아무도 없다는 사실을 깨달을지어다. 나는 마지막 날에 일어날 일들을 처음부터 이야기하노라. 세상의 기원에 관한 이야기를 하면서, 내 명령은 존속될 것이며 내 모든 뜻은 이루어질 것이니라."

〈이사야〉 42장 9절, "옛날 일들은 이미 예언한 대로 이루어졌다. 보라, 지금 나는 새로운 일들을 예언하고 그것들이 이루어지기 전에 너희에게 알려주노라."

〈이사야〉 48장 3~8절, "여호와께서 가라사대 내가 옛적에 이미 장차 일어날 일들을 고하였고 내 입에서 내어 보였으며 내가 홀연히 그 일을 행하여 이루었느니라. 내가 알거니와 너는 완악하며 네 목의 힘줄은 무쇠요 네 이마는 놋이니라. 그러므로 내가 이 일을 옛적부터 네게 고하였고 성사하기 전에 그것을 네게 보였느니라. 그렇지 않았다면 네 말이 내 신의 행한 바요 내 새긴 신상과 부어 만든 신상의 명한 바라 하였느니라."

"너희는 이미 예언된 일들이 이루어진 것을 보았도다. 너희는 그것을 널리 알리지 않으려느냐? 나는 지금 너희에게 새로운 일들을 알리려 하노라. 그것은 내 능력 속에 감추어 두었던 것으로 너희가 지금껏 보지 못한 것들이니라. 이것은 이제 내가 마련한 것이며 옛적부터 마련해 두었던 것은 아니다. 나는 이것을 너희에게 감추어 두고 보여주지 않았노라. 그렇게 하지 않았다면, 너희는 이미 그것은 너희 자신이 오래 전부터 알고 있었노라고 뽐내며 말했을 것이다."

"너희는 이것을 알 수 없느니라. 너희에게 이것을 이야기한 사람은 아무도 없고 너희의 귀는 이에 대해 아무것도 들은 적이 없기 때문이니라. 또 나는 너희를 알고 너희가 반역하려는 마음에 가득 차 있음을 알고 있어, 너희가 세상에 태어난 그날부터 너희에게 반역자란 이름을 붙여 주었기 때문이니라."

유대인의 배척과 이방인의 회심.

〈이사야〉 65장 1~25절, "나는 나를 찾지 않는 자들에게 구함을 당했고, 나를 구하지 않는 자들에게 발견되었노라. 내 이름을 부르지 않던 백성들에게 나는 말했노라. 내가 여기 있노라, 내가 여기 있노라 하고."

"나는 스스로의 욕망만을 따라서 나쁜 길을 걷는 불신의 백성들에게 종일토록 내 손을 내밀었노라. 이 백성들은 그들이 내 앞에서 저지르는 죄악으로 말미암아 끊임없이 내 분노를 자아내고 스스로를 제물로 삼아 우상 앞에 바치는 자들이니라."

"이자들은 내가 노하는 날에는 모두 연기처럼 사라질 자들이니라."

"나는 너희와 너희 조상들이 지은 불의를 한데 모아 너희가 행한 일에 따라 갚으리라."

"주는 말씀하신다. 나는 나의 종들을 사랑하므로 이스라엘을 모조리 멸망시키지는 않으리라. 그 가운데 어떤 것은 남겨두리라. 어떤 사람이 포도송이 가운데 한 알의 포도를 남겨두고 '이것을 따지 말라, 이는 축복이요 과일의 희망이기 때문이다'라고 하는 것과 같도다."

"나는 내가 택한 자들과 나의 종들이 기업으로 받을 산들과 기름지고도 놀랄 만큼 풍요로운 들을 가지게 하기 위해 그들 가운데서 야곱과 유다를 골라내리라. 그러나 다른 자들은 모두 멸망할 것이니라. 왜냐하면 너희는 너희의 신을 잊어버리고 이방의 신들을 섬겼기 때문이다. 내가 너희를 불렀으나 너희는 응답하지 않았으며, 내가 말했으나 너희는 듣지 않았노라. 너희는 내가 금한 것을 택했느니라."

"그러므로 주는 이와 같이 말씀하신다. 보라, 나의 종들은 배불리 먹지만 너희는 굶주릴 것이며, 나의 종들은 마음에 흡족한 찬미가를 부를 것이지만 너희는 마음이 괴로워 크게 울부짖을 것이니라."

"너희의 이름은 내가 택한 자들에게도 증오의 대상으로 남겨둘 것이다. 주는 너희를 멸망시키시고 주의 종들은 다른 이름으로 불려질 것이다. 그때 땅의 축복을 받은 자는 신의 축복까지도 받을 것이니라. 왜냐하면 옛날의 고난은 잊혀질 것이기 때문이다."

"보라, 내가 새 하늘과 새 땅을 창조할 것이다. 이미 지난 일들은 기억에 남지 않을 것이며 마음에 상기되지도 않을 것이다."

"그러나 너희는 내가 창조하는 새로운 것들 속에서 영원히 기뻐할지니라. 나는 예루살렘을 만들어 기쁨으로 삼고 그 백성들을 즐거움으로 삼을 것이니라."

"나는 예루살렘과 내 백성들을 기쁘게 하리라. 거기서는 아우성치는 소리나 울

부짖는 소리는 들리지 않으리라."

"그가 청하기 전에 나는 들어줄 것이요, 그들이 말하자마자 나는 바로 들을 것이다. 이리와 어린 양이 함께 풀을 뜯고 사자가 소처럼 짚을 먹을 것이며 뱀은 흙을 먹을 것이다. 그리고 내 성스러운 산의 어느 곳에서도 죽거나 해치는 일은 없어지리라."

〈이사야〉 56장 1~5절. "주는 이와 같이 말씀하시니라. 너희는 공평을 지키고 정의를 행하라. 내가 너희를 구원할 날은 가까워지고 나의 의는 나타나려 하기 때문이다."

"이와 같이 행하고 안식일을 지키며 자기 손을 억제하여 악한 일을 행하지 않는 자는 복된 자니라."

"신이 나를 그의 백성들로부터 갈라놓으시리라고, 내게 귀의하는 이방인들은 이런 말을 하지 말지니라. 왜냐하면 주는 이렇게 말씀하시기 때문이다. 누구든지 나의 안식일을 지키며 나의 뜻을 좇아 행할 일을 택하고 내 계약을 지키는 자에게는 내 집에서 자리를 주고 내가 내 자식들에게 준 이름보다 더 훌륭한 이름을 주고자 하노라. 이는 영원한 이름이 되어 결코 없어지지 않으리라."

〈이사야〉 59장 9~11절. "그러므로 공평이 우리에게 멀어지고 의가 우리에게 미치지 못한즉 우리가 빛을 바라나 어둠뿐이요 밝은 것을 바라나 캄캄한 어둠 속을 가므로, 우리는 소경같이 담을 더듬으며 눈 없는 자같이 두루 더듬으며 낮에도 황혼 때같이 넘어지니 우리는 강장한 자 중에서도 죽은 자 같은지라. 우리가 곰같이 부르짖으며 비둘기같이 슬피 울며, 공평을 바라나 없고 구원을 바라나 우리에게서 멀도다."

〈이사야〉 66장 18~19절. "내가 그들을 열방과 열족과 함께 모으러 올 때, 그들의 소위와 사상을 알아보려 하노라. 그리고 그들은 나의 영광을 볼 것이니라."

"내가 그들 중에 징표를 세워서 그들 중 구원받을 자를 다시스와 뿔과 룻과 두발과 야완과, 또 나의 명성을 들은 적도 없고 나의 영광을 보지도 못한 먼 섬들로 보내려 하노라. 그들은 너희의 형제를 데려올 것이다."

성전의 배척.
〈예레미야〉 7장, "너희는 내가 처음으로 내 이름을 둔 처소 실로에 가서 내 백성 이스라엘의 죄를 위하여 내가 행한 것을 보라."
"나 여호와가 말하노라. 이제 너희가 그 모든 일을 행하였으며 내가 너희에게 말하되 새벽부터 부지런히 말하여도 듣지 아니하였고 너희를 불러도 대답하지 아니하였느니라. 그러므로 내가 실로에 행함같이 너희가 의뢰하는바 내 이름으로 일컬음을 받는 이 집 곧 너희와 너희 열조에 준 이곳에 행하겠노라(왜냐하면 나는 이 성전을 버리고 나 자신을 위하여 다른 성전을 세웠기 때문이다)."
"내가 너희 형제 곧 에브라임의 자손을 쫓아냄같이 내 앞에서 너희를 쫓아내리라 하셨다 할지니라(무기의 배척). 그런즉 너는 이 백성을 위하여 기도하지 말라."
〈예레미야〉 7장 22절, "제물에다 제물을 더해 봐야 무슨 소용이 있겠는가? 내가 너희 열조를 애굽 땅에서 인도해 낸 날에 희생에 대하여 말한 바 없고 명한 바도 없으며 오직 내가 이것으로 그들에게 명하여 이르기를 너희는 내 목소리를 들으라. 그리하면 나는 너희 하느님이 되겠고, 너희는 내 백성이 되리라 하였느니라(그들이 황금 송아지에게 제물을 바치게 된 이래, 나는 나쁜 관습을 좋은 것으로 바꾸기 위해 비로소 제물을 받았노라)."
〈예레미야〉 7장 4절, "너희는 이것이 여호와의 전이라, 여호와의 전이라, 여호와의 전이라, 하는 사람들의 거짓말을 믿지 말라."

714

신의 증인인 유대인. 〈이사야〉 43장 9절, 44장 8절.
이루어진 예언들. 〈열왕기상〉 13장 2절. 〈열왕기하〉 23장 16절, 〈여호수아〉 6장 26절, 〈열왕기상〉 16장 34절, 〈신명기〉 23장.

〈말라기〉 1장 11절. 신은 유대인들의 제물을 용납하지 않았다. 그리고 이방인의 제물도 (예루살렘 이외의) 모든 곳에서.

모세는 죽기 전에 이방인의 소명(〈신명기〉 32장 21절)과 유대인이 버림받게 될 것을 예언했다.

모세는 모든 종족들에게 일어날 일들을 예언했다.

"이 백성의 마음을 둔하게 하며……" 어떻게? 그들의 정욕을 부채질하고 그들이 그것을 이루도록 해 줌으로써.

예언.

"너희 이름은 내가 택한 자에게 저주의 대상이 되리라. 나는 내가 택한 자에게 다른 이름을 주리라."

715

예언.

아모스와 스가랴. 그들(유대인)은 의인의 이름을 팔았다. 그러므로 신은 결코 그들을 다시 부르시지는 않으리라. 배반당한 예수 그리스도.

사람들은 이제는 더 이상 애굽에서의 일들을 생각하지는 않으리라. 〈이사야〉 43장 16~19절, 〈예레미야〉 23장 6, 7절을 보라.

예언.

유대인은 사방으로 흩어질 것이다. 〈이사야〉 27장 6절. 새로운 율법. 〈예레미야〉 31장 32절.[8]

〈말라기〉. 그로티우스.[9]―영광의 제2의 성전. 예수 그리스도가 그곳에 오시리라. 〈학개〉 2장 7~10절.

---

8 31절을 잘못 기록한 것이다.
9 그로티우스 《기독교의 진리에 대하여》 5의 14.

이방인이 소명을 받으리라는 것. 〈요엘〉 2장 28절, 〈호세아〉 2장 24절, 〈신명기〉 32장 21절, 〈말라기〉 1장 11절.

716 〈호세아〉 3장. 〈이사야〉 42장, 48장, 60장, 61장과 끝. "나는 일찍이 이를 예고하여 그것이 나인 줄을 그들이 알도록 하였다." 알렉산드로스에 대항했던 야도스.[10]

717 예언. 다윗은 항상 후계자가 있을 것이라는 약속. 〈예레미야〉.[11]

718 다윗 혈통의 영원한 통치, 〈역대하〉.[12] 모든 예언과 서약에 의해. 그러나 그것은 현세적으로 보면 이루어지지 않았다. 〈예레미야〉 33장 20절.

719 예언자들이 영원한 왕이 강림할 때까지 왕권이 유다 족속으로부터 결코 떠나지 않으리라고 예언했을 때, 그들은 민중의 기분을 맞추기 위해 그와 같이 말했을 것이며, 그들의 예언은 헤롯왕에 이르러 틀린 것으로 밝혀졌다고 사람들은 생각할 수도 있다. 그러나 그것은 그들의 뜻이 아니라 오히려 오래지 않아 이 현세적인 왕국은 끝나리라는 것을 분명히 알고 있었음을 나타내기 위해, 유대인은 왕도 군주도 없이 오래도록 존속하리라고 그들은 말했던 것이다. 〈호세아〉 3장 4절.

---

10 알렉산드로스가 예루살렘 성전에 참례했을 때의 대제사장.
11 〈예레미야〉 33장 17절.
12 〈역대하〉 7장 18절.

720 "가이사 외에는 우리에게 왕이 없나이다."[13] 그러므로 예수 그리스도는 메시아였다. 왜냐하면 그들은 이미 유대 민족이 아닌 이방인만을 왕으로 갖게 되었으며, 또 다른 왕을 원하지도 않았기 때문이다.

721 가이사 외에는 우리에게 왕이 없다.

722 〈다니엘〉 2장. "왕이 묻는 그 비밀은 어떤 점쟁이나 지자도 왕에게 그 해답을 가르쳐줄 수 없는 것이다. 그러나 하늘에 계신 단 한 분의 신은 그것을 해석할 수 있다. 그분은 훗날에 일어날 일들을 꿈을 통해 왕에게 계시한 것이다."[14]

"내가 이 비밀을 알아낸 것은 나 자신의 지혜에 의한 것이 아니라 바로 이 신의 계시에 의한 것이다. 신이 이것을 내게 풀어 주시고 왕 앞에서 해몽해 주셨던 것이다."

"당신의 꿈은 다음과 같습니다. 왕이여, 당신은 한 큰 신상을 보셨나이다. 그 신상이 왕의 앞에 섰는데 크고 광채가 특심하며 그 모양이 심히 두려우니 그 우상의 머리는 정금이요, 가슴과 팔들은 은이요, 배와 넓적다리는 놋이요, 그 종아리는 철이요, 그 발은 얼마는 철이요 얼마는 진흙으로 되었나이다. 또 왕이 보신즉 사람의 손으로 하지 아니하고 뜨인 돌이 신상의 철과 진흙의 발을 쳐서 부서뜨리나이다. 때에 철과 진흙과 놋과 은과 금이 다 부서져 여름 타작마당의 겨같이 되어 바람에 불려 간 곳이 없었고 우상을 친 돌은 태산이 되어 온 세계에 가득하였나이다. 그 꿈이 이런즉 내가 이제 그 꿈의 해석을 왕에게 진술하리이다."

"왕이여, 당신은 열왕의 왕이시라. 하늘의 하느님이 나라와 권세와 능력과 영광

---

13 〈요한복음〉 19장 15절.
14 이 부분은 파스칼 자신의 주해이다.

을 왕에게 주셨고 당신은 당신이 보셨던 그 상의 금으로 된 머리로 표징되어 있습니다. 그러나 당신 다음에는 그 힘이 당신보다 못한 하나의 제국이 일어날 것입니다. 그 다음에는 놋의 제국이 일어나 전세계에 뻗칠 것입니다."

"그러나 제4국은 쇠처럼 단단할 것입니다. 쇠가 모든 물건을 부수는 것같이 그 나라가 여러 나라를 부수고 빻을 것입니다."

"당신이 본 그 발과 발가락이 일부는 흙 또 일부는 철로 되어 있는 것은 그 나라가 갈라져서 쇠처럼 단단한 곳과 흙처럼 쉽게 무너지는 곳이 된다는 뜻입니다."

"그러나 쇠와 흙이 단단하게 결합할 수 없듯이, 쇠와 흙으로 표징된 것 역시 비록 혼인으로 결합된다 하더라도 오랫동안 한 덩어리가 되어 있을 수는 없다는 것입니다."

"그런데 이 왕들이 집권하고 있는 동안에 신이 한 나라를 세우실 것입니다. 이 나라는 영원히 멸망하지 않을 것이며 다른 민족의 지배 아래 들어가지도 않을 것입니다. 이 나라는 다른 모든 나라들을 분산시키며 멸망시킬 것입니다. 그러나 이 나라는 영원히 존속될 것입니다. 그 돌이 사람의 손을 통해서가 아니라 저절로 굴러내려 쇠와 금과 은과 흙을 부수는 것을 당신이 보신 바와 같습니다. 이와 같이 신은 앞으로 일어날 일을 당신에게 보여주신 것입니다. 이 꿈은 진실한 꿈이고, 꿈에 대한 해석도 틀림없습니다."

"그때에 느부갓네살은 엎드려……"

〈다니엘〉 8장 8절, "다니엘은 숫양과 숫염소가 싸우는 것을 보고 있었는데 숫염소가 숫양을 이겨 땅을 차지하더라. 그런데 그 큰 뿔이 꺾어지고 다른 네 개의 뿔이 생겨 하늘의 사방을 향해 솟더라. 그 뿔의 하나에서 작은 뿔 하나가 솟아나 남쪽을 향하고 동쪽을 향하며 이스라엘의 땅을 향해 아주 크게 자라, 천군(天軍)에 맞설 만큼 높이 되어 하늘의 별들을 떨어뜨려서는 발로 짓밟으며, 마지막에는 임금의 자리를 타도하고 나날의 제물을 없애고 성소를 폐허로 만들어 놓더라."

"이것이 다니엘이 본 것이다. 그가 그 해몽을 구한즉 한 소리가 다음과 같이 외치더라. '가브리엘이여, 그가 본 것을 그에게 알려주라.' 이에 가브리엘이 그에게 대답하기를 '당신이 본 숫양은 메대와 바사의 왕이로다. 숫염소는 헬라의 왕이며, 그 눈 사이에 있는 큰 뿔은 그 나라의 최초의 왕이로다.'"

"그리고 그 뿔이 꺾어지고 그 자리에 네 개의 뿔이 새로 돋았다는 것은, 이 왕을 계승할 왕이 네 사람이라는 뜻이다. 그러나 이들의 힘은 처음의 왕에 미치지 못할 것이니라."

"그런데 이 나라의 말기에는 불의가 발호하므로 새로운 한 물건을 부수고 꿰뚫듯이 그 나라도 모든 것을 부수고 분쇄할 왕이 일어나리라. 그 힘이 오만하고 또 뛰어나기는 하지만 그 힘은 다른 데서 빌려 온 것이니라. 그는 모든 것을 그의 뜻에 따라 행할 것이다. 거룩한 민족을 비탄에 몰아넣을 것이며 음흉한 마음으로 그 계략을 이룰 것이며 많은 사람을 죽일 것이다. 또 마지막에는 왕의 왕에게 맞서 일어날 것이다. 그는 폭력을 쓰지 않아도 비참하게 멸망하고 말 것이다."

〈다니엘〉 9장 20절, "내가 이와 같이 말하여 기도하며 내 죄와 내 백성 이스라엘의 죄를 자복하고, 내 하느님의 거룩한 산을 위하여 내 하느님 여호와 앞에 간구할 때, 곧 내가 말하여 기도할 때 이전 이상 중에 본 그 사람 가브리엘이 빨리 날아서 저녁 제사를 드릴 때 즈음에 내게 이르더니 내게 가르치며 말하여 가로되, 다니엘아, 내가 이제 네게 지혜와 총명을 주려고 나왔나니 곧 네가 기도를 시작할 즈음에 명령이 내렸으므로 이제 네게 고하러 왔느니라. 너는 크게 은총을 입은 자라. 그런즉 너는 이 일을 생각하고 그 이상을 깨달을지니라. 네 백성과 네 거룩한 성을 위하여 70주로 기한을 정하였나니 허물이 마치며 죄가 끝나며 죄악이 영속되며 영원한 의가 드러나며 이상과 예언이 응하며 또 지극히 거룩한 자가 기름부음을 받으리라. 그 다음에는 이 백성은 너의 백성이 아니요 이 성도 성스러운 성이 아니리라. 분노의 때는 지나고 은총의 해가 영원히 오리라."

"그러므로 너는 깨달아 알지니라. 예루살렘을 중건하라는 영이 날 때부터 기름부음을 받은 자 곧 왕이 일어나기까지 7주와 62주가 지날 것이다(히브리인은 수에서 작은 수를 앞에 놓는 버릇이 있었다. 그러므로 이 7과 62는 곧 69를 말하는 것이다. 그러면 70주 중에서 제70주, 즉 맨 끝의 7년이 남는다. 이에 대해서는 다음에 또 그가 말할 것이다).”

"거리와 성벽은 혼란 속에서 재건되리라. 그 62주(최초의 7주 다음에 오는 것. 그러므로 그리스도는 69주가 지난 다음, 그러니까 맨 끝주에 죽음을 당한다.)가 지난 다음에 그리스도는 죽음을 당한다. 또 한 민족이 그들의 왕과 함께 와서 성과 성소를 때려부술 것이며 모든 것을 홍수처럼 뒤집어엎을 것이다. 이 싸움에는 황폐만 있을 것이다. 그러나 그는 1주(마지막 남은 제70주) 동안에 많은 자들과 계약을 맺으리라. 또 그 주의 반에(최후의 3년 반) 제물과 희생을 없앨 것이요, 증오할 것들을 놀랄 만큼 펼쳐 놓고 그것을 두려워하는 자들이 모두 망할 때까지 불어넣을 것이다.”

〈다니엘〉 11장, "천사가 다니엘에게 다음과 같이 말했다. 키루스 다음 대에(결코 키루스 대에는 이르지 않으리라.) 바사에는 세 왕이 생겨날 것이다(캄비세스, 스메르디스, 다리우스). 또 그 다음에 나오는 제4의 왕 크세르크세스는 부와 힘이 가장 강하고 그 백성들을 모두 거느리고 헬라인을 치리라."

"그러나 하나의 강한 왕(알렉산드로스, 즉 알렉산더 대왕)이 일어나 그 영토를 크게 넓히고 모든 계획을 그의 뜻대로 이룰 것이라. 그러나 그의 나라는 바로 건설되려는 때에 멸망해서 네 나라로 나누어져 하늘의 사방을 향하리라. 그러나 (이미 7장 6절, 8장 8절에서 천사가 말한 바 있지만) 그들의 혈통에 속하는 자에게는 속하지 않을 것이라. 그의 후계자 가운데 그의 힘에 미칠 자는 없으리라. 왜냐하면 그의 나라는 나누어져 후계자가 아닌 자(여기서 말하는 후계자란 네 사람의 중요한 후계자를 가리킨다.)의 손에 들어갈 것이 아니기 때문이다."

"그의 후계자 중에 남방을 다스리는 자(이집트 라고스의 아들 프톨레마이우스)는 강성해질 것이다. 그러나 다른 자가 이 나라를 누를 것이며 그가 다스리는 나라는 큰 나라가 되리라(시리아의 왕 셀레우쿠스, 그는 알렉산드로스의 후계자 가운데 가장 강한 자라고 아피아누스가 말했다)."

"세월이 흐른 후에 그들은 동맹을 맺게 된다. 또 남쪽 나라의 왕녀(베레니케, 다른 프톨레마이우스의 아들인 프톨레마이우스 필라텔프스의 딸)가 북방의 왕(셀레우쿠스 라기다스의 조카인 시리아와 아시리아의 왕 안티오쿠스 2세)과 결혼하여 그들 사이에 화친이 맺어진다."

"그러나 그 여자나 그의 자손도 오랫동안 권세를 누릴 수는 없다. 그 여자와 그의 아들과 벗, 그리고 그 여자를 보낸 자들은 사형을 당했으니 말이다(베레니케와 그 아들은 셀레우쿠스 칼라니쿠스에게 살해된다)."

"그러나 그 여자의 뿌리에서 솟은 하나의 새싹(프톨레마이우스 에우에르케테스는 베레니케와 같은 아버지에게서 태어났다.)이 일어나 대군을 이끌고 북방 왕의 나라로 쳐들어간다. 거기서 그는 모든 것을 그의 지배 아래 둘 것이며 모든 신, 모든 군주, 금은과 모든 귀중한 전리품들을 이집트로 가져갈 것이다(만일 그가 집안 사정으로 이집트에 소환되지만 않았다면, 셀레우쿠스의 모든 것을 약탈했을 것이라고 유스티누스는 말했다). 그러나 북방 왕은 아무 대책도 세우지 못하고 여러 해를 보내지 않을 수 없으리라."

"이렇게 해서 그는 자기 나라로 돌아가게 될 것이다. 그러나 북방 왕의 아들(셀레우쿠스 케라우누스, 안티오쿠스 대왕)은 격분하여 대군을 모집할 것이다. 그들의 군대는 쳐들어가 모든 것을 유린하게 될 것이다. 그러자 남방의 왕 프톨레마이우스 필로파토르도 격분하여 대군을 일으켜 전쟁(안티오쿠스 왕과 프톨레마이우스 에피파네스의 싸움)을 해서 승리를 거둔다. 그리고 그의 군대는 의기양양해서 뽐내고 그의 마음도 오만으로 가득 차게 된다(이 프톨레마이우스는 성전을 더럽혔다. 요세푸스). 그는 많은 사람들과 싸워 이긴다. 그러나 그의 승리는 확실하지 않을 것이다. 왜냐하면 북방의 왕(안티오쿠스 대왕)이 전보다 더 많은 군대를 거느리고 쳐들어올 것이기 때문이다. 또 그때에 다른 많은 자들도 일어나 남방의 왕에 대적할 것이기 때문이다(젊은 프톨레마이우스 에피파네스의 치세). 또 당신의 백성 가운데 있는 배교자, 무뢰한들도 덩달아 날뛰어 그들의 환상을 이루나 마침내는 망하고 말 것이다(에우에르케테스가 스코파스에 군대를 보내려 할 때, 그의 환심을 사기 위해 자기 종교를 배반한 자들. 안티오쿠스는 스코파스를 다시 점령하여 그것을 격파할 것이기 때문이다). 그리고 북방의 왕은 성벽을 무너뜨릴 것이요, 강한 성들을 점령할 것이다. 남방의 모든 군대는 여기에 대항하지 못할 것이며, 그들이 하는 대로 내버려둘 도리 밖에 없을 것이다. 그는 이스라엘 땅에 주둔하게 될 것이며, 그 땅은 그에게 복종하지 않을 수 없을 것이다. 그래서 그는 이집트 전국의 군주로 군림하려 하리라(에피파네스를 업신여긴다고 유스티누스는 말했다). 그래서 그는 이집트 왕과 동맹하여 그의 딸을 그에게 줄 것이다(클레오파트라, 이 여자가 자기 남편을 배반하게 하려고. 이에 대해 아피아누스는 이집트가 로마인들의 보호 아래 있기 때문에 무력으로 그 군주가 될 수 있을지 없을지가 의심스러워 술책으로 그 일을 이루려 한 것이라고 한다). 그는 그 여자가 타락하기를 원하지만, 그 여자는 그의 뜻에 순종하지 않을 것이다. 그리하여 그는 또 다른 술책을 짜내기에 골몰하고 몇 개의 섬, 즉 해항(海港)의 지배자가 되려는 생각으로 많은 섬을 침공할 것이다(아피아누스가 말하듯이)."

"그러나 한 장군이 그의 지배에 반기를 들어(스키피오 아프리카누스, 그는 안티오쿠스 대왕의 진군을 막는다. 그것은 대왕이 로마의 동맹국을 위협함으로써 로마인의 분노를 초래했기 때문이다.) 그로부터 받은 온갖 치욕을 갚을 것이다. 그리하여 그는 본국으로 돌아가 거기서 죽고(신하에게 피살당한다.) 이제는 세상에서 사라지고 말 것이다."

"그런데 그의 뒤를 이을 후계자(안티오쿠스 대왕의 아들 셀레우쿠스 필로파토르, 혹은 소테르)는 폭군일 것이요, 과세로 나라의 영광(이는 백성의 것이다.)을 괴롭힐 것이다. 그러나 그는 오래지 않아 죽고 말 것이다(그것은 반란도, 전쟁 때문도 아니지만). 그의 자리를 계승하는 자는 천한 자로, 왕의 영광스러운 지위를 감당할 수 없을 것이다. 그는 감언과 회유로 그 자리에 오르려 할 것이다. 모든 군대가 그에게 패배할 것이며, 그는 그들을 정복하고 이미 그와 동맹을 맺었던 군주들까지도 정복할 것이다. 그는 새로이 동맹을 맺어 그 군주를 배신하고 약간의 군대만 가지고 조용히, 그리고 아무런 저항의 두려움도 없이 그 군주의 영토에 침입하여 가장 좋은 땅을 차지하고, 그의 선조도 하지 못한 짓을 하여 가는 곳마다 유린하리라. 그는 그의 치세 동안에 큰 계략을 책정하리라."[15]

723

예언.

다니엘이 말한 70주란 예언의 말이므로 언제부터 그것이 시작되는지 분명히 알 수는 없다. 또 연대학자들 사이에도 차이가 있기 때문에 끝나는 시기 역시 자세히 알 수 없다. 그러나 이런 차이란 고작 2백 년을 넘지 않는다.

724

예언.

제4왕국이 존속하는 동안에 있을 제2성전의 파괴 전, 유대인의 주권이 박탈당하기 전, 다니엘이 말한 제70주에 제1성전이 존립해 있는 동안에 이교도는 가르침을 받아 유대인이 섬기는 신, 곧 여호와를 알게 되리라는 것. 신을 사랑하는 자들은 적의 박해로부터 벗어나 신을 경외하고 사랑하는 마음으로 가득 차게 되리라는 것.

그리고 제4왕국 동안에 있을 제2성전의 파괴 이전 등등에, 이교도가 무리를 이루어 신을 섬기고 천사와 같은 삶을 누리게 되었다. 딸들은 그 정조와 생애를 신에게 바치고, 사내들은 모든 정욕적인 쾌락을 포기했던 것이다. 플라톤이 몇 명 안 되는 교양인조차도 설득시키지 못했던 것을 어떤 신비스러운 힘에 의해 불과

---

[15] 이 단장은 파스칼이 〈다니엘〉 2, 8, 9, 11장의 여기저기를 임의로 불역(佛譯)하여 곳곳에 그 자신의 주를 붙인 것이다. 파스칼은 그에 따라 예언이 이루어진 것을 증명하고자 한 것인데, 근대의 연구에 의하면 〈다니엘〉의 주요 부분은 예언도 역사도 아니며 박해시대의 유대인을 격려하기 위한 '계시록'이라는 것이 통설로 되어 있다. 즉 시리아의 왕 안티오쿠스 에피파네스(기원전 175~164 재위)가 예루살렘에 침입해서 신전을 더럽히고 유대인을 박해할 때, 그 고뇌 속에서 씌어진 것이다. 따라서 여기엔 자세한 주를 생략했다. 투르노르 판에는 이 단장 전체가 삭제되었다.

몇 마디 말만으로 무지한 수백만의 사람들을 설득시켰던 것이다.

부자들은 자신의 재산을 스스로 버렸으며, 아들은 아비의 아늑한 집을 떠나 황야로 고행의 길을 떠났던 것이다. 이런 현상은 도대체 무엇을 뜻하는 것일까? 그것은 이미 오래 전에 예언된 것이다. 2천여 년 동안 단 한 사람의 이교도도 유대인의 신을 섬기지 않았다. 그러나 예언된 시기가 되자 수많은 이교도들이 이 유일신 여호와를 섬기게 된 것이다. 여러 신들의 신전은 허물어지고 왕들은 십자가 앞에 굴복했다. 도대체 무엇 때문일까? 그것은 신의 영이 땅 위에 내렸기 때문이다.

모세에서 예수 그리스도까지는 랍비들의 말을 통해 보더라도 단 한 사람의 이교도도 믿지 않았던 것이다. 그러나 예수 그리스도 후에는 수많은 이교도가 모세의 책을 믿고, 그 본질과 정신을 지키며, 그 가운데 무익한 것만 배척하게 될 것이다.

725

예언.
이집트인의 회개. 〈이사야〉 19장 19절. 이집트에서 진정한 신에게 바친 제단.

726

예언.
이집트에서의 《푸기오》 659페이지, 《탈무드》 "우리에게는 하나의 전승이 있노라. 구세주가 강림할 때 말씀을 전파하려고 세워진 신의 집은 쓰레기와 온갖 오물로 가득 차고 학자들의 지혜는 타락하고 부패한다는 것. 죄지음을 두려워하는 자는 백성들에게서 배척당할 것이요, 미련한 바보로 업신여김을 받으리라는 것."[16]

---

[16] 《푸기오》 중 라틴어로 된 문장의 역(譯). 〈시편〉 22편 17절의 주해이다.

〈이사야〉 49장. "섬들아 나를 들으라. 원방 백성들아 귀를 기울여라. 여호와께서 내가 태에서 나옴으로부터 나를 부르셨고, 내가 어미 복중(腹中)에서 나옴으로부터 내 이름을 말씀하셨으며, 내 입을 날카로운 칼같이 만드시고, 나를 그 손그늘에 숨기시며, 나로 마광한 살을 만드사 그 전통에 감추시고 내게 이르시되, 너는 나의 종이요, 내 영광을 나타낼 이스라엘이라 하셨느니라. 그러나 나는 말하기를, 내가 헛되이 수고하였으며 무익히 공연히 내 힘을 다하였다고 하였도다. 정녕히 나의 신원이 여호와께 있고 나의 보응이 나의 하느님께 있느니라. 나는 여호와의 보시기에 존귀한 자라, 나의 하느님이 나의 힘이 되셨도다. 다시 야곱을 자기에게로 돌아오게 하시며, 이스라엘을 자기에게로 모이게 하시려고 나를 태에서 나옴으로부터 자기 종을 삼으신 여호와께서 말씀하시니라. 그가 가라사대, 네가 나의 종이 되어 야곱의 종족들을 일으키며 이스라엘 중에 보전된 자를 돌아오게 할 것은 오히려 경한 일이라. 내가 또 너로 이방인의 빛을 삼아 나의 구원을 베풀어서 땅끝까지 이르게 하리라. 이스라엘의 구속자, 이스라엘의 거룩한 자이신 여호와께서 사람에게 멸시를 당하는 자, 백성에게 미움받는 자, 관원들의 종이 된 자에게 이같이 이르시되, 너를 보고 열왕이 일어서며 방백들이 경배하리니 이는 너를 택한바 신실한 나 여호와 이스라엘의 거룩한 자를 인함이니라."

"여호와께서 또 가라사대, 은혜의 때에 내가 네게 응답하였고 구원의 날에 내가 너를 도왔도다. 내가 장차 너를 보호하여 너로 백성의 언약을 삼으며, 나라를 일으켜 그들로 그 황무하였던 땅을 기업으로 상속하게 하리라. 내가 잡혀 있는 자에게 이르기를 '나오라' 하며 흑암 속에 있는 자에게 '나타나라' 하리라. 그들이 길에서 먹겠고 모든 산에도 그들의 풀밭이 있을 것인즉, 그들이 주리거나 목마르지 아니할 것이며, 더위와 볕이 그들을 상하지 아니하리니, 이는 그들을 긍휼히 여기는 자가 그들을 이끌되 샘물 근원으로 인도할 것임이니라. 내가 나의 모든 산을 길로 삼고 나의 대로를 돋우리니 혹자는 원방에서, 혹자는 북방과 서방에서, 혹자는 서남 땅에서 오리라. 하늘이여 노래하라, 땅이여 기뻐하라, 산들이여 즐거이

노래하라, 여호와가 그 백성을 위로하였은즉 그 고난당한 자를 긍휼히 여길 것임이니라."

"오직 시온이 이르기를 '여호와께서 나를 버리시며 주께서 나를 잊으셨다' 하였거니와 여인이 어찌 그 젖 먹는 자식을 잊겠으며, 자기 태에서 난 아들을 긍휼히 여기지 않겠느냐. 그들은 혹시 잊을지라도 나는 너를 잊지 아니할 것이라. 내가 너를 내 손바닥에 새겼고 너의 성벽이 항상 내 앞에 있나니, 네 자녀들은 속히 돌아오고 너를 헐며 너를 황폐케 하던 자들은 너를 떠나가리라. 네 눈을 들어 사방을 보라. 그들이 다 모여 네게로 오느니라. 나 여호와가 이르노라. 내가 나의 삶으로 맹세하노니, 네가 반드시 그 모든 무리로 장식을 삼아 몸에 차며 띠기를 신부처럼 할 것이라. 대저 네 황폐하고 적막한 곳들과 네 파멸을 당하였던 땅이 이제는 거민이 많으므로 좁게 될 것이며, 너를 삼켰던 자들이 멀리 떠나갈 것이니라. 고난 중에 낳은 자녀가 후일에 네게 말하기를 '이곳이 우리에게 좁으니 넓혀서 우리로 거처하게 하라' 하리니, 그때에 네 심중에 이르기를 '누가 나를 위하여 이 무리를 낳았는고, 나는 자녀를 잃고 외로워졌으며 사로잡혔으며 유리하였거늘 이 무리를 누가 양육하였는고. 나는 홀로 되었거늘 이 무리는 어디서 생겼는고' 하리라. 나 주 여호와가 이르노라. '내가 열방을 향하여 나의 손을 들고 민족들을 향하여 나의 기호를 세울 것이다. 그들이 네 아들들을 품에 안고 네 딸들을 어깨에 메고 올 것이며, 열왕은 네 양부가 되며 왕비들은 네 유모가 될 것이며, 그들이 얼굴을 땅에 대고 네게 절하고, 네 발의 티끌을 핥을 것이니, 네가 나를 여호와인 줄 알리라. 나를 바라는 자는 수치를 당하지 아니하리라. 용사의 빼앗은 것을 어떻게 도로 빼앗으며 승리자에게 사로잡힌 자를 어떻게 건져 낼 수 있으랴마는 나 여호와가 이같이 말하노라. 용사의 포로도 빼앗을 것이요, 강포자의 빼앗은 것도 건져 낼 것이니, 이는 내가 너를 대적하는 자를 대적하고 네 자녀를 구원할 것임이니라. 내가 너를 학대하는 자로 자기의 고기를 먹게 하며 새 술에 취함같이 자기의 피에 취하게 하리니, 모든 육체가 나 여호와는 네 구원자요, 네 구속자요, 야곱의 전능자인 줄 알리라.'"

"나 여호와가 이같이 이르노라. '내가 너희 어미를 내어보낸 이혼서가 어디 있느냐? 어째서 나는 그것을 너희의 원수들의 손에 내주었던고? 내가 그것을 버린 것은 불신과 죄 때문이 아닌가.'"[17]

"'내가 왔어도 사람이 없었으며 내가 불러도 대답하는 자가 없었음은 어찜이뇨. 내 손이 어찌 짧아 구속하지 못하겠느냐?"

"그러므로 내 진노의 표적을 보이리라. 나는 어둠으로 가릴 것이며 베일로 하늘을 감추리라."

"주는 잘 교육받은 자의 혀를 나에게 주셨고, 비탄에 빠진 자를 나의 말로써 위로할 수 있도록 해 주셨다. 주는 그 가르침에 내 귀를 기울이게 해 주셨고, 나는 주의 말씀을 스승의 말처럼 들었도다."

"주는 나에게 자기의 뜻을 계시하여 주셨도다. 나는 그 뜻에 거역한 적이 없도다."

"나는 매질하는 자에게 내 몸을 내맡겼고 모욕을 주는 자에게 뺨을 맡겼도다. 나는 나를 모욕하고 내 얼굴에 침을 뱉는 자에게서 내 얼굴을 가리지 않았도다. 그러나 주가 나를 붙들어 주셨기 때문에 나는 태연하였노라."

"나를 의롭게 하는 자가 나와 함께 있도다. 누가 감히 나를 힐책하려 하고 내 죄를 책하려 하는가? 신이 스스로 나를 지켜 주시지 않는가?"

"모든 사람은 가고 말 것이요 때와 함께 사라지고 말 것이다. 그러므로 신을 두려워하는 자들이여, 신의 종이 하는 말을 들을지어다. 어둠 속에서 신음하는 자들이여, 너의 믿음을 여호와께 둘지어다. 그러나 신의 노여움을 너희 머리 위에서 타오르게만 하는 자들이여, 너희는 그 불덩이 위로 걸어가고 너희 자신이 지핀 그 불꽃 가운데로 걸어갈지어다. 이 불꽃을 너희의 머리 위에 내린 것은 나의 손이었

---

[17] 〈이사야〉 50장.

도다. 너희는 비탄 속에서 멸망하리로다."

〈이사야〉 51장, "의를 구하고 주를 탐구하는 자들이여, 내 말을 들을지어다. 너희를 떠낸 바위와 너희를 파낸 우묵한 구덩이를 생각할지어다. 너희의 아비 아브라함과 너희를 낳은 사라를 볼지어다. 보라, 아브라함이 혈혈단신으로 있을 때 내가 부르고 그에게 복을 주어 창성케 하였도다. 내가 시온 성에 얼마나 많은 축복을 내리고 얼마나 풍성한 은혜와 위로를 주었는지 알지어다."

"나의 백성들이여, 이 모든 것을 깊이 깨달아 내가 하는 말에 귀를 기울이라, 율법은 내게서 나온 것이며, 이방인의 빛이 될 심판도 나에게서 나올 것이기 때문이다."

〈아모스〉 8장, 예언자들은 말하기를 "이스라엘의 죄를 낱낱이 열거한 후에 신이 그 죄의 값을 받기로 맹세하였다"고 말했다. 그것은 이와 같은 것이다.

"주는 이렇게 말씀하신다. 그날에 내가 해로 대낮에 지게 하여 백주에 땅을 깜깜케 하며 너희 절기를 애통으로 변하며 너희 모든 노래를 애곡으로 변하게 할 것이라."

"너희는 모두 슬픔과 괴로움 속에 있을 것이라. 나는 이 백성에게 외아들을 잃는 것 같은 비탄을 줄 것이요, 그 마지막 시간을 쓰디쓴 시간으로 할 것이니라. 주는 말씀하신다. 보라, 그날이 오리라, 내가 기아를 내릴 그날이 올 것이다. 이 기근은 빵이나 물의 주림과 목마름이 아니라 주의 말씀에 주리고 목마름이니라. 그들은 바다에서 바다로 표류할 것이요, 북에서 동으로 헤맬 것이며, 주의 말씀을 고하는 자를 찾아 이곳저곳을 돌아다니리라. 그러나 누구도 이를 발견하지 못하리라."

"그들의 처녀와 젊은이들은 이 갈증으로 말미암아 죽어가리라. 저 사마리아 우상들에게 복종하던 자, 당을 짓고 그곳에서 숭배받는 신에게 맹세하던 자, 브엘세바의 제식을 따르던 자들은 쓰러져 결코 다시는 일어나지 못하리라."

〈아모스〉 3장 2절, "내가 땅의 모든 족속 중에서 너희만 알았나니."

〈다니엘〉 12장 7절. 다니엘은 메시아가 다스릴 전기간을 나타내어 말하기를 "이스라엘 백성이 모두 흩어졌을 때 이 모든 것도 전부 이루어지리라"고 했다.

〈학개〉 2장 4절, "너희 중에 남아 있는 자, 곧 이 전(殿)의 이전 영광을 둘째 전에 비교하여 보잘것없다고 생각하는 자들이여, 굳셀지어다. 나 여호와가 이르노라. 스룹바벨아, 여호사닥의 아들 대제사장 여호수아야, 이 땅의 모든 백성들아, 스스로 굳세게 하여 일할지어다. 나 여호와의 말이니라. 내가 너희와 함께 하노라. 만군의 여호와의 말이니라. 너희가 애굽에서 나올 때에 내가 너희에게 언약한 말과 나의 신이 오히려 너희 가운데에 머물러 있나니 너희는 두려워하지 말지어다. 조금 있으면 내가 하늘과 땅과 바다와 육지를 진동시킬 것이며 또한 만국을 진동시킬 것이며 만국의 보배가 이르리니 내가 영광으로 이 전에 충만케 하리라. 만군의 여호와의 말이니라."

"은도 내 것이요 금도 내 것이니라. 만군의 여호와의 말이니라(즉 이런 것들로 나 주 여호와를 섬기지 말라는 뜻이다. 들의 짐승들도 모두 다 내 것이다. 그것들은 제물로 바친다 해도 나에게 무슨 소용이 있겠느냐고 다른 곳에 지적되어 있다). 이 새 전(殿)의 영광은 처음 전의 영광보다 클 것이라고 만군의 주는 말한다. 이곳에 나는 내 집을 세우노라고 주는 말씀하신다."

〈신명기〉 18장 16~19절, "호렙에서 너희가 모인 날 너희는 말했도다. 주께서 직접 우리에게 말씀하지 마시기를, 우리가 제발 이 불을 보지 않게 되기를, 아마 우리는 언젠가는 죽을 것이므로, 하고 너희는 말했노라. 그러자 주께서 내게 다음과 같이 말씀하셨도다. 그들의 기도는 옳은 것이다. 나는 그들 형제 중에서 너와 같은 한 예언자를 그들을 위하여 만들어내어 그의 입에다 내 말씀을 불어넣으리라. 그는 내가 명하는 것을 하나 남기지 않고 모두 그들에게 고하리라. 누구든지 내 이름으로 말하는 것에 복종하지 않는 자는 내가 몸소 그를 심판하리로다."

〈창세기〉 49장, "유다여, 너는 형제들로부터 칭찬을 받을 자, 네 적을 정복하는 자로다. 네 아비의 자식들은 너를 섬기리라. 사자의 아들 유다여, 내 아들아, 너는 먹이에 뛰어 덮쳤도다. 사자처럼, 그리고 일어나려는 암사자처럼 웅크려 있었도다."

"왕권은 유다에서 떠나지 않게 될 것이며 율법을 세우는 자들은 그의 발 사이에서 떠나지 않고 실로가 올 때까지 머물러 있게 되리라. 모든 나라 백성들은 그의 발 아래 모여 그에게 복종할 것이다."

727 메시아가 세상에 계실 동안에.
"수수께끼."〈에스겔〉17장.

그의 선구자.〈말라기〉3장.

그는 어린아이로 세상에 태어난다.〈이사야〉9장.

그는 베들레헴에서 태어난다.〈미가〉5장. 그는 주로 예루살렘에 나타나며 유다와 다윗의 혈통에서 태어난다.

그는 현명한 사람과 학자의 눈을 어둡게 할 것이다.〈이사야〉6장, 8장, 29장 등. 그는 복음을 가난한 자와 비천한 자들에게 전파할 것이다.〈이사야〉29장. 장님에게 광명을, 병든 자에게는 건강을 주며, 어둠 속에서 방황하는 자는 빛으로 인도할 것이다.〈이사야〉61장.

그는 완전한 길을 가르쳐주며 이방인의 교사가 될 것이다.〈이사야〉55장, 42장 1~7절.

불신자는 예언을 이해하지 못할 것이다.〈다니엘〉12장.〈호세아〉14장 9절, 그러나 지혜있는 자는 깨달을 것이다.

그를 가난한 자로 표현한 예언은 또한 그를 모든 백성의 주로 표현한다.〈이사야〉52장 14절, 53장.〈스가랴〉9장 9절.

구세주가 강림할 시기를 예고하는 예언은 그를 모든 이방인의 주로, 또한 고난의 주로 예언하고 있을 뿐, 구름을 타고 오실 심판자로 표현하고 있지는 않다. 또

그를 심판자나 영광의 주로 표현한 예언은 그 시기를 지적하지 않고 있다.[18]

그는 세상의 죄를 위해 희생당할 것이다. 〈이사야〉 39장, 53장 등.

그는 귀한 초석이 될 것이다. 〈이사야〉 28장 16절 등.

그는 발에 걸려 넘어지게 하는 돌이 될 것이다. 〈이사야〉 8장. 예루살렘은 이 돌로 인해 피해를 입게 될 것이다.

건축가들은 이 돌을 싫어할 것이다. 〈시편〉 118편 22절. 신은 이 돌로 모퉁이의 머릿돌을 삼을 것이다.

이 돌은 마침내 큰 산이 될 것이며, 온 땅을 가득 채우고 말 것이다. 〈다니엘〉 2장.

그래서 그는 버림받고, 거부당하고, 배반당하고, 〈시편〉 109편 8절, 그는 팔리고, 〈스가랴〉 11장 12절, 침뱉음을 당하고, 구타당하고, 조롱당하고, 온갖 방법으로 괴로움을 당하고, 쓴 것을 마시게 되고, 〈시편〉 69편, 찔림을 당하고, 〈스가랴〉 12장, 두 손과 두 발에 못박히고 살해당해서 그 옷은 제비뽑기에 쓰여질 것이다. 〈시편〉 22편.

그러나 그는 다시 살아날 것이다. 〈시편〉 16편. 사흘 만에, 〈호세아〉 6장 3절.[19] 하느님의 우편에 앉기 위해 승천할 것이다. 〈시편〉 110편.

왕들은 그에게 항거하여 무장할 것이다. 〈시편〉 2편.

그는 하느님의 우편에 앉아서 그의 적들을 물리칠 것이다.

땅 위의 모든 왕들과 모든 백성은 그를 경배할 것이다. 〈이사야〉 60장.

유대인은 한 민족으로 존속될 것이다. 〈예레미야〉.

그들은 왕도 없이 방황하게 될 것이다. 〈호세아〉 3장. 예언자 없이, 〈아모스〉, 구원을 간절히 바라나 그것을 찾아내지 못한 채로, 〈이사야〉.

---

18 포르루아얄 판에는 이곳에 다음과 같은 성찰을 더했다. '메시아의 위대함과 영광이 기록될 경우, 이는 사람을 심판함이요 구원함이 아님이 명백하다.'
19 2절을 잘못 기록한 것이다.

예수 그리스도에 의한 이방인의 소명. 〈이사야〉 52장 15절, 55장 5절, 60장, 〈시편〉 72편.

〈호세아〉 1장 9절, "너희가 흩어져 그 수가 많아진 다음에 너희는 더 이상 내 백성이 되지 않을 것이다. 나는 너희의 신이 되지 않을 것이다. 너희는 내 백성이 아니라 한 그곳에서, 나는 너희가 내 백성들이라고 그들에게 말할 것이다."

728 주가 택한 땅 예루살렘 이외의 곳에서 제물을 바치는 것을 용납하지 않았으며, 십일조를 받으시는 것마저 허락하지 않았다. 〈신명기〉 12장 5절, 14장 23절, 15장 20절, 6장 2, 7, 11, 15절.

호세아는 그들에게 왕도, 군주도, 제물도, 우상도 없게 될 것이라고 말했다. 이것은 예루살렘 밖에서 정식으로 제물을 바치지 못하기 때문에 오늘날에야 성취된 것이다.

729 예언.
메시아의 시대가 되면, 그는 애굽에서의 탈출마저 잊어버릴 정도의 새로운 계약을 세우러 올 것이라고 예언되어 있다. 〈예레미야〉 23장 5절, 〈이사야〉 43장 16절. 그는 그의 율법을 외부가 아닌 심중에 두실 것이며, 그때까지 외면적인 것에 불과했던 그에 대한 두려움을 마음 한가운데 가지게 하리라고 예언되어 있었다.

이를 보고도 기독교의 참된 진리를 모를 사람은 세계 어느 곳에도 없을 것이다.

730 그때는 우상을 숭배하지 않게 될 것이며, 이 메시아는 모든 우상을 무너뜨리고 인간들로 하여금 참된 신을 예배하는 데 참석하게 할 것이다.[20]

---

20 〈에스겔〉 30장 13절.

우상을 위한 신전은 파괴되고, 세계의 모든 민족과 모든 고장에서는 그에게 짐승이 아닌 순수한 제물을 바치게 될 것이다.[21]

그는 유대인의 왕뿐만 아니라 이방인의 왕도 될 것이다. 그런데 이 유대인과 이방인의 왕은 자기를 죽일 음모를 꾸미는 양쪽 인간들로부터 모욕을 받게 될 것이나, 양편의 지도자인 그는 모세의 예배를 그 중심지인 예루살렘에서 파괴하고 거기에 그의 맨 처음 교회를 세우게 될 것이다. 또 우상 숭배의 중심인 로마에서 우상에 대한 예배를 파괴하고 거기에다 그의 주요한 교회를 세운다.[22]

731

예언.
예수 그리스도는 신이 그의 적을 그에게 복종시킬 동안 신의 우편에 계실 것이다.

그러므로 그는 손수 그들을 복종시키지는 않을 것이다.

732

"……그때가 되면 그들이 다시는 나를 알려 하지 아니하리니 이는 작은 자로부터 큰 자까지 다 나를 앎이니라."[23] — "너희 자녀들이 장래 일을 말할 것이라."[24] — "내가 그들에게 한 마음과 한 도를 주어 자기들과 자기 후손의 복을 위하여 항상 나를 경외하게 하리라."[25]

이 모든 것은 같은 일이다.

예언하는 것은 신에 관한 말이요, 외적인 증거에 의하지 않고 내적이며 직접적인 직관에 의해 말하는 것이다.

---

[21] 〈말라기〉 1장 11절.
[22] 〈시편〉 72편 11절.
[23] 〈예레미야〉 31장 34절.
[24] 〈요엘〉 2장 28절.
[25] 〈예레미야〉 32장 40절.

733　그가 그 도로 우리에게 가르치실 것이다.²⁶
그리고 그(그리스도)의 앞에도 뒤에도 이와 비슷한 신성한 것을 가르친 이는 단 한 사람도 나타나지 않았다.

734　예수 그리스도는 처음에는 작지만 나중에는 크게 될 것이다. 〈다니엘〉에 나오는 작은 돌.²⁷

가령 내가 메시아에 관한 말을 하나도 듣지 못했다 할지라도 세계의 질서에 대해 이처럼 놀라운 예언이 있고, 또 그것이 이루어지는 것을 볼 때 신이 하신 일이라고 생각하지 않을 수 없다. 또 이 책들이 모두 하나의 구세주를 예언하고 있다는 사실을 알게 될 때, 그의 강림을 믿지 않을 수 없다. 이 책들이 그의 강림의 시기를 제2성전이 파괴되기 전이라 한 것으로 보아 나는 그가 이미 오셨다고 말하지 않을 수 없다.

735　예언.
유대인은 예수 그리스도를 버렸으므로 신의 버림을 받게 된 것이다. 선택받은 포도나무는 들포도밖에 맺지 못한다. 선택받은 백성은 불충, 배은, 불신, "순종이 아니라 반항하는 백성"²⁸이 된다.

신은 그들에게 벌을 내려 눈뜬장님으로 만드셨으므로 그들은 대낮에도 장님처럼 손으로 더듬지 않고는 다닐 수 없게 된다.²⁹ 그러나 한 사람의 선구자가 그들 앞에 나타나게 된다.³⁰

26 〈이사야〉 2장 3절.
27 〈다니엘〉 2장 34절.
28 〈이사야〉 65장 2절, 〈로마서〉 10장 21절.
29 〈신명기〉 28장 29절.
30 〈말라기〉 4장 5절.

736

"(그들이) 그 찌른 바" 〈스가랴〉 12장 10절.

악마의 머리를 부수고 그 백성을 죄에서, "모든 사악에서"[31] 해방시켜 줄 구세주가 강림한다. 새로운 언약이 맺어지고 그것은 영원히 존속될 것이다. 멜기세덱의 위계에 의한 다른 제사장 제도가 정해지고[32] 그것이 영속된다. 그리스도는 더 영광스러워지고 유능해지며, 또 강해질 것이다. 그러나 딱하게도 사람들은 그가 누구인지 알지 못한다. 사람들은 그를 메시아로 생각하지 않고 그에게 반항하고 끝내는 그를 죽이고 만다. 그를 부인하는 백성은 이미 그의 백성이 아니다. 우상을 숭배하는 자들이 그를 구세주로 믿고 그에게 구원을 바란다. 그는 시온을 떠나 우상을 숭배하는 이교의 중심지를 다스리게 된다. 그러나 유대인은 그대로 존속하게 될 것이다. 그는 유대 민족에게서 났으며, 또 왕이 없는 시대에 탄생했던 것이다.

---

31 〈시편〉 130편 8절.
32 〈시편〉 110편 4절.

예수 그리스도의 증거　제12장

737 그러므로 나는 다른 모든 종교를 거부한다. 그것으로 나는 모든 반론에 대한 해답을 발견하게 된다. 그렇게 순수한 신이 마음이 깨끗한 자에게만 자신을 나타내는 것은 옳다. 따라서 나는 이 종교를 사랑할 수 있다. 그리고 이 종교가 대단히 신성한 도덕으로 이미 충분한 권위를 가지고 있다고 생각하는데, 거기서 그 이상의 것을 본다.

인간의 기억이 지속된 이래 여기 다른 어떤 민족보다 먼저 존재했던 민족이 있고, 인간이 전반적으로 타락했으나, 이윽고 한 구원자가 강림하리라는 사실은 끊임없이 인간들에게 예언되어 온 것이다. 그 구원자가 오기 전에 한 민족 전체가 그의 일에 대해 예언하고, 그가 온 후에 한 민족 전체가 모두 그를 숭배하리라는 것을 한두 사람이 아닌 무수한 사람들이, 한 민족 전체가 4천여 년 동안이나 예언해 왔으며, 그들의 책(성서)은 4백 년 동안이나 널리 퍼뜨려졌다.

그 책을 연구하면 할수록 나는 새로운 더 많은 진리를 발견하게 된다. 즉 먼저 있었던 일들, 그 뒤에 일어난 일들, 그가 오기 전에 있었던 유대인 회당, 우상도 없고 왕도 없는 그들, 예언자도 없는 비참한 사람들, 그리고 그를 따랐지만 모두 그의 적이 되어 우리에게 이 예언이 진리임을 증명한 사람들. 바로 이 예언 속에 그들의 비참과 맹목이 예언되어 있었던 것이다.

나는 이런 것들 사이에 서로 연관성이 있음을 발견한다. 그 권위 · 기간 · 영속 · 도덕 · 행위 · 교리 · 효과에 있어서 이 종교는 매우 신성한 것이다. 유대인이 예언한 무서운 암흑. "네가 백주에도 더듬게 되리라."[1] "한 권의 책을 무식한 자에게 주며 이르기를 '그대에게 청하노니 이를 읽으라' 하면 그가 대답하기를 '나는 무식하다' 할 것이니라."[2]

왕권은 아직 맨 처음 찬탈자의 손에 있다.

예수 그리스도의 강림에 대한 복음.[3]

나는 내 구주에게 두 손을 내민다. 그는 근 4천 년 동안 예언된 다음 바로 그 예언된 시기와 상태대로, 나를 위해 고난을 당하고 마침내 죽음을 당하기 위해 지상에 온 것이다. 그리고 그의 은총으로 나는 그와 영원히 연결될 수 있다는 희망으로 평안한 가운데 죽음을 기다릴 수 있다. 그러나 나는 그가 내게 주려는 행복 속에서, 혹은 그가 나를 위해 보내며 나에게 인내할 것을 가르친 재앙 속에서 기쁨을 느끼며 산다.

738 예언은 구세주가 강림할 때 일어날 여러 가지 증거를 먼저 말했으므로, 그 증거는 모두 동시에 일어나지 않으면 안 되었다. 그래서 다니엘의 70주가 끝나면 제4왕국이 나타나고, 왕권은 유다에게서 떠나야만 했던 것이다. 모든 일은 예언에 나타난 순서대로 이루어졌다. 그때 구세주가 오시게 되어 있었고, 스스로 구세주라 일컫는 예수 그리스도가 강림하신 것이다. 이런 모든 것이 거침없이 이루어졌다. 이것은 예언이 충분히 진실한 것임을 입증한 것이다.

739 예언자들은 예언했지만, 그것이 전에 예언되어 있었던 것은 아니다. 다음 성도들은 예언되었지만, 예언하지는 않았다. 예수 그리스도는

---

1 〈신명기〉 28장 29절.
2 〈이사야〉 29장 12절.
3 앞의 '인간의 기억이'에서부터 여기까지의 문장은 라퓌마 판에 따라 재구성된 것이므로 브랑슈비크 판과는 내용과 순서에서 다소 차이가 있다.

예언되어 있었으며, 또 스스로 예언하셨다.

740   예수 그리스도를 위한 두 개의 성서, 즉 구약에서는 희망으로, 신약에서는 모범으로 각각 그를 중심으로 삼고 있다.

741   세상에서 가장 오래된 두 책은 모세와 욥의 것이다. 한 사람은 유대인이고 다른 한 사람은 이교도인데, 이 두 사람은 모두 예수 그리스도를 그들의 공통된 중심 및 목적으로 삼았다. 모세는 아브라함과 야곱 등에 대한 신의 약속과 그 예언을 이야기함으로써, 욥은 "나의 말이 곧 기록되었으면, 책에 씌어졌으면, 철필과 연으로 영영히 돌에 새겨졌으면 좋겠노라. 내가 알기에는 나의 구속자가 살아 계시니 후일에 그가 땅 위에 서실 것이다."[4]와 같이 이야기함으로써.

742   복음서는 성모의 동정에 관해서는 예수 그리스도가 탄생할 때까지만 말한다. 모두 예수 그리스도에 관해서만 이야기한다.

743   예수 그리스도의 증거.
무엇 때문에 〈룻기〉가 지금까지 전해 내려오고 있을까? 다말의 이야기는.[5]

744   "시험에 들지 않게 일어나 기도하라."[6] 유혹당하는 것은 위험한 일이다. 유혹당하는 것은 기도하지 않았기 때문이다.

---

4 〈욥기〉 19장 23~25절.
5 다말과 룻은 양쪽 다 유대인의 눈으로 보면 신통치 않은 여인들이지만, 다윗의 자손인 예수 그리스도가 유다의 자손에서 나올 것이라는 예언의 성취에 있어서는 불가결한 사람들이다.
6 〈누가복음〉 22장 46절.

"너는 돌이킨 후에 네 형제를 굳게 하라."

그러나 먼저, "주께서 돌이켜 베드로를 바라보시도다."[7]

성 베드로는 말고를 칠 허락을 구했고, 그 대답을 듣기도 전에 그를 쳤다. 그래서 예수 그리스도의 대답은 그후에 행해진 것이다.[8]

유대인의 무리가 로마 총독 빌라도에게 예수를 고발하면서 우연히 외친 '갈릴리'[9]란 말은 예수 그리스도를 헤롯에게로 보낼 구실을 빌라도에게 제공했던 것이다. 이 때문에 그(예수)가 유대인과 이방인에게도 재판을 받으리라는 비의를 성취했던 것이다.

745 믿기를 주저하는 자들은, 유대인도 믿지 않는다는 것을 그 구실로 삼는다.

그들은 "그것이 그처럼 분명한 것이라면 왜 유대인들이 믿지 않았겠는가?"라고 말한다. 그리고 유대인이 믿기를 거부했다는 선례로 인해 자기들의 믿음에 주저함이 없도록 하기 위해서라도, 유대인들이 예수를 믿었더라면 하는 생각을 하고 있는 듯하다. 그러나 사실은 유대인이 신앙을 거부한 것이야말로 우리 믿음의 참된 토대이다. 만일 그들이 우리 편이었다면, 우리는 신앙에 그처럼 마음을 많이 기울일 수 없었을 것이다. 그리고 그때는 더 많은, 충분한 이유를 찾아냈을 것이다.

유대인들이 예언된 일의 큰 지지자가 되게 하는 동시에, 그 실현에 큰 방해자가 되게 하신 것은 신의 놀라운 섭리이다.

746 유대인들은 크고 눈부신 기적들에 익숙해져 있었다. 그래서 홍해나 가나안 땅에서의 위대한 솜씨도 앞으로 나타나실 구세주의 위대한 업

---

[7] 〈누가복음〉 22장 32, 61절.
[8] 〈누가복음〉 22장 49, 50절.
[9] 〈누가복음〉 23장 5절.

적에 대한 전조로 보았던 것이다. 그러므로 좀더 찬란한 기적, 즉 모세가 행했던 기적도 그에 비하면 매우 작은 예에 불과할 만큼 큰 기적이 나타나기를 기다리고 있었던 것이다.

747 육적인 유대인과 이교도는 곤란에 처해 있으며, 기독교도들도 역시 그렇다. 이교도들에게 구세주란 없다. 그들은 구세주를 바라지도 않기 때문이다. 유대인들에게도 구세주는 없다. 그들은 구세주를 바라고 있으나 그것은 아무 소용도 없는 일이다. 구세주는 오직 기독교도만을 위해서 존재한다(그 영속성을 보라).[10]

748 구세주가 지상에 있을 때 백성들은 서로 분리되어 있었다. 영적인 사람들은 그를 신봉했으나, 육적인 사람들은 구세주를 위한 증인으로서 도움이 되었을 뿐이다.

749 "만일 그것이 유대인들에게 명백히 예언되어 있었다면, 어떻게 그들이 그것을 믿지 않았을까? 그들은 그처럼 분명한 일에 반항하고도 어떻게 전멸당하지 않았을까?"

이에 대해 나는 이렇게 대답한다. 첫째 그들은 그처럼 명백한 사실까지도 믿지 않으리라는 것, 그들이 전멸당하지 않으리라는 것은 이미 그 이전부터 예언되어 있었다. 그리고 이보다 더 구세주를 영광스럽게 하는 일은 없다. 왜냐하면 예언자들이 있었다는 사실만으로는 불충분하며, 따라서 그들의 예언은 의심받지 않고 보존될 필요가 있었기 때문이다. 그러나……

---

10 단장 607~609 참조.

750 만일 유대인이 예수 그리스도를 믿고 그로 인해 마음을 돌이켰다면, 우리는 의심스러운 증거밖에 갖지 못했을 것이다. 만일 그들이 전멸당했다면, 우리는 단 한 사람의 증인도 갖지 못했을 것이다.

751 예언자들은 예수 그리스도에 대해 무슨 말을 했는가? 그가 신으로서 뚜렷한 모습을 나타낼 것이라고 했던가? 아니다. 그는 진실로 숨어 있는 신이다. 그는 무시당할 것이다. 사람들이 그를 예언에 나온 구세주로 생각하지는 않을 것이다. 그는 사람들에게 뜻하지 않은 장애물이 되고, 많은 사람들이 그것으로 인해 상처를 입게 될 것이다…… 하고 예언되어 있다. 그러므로 명확성이 부족하다고 우리를 책망해서는 안 될 것이다.

사람들은 아무래도 막연하다고 말한다. 그런 것이 없다면 누구도 예수 그리스도로 말미암아 걸려 넘어지지는 않을 것이다. 이 막연함은 예언자들의 명시된 의도의 하나인 것이다.[11]

752 모세는 먼저 삼위일체와 원죄와 구세주에 대해 가르쳤다.[12]
다윗, 그는 위대한 증인.

선량하고 자애로운 왕, 아름다운 영혼, 현명하고 유능한 인물인 그는 예언하고 기적을 행했는데, 그것은 이루 다 헤아릴 수 없을 만큼 많았다.

만일 그에게 허영심이 있었다면, 자기가 구세주라고 말했으면 되었을 것이다. 그에 대한 예언은 예수 그리스도에 대한 예언보다 더 분명한 것이었기 때문이다.

이것은 성 요한의 경우에도 마찬가지이다.

11 《이사야》 16장 10절.
12 《무기오》의 소론을 요약한 것.

753

헤롯은 구세주를 믿고 있었다. 그는 유다의 왕권을 빼앗았지만 유다 출신은 아니었다. 그는 여기서 유력한 당파를 만들었다.

바르코스바와 유대인들이 받아들인 또 한 사람.[13] 그 당시 도처에 유포되었던 소문.

스에토니우스, 타키투스, 요세푸스.

메시아에 의해 왕권이 영원히 유대인에게 존속되고, 또 그의 강림에 의해 왕권이 유대인에게서 탈취된다면 메시아는 어떻게 해야만 했을까?

그들이 보았으면서도 보지 못한 척하고, 들었으면서도 듣지 못한 척하는 것을 이보다 더 잘할 수는 없었을 것이다.

시대를 3기로 나누는 사람들에 대한 그리스인들의 험담.[14]

754

"네가 사람이 되어 자칭 하느님이라 함이로다."[15]

"'내가 너희를 신이라 하였노라'고 기록되다—성경은 폐하지 못하나니."[16]

"이 병은 죽을 병이 아니다.[17] 그러나 언젠가는 죽게 될 것이다."

"'나사로가 잠들었도다' 다음에 그는 '나사로가 죽었느니라.'"[18]

755

4복음서의 외관상 불일치.

---

13 유대인에게 나타난 가짜 메시아들. 《푸기오》에서 인용.
14 의심쩍은 독법(讀法). '유대인'이라고도 읽혀진다.
15 〈요한복음〉 10장 34절.
16 〈요한복음〉 10장 35절.
17 〈요한복음〉 11장 4절.
18 〈요한복음〉 11장 11, 14절.

756 앞으로 일어날 일을 뚜렷이 예언하고 사람들의 눈을 가리게 하는 동시에 눈을 뜨게 한다는 의도를 공언하고, 앞으로 일어날 분명한 일 가운데 막연한 것을 섞어 놓은 사람에게 경의 외에 무엇을 표할 수 있겠는가?

757 제1의 강림 시기는 예언되었으나 제2의 강림 시기는 예언되어 있지 않다. 왜냐하면 첫번째 강림은 은밀히 행해질 것이지만, 두 번째 강림은 그들의 적까지도 그것을 알아차릴 수 있을 만큼 눈부시고 분명해야만 하기 때문이다. 그러나 그는 처음에는 사람들의 눈에 띄지 않도록 조용히 탄생하여 성서를 깊이 상고하는 사람에게만 알릴 예정이었다.

758 신은 선한 사람들에게는 메시아를 알 수 있게 하시고 악한 사람들에게는 메시아를 알 수 없게 하시려고 그것을 다음과 같이 예언하게 했던 것이다. 만일 메시아의 강림이 어떻게 이루어질 것인지 명백히 예언되어 있었다면, 악인들에게도 막연한 점은 없었을 것이다. 만일 그 강림의 시기가 막연하게 예언되어 있었다면, 선한 사람들에게도 막연한 점이 있었을 것이다. 왜냐하면 '마음의 선함'만으로는, 예를 들면 폐쇄된 멤이 6백 년을 의미한다는 것 등을 그들이 알 도리는 없었을 것이기 때문이다. 그래서 그가 강림할 시기는 명백하게 예언되어 있었으나, 그 방식은 표징으로만 예언되었다.

이런 방법으로 말미암아 악인은 약속된 행복을 물질적인 것으로 생각하여, 그 시기가 뚜렷이 예언되었음에도 불구하고 갈팡질팡했으며, 선인은 미혹에 빠지지 않았던 것이다.

약속된 행복의 이해는 자신이 사랑하는 것을 '행복'이라고 믿는 마음에 있는 것이다. 그러나 약속된 시기에 대한 이해는 마음에 달려 있는 것은 아니다. 그래서 그 시기에 대한 명백한 예언과 행복에 대한 막연한 예언은 악인들만 실망시키고 있는 것이다.

759 유대인이나 기독교도 가운데 어느 한쪽이 악인이 되지 않으면 안 된다.

760 유대인은 그를 거부하지만 모두가 거부하는 것은 아니다. 성도들은 그를 받아들이지만 육적인 인간은 그를 영접하지 않는다. 이것은 그의 영광에 어긋나는 일이 아니라 오히려 그것을 완성하게 하려는 마지막 열쇠이다. 그들이 그를 영접하지 않는 이유, 그것도 그들이 가진 모든 책, 즉 《탈무드》나 랍비들의 책에서 볼 수 있는 유일한 이유는 예수 그리스도가 무기를 손에 잡고 여러 민족들을 정복하지 않았다는 것뿐이다.

"능한 자여, 허리에 칼을 차라."[19] 그들은 그 밖에 달리 할 말이 없는가? 그들은, 예수 그리스도는 죽음을 당했다, 그는 패배했다, 그는 자신의 힘으로는 이교도를 정복하지 못했다, 그는 이교도에게서 빼앗은 전리품을 우리에게 주지 못했다, 재물을 주지 않았다는 등의 말을 한다. 그들은 그 밖에 할 말이 없단 말인가? 내가 그를 사랑하는 것은 그런 이유들 때문이다. 나는 그들이 바라는 바와 같은 그런 구세주를 바라지 않는다. 그들로 하여금 그를 영접하지 못하게 했던 것이 바로 그의 생애였다는 것은 분명한 일이다. 그리고 이런 거부로 인해 그들은 비난할 여지 없는 증인이 되었고, 나아가 그것으로 그들은 예언의 말씀을 이루게 했던 것이다.

"이 민족이 그를 영접하지 않았다는 사실 때문에 다음과 같은 놀라운 일이 생긴 것이다. 즉 예언은 인간이 행할 수 있는 유일한 영속적 기적이지만, 자칫하면 거부당할 위험이 있는 것이다."

761 유대인은 그를 구세주로 받아들이지 않으려고 그를 죽임으로써 그가 구세주라는 결정적인 증거를 제공하는 역할을 한 셈이 되었다.

---

[19] 〈시편〉 45편 3절.

그를 계속 부인함으로써 그들은 스스로 의심의 여지 없는 증인이 된 셈이다. 그를 죽이고 그를 영접하기를 계속 거부함으로써 예언을 이루었던 것이다(〈이사야〉 60장, 〈시편〉 71편).

762 그에게 대적한 유대인들이 할 수 있었던 것은 무엇인가? 그들이 그를 메시아로 받아들였다면 구세주를 기다리던 그들이 그를 인정한 결과가 되어 그 행위로 인해 그가 구세주임을 입증한 셈이 되며, 그를 거부하던 그것으로 인해 그를 증명해 준 셈이 된다.

763 유대인들은 그(예수)가 신인지 아닌지를 시험하여, 그가 인간임을 보여주었다.

764 교회는 예수 그리스도의 인성을 부인한 사람들에게 그가 인간이었음을 보여주기 위해, 그가 신이었음을 보여주는 것과 같은 정도의 수고를 했다. 그 외관은 양쪽이 다 위대했다.

765 상반되는 것의 원천.
십자가에 달려서 죽을 정도로 겸손한 신. 자기의 죽음을 죽음으로 이기신 구세주. 예수 그리스도 안에 있는 두 가지 성질, 두 가지 강림, 인간 본성이 가진 두 가지 상태.

766 표징.
구세주, 하느님 아버지, 제사장, 제물, 양식, 왕, 현자, 입법자, 수난자, 가난한 자, 다스리고 길러서 그의 땅으로 인도할 백성을 만드시는 분……

예수 그리스도의 직무.

그는 성스럽고도 선택받은 한 위대한 민족을 다스리고 양육하여 청정한 안식의 땅으로 그 민족을 인도해 간다.

그리고 그들을 신 앞에서 성스럽게 만들고, 신의 성전으로 삼아 신과 화해시키고, 신의 분노로부터 그 민족을 구출한다. 인간의 마음을 분명히 지배하는 죄의 구속에서 그들을 해방시키고, 그들에게 율법을 주어 그 율법을 그들의 마음 가운데 깊이 아로새겨 준다. 그들을 위해 정결한 희생의 제물이 되어 자기 자신을 아낌없이 신에게 바치고, 스스로 제사장이 되어 자신의 살과 피를 몸소 바치고, 게다가 빵과 포도주를 신에게 바치지 않으면 안 되었다.

"세상에 임하실 때에."[20]

"돌 위에 또 돌을."[21]

앞선 자와 그 뒤를 따르는 자. 모든 유대인들은 존속되나 방황하지 않을 수 없다.

767 땅 위에 있는 만물 가운데 그리스도는 불쾌하게 여기는 것에만 관여하고 유쾌한 것에는 관여하지 않는다. 그는 그 이웃을 사랑하지만, 이에 그치는 것이 아니라 그 사랑은 그의 적에게, 나아가서는 신의 원수에게까지 미친다.

768 요셉에 의해 표징된 예수 그리스도. 아버지의 총애를 받고, 그 아버지의 명에 따라 그 형제를 만나러 간다. 죄가 없으나 그 형제들에 의해 은화 20냥에 팔리고, 그리하여 그들의 주인이며 그들의 구주이며 세상의 구주가 되었다. 그 형제들이 그를 팔아 버리고 배척하려 하지 않았다면 이런 일은 생기지 않았을 것이다.

---

20 〈히브리서〉 10장 5절.
21 〈마가복음〉 13장 2절.

감옥 속에서 두 사람의 죄수 사이에 끼인 죄없는 요셉, 두 도둑 사이에 끼여 십자가에 달린 예수. 요셉은 같은 상태에 놓인 두 사람 중 한 사람에게는 구원을, 또 다른 한 사람에게는 죽음을 예언하고 있다. 예수 그리스도는 같은 죄 가운데서도 선택된 자는 구원하지만, 버림받은 자에게는 벌을 내린다. 요셉은 예언만 할 수 있었으나, 예수 그리스도는 이를 실행할 수 있다. 요셉은 구원받은 자에게 그가 큰 영광을 얻게 될 때 자기를 기억해 달라고 청했다. 예수 그리스도가 구원한 자는 그리스도가 그의 왕국에 계시게 될 때 자기를 기억해 주시기를 원했다.

769 이교도들을 회개시키는 것은 구세주의 은총이 나타날 때까지는 보류되어 있었다. 유대인은 오랫동안 그들과 싸웠으나 그들을 물리치지 못했다.

솔로몬과 다른 예언자들이 그들을 타이른 것도 모두 헛된 일이 되고 말았다. 플라톤이나 소크라테스 같은 현인들도 그들을 설득할 수는 없었다.

770 그에 앞서 많은 사람이 온 다음에 마침내 예수 그리스도가 강림해서 말한다. "나는 여기 있노라. 때는 왔도다. 예언자들이 장차 때가 오면 일어나리라고 예언한 모든 것을 나의 사도들이 행할 것이라고 나는 너희에게 말하리라. 유대인들은 버림받게 될 것이며, 예루살렘도 머지않아 파괴될 것이다. 그리고 이교도들도 신을 알게 될 것이다. 너희가 포도원의 상속자를 죽인 뒤[22] 나의 사도들이 그 일을 행하리라."

다음에 사도들이 유대인들을 향해 말한다. "너희는 저주를 받게 되리라."(켈수스는 그것을 비웃었다.) 또 이교도들에게는 "너희는 신을 알게 될 것이다"라고 말했

---

[22] 〈마가복음〉 12장 6~8절.

다. 그리고 이것은 그때 이미 이루어졌다.

771 예수 그리스도가 오신 것은 눈뜬 사람을 소경으로 만들고 소경을 눈 뜨게 하며, 병자를 고치고 건강한 자를 죽이며, 죄인을 회개시켜 의로운 자로 만들고 의로운 자를 죄인이 되게 하고, 가난한 자를 부유하게 하고 부자를 가난하게 하기 위해서였다.

772 청정(淸淨).
"내가 내 신을 만민에게 부어 주리라."²³ 모든 백성은 불신과 사욕에 사로잡혀 방황하고 있을 때, 온 땅이 사랑으로 충만하고, 왕공(王公)은 그 영화를 버리고, 소녀들은 기쁜 마음으로 순교했다. 이런 힘은 어디서 비롯된 것일까? 그것은 구세주가 강림하셨기 때문이다. 이것이야말로 그의 강림의 효과이며 가장 큰 증거인 것이다.

773 그리스도에 의해 유대인과 이교도의 차별 철폐. "열방의 모든 족속이 주 앞에 경배하리라."²⁴ "오히려 경한 일이라."²⁵ "내게 구하라."²⁶ "만 왕이 그 앞에 부복하며."²⁷ "불의한 증언."²⁸ "때리는 자에게 뺨을 향하여."²⁹ "저희가 쓸개를 나의 식물로 주며."³⁰

---

23 〈요엘〉 2장 28절.
24 〈시편〉 22편 27절.
25 〈이사야〉 49장 6절.
26 〈시편〉 2편 8절.
27 〈시편〉 72편 11절.
28 〈시편〉 35편 11절.
29 〈예레미야애가〉 3장 30절.
30 〈시편〉 69편 21절.

774 만민을 위한 예수 그리스도. 한 민족만을 위한 모세. 아브라함에게서 축복받은 유대인.

"너를 축복하는 자에게는 내가 복을 내리리라."[31] 그러나 "네 씨로 말미암아 천하 만민이 복을 얻으리니."[32] "오히려 경한 일이라……"[33] "이방인을 비추는 빛."[34] "아무 나라에게도 이같이 행치 아니하셨다"[35]라고 다윗은 율법에 대해 말했다. 그러나 예수 그리스도에 관해 말하려면 다음과 같이 말해야만 한다.

"주는 모든 나라를 이같이 취급하셨다." "오히려 경한 일이다." 등등……⟨이사야⟩.

따라서 이와 같이 모든 나라가 보편화된 것은 예수 그리스도의 은혜이다. 교회까지도 신도를 위해서만 제물을 바친다. 예수 그리스도는 만민을 위해 스스로 십자가의 제물이 되셨다.

775 'omnes'를 언제나 '모두'라고 해석하는 이단이 있고, 때로는 '모두'라고 해석하지 않는 이단도 있다.

"너희가 모두 이 잔을 마셔라."[36] 위그노는 이것을 '모두'라고 해석하는 이단이다. "모든 사람이 죄를 범했다."[37] 위그노는 신의 아이들을 제외하는 이단이다. 그러므로 모든 경우를 알려면 교부(敎父)들과 교회의 전통에 따라 행해야 한다. 왜냐하면 양쪽에 모두 무서운 이단이 도사리고 있기 때문이다.

31 ⟨창세기⟩ 12장 3절.
32 ⟨창세기⟩ 22장 18절.
33 ⟨이사야⟩ 49장 6절.
34 ⟨누가복음⟩ 2장 32절.
35 ⟨시편⟩ 147편 20절.
36 ⟨마태복음⟩ 26장 27절.
37 ⟨로마서⟩ 5장 12절.

776 "적은 무리여, 무서워 말라."[38] "두렵고 떨림으로."[39] "그러면 어떻게 하면 좋은가? 두려워하라. 두려워하지 말라."[40] 두려워하고 있다면 두려워하지 말라. 그러나 두려워하고 있지 않다면 두려워하라.

"너희를 영접하는 자는 나를 영접하는 것이요, 나를 영접하는 자는 나 보내신 이를 영접하는 것이니라."[41]

"아무도 알지 못하리라. 어린아이들도 모르리라."[42]

"홀연히 빛난 구름이 저희를 덮으니."[43]

성 요한은 아버지의 마음을 아들에게 돌릴 작정이었고, 예수 그리스도는 분쟁을 일으키신다[44]—이것은 서로 모순되는 것이 아니다.

777 '일반적' 사실과 '특수적' 사실. 반(反)페라기우스파가 '특수적'으로만 진실한 것을 일반적으로 진실하다고 주장하는 것이 잘못된 점이다. 또 칼뱅주의자들이 '일반적'으로 진실한 것을 '특수적' 경우에만 진리라고 주장하는 것이 잘못된 점이다.[45]

778 "온 유대와 온 예루살렘 사람들이 모두 세례를 받았다."[46] 그것은 모든 신분의 사람들이 거기 모였기 때문이다.

---

38 〈누가복음〉 12장 32절.
39 〈빌립보서〉 2장 12절.
40 〈누가복음〉 12장 4~5절.
41 〈마태복음〉 10장 40절.
42 〈마가복음〉 13장 32절.
43 〈마태복음〉 17장 5절.
44 〈누가복음〉 1장 17절, 12장 51절.
45 얀세니즘의 입장에서 말하는 죄는 '일반적'이지만 은혜는 '특수적'인 것이다. 그러나 반(反)페라기우스파는 은혜를 일반적이라 하고 칼뱅주의자들은 죄를 특수적이라고 하는데, 둘 다 잘못되었다고 한다.
46 〈마가복음〉 1장 5절.

이런 돌로도 아브라함의 자손이 되게 할 능력이 있다.⁴⁷

779 만약 인간이 회개했었더라면 신은 인간을 고쳐 주고 용서해 주었을 것이다.

"다시 돌아와서 고침을 받을까 하노라."⁴⁸ "죄사함을 얻지 못하게 하려 함이니라."⁴⁹

780 예수 그리스도는 들어 보지도 않고 경솔하게 정죄하지는 않는다. 유다에게 "친구여, 왔는가?"⁵⁰ 혼례복을 입지 않았던 사람에 대해서도 역시 마찬가지였다.⁵¹

781 속죄가 모든 사람에게 미친다는 표징은, 말하자면 태양이 만물을 비추는 것같이 전체성⁵²을 보여주는 것뿐이다. 그러나 제외성의 표징은 이방인을 제외하고 유대인을 선택한 것처럼, 제외하는 것을 말한다.

"만민의 속죄주가 되신 예수 그리스도."⁵³―그렇다. 왜냐하면 그는 그에게 오고자 하는 모든 사람의 죄를 속죄해 주시기 때문이다. 도중에 죽는 사람들이 있다면 그것은 그 사람 자신의 불행이다. 그러나 그(예수)의 입장에 보면 그들의 죄를 사해 준 셈이다.

---

47 〈마태복음〉 3장 9절.
48 〈이사야〉 6장 10절.
49 〈마가복음〉 4장 12절.
50 〈마태복음〉 26장 50절.
51 〈마태복음〉 22장 12절.
52 전체성이란 이 경우 예수 그리스도의 구원이 백성들을 위한 것이라는 뜻이며, 제외성이란 그것이 어떤 특정인을 위한 것이라는 뜻이다.
53 성탄절에 부르는 찬송가의 한 구절.

속죄해 주는 사람과 죽음을 막는 사람이 서로 다른 사람일 경우에는 이런 예는 사리에 합당하다. 그러나 이 양자를 모두 함께 가지고 있는 예수 그리스도의 입장에서 보면 이것은 타당하지 못하다―아니, 그렇지 않다. 왜냐하면 예수 그리스도는 속죄주의 자격으로 만민의 주가 되신 것은 아닐 것이다. 따라서 그는 그가 속죄할 수 있는 한도 내에서 만민의 속죄주가 되신 것이다.[54]

예수 그리스도가 만민의 죄를 대신해 죽은 것이 아니라고 한다면, 너희는 이 예외를 즉시 자기에게 적용하는 인간들에게 흔히 있는 병폐에 빠진다. 그것은 인간의 희망을 조장하기 위해 왜곡하는 것이 아니라, 절망을 조장하기 위해 그렇게 하고 있는 것이다. 왜냐하면 인간의 내적인 덕은 외적인 습관에 의해 이루어지는 것이기 때문이다.

782

죽음에 대한 승리. "사람이 만일 온 천하를 얻었다 해도 자신의 목숨을 잃으면 무슨 소용이 있겠는가? 제 영혼을 지키려 하는 자는 그것을 잃을 것이니라.[55] 내가 율법을 폐하러 온 것이 아니고 완전케 하려 함이로다."[56]

"보라, 세상 죄를 지고 가는 하느님의 어린 양이로다."[57]

"모세는 하늘로부터의 빵을 너희에게 주지 않았노라. 모세는 너희를 진정으로 자유롭게 하지도 못했다."

783

……그때 예수 그리스도가 강림하여 이렇게 말씀하셨다. 너희의 적은 오직 너희 자신이다. 너희를 신으로부터 멀어지게 하는 너희의 그런 악

---

54 이 미묘한 점에 관한 얀세니우스의 말을 인용해 둔다. 이것은 포르루아얄에 대한 많은 논란의 원인이 된 것이며, 또 '5개조 명제' 탄핵의 한 재료가 된 것이다. '예수 그리스도는 만백성의 구세주이다. 그러나 사로잡은 자의 꾐에 빠져서 속죄받기를 원하지 않는 사람들 또는 속죄받은 후 다시 원래의 예속으로 돌아간 사람들은 이에 해당되지 않는다.'
55 〈마태복음〉 16장 25~26절.
56 〈마태복음〉 15장 17절.
57 〈요한복음〉 1장 29절.

한 마음을 때려부수고 나의 은총을 너희에게 나눠 주려고 온 것이다. 그것은 너희 모두를 가지고 하나의 거룩한 교회를 세우기 위해서였다. 나는 이 교회에 이교도와 유대인을 인도해 들이려고 왔다. 이교도의 우상 숭배와 유대인의 마음속에 있는 우상을 깨뜨리기 위해서 온 것이다. 이 말에 대해 모든 사람들은 그렇지 않다고 항의한다. 그것은 단순한 사욕으로 인한 자연스러운 항의는 아니다. 이미 예언한 바와 같이, 특히 지상의 왕들은 새로 생길 이 참된 종교를 없애 버리려고 서로 결탁했다 (예언. "어찌하여 열방이 소란하며 세상의 여러 왕들이 그리스도에 대적하는가"[58]).

　땅 위에 있는 위대한 모든 학자, 현자, 왕들은 서로 결탁한다. 학자는 기록하고, 현자는 심판하고, 왕들은 사형에 처한다. 그 모든 반항에도 불구하고 이 평범하고도 힘없는 무리들은 그런 모든 권력에 저항하고, 왕, 학자, 현자들을 굴복시키는 동시에, 우상 숭배를 지상의 모든 곳에서 몰아낸다. 그리고 이것은 모두 예언한 바 있는 힘에 의해 이루어지는 것이다.

784
예수 그리스도는 악마나 주의 부름을 받지 않은 자의 증언은 바라시지 않았다. 그러나 신과 세례 요한의 증언은 바라셨다.

785
나는 예수 그리스도를 모든 사람들 속에서, 그리고 우리 자신 속에서 본다. 사람의 아버지 속에서 아버지로서의 예수 그리스도를, 가난한 자들 속에서 가난한 자로서의 예수 그리스도를, 사람의 형제들 속에서 형제로서의 예수 그리스도를, 부자들 속에서 부자로서의 예수 그리스도를, 사제들 속에서 박사와 사제로서의 예수 그리스도를, 왕후들 속에서 군주로서의 예수 그리스도를 본다. 왜냐하면 그는 그 영광에 있어서는 신이므로 모든 위대한 것을 대표하고, 그 죽어야 할 생명에 있어서는 가난하고 비천한 것의 전부이기 때문이다. 그리하

---

[58] 〈시편〉 2편 1~2절.

여 그는 인간 가운데서 모든 상태의 모델이 될 수 있기 위해 그런 불행한 상태를 택하신 것이다.

786 세상에 알려지지 않은 예수 그리스도(세속적인 뜻에서 알려지지 않은 것이지만). 국가의 중대한 일만 기록하는 역사가들이 그를 잘 알지 못할 정도였다.

787 요세푸스도 타키투스도 그 밖의 사가(史家)들도 예수 그리스도에 대해 언급하지 않은 사실에 대하여.

이것은 반증이라기보다 오히려 확증이 된다. 그도 그럴 것이 예수 그리스도는 실존한 인물이었으며 그의 종교는 큰 소문을 일으켰으므로, 그들이 그에 대해 전혀 모르지는 않았으리라는 것은 분명하다. 따라서 그들이 고의로 그것을 감추고 있었거나, 그렇지 않으면 그들이 그에 대해 언급했는데, 금지 또는 개작(改作)되었음이 분명하기 때문이다.

788 "그러나 내가 이스라엘 가운데 7천 인을 남기리니."[59] 나는 세상에 알려지지도 않고 예언자들에게도 알려지지 않은 숨은 예배자들을 사랑한다.

789 예수 그리스도가 사람들 사이에 알려지지 않은 채 살고 있었던 것처럼, 그의 진리도 일반 관점들 속에 언뜻 보기에는 아무 흔적도 없이 남아 있다. 마찬가지로 성체도 보통 빵 속에 들어 있는 것이다.

---

59 〈열왕기상〉 19장 18절. 이스라엘의 왕 아합 시대에 여호와의 종교는 박해당하여 그 신도는 예언자 엘리야 한 사람뿐이었을 정도였는데, 신은 그 밖에 7천 명의 여호와 예배자를 남기셨다는 고사와 관련해서.

790 예수 그리스도는 재판의 절차를 거치지 않고 죽음을 당하는 것을 원치 않으셨다. 왜냐하면 재판에 의해 사형당하는 것이, 부정한 난동에 의해 사형당하는 것보다 훨씬 더 불명예스러운 일이 되기 때문이다.

791 빌라도의 불의한 재판은 예수 그리스도를 더 고통스럽게 했을 따름이다. 왜냐하면 그는 그 거짓 재판을 통해 그리스도를 매맞게 했으며, 다음에는 그를 죽였기 때문이다. 차라리 그를 단번에 죽여 그의 고통을 덜어 주는 것이 나았을 것이다. 거짓 의인도 마찬가지이다. 그들은 세상 사람들의 환심을 사기 위해, 또 그들이 예수 그리스도와는 아무 관련도 없고 또한 그의 편이 아님을 나타내 보이기 위해, 선한 일뿐만 아니라 악한 일도 한다. 그들은 예수와 한편임을 수치로 생각하기 때문이다.

결국 큰 유혹이나 기회가 오면 그들은 예수를 죽이고 만다.

792 어느 누가 예수처럼 놀라운 빛을 안고 왔던가? 유대 민족 전체가 그의 강림에 앞서 그를 예언했다. 그가 강림한 후에 이방인들이 그를 예배했다. 이방인과 유대인은 모두 그를 그들의 중심 인물로 받들었다.

그러나 예수처럼 스스로 겸손하여 자신이 발한 빛을 누리지 않은 사람이 또 있을까? 33년의 생애에서 30년 동안이나 다른 사람의 눈에 띄지 않은 채 세월을 보냈다. 3년 동안은 다른 사람들을 미혹하는 사기꾼으로 취급당했다. 사제와 장로들은 그를 구세주로 인정하지 않았으며, 친구와 근친들도 그를 멸시했다. 마침내 제자 중 한 사람에게 배반당하고, 다른 한 사람에게 부인되고, 모든 사람에게 버림받아 십자가 위에서 죽게 된다.

그러면 그는 그 빛을 얼마만큼이나 자기 것으로 만들었을까? 그처럼 큰 빛에 싸인 이도 없었지만, 또 그처럼 많은 치욕을 받은 이도 없다. 이 모든 빛은 우리가 그를 아는 데 도움을 주었을 뿐이다. 그러나 그는 자기 자신을 위해서는 아무것도 취하지 않았다.

793 육체와 정신의 무한한 거리는, 정신과 사랑 사이에 가로놓인 무한한 거리와 매우 흡사하다. 왜냐하면 사랑은 초자연적인 것이기 때문이다.

세상에 있는 모든 위대한 광휘는, 정신의 탐구에 종사하고 있는 사람들에게는 그 빛을 잃게 된다.

정신적인 사람의 위대함은 왕, 부자, 장군, 그 밖의 모든 육적인 면에서 위대한 사람들의 눈에는 보이지 않게 마련이다.

신에게서 오는 것이 아니라면 아무 가치도 없다고 할 지혜의 위대함은, 육적인 사람뿐만 아니라 정신적인 사람들에게까지 보이지 않는다. 이것은 뿌리가 다른 세 개의 질서이다.

위대한 천재들은 그들의 권력과 광휘와 위대성과 승리의 영광을 지니며, 육적으로 위대할 필요성을 느끼지 않는다. 그들은 육적인 위대성과 아무런 관련이 없다. 그것은 육신의 눈으로는 볼 수 없으나 마음의 눈으로는 볼 수 있다. 그것으로 충분한 것이다.

성자들은 그들의 권력과 광휘와 위대성과 승리를 가지고 있으나, 육적이고 정신적인 위대성은 그들에게 아무 필요도 없는 것이다. 왜냐하면 그것은 그들이 가지고 있는 것에 더해 주지도 빼주지도 않기 때문이다. 성자들의 위대함은 신과 천사들에게는 보이지만, 육신이나 호기심에 찬 정신으로는 볼 수 없다. 그들은 신 하나만으로도 충분한 것이다.

아르키메데스는 세상의 광휘가 없었다 해도 틀림없이 존경을 받았을 것이다. 그는 눈에 보이는 분쟁을 일으키지 않았다. 그럼에도 불구하고 모든 정신적인 사람들에게 자신의 발명을 제공했다. 아, 그는 정신적인 사람에게 얼마나 밝은 광휘를 던져 주었던가!

예수 그리스도는 재산도 학문적인 뚜렷한 업적도 없이 오직 그 성결한 질서 속에 계셨다. 그는 발명하지도 않았으며 지배하지도 않았다. 그러나 그는 겸손하고 인내심이 많으며 깨끗하고, 신에 대해서는 성스럽고 악마에 대해서는 무서웠으며, 아무 죄도 없었다. 아아, 지혜를 깊이 판단하는 눈을 가진 사람들에게 그는 얼마나 장엄하고 화려한 모습으로 오셨던가!

아르키메데스로서는 그 기하학에서처럼 왕족과 같이 행세한다는 것은, 실제로 그가 왕족이었다고 해도 부질없는 일이었을 것이다. 예수 그리스도에게도 성결한 세계에서 빛나기 위해 왕으로 강림한다는 것은 필요없는 일이었을 것이다. 그러나 그는 그의 질서에 합당한 광휘를 가지고 그곳에 오셨다.

예수 그리스도의 비천을 그가 강림해서 보여주고자 한 위대성과 같은 질서에 속하는 것으로 착각하여 탓하는 것은 가소로운 일이다. 이 위대성을 그의 생애, 수난, 비천, 죽음, 제자들의 선택, 또한 그들로부터 당한 배반, 은밀한 부활, 그리고 그 밖의 사실 가운데서 찾아보도록 하라. 사람들은 그것이 얼마나 위대한 것인지 알게 되고, 거기에 실제로 있지도 않은 비천을 비난의 재료로 삼지는 못할 것이다. 그러나 세상에는 정신적인 위대성은 없다고 믿어 육적인 위대성에만 감탄하는 사람들이 있으며, 또한 지혜 속에는 더욱 고매한 것이 없다는 듯이 정신적인 위대성에만 탄복하는 또 다른 부류의 사람들이 있다.

모든 물체, 즉 하늘, 별, 지구, 그리고 그 왕국 등은 가장 작은 정신과도 비교가 되지 않는다. 왜냐하면 정신은 그 모든 것과 자신을 알 수 있지만, 물체 자체는 아무것도 인식할 수 없기 때문이다. 모든 물체의 총화(總和)와 정신의 총화뿐만 아니라 그 모든 업적은 사랑의 가장 작은 움직임과도 비교할 수 없다. 그것은 이들과 비교할 수 없을 정도로 무한히 높은 질서 속에 포함되어 있기 때문이다. 인간은 모든 물체를 다 합친다 해도 조그만 생각조차 만들어낼 수 없다. 그것은 불가능한 일이며 서로 차원이 다른 질서에 속해 있는 것이다. 모든 물체와 정신에서 우리는 참된 사랑의 움직임 한 가지도 끌어낼 수 없다. 그것은 불가능한 일이며 다른 초자연적인 질서에 속해 있기 때문이다.

794 예수 그리스도는 왜 그 이전에 그에 대한 예언자들의 예언에서 자기의 증거를 보이는 대신 좀더 분명한 방식으로 강림하지 않았는가? 그는 어째서 표징에 의해서만 예언되었을까?

795 만일 예수 그리스도가 세상을 거룩하게 하기 위해 강림하셨다면 성경과 모든 일은 그 목적을 위해 존재했을 것이며, 믿지 않는 자들에 대한 설득은 보다 쉬웠을지도 모른다. 만일 예수 그리스도가 인간의 눈을 가리려고 강림한 것이라면, 그의 모든 행동은 혼란에 빠졌을 것이며, 우리는 전혀 불신자를 설득할 수 없었을 것이다.

그러나 이사야 선지자(예언자)가 말한 바와 같이 "거룩한 피난처가 되고 걸리는 돌이 되기"[60] 위해 그가 오셨으므로, 우리는 불신자를 설득할 수 없고 그들도 우리를 설득할 수 없다. 그러나 이 사실 자체에 의해 우리는 그들을 설득한다. 그것은 그의 모든 행위는 어느 편에도 확신을 줄 수 있는 것이 없다고 우리가 말하기 때문이다.

796 예수 그리스도는 악인의 눈을 가린 채 그대로 두기 위해 자기는 나사렛에서 태어나지 않았노라고 단언하지도 않았고, 또 요셉의 아들이 아니라고 말하지도 않았다.

797 예수 그리스도의 증거.
예수 그리스도는 극히 큰 일도 마치 그것을 조금도 생각하지 않은 것처럼 간단히 대답했으나, 자기 생각을 사람들이 곧 깨달을 수 있도록 분명하게 말씀하셨다. 그 소박함과 명료함은 놀랄 만하다.

---

60 〈이사야〉 8장 14절.

798 복음서의 문체는 여러 면에서 놀라운 점이 있다. 특히 예수 그리스도를 처형한 자나 그의 원수를 결코 비난하지 않았던 점에서 그렇다. 어느 복음사가(福音史家)도 유다나 빌라도나 그 밖의 유대인에 대해 비난을 퍼붓지는 않는다. 만일 복음사가들의 이런 겸손이 매우 훌륭한 특질을 가진 많은 필치와 함께 허식적이고 단지 주의를 끌기 위한 겉치레에 지나지 않았다면, 설령 그들 자신이 거기에 감히 유의하지 못했다 하더라도 그것이야말로 그들의 장점이라고 인정하는 동조자를 구하기는 어렵지 않았을 것이다. 그러나 그들은 그런 허식 없이 그렇게 한 것이고 완전히 사심 없는 입장에서 기록했으므로, 그런 점을 누구로부터도 지적받지 않았다. 그리고 내 생각으로는, 이런 점이 지금까지 거의 사람들의 눈에 띄지 않았으나, 이것이야말로 곧 붓대를 얼마나 냉정한 입장에서 들었는가 하는 사실에 대한 가장 뚜렷한 증거가 되는 것이다.

799 부(富)에 대해서 말하는 직공, 전쟁이나 왕국 등에 대해서 이야기하는 대언인(代言人). 그러나 부자는 부에 대한 이야기를 잘 하고, 왕은 그가 준 하사품에 대해 담담하게 이야기하고, 하느님은 하느님에 관해 잘 이야기한다.[61]

800 누가 복음사가들에게 영웅적인 영혼의 특성을 가르쳐주어 예수 그리스도를 그처럼 완벽하게 묘사하도록 했을까? 어째서 그들은 최후의 고민 중에 있는 예수를 그처럼 연약하게 묘사했을까? 그들은 침착하게 죽은 것같이 묘사할 만한 재주를 갖지 못했단 말인가? 그렇지 않다. 왜냐하면 성 누가는 성 스데반의 죽음에 대해서는 예수 그리스도의 죽음보다 장엄하게 묘사했기 때

---

[61] 군대의 장군은 전쟁이나 승리에 대한 일을 담담하게 이야기하며, 일국의 왕은 다량의 금에 대한 이야기를 냉정히 말한다. 그러나 직공이나 대언인이 같은 것을 말하면 과장된다. 그리스도가 복음 중에서 신에 대한 일을 간단히 말한 것은 그가 바로 신이라는 하나의 증거라는 뜻이다.

문이다. 그래서 그들은 예수를 죽음의 필연이 찾아오기까지는 두려워하는 자로서, 또 그 이후에는 진정 강한 자로서 묘사해 놓은 것이다.

그러나 그들이 예수를 고민하고 있는 자로 묘사할 때는 그가 스스로 고민할 때이다. 사람들이 그를 괴롭힐 때야말로 그는 강한 자가 되는 것이다.

801 예수 그리스도의 증거.
사도들이 사기꾼일 것이라는 주장은 불합리하기 짝이 없다. 이 점에 대해 자세히 설명하고자 한다. 그 열두 명의 사도들이 예수 그리스도가 죽은 뒤에 모여서 예수가 부활했다는 헛소문을 퍼뜨리려는 계략을 꾸몄다고 상상해 보라. 그들은 이 때문에 모든 권력에 굴하지 않고 끝까지 도전해 나간다. 인간의 마음이란 이상하게도 경솔, 변화, 예측, 이득 등에 기울어지지 쉬운 법이다. 만일 이들 가운데 한 사람이라도 그런 유혹을 받거나 또는 그보다 더한 감옥, 고문, 죽음에 의해 조금이라도 자기를 배반하게 되었다면 그들은 파멸하지 않을 수 없었을 것이다. 이것은 깊이 생각해 볼 필요가 있는 문제이다.

802 사도들이 속였거나 속았거나, 두 가지 중 한 가지에 속한다고 말하기는 매우 어려운 일이다. 왜냐하면 어떤 사람이 죽었다가 부활했다고 상상한다는 것은 불가능한 일이기 때문이다. 예수 그리스도는 사도들과 함께 세상에 계시는 동안에는 그들을 신뢰할 수 있었다. 그러나 그 뒤에 만일 그들에게 다시 나타나지 않았더라면, 누가 그들의 마음을 감동시킬 수 있었겠는가?

기 적 제13장

803 기적.

기적은 교리를, 교리는 기적을 식별한다.

거짓된 것과 참된 것이 있다. 그것을 알기 위해서는 어떤 표지가 필요하다. 그렇지 않으면 기적은 무익한 것이 되고 만다.

그러나 기적은 무익한 것이 아니라 오히려 기초가 되는 것이다. 그래서 그것을 알기 위해 제공되어야 할 기준은, 기적의 주요한 목적인 진리의 증거, 참다운 기적이 주는 증거를 파괴하지 않는 것이라야 한다.

모세는 그런 기준을 두 가지 제공했다. 예언이 성취되지 않는 경우인 〈신명기〉 18장과, 기적이 우상 숭배로 이끌리지 않는 경우인 〈신명기〉 13장이다. 또한 예수 그리스도는 한 가지 기준을 우리에게 주었다.

교리가 기적을 규정짓는다면 기적은 교리에 대해 실로 무익한 것이다.

만일 기적이 규정짓는다고 하면……

기준에 대한 항의.

시대를 분별하는 하나의 기준은 모세가 살아 있던 시대이며 다른 하나의 기준은 현대.

804 기적.

기적은 그 수단으로 사용되는 자연의 힘을 능가하는 작용이다. 사이비 기적은 그 수단으로 사용되는 자연의 힘 이하의 작용이다. 그러므로 마귀를 불러서 병을 고치는 사람은 기적을 행하는 것이 아니다. 그것은 마귀의 자연력을 넘지 못하는 것이기 때문이다. 그러나……

805 두 개의 기초. 하나는 내적이고, 또 하나는 외적이다. 은총과 기적, 이것은 모두 초자연적이다.

806 기적과 진리는 필요한 것이다. 인간 전체를, 육신과 영혼을 아울러 설득해야 하기 때문이다.

807 어느 시대를 막론하고 인간이 참된 신에 대해 이야기했거나, 참된 신이 인간에게 말씀하셨거나이다.[1]

808 예수 그리스도는 자기가 메시아라는 것을 입증하기 위해, 그 가르침을 성서나 예언이 아니라 항상 기적에 의해 입증한 것이다.

그는 자기가 죄인을 용서할 수 있다는 것을 기적으로 증명한다.

"귀신들이 너희에게 항복하는 것으로 기뻐하지 말고 너희 이름이 하늘에 기록된 것으로 기뻐하라"[2]고 예수는 말씀하셨다.

"모세와 선지자들에게 듣지 아니하면 비록 죽은 자 가운데서 살아나는 자가 있을지라도 권함을 받지 아니하리라."[3]

니고데모는 그리스도의 기적을 보고 그의 가르침이 신으로부터 왔음을 인식했다. "가로되 랍비여, 우리가 당신은 하느님께로서 오신 선생인 줄 아나이다. 하느님이 함께 하시지 아니하시면 당신의 행하시는 이 표적을 아무라도 할 수 없음이

1 교리에 의한 신의 지식, 혹은 기적에 의한 신의 계시가 존재했다는 뜻.
2 〈누가복음〉 10장 20절.
3 〈누가복음〉 16장 31절.

니이다."**4** 그는 가르침에 따라 기적을 판정하지 않고, 기적에 의해 가르침을 판정했다.

우리가 예수의 가르침을 지니고 있듯이 유대인은 신의 가르침을 지니고 그것을 기적에 의해 확증하고 있었다. 그들에게는 기적을 행하는 자를 믿는 것이 금지되어 있었다. 게다가 대제사장들에게 조언을 구하고, 또 그들에게 의뢰할 것을 명령 받았다.

그렇기 때문에 우리가 기적을 행하는 자 믿기를 거부하기 위해 가지고 있는 모든 이유를, 그들은 그들의 예언자들에 대해 가지고 있었던 것이다.

그럼에도 불구하고 그들이 예언자들을 그 기적 때문에 거부하고 또 예수 그리스도를 거부한 것은 큰 죄였다. 그들이 기적을 보지 않았다면 그들의 죄가 그토록 크지 않았을 텐데. "내가 아무도 못한 일을 저희 중에서 하지 아니하였더면 저희가 죄 없었으려니와."**5** 그러므로 신앙은 모든 기적 위에 서 있는 것이다.

예언을 기적이라고 말할 수는 없다. 이를테면 사도 요한이 가나에서의 첫번째 기적에 대해서 말하고, 이어 예수께서 사마리아 여인의 숨겨진 생애를 폭로했을 때 이야기하신 것을 기록하고, 그리고 백부장의 아들을 고쳐 주신 이를 기술하고 있으나, 사도 요한은 이런 고치심을 '두 번째 표적'**6**이라고 말하고 있다.

809 기적과의 결합.

810 제2의 기적은 제1의 기적을 상기시킬지도 모른다. 그러나 제1의 것은 제2의 것을 상기시킬 수 없다.

---

4 〈요한복음〉 3장 2절.
5 〈요한복음〉 15장 24절.
6 〈요한복음〉 4장 54절.

811 　기적이 없었더라면, 사람들은 예수 그리스도를 믿지 않아도 죄가 되지는 않았을 것이다.[7]

812 　"기적이 없었다면 나는 기독교도가 되지 않았을 것이다"라고 성 아우구스티누스는 말했다.[8]

813 　기적.
　기적을 의심하게 만드는 사람을 나는 어떻게 증오할 것인가. 몽테뉴는 그의 저서 두 군데에서 그것에 대해 기술하고 있다.[9] 한 군데에서는 퍽 신중함을 보이고 있으나, 다른 한 군데에서는 믿고 있으면서 믿지 않는 자를 비웃고 있다. 어쨌든 교회는 그것들이 도리에 합당한지 그렇지 못한지 증거를 가지고 있지 않다.

814 　기적을 부정하는 몽테뉴.
　기적을 긍정하는 몽테뉴.

815 　기적을 반대하고 합리적으로 믿기란 불가능하다.

816 　가장 경망한 불신자. 그들은 모세의 기적을 믿지 않고, 베스파시아누스의 기적을 믿는다.[10]

---

7 《요한복음》 15장 24절.
8 이런 말은 아우구스티누스의 저서에서는 볼 수 없으나 그가 신앙의 계기로서 기적에 대한 중요성을 인정한 것은 사실이며, 《신국론》 제22권 9장에도 기독교가 기적 위에 세워진 종교임을 강조하고 있다고 아베는 주석을 달고 있다.
9 몽테뉴 《수상록》 제3권 11장, 제1권 26장.
10 로마 황제 베스파시아누스가 알렉산드리아에서 소경 여인의 눈에 침을 발라서 눈을 뜨게 했다는 전설(몽테뉴 《수상록》 제3권 8장).

817 표제.

사람들이 기적을 보았다고 말하는 거짓말쟁이들을 많이 믿고, 인간을 죽지 않게 하고 또는 젊게 하는 비결을 알고 있다고 말하는 거짓말쟁이들을 믿지 않는 것은 무슨 까닭인가?

사람은 묘약을 가지고 있다고 말하는 많은 거짓말쟁이들을 신뢰하고 때로는 자신의 생명을 그들의 손에 맡기게 되는 이유에 대해 생각해 본 끝에 내가 깨달은 바는, 세상에는 진정한 약이 있다는 것이 그 참된 원인이라는 것이었다. 왜냐하면 진짜가 없다면 그렇게 많은 가짜는 있을 수 없을 것이며, 또 가짜를 그렇게 신뢰한다는 것도 있을 수 없는 일이기 때문이다. 만약 병을 고칠 약이 전혀 없다고 하면, 사람들은 그런 약을 얻을 수 있다고 생각하지도 않을 것이며, 더구나 약을 가지고 있다고 자랑하는 자들을 많은 사람들이 신뢰하는 일은 더욱 있을 수 없을 것이다. 이와 마찬가지로 어떤 사람이 죽음을 막아낼 수 있다고 자랑하더라도, 그런 예가 전혀 없으므로 아무도 그를 믿지 않을 것이다. 그러나 세상에는 저명한 인사들이 자기의 판단으로 진짜라고 증명한 약이 많이 있었으므로 사람들은 그것을 신뢰하는 버릇이 붙고, 그것을 있었던 것으로 단정해 버리게 마련이다. 왜냐하면 사람들은 일반적으로 이렇게 생각하기 때문이다. '어떤 일은 가능하다, 그러므로 그것은 존재한다.' 그들이 이렇게 생각하는 이유는, 개개의 효과가 진실인 이상 그것을 전반적으로 부정할 수는 없으므로, 그 개개의 작용 중 어느 것이 참인지 분간할 수 없는 대중은 그 전부를 믿어 버리는 것이다. 마찬가지로 사람들이 달의 작용이라고 해서 많은 그릇된 것을 믿고 있음은, 그중에 만조(滿潮)와 같은 진실한 것이 포함되어 있기 때문이다.

예언이나 기적이나 해몽이나 마술이나, 그 밖의 것도 마찬가지이다. 만일 이 모든 것들 가운데 진실된 것이 없다면 사람들은 그것을 결코 믿지 않았을 것이다. 이와 같이 세상에는 거짓 기적이 많으므로 참된 기적은 없다고 단정할 것이 아니라, 거짓 기적이 많이 있는 이상 참된 기적이 있다는 것은 확실하며, 참된 기적이 있기 때문에 거짓 기적이 있다고 단정하지 않으면 안 된다. 종교에 대해서도 마찬가지로 생각해야 한다. 왜냐하면 참된 종교가 없었다면 사람들은 많은 거짓 종교를 생각해 낼 수 없었을 것이기 때문이다. 이에 대한 항의로는 야만인도 종교를 가지고 있다는 것을 예로 들 수 있다. 그러나 거기에 대해서는 대홍수, 할례, 성 안드레의 십자가[11] 등에서 엿볼 수 있는 것처럼 그들이 진정한 종교에 대한 이야기를 들었기 때문이라고 대답해 둔다.

818

거짓 기적, 거짓 계시, 거짓 마술 등이 많은 이유가 무엇일까 생각해 보니, 그것은 가짜 속에 진짜가 있기 때문인 듯하다. 왜냐하면 참다운 기적이 없었다면 거짓 기적이 있을 수 없고, 참다운 계시가 없었다면 거짓 계시가 있을 수 없으며, 진정한 종교가 하나도 없었다면 거짓 종교가 많이 생길 리도 없기 때문이다. 그런 진짜가 전혀 없다면 사람들이 그것을 생각해 낸다는 것이 불가능하고, 다른 많은 사람들이 그것을 믿는다는 것은 더욱 불가능하다. 그런데 세상에는 위대한 진짜가 있어 저명한 사람들이 믿어 왔기 때문에, 이 인상이 대부분의 사람들에게 가짜를 믿게 한 원인이 된 것이다. 따라서 거짓 기적이 많으니까 참다운 기적은 없다고 결론짓기보다 오히려 가짜가 많으니까 참다운 기적이 있는 것이며, 진짜가 있으니까 가짜도 있고, 또 이와 같이 진정한 종교가 있으니까 거짓 종교도 있다고 말해야 할 것이다. 이런 주장에 대해, 야만인도 종교를 가지고 있지 않느냐고 항의할지도 모른다. 그러나 그것은 성 안드레나 대홍수나 할례 등으로 알 수 있는 바와 같이, 그들이 진정한 종교에 관한 이야기를 들었기 때문이다. 이것은 인간의 정신이 진리에 이끌려 그런 방향으로 기울어지는 데서 오며, 바로 그 때문에……의 모든 거짓된 것들도 받아들이게 된 데 기인한다.

---

[11] 몽테뉴 《수상록》 제2권 12장에 홍수에 관한 이야기나, 할례의 습관이나, 성 안드레가 말한 십자가에 의해 마귀를 물리치는 일 등, 기독교의 경우와 유사한 일이 세계 여러 곳에 있다는 것이 기록되어 있다.

819 〈예레미야〉 23장 32절, 거짓 예언자들의 기적. 히브리어와 바타블 역(라틴어 성서)에서는 그것은 '경솔한 짓'들이다.

'기적'이란 말이 반드시 기적을 의미하는 것만은 아니다. 〈사무엘상〉 14장 5절에서는 '기적'은 두려움을 뜻하고, 히브리어로도 그러하다. 〈욥기〉 33장 7절도 이와 마찬가지이다. 〈이사야〉 21장 4절, 〈예레미야〉 44장 12절도 역시 그렇다.

Portentum(징조)은 Simulacrum(상, 현상)을 의미한다. 〈예레미야〉 50장 38절, 또한 히브리어에서도 바타블 역에서도 이와 마찬가지이다.

〈이사야〉 8장 18절에서 예수 그리스도는, 그와 그의 제자들은 기적으로서 존재할 것이라고 말씀하셨다.

820 만일 마귀가 자기를 파괴하는 가르침에 가세한다면, 마귀는 분열할 것이라고 예수 그리스도는 말씀하셨다. 만약 신이 교회를 파괴하는 가르침에 가세한다면, 신은 분명 분열할 것이다.

"갈라져 싸우는 모든 나라들."[12] 예수 그리스도는 신의 나라를 세우기 위해 마귀와 싸우고, 사람 마음에 미치는 마귀의 권력을 파괴하신 것이며, 악령을 내쫓은 것은 그 표징이다. 그러므로 그는 다음과 같이 부언했다. "내가 만일 하느님의 손을 힘입어…… 하느님의 나라가 너희에게."[13]

821 시험하는 것과 오류로 인도하는 것 사이에는 많은 차이가 있다. 신은 인간을 시험하지만 오류로 인도하지는 않는다. 시험한다는 것은, 신을 사랑하지 않는다면 어떤 일을 할 것이라고 생각되는 필연성이 주어지지 않는 기회를 부여하는 것이다. 오류로 인도한다 함은, 인간으로 하여금 어떤 허위를 따르

---

12 〈마태복음〉 12장 25절.
13 〈누가복음〉 11장 20절.

게 하여 거기서 헤어나지 못하는 필연성에 놓이도록 한다는 것이다.

822 아브라함,[14] 기드온,[15] 계시 이상의 표징. 유대인은 기적을 성서에 의해 판단하고 장님이 되었다. 신은 진정한 예배자를 결코 버려두지 않았다. 나는 어느 누구보다도 예수 그리스도를 따르고 싶다. 그는 기적, 예언, 교리, 영속성 등을 지녔기 때문이다.

도나티스트.[16] 그것이 악마의 탓이라고 말하지 않을 수 없는 기적이란 하나도 없다. 신, 예수 그리스도, 교회를 한정하면 할수록……

823 거짓 기적이 없었다면 확실성이 있었을 것이다. 거짓 기적을 분별할 기준이 없다면 기적은 무익하고 그것을 믿을 이유도 없을 것이다.

그래서 인간적으로 말한다면 인간적인 확실성은 없고 단지 이성이 있을 뿐이다.

824 신은 거짓 기적을 혼란시키든가, 아니면 예고하든가 한다. 또 그 어느 것으로 하든 신은 초자연적인 것 이상으로 자신을 높이고 우리도 거기까지 끌어올리신다.

825 기적은 회개시키는 일은 못하지만 정죄할 수는 있다(1.P, Q.113, A.10, Ad.2).[17]

---

14 《창세기》 15장 8절.
15 《사사기》 6장 36절.
16 아우구스티누스의 논적. 아우구스티누스는 그들이 교회를 그 벗인 사교들과 특정한 지역에 한정한 데 대해 비난하고 있다.
17 토마스 아퀴나스 《신학대전》 제1부, 113문제, 10항, 2항에 대한 회답.

825-2
기적.《성 토마스》제3권 8편 20장.

826
사람들이 믿지 않는 이유.
〈요한복음〉 12장 37절.

"이처럼 많은 표징을 보여주었음에도 불구하고 그들은 예수를 믿지 않았다. 이는 이사야의 말이 이루어지게 하기 위해서이다. 곧 하느님은 그들의 눈을 어둡게 하고, 등등."

"이사야가 이렇게 말한 것은 주의 영광을 보고 주에 대해 이야기를 한 것이다."[18]

"유대인은 표적을 구하고 그리스인은 지혜를 찾으나, 우리는 십자가에 못박힌 예수를 전한다."[19]

"그러나 충분한 표적이 있고 충분한 지혜가 있다."

"너희가 바라는 것은 십자가에 못박히지 않은 그리스도와, 기적도 지혜도 없는 종교이다."

사람들이 진정한 기적을 믿지 않는 것은 사랑이 부족하기 때문이다. 〈요한복음〉,[20] "너희가 내 양이 아니므로 믿지 아니하는도다."

거짓 기적을 믿는 것은 사랑이 모자라기 때문이다. 〈데살로니가후서〉[21]

종교의 기초.

그것은 기적이다. 그렇다면 신은 기적에 어긋나는 것과, 사람들이 신에 대해 품고 있는 신앙의 기초에 어긋나는 것을 이야기하는 것일까?

만일 유일한 신이 존재한다면, 신앙은 반드시 지상에 존재할 것이다. 그런데 예수 그리스도의 기적은 거짓 그리스도에 의해 예언되어 있지 않으나, 거짓 그리스

---

18 〈요한복음〉 12장 41절.
19 〈고린도전서〉 1장 22~23절.
20 〈요한복음〉 10장 26절.
21 〈데살로니가후서〉 2장 9~10절.

도의 기적은 예수 그리스도에 의해 예언되어 있다.[22] 따라서 예수 그리스도가 메시아가 아니었다면 그는 사람들을 그릇된 길로 인도했을 것이며, 반면 거짓 그리스도가 사람들을 그릇된 길로 인도한다는 일은 있을 수 없다.

예수 그리스도가 거짓 그리스도의 기적에 대해 예언했을 때, 그는 자기의 기적에 대한 사람들의 신앙을 파괴한다고 생각했을까?

모세는 예수 그리스도에 대한 것을 예언함으로써 그를 따를 것을 당부했다. 예수 그리스도는 거짓 그리스도에 관한 것을 예언하고 그를 따르는 것을 금했다.

모세의 시대에는 아직 밝혀지지 않은 거짓 그리스도를 믿는다는 것은 불가능했다. 그러나 거짓 그리스도의 시대에 이미 알려진 예수 그리스도를 믿는다는 것은 극히 용이하다. 거짓 그리스도를 믿는 이유로서 예수 그리스도를 믿는 이유가 되지 않는 것은 하나도 없다. 그러나 예수 그리스도를 믿는 이유 중에는 거짓 그리스도를 믿는 이유가 되지 않는 것이 매우 많다.

827

〈사사기〉 13장 23절.
"여호와께서 우리를 죽이려 하셨다면 우리 손에서 번제와 소제를 받지 아니하셨을 것이요, 이 모든 일을 보이지 아니하셨을 것이다."

히스기야, 산헤립.[23]

〈예레미야〉.[24] 거짓 예언자 하나냐는 7월에 죽었다.

〈마카베오 제2서〉 3장. 약탈당하기 직전의 성전이 기적적으로 구출되었다. 〈마카베오 제2서〉 15장.

〈열왕기상〉 17장.[25] 과부가 그 아들을 소생시킨 엘리야를 향해, "이로 말미암아

---

22 〈마태복음〉 24장 24절.
23 〈열왕기하〉 18~19장.
24 〈예레미야〉 28장 15~16절.
25 〈열왕기상〉 17장 24절.

하느님의 말씀이 진실한 줄을 알겠습니다."

〈열왕기상〉 18장, 엘리야와 바알의 예언자들.

참된 신과 종교의 진리에 관한 논쟁에서 진리가 아닌 편, 즉 오류의 편에서 기적이 일어난 적은 한 번도 없었다.

828 논쟁.
아벨과 카인, 모세와 마술사, 엘리야와 거짓 예언자, 예레미야와 하나냐, 미가와 거짓 예언자, 예수 그리스도와 바리새인, 성 바울과 예수, 사도와 마술사, 기독교도와 불신자, 가톨릭과 이단자, 엘리야와 에녹과 거짓 그리스도.

참된 것은 항상 기적에 의해 승리한다. 두 개의 십자가.[26]

829 예수 그리스도는 성서가 자신에 대해 증언했다고 말씀하셨으나,[27] 그것이 어떤 대목인지는 지적하지 않았다.

예수의 생존시에는 예언조차 예수 그리스도를 증명할 수 없었다. 따라서 교리가 없어도 기적만 있으면 그를 믿기에 충분했던 것이다.

만일 그렇지 않았다면, 사람들이 생전에 그를 믿지 않아도 죄가 되지는 않았을 것이다.

그러나 그의 생존시에 그를 믿지 않은 사람들이 죄인이었음은 그가 말한 대로 변명의 여지가 없다. 그들은 하나의 확증을 보여주었음에도 불구하고 그에 반발한 것이다. 그런데 그들은 지금 우리가 가지고 있는 성서를 가지고 있지 않고, 다만 기적을 가지고 있었을 뿐이다. 그러므로 기적은 교리에 어긋나지 않는 한 충분한 것으로 믿을 만했다.

26 예수의 십자가와 강도의 십자가.
27 〈요한복음〉 5장 39절.

〈요한복음〉 7장 40절. 오늘날 기독교도들 사이의 논쟁과 흡사한 유대인들 사이의 논쟁.

한쪽은 예수 그리스도를 믿고, 다른 쪽은 그가 베들레헴에 탄생할 것이라는 예언을 이유로 그를 믿지 않았다.

후자는 그가 메시아인지 아닌지 좀더 주의해서 보았어야 한다. 왜냐하면 예수의 기적은 납득할 만한 것이었으므로, 그의 교리와 성서 사이의 이른바 모순에 대해서는 충분히 알아볼 필요가 있었기 때문이다. 그래서 이런 모호성은 그들에게 불신의 변명이 되지 않았고 오히려 그들을 눈뜬장님으로 만들었다. 그러므로 오늘날의 기적을 믿기를 거부하는 사람들에게는 아무 근거도 없는 공상적인, 이른바 모순을 이유로 변명할 여지가 없다.

바리새인들은 기적 때문에 그리스도를 믿는 사람들에게 말했다. "율법을 모르는 이 백성들은 저주를 받고 있다. 제사장이나 바리새인들 가운데 그를 믿는 자가 하나라도 있느냐? 우리는 갈릴리에서 어떤 예언자도 나올 수 없음을 알기 때문이다." 니고데모는 이렇게 대답한다. "우리 율법은 사람의 말을 듣고 그 행한 것을 알기 전에 판결하느냐?"[28] 하물며 이런 기적을 행하시는 그런 사람에 대해서랴.

830 예언은 막연했지만, 이제는 그렇지 않다.[29]

831 5개조 명제는 막연했지만, 이제는 그렇지 않다.[30]

---

28 〈요한복음〉 7장 47~52절.
29 파스칼에 의하면, 예수 그리스도의 기적 이후 그렇지 않게 되었다는 뜻.
30 얀세니우스와 아우구스티누스가 발췌한 5개조 명제를 문제삼은 것이다. 이는 소르본에 의해 삭제당했다. 《팡세》의 이 부분은 모두 변증론적이라기보다는 논쟁적이다.

832 기적은 이미 필요하지 않다. 그것은 이미 충분히 행해졌기 때문이다.[31] 그러나 사람들이 전승을 따르지 않고 교황만을 드러내고 또한 교황을 속이며, 전승에 입각한 진리의 참된 원천을 외면하고 그 전승의 수탁자인 교황이 편견을 품도록 하여 진리가 자유롭게 나타나지 못하게 한다면, 그때는 사람들은 진리에 대해 말하지 않을 것이므로 진리 스스로 사람들에게 이야기해야 한다.

이것은 아리우스[32] 시대에 일어난 것이다.

디오클레티아누스와 아리우스 시대의 기적.

833 기적.
민중은 스스로 그렇게 결론지었다. 그러나 만약 그 이유를 설명해야 할 입장이라면……

그것이 원칙에서[33] 예외가 된다면 곤란한 일이다. 그런 원칙에서 벗어나는 예외에 대해서는 엄격해야만 하고 반대하지 않으면 안 된다. 그럼에도 불구하고 원칙에 예외가 있음은 확실하기 때문에 판단은 엄격하고 공정해야만 한다.

834 〈요한복음〉 6장 26절, "너희가 나를 찾는 것은 표적을 본 까닭이 아니요 떡을 먹고 배부른 까닭이로다." 예수 그리스도의 기적을 보고 그를 따르는 사람은, 그의 능력이 낳는 기적에 의해 그를 숭배한다. 그러나 그의 기적

---

[31] 이것은 '성형(聖荊)의 기적'에 대해 예수회가 부르짖은 반대론으로서, 이하에서 파스칼은 그에 답했다.
[32] 4세기경의 이단자로, 이 디오클레티아누스 황제 최후의 해(312년)에 선교를 시작하여 얼마 후에 죽었다. 그의 논적들은 그의 죽음을 기적에 의한 천벌이라고 했다. 파스칼은 아리우스 대 아타나시오스의 싸움을, 예수회 대 얀세니스트의 싸움에 비유한 것이다.
[33] 교회의 성립 이후, 기적은 이루어지지 않는다는 원칙에서 본다면 '성형의 기적'은 예외라고 보지 않으면 안 된다.

을 보고 그를 따를 것을 공언하면서 실제로는 세상의 평안으로 그들을 위로하고 배부르게 해 주기 때문에, 그리스도를 따르는 사람들은 그의 기적이 그들의 평안에 저촉되는 것이라면 이를 유린하고 마는 것이다.

〈요한복음〉 9장 16절, "이 사람이 안식일을 지키지 아니하니 하느님께로서 온 자가 아니라 하며, 혹은 말하되 죄인으로서 어떻게 이러한 표적을 행하겠느냐?"

어느 편이 분명한 것인가?

이 집[34]은 신으로부터 유래한 것이 아니다. 왜냐하면 거기 있는 사람들은 5개조 명제가 얀세니우스 안에 존재함을 믿지 않기 때문이다. 다른 사람들은 말하기를, 이 집은 신으로부터 유래한다고 한다. 왜냐하면 거기에서 이례적인 기적이 행해졌기 때문이다.

어느 편이 더 분명한 것일까?

"너희는 거기에 대해 어떻게 생각하고 있는가? 나는 다음과 같이 말한다. 그는 예언자요, 그가 하느님의 아들이 아닐진대 아무것도 행할 수 없을 것이다."[35]

835 구약성서에서 기적이 당신들을 신으로부터 멀어지게 하려고 할 때, 신약성서에서 그것이 당신들을 예수 그리스도로부터 멀어지게 하려고 할 때.

이런 경우에는 몇 가지 기적을 믿는 것을 물리쳐야 한다. 그 밖의 경우에는 물리칠 것이 아니다.

그렇다면 그들은 자기들에게 오는 모든 예언자들을 물리칠 권리를 가지고 있었다는 것일까? 아니다. 그들이 신을 부정하는 예언자들을 물리치지 않았다면 죄를 범했을 것이요, 신을 부정하지 않는 사람을 물리쳐도 역시 죄를 범했을 것

---

34 포르루아얄 수도원.
35 〈요한복음〉 9장 17~33절.

이다.

그러므로 하나의 기적을 보면, 그것을 인정하든가 그와 반대되는 증거를 발견하든가 해야 한다. 그리하여 그것이 신이나 예수 그리스도나 교회를 부정하는지 아닌지 보지 않으면 안 된다.

836   예수 그리스도의 편이 아니라는 것과 그의 편이라고 자칭하는 것. 혹은 예수 그리스도의 편이 아니라는 것과 그의 편인 듯 가장하는 것 사이에는 큰 차이가 있다. 한쪽은 기적을 행할 수 있으나 다른 한쪽은 행할 수 없다. 왜냐하면 한쪽은 진리에 반하는 것이 분명하고 다른 한쪽은 그렇지 않기 때문이다. 거기서 기적은 한층 더 명백해진다.

837   유일신을 경애해야 한다는 것은 명백한 일이므로, 이를 증명하기 위해 기적을 행할 필요는 없다.

838   예수 그리스도는 기적을 행했다. 다음에 사도들과 초기의 성도들도 많은 기적을 행했다. 그것은 예언이 아직 이루어지지 않고 그들에 의해 이루어져 가고 있었으므로, 기적 이외에는 증거가 될 것이 없었기 때문이다. 메시아가 온 백성들을 회개시키리라는 것은 예언되어 있었다.[36] 이 예언이 온 백성의 회개 없이 어떻게 이루어질 수 있겠는가? 그리고 온 백성은 메시아를 증명하는 이 예언의 마지막 결과를 보지 않고 어떻게 메시아에게로 마음을 돌릴 수 있을 것인가? 그러므로 메시아가 죽은 후 부활하고 온 백성을 회개시키기까지는, 예언은 전부 이루어졌다고 할 수 없는 것이다. 따라서 이 시기 동안은 기적이 필요했던 것이다. 지금은 이미 유대인들이 기적을 필요로 하지 않는다. 이루어진 예언은 영

---

[36] 〈이사야〉 2장 3절.

속적인 기적이기 때문이다.

839
"너희가 나를 믿지 아니할지라도 그 일은 믿으라."[37] 그는 가장 강력한 것으로서 그들 앞에 기적을 내세운다.

유대인과 기독교도들에게 공통으로 알려진 바는, 예언자들은 반드시 믿어야 할 사람은 못 된다는 것이었다. 그러나 바리새인과 율법학자들은 그리스도의 기적을 염려하여, 그 기적이 허위이고 혹은 악마에 의해서 조작되었다는 것을 표시하고자 애썼다. 만일 그 기적이 신으로부터 왔다는 것을 인정하면, 어쩔 수 없이 설득되는 것이기 때문이다.

우리는 오늘날 그런 판단을 내리는 데 곤란을 느낄 필요는 없다. 그것은 대단히 쉬운 일이다. 신도 예수 그리스도도 부인하지 않는 사람은 확실하지 않은 기적을 행하지 않는다.

"내 이름을 의탁하여 능한 일을 행하고 즉시로 나를 비방할 자가 없느니라."[38]

그러나 우리는 그런 단정을 내리지 않아도 좋다. 여기 하나의 성스러운 유물이 있다. 여기 이 세상 군주의 권력도 미치지 못하는 구세주의 가시 면류관이 있다. 그것은 우리를 위해 그리스도가 흘린 보혈의 능력에 의해 기적을 이룬다. 이제 신은 이 집을 친히 택하시고 거기서 권능을 나타내신다.

이것은 알 수 없는 수상한 힘에 의해 기적을 행하여 우리로 하여금 분별하기 어렵도록 하는 인간들의 것은 아니다. 이는 신 자신이다. 그것은 신의 독생자가 수난을 당한 증거이다. 그 독생자가 여러 장소 가운데 이곳을 택하시고, 사람들이 지닌 연약함 속에서 기적적인 위로를 받도록 사방에서 이곳으로 모이도록 했다.[39]

---

37 〈요한복음〉 10장 38절.
38 〈마가복음〉 9장 38절.
39 포르루아얄에서 '성형의 기적'에 이어 많은 기적이 일어나, 그곳에 많은 병자들이 순례한 것을 의미한다.

840 교회에는 세 종류의 적이 있다. 한번도 교회에 속한 일이 없는 유대인들, 거기서 떨어져 나간 이단자들, 그리고 그 내부에서 분열을 일으키는 악한 기독교도가 그것이다.

이 세 종류의 색다른 적은 항상 각각 특수한 수법으로 교회를 공격하고 있다. 그들은 모두 기적을 가지고 있지 못한 데 반해 교회는 언제나 그들에게 기적을 행해 왔으므로, 그들은 모두 기적을 회피하는 방법에 공통된 관심을 가지고 있다. 그들은 기적에 의해 교리를 판단해서는 안 되며, 교리에 의해 기적을 판단해야 한다는 구실을[40] 다 같이 사용하고 있다. 예수 그리스도의 말씀을 들은 사람들 가운데는 두 파가 있었다. 하나는 그의 기적을 보고 그 가르침을 따른 사람들이고, 다른 하나는 ……[41]라고 말한 사람들이다. 칼뱅 시대에도 두 파가 있었다. ……지금은 예수회 등의 파가 있다.

841 기적은 유대인과 이교도, 유대인과 기독교도, 가톨릭과 이단자, 비난하는 자와 비난받는 자들 사이에 놓인 두 개의 십자가 중간에서 의심스러운 문제들을 판정한다.

그러나 이단자에게 기적은 쓸모없는 것이 될 것이다. 이미 신앙으로 얻은 기적에 의해 권위가 세워진 교회는, 그들이 신앙을 가지고 있지 않음을 우리에게 말해 주고 있기 때문이다.

교회의 초기 기적들을 보면 이단자들의 기적에서는 신앙이 빠져 있는 이상, 이단자들에게 믿음이 없다는 것은 분명한 사실이다. 이렇듯 기적에 대항하는 기적이 있으나, 최초의 기적과 최대의 기적은 교회측에 있다.

처녀들[42]은 자기들이 멸망의 길에 놓여 있다거나, 청죄사(聽罪師)들이 자기들을

---

40 예수회 사람들이 포르루아얄의 주장에 반박한 말.
41 "그는 바알세불의 이름으로 다귀를 쫓아내고 있다."《마태복음》 12장 24절)
42 포르루아얄 수도원의 수녀들.

주네브로 데리고 간다든가.[43] 그들이 그녀들에게 예수 그리스도는 성찬 중에도 아버지이신 하느님의 우편에 계시지 않았다고 말하는 소리를 듣고 놀랐으나 그것이 모두 거짓말임을 알고, "내게 무슨 악한 행위가 있나 보소서"[44]라는 태도로 신에게 몸을 맡기는 것이다. 거기서 무슨 일이 일어났던가? 악마의 소굴이라고 일컫는 이 장소를 신은 자기의 궁전으로 삼았다. 어린아이들은 그곳에서 쫓겨날 것이라는 소문이 있었으나, 신은 거기서 어린아이들의 병을 고쳐 주었다. 사람들은 그곳을 지옥의 본거지라고 말했으나, 신은 그곳을 은혜의 성전으로 만들었다. 최후에 사람들은 하늘의 분노와 징계로 그녀들을 위협하지만, 신은 그녀들을 은총으로 충만하게 했다. 그러므로 처녀들이 멸망의 길에 놓여 있다고 결론짓는 사람은 정신이상자들이다. "우리는 분명히 성 아타나시오스[45]와 같은 증거를 가지고 있다."

842

"네가 그리스도여든 우리에게 말하라."[46]

"내가 내 아버지의 이름으로 행하는 일들이 나를 증거하는 것이거늘 너희가 믿지 않으니 이는 너희가 내 양이 아니기 때문이다. 내 양은 내 음성을 듣는다."[47]

〈요한복음〉 6장 30절, "우리로 보고 당신을 믿게 행하시는 표적이 무엇입니까 ─ 그들은 어떤 가르침을 주시겠느냐고는 말하지 않는다."

"하느님이 함께 하시지 아니하시면 당신의 행하시는 이 표적을 아무라도 할 수 없음이니이다."[48]

---

43 칼뱅주의를 가리킨다.
44 〈시편〉 139편 24절.
45 고대 그리스도 교회의 교부, 알렉산드리아 교회의 사교. 아리우스설에 반대하여 그리스도의 신성을 주장함으로써 정통적 신앙을 확립했는데, 그후에도 오랫동안 반대파로부터 박해를 받아 고난 속에 있었다.
46 〈누가복음〉 22장 67절.
47 〈요한복음〉 5장 36절, 10장 26~27절.
48 〈요한복음〉 3장 2절.

〈마카베오 제2서〉 14장 15절.

"분명한 증거를 가지고 그를 계승하는 자를 보호하는 신."

"예수를 시험하여 하늘로서 오는 표적을 구한다." 〈누가복음〉 11장 16절.

"악하고 음란한 세대가 표적을 구하나 보지 못할 것이다."[49]

"그가 마음속에 깊이 탄식하며 가라사대 어찌하여 이 세대가 표적을 구하느냐." 〈마가복음〉 8장 12절. 그들은 나쁜 동기에서 표적을 구했다. "거기서는 아무 권능도 행하실 수 없었다."[50] 하지만 그는 그들에게 요나의 표적, 즉 그의 부활이라는 크고도 비할 데 없는 표적을 약속하셨다.

"너희는 표적과 기사를 보지 못하면 결코 믿지 아니하리라."[51] 그는 그들이 기적이 없으면 믿지 않는 것을 비난하신 것이 아니다. 그들 자신이 목격자가 되지 않으면 믿지 않는 것을 비난하신 것이다.

"거짓 표적을 보이는." 반그리스도라고 성 바울은 말한다. 〈데살로니가후서〉 2장.[52]

"신은 사탄의 힘을 빌려 사람들을 멸망시킨다. 그들은 진리와 사랑을 받지 아니하여 구원함을 얻지 못한다. 그런 까닭으로 신은 그들에게 혼미한 마음을 주어 거짓된 것을 믿도록 하셨다."[53] 모세의 말에 있는 것처럼 "너희의 신은 너희가 신을 사랑하는지 여부를 알기 위해 너희를 시험하신다."[54]

"보라, 내가 미리 너희에게 이르노니, 너희는 보는 것이 좋으리라."[55]

---

49 〈마태복음〉 12장 39절.
50 〈마가복음〉 6장 5절.
51 〈요한복음〉 4장 48절.
52 〈데살로니가후서〉 2장 9절.
53 〈데살로니가후서〉 2장 9~11절.
54 〈신명기〉 13장 3절.
55 〈마태복음〉 24장 25, 33절.

843

이 지구상에 진리의 나라는 없다. 진리는 알려지지 않은 채 사람들 사이를 헤맨다. 신은 이 진리를 베일로 가려 놓았으므로, 진리의 목소리를 듣지 않고는 아무도 알아보지 못한다. 그런데 대단히 명확한 진리까지도 모독을 받을 여지는 있는 것이다. 복음의 진리를 공포하면 사람들은 그 반대의 것을 공포하여 문제를 모호하게 만들어 대중이 분간할 수 없게 한다. 사람들은 질문한다. "어찌하여 당신들만 그렇게 믿게 되었는가? 거기에 대해 무슨 증거라도 보여줄 수 있는가? 당신들은 말만 하는 것이 아닌가? 그런 것은 우리도 한다. 만일 당신들이 기적을 가지고 있다면 얼마나 좋겠는가?" 교리가 기적에 의존해야 한다는 것은 하나의 진리이긴 하지만, 그것은 교리를 모독하기 위해 기적을 남용하는 것이 된다. 또한 기적이 일어나면, 기적은 교리라는 밑바탕이 없으면 불충분하다고들 말한다. 그것은 기적을 모독하기 위해 교리를 남용하는 다른 면의 진리이다.

예수 그리스도는 안식일에 나면서부터 눈먼 사람을 고쳤고 많은 기적을 행했다. 그리하여 그는 교리에 의해 기적을 판단해야 한다고 말한 바리새인들[56]을 눈멀게 했다.

"우리에게는 모세가 있다. 그러나 이자는 어디서 왔는지 모른다."[57]

그들이 그가 어디에서 왔는지조차 모르고 있는데도 불구하고, 그가 그와 같은 기적을 행했다는 것은 실로 놀라운 일이 아닐 수 없다.

예수 그리스도는 신이나 모세에 어긋나는 말을 하지 않았다.

신약성서와 구약성서에 예언된 거짓 그리스도나 거짓 예언자는 공공연히 신과 예수 그리스도에 어긋나는 말을 했다. 신과 예수 그리스도에 어긋나지는 않더라도,[58] 복면을 쓴 적이 될 자가 공공연히 기적을 행하는 것을 신은 용납하지 않으시리라.

---

56 파스칼에게 있어서 바리새인은 예수회의 선조였다.
57 〈요한복음〉 9장 29절.
58 투르노르 판(版)의 읽기에 따른 것이다.

교리의 논쟁에 있어서 두 파가 각각 신과 예수 그리스도와 교회에 속해 있다고 주장하는 경우, 거짓 그리스도교도 쪽에 기적이 일어난 일은 없었으며 또 진짜 그리스도교도 쪽에 기적이 일어나지 않았던 적도 없다.

"그는 귀신 들렸다."〈요한복음〉10장 21절.[59] 다른 사람들은 말한다. "마귀가 소경의 눈을 뜨게 할 수 있느냐?"

예수 그리스도와 사도들이 성서에서 인용한 증거는 논증적이 아니다. 그들은 모세는 다만 한 사람의 예언자가 나타날 것이라고 예언했다고 주장할 따름이다. 그러나 그들은 그것만으로는 그 예언자가 바로 그 사람이라고 입증할 수 없었다. 그것이 큰 문제였다. 그러므로 이런 구절은 그들이 성서에 어긋나지 않는다는 것, 그리고 어떤 반감도 없다는 것을 나타내는 역할을 할 뿐 거기에 찬성한다는 것을 입증하는 데는 도움이 되지 않는다. 그러나 반감을 제거하는 데는 기적만으로 충분하다.

신과 인간 사이에는 행해야 할, 또는 부여되어야 할 상호간의 의무가 있다. "오 너라, 어떤 일을 행해야 하는가."[60] "나를 책하라"고 신은 〈이사야〉에서 말했다.

신은 자기가 약속한 바를 성취시켜야만 한다.

인간은 신이 보낸 종교를 받아야 할 의무를 신에 대해 지고 있다. 그런데 기적을 행하는 사람들이 상식적으로 보아 명백히 거짓이라는 것이 나타나지 않는 교리를 알려준다면, 그리고 더욱 위대한 기적을 행한 사람이 그런 사람을 믿지 말라고 미리 경고하지 않았다면 사람들은 오류로 인도되었을 것이다.

따라서 교회 안에 분열이 생겨, 가령 아리우스파의 사람들이 가톨릭교도들과 마찬가지로 성서에 입각해 있다고 자칭하면서 기적을 행했는데 가톨릭교도들은 그렇게 못했을 경우, 사람들은 오류에 빠질 수밖에 없는 것이다.

왜냐하면 신의 심오한 뜻을 우리에게 전해 주는 어떤 사람의 사적인 권위가 믿

---

[59] 20절을 잘못 표기한 것이다.
[60] 〈이사야〉 5장 4절.

을 만하지 못한 경우 불신자들이 그를 의심할 수는 있지만, 어떤 사람이 신과의 교제의 증거로서 죽은 자를 다시 살리고 미래를 예언하고 바다를 가르고 병자를 고치는 경우 거기에 순종하지 않을 불신자는 없기 때문이다. 그러나 바로 왕과 바리새인의 불신은 그런 이상스러운 고집 때문이었다. 그러므로 기적과 의심의 여지가 없는 교리가 아울러 갖추어져 있으면 아무런 고난도 없지만, 기적과 의심스러운 교리가 있을 경우에는 어느 것이 더 명확한지 알아보아야만 한다. 예수 그리스도도 의심을 받은 적이 있었다.

소경이 된 바예수.[61] 신의 힘은 적의 힘을 이긴다.

유대의 마술사들은 귀신 들린 자들로부터 "예수도 내가 알고 바울도 내가 알거니와 너희는 누구인가"[62]라는 말을 듣고 놀라 넘어지고 말았다.

기적이 교리를 위해서 존재하는 것이지, 교리가 기적을 위해서 존재하는 것은 아니다. 만일 기적이 진짜였다면 어떤 교리라도 믿게 할 수 있었을 것인가. 아니다. 그렇게는 못할 것이다. "천사라 할지라도."[63]

원칙.

기적에 의해 교리를 판단해야 하고, 교리에 의해 기적을 판단해야 한다. 이것은 모두 진실이며 모순이 아니다. 왜냐하면 각 시대에 따라 구분되어야 하기 때문이다.[64]

일반적인 원칙[65]을 알고 당신은 그것으로 혼란을 일으켜 이 모든 것을 수포로 돌릴 생각에서 기뻐하고 있군요. 그러나 신부님, 그렇게 못하도록 제지당하실 겁니다. 진리는 유일하고 확실하므로.

어떤 사람이 그릇된 교리를 감추고 그중에서 좋은 것만 나타내게 하여 신과 교

---

61 〈사도행전〉 13장 6~11절.
62 〈사도행전〉 19장 15절.
63 〈갈라디아서〉 1장 8절.
64 교리가 의심을 받을 때에는 기적이 그것을 판정하고, 기적이 애매할 때에는 교리가 그것을 결정한다.
65 교리에 의해 기적을 결정해야 한다. 신은 교회 성립 이후 기적을 행하지 않는다는 원칙.

리에 일치한다고 자칭하고, 그리하여 교묘한 거짓 교리를 몰래 주입하려고 기적을 행한다는 것은 인간에 대한 신의 책임상 불가능하다. 그것은 결코 있을 수 없는 일이다.

더구나 인간의 마음을 잘 아는 신이 그런 인간을 위해 기적을 행하는 것은 더욱 있을 수가 없다.

844 종교의 세 가지 표징인 영속성, 선한 생활, 기적. 그들은 개연성으로 영속성을 파괴하고, 도덕으로 선한 생활을 파괴하며, 기적의 진실성과 결과를 파괴함으로써 기적을 파괴한다.

그들을 믿는다면 교회는 영속성이나 청정이나 기적과는 아무런 관계도 없게 되는 것이다.

이단자들은 기적이나 기적의 결과를 부인하는데, 그 어느 편이든 마찬가지이다. 그러나 기적을 부인하기 위해서는 성실성을 버리는 것이 필요할 것이며, 더욱이 기적의 결과를 부인하기 위해서는 제 정신을 잃는 일이 필요할 것이다.

자기가 보았다고 하는 거짓 기적 때문에 박해를 받아 순교한 자는 지금까지 없었다. 왜냐하면 터키인이 전설로 믿고 있는 기적 때문에 인간의 광기가 순교에까지 이르렀을지는 모르지만, 자기가 본 기적 때문에 거기까지 이르지는 않았다.

844-2 영속성 — 모리나,[66] 새로운 주장.

845 이단자들은 자기들이 가지고 있지 않은 이 세 가지 표징에 대해 항상 공격을 가했다.

---

[66] 1535~1600년. 에스파냐의 예수회 신학자. 토마스 아퀴나스의 설을 완화한 새로운 설을 외쳐 찬부론(贊否論)을 일으켰다. 그의 설을 따르는 자들을 모리나파라고 한다.

846 제1의 항의.

"하늘에서 온 천사.[67] 기적에 의해 진리를 판정해서는 안 되며, 진리에 의해 기적을 판정해야 한다. 그러므로 기적은 쓸모없는 것이다."

그런데 기적은 유용한 것이며 진리에 어긋날 까닭이 없다. 따라서 신부 란잔드[68]가 말한 것은 다음과 같다. "신은 기적이 오류로 인도함을 용납하지 않을 것이다."

같은 교회 안에서도 논쟁이 있을 때는 기적이 결정할 것이다.

제2의 항의.

"그러나 거짓 그리스도도 기적을 행할 것이다."

바로 왕의 마술사들은 그릇된 길로 이끌지는 않았다. 따라서 사람들은 거짓 그리스도의 일에 대해 예수 그리스도에게, "당신은 나를 그릇된 길로 인도했다"라고 말할 수는 없을 것이다.

거짓 그리스도는 예수 그리스도를 거역하고 기적을 행할 것이나, 그들의 기적은 그릇된 길로 이끌어 갈 수 없을 것이다.

신은 결코 거짓 기적을 용납하지 않든가, 아니면 인간으로 하여금 보다 위대한 것을 갖도록 한다.

창세 이래 예수 그리스도는 존재하고 있다. 이것은 거짓 그리스도의 어떤 기적보다도 강력한 기적이다.

같은 교회 안에서도 기적이 혼미에 빠진 자들의 편에서 일어난다면 사람들은 그릇된 길로 이끌려 갈 것이다. 분파도 기적도 드러나 있다. 기적이 진리의 표징인 것은, 분파가 오류의 표징인 것 이상으로 명백하다. 그러므로 기적은 오류의 길로 이끌지는 않는다. 그러나 분파를 벗어나고 보면, 오류는 기적이 드러나 있듯이 그렇게 드러나 있는 것은 아니다. 따라서 기적은 오류의 길로 이끌어 갈 수도

---

67 〈갈라디아서〉 11장 8절.
68 예수회의 설교자로서 웅변으로 잘 알려졌으며, 사순절에 기적을 거부하는 내용의 설교를 했다.

있을 것이다.

"네 하느님이 어디 있느뇨."[69] 기적은 신을 드러내 보이는 것이며 한 섬광이다.

847 성탄절의 저녁 기도에 부르는 고대 성가의 한 구절에, "정직한 자에게는 흑암 중에 빛이 일어나나니."[70]

848 만일 신의 긍휼이 광대하여 우리를 유익하게 인도한다면, 신의 긍휼이 감추어져 있을 때와 같이 그것이 나타날 때에도 우리는 그것으로부터 어떤 빛을 기대하지 못할 것인가?

849 "그렇기도 하고 그렇지 않기도 하다"는 도덕이 그러하듯이 신앙 자체에서도 받아들여질 것인가? 그것이 인간의 행동에 있어서 서로 떼어놓을 수 없는 것이라면……

성 자비에르[71]가 기적을 행할 때 — 성 힐라리우스, 우리로 하여금 기적을 말하도록 하는 가련한 것들.

불공평한 심판자들이여, 시각마다 바뀌는 법을 만들지 말라. 너희 스스로에 의해, 또 제정된 법에 의해 심판하라. "불공평하게 판결하는 자는 화 있을진저."[72]

계속되는 거짓 기적.

너희의 적대자들을 약화시키기 위해 너희는 모든 교회로부터 무기를 빼앗았다. 그들[73]이 우리의 구원은 신에게 달려 있다고 말한다면, 이는 위선이다. 그들이

---

69 〈시편〉 42편 3절.
70 〈시편〉 112편 4절.
71 1506~52년. 에스파냐 예수회 선교사로서, 반종교개혁에 헌신하여 인도, 중국, 일본 등지에서 포교했다.
72 〈이사야〉 10장 1절.
73 포르루아알의 사람들.

모든 조항에 서명할 용의가 있다면, 그것은 불충분한 것이다. 그들이 사과 한 개 때문에 죽어서는 안 된다고 말한다면, 그들은 가톨릭의 도덕을 공격하고 있는 것이다. 그들 사이에서 기적이 행해진다면, 그것은 신성의 표징이 아니라 이단의 징후이다.

교회가 존속하는 방식이란 곧 진리가 논란의 대상이 되지 않고 존재했는가, 혹은 진리가 논란의 대상일 경우에는 교황이 존재했는가, 그렇지 않으면 교회가 존재했는가의 어느 하나였다.

850 유죄가 된 5개조 명제. 기적은 그렇지 않다. 왜냐하면 진리는 공격당하지 않기 때문이다. 그러나 소르본은…… 그러나 교서는……[74]

지성으로 신을 사랑하는 자는 교회를 부인하지 못한다. 그만큼 교회는 명백한 존재이다. 신을 사랑하지 않는 자는 교회를 인정하지 못한다.

기적에는 놀라운 힘이 있는 까닭에, 신의 존재는 실로 명백하지만 신의 뜻을 저버리고 기적에 미혹되어서는 안 된다는 것을 신 자신이 경고할 필요가 있었다. 그렇지 않다면 기적은 혼란을 일으킬지도 모르는 것이다.

따라서 〈신명기〉 13장의 말씀은 기적의 권위에 위배되지 않을 뿐만 아니라, 이처럼 기적의 힘을 잘 나타내는 것은 결코 없다. 거짓 그리스도에 대해서도 마찬가지이다. "가능하다면 택하신 백성을 미혹케 하려 하리라."[75]

851 나면서부터 눈먼 사람의 이야기.[76]
성 바울은 뭐라고 말했는가? 그는 한결같이 예언의 입증에 따라 말했

---

[74] 1656년 1월 29일 아르노가 소르본에서 유죄 판결을 받고, 그해 10월 6일 '5개조 명제'를 유죄로 하는 교황 알렉산드로스 7세의 칙서가 나왔다.
[75] 〈마가복음〉 13장 22절.
[76] 〈요한복음〉 9장.

는가? 아니다. 그는 자기의 기적에 대해 말했다.[77]

예수 그리스도는 무엇을 말했는가? 예언의 입증에 따라 말했는가? 아니다. 그의 죽음은 예언을 성취하지 못했다. 그러나 그는 말하기를, "만일 내가 이루지 못했다면" 나의 업적을 믿어라.

실로 초자연적인 우리 종교의 두 가지 초자연적인 기초. 하나는 보이는 것, 또 하나는 보이지 않는 것.

은혜를 수반한 기적, 은혜를 수반하지 않는 기적.

교회의 표징으로서 사랑으로 다루어진 유대인 회당. 그것은 단지 교회의 표징일 뿐이라 하여 증오의 대상이 되어 붕괴될 직전에 있으면서도, 이 회당이 신과 더불어 있는 때에는 다시 일으켜졌다. 이와 같이 유대인 회당은 표징적이었던 것이다.

기적은 신이 사람의 마음에 갖는 능력을 사람의 몸에 행사하는 능력으로 증명한다. 교회는 이단자들에게 일어나는 기적을 시인한 적이 없다.

종교의 지주인 기적, 이는 유대인을 알아내고, 기독교도와 성자와 청정한 사람과 참다운 신자들을 알아낸다.

교회 분리자들 사이에서 일어나는 기적은 그렇게 두려워할 것이 못 된다. 왜냐하면 기적보다 더 뚜렷이 드러나 보이는 교회의 분파는, 그들의 오류를 뚜렷하게 표시하기 때문이다. 그러나 분파가 없을 때, 오류가 논의될 경우에는 기적이 판정한다.

"내가 아무도 못한 일을 저희 중에서 하지 않았더라면 저희가 죄 없었으려니와."[78]

우리로 하여금 기적에 대해 말하게 했던 불행한 사람들.

---

[77] 〈고린도후서〉 12장.
[78] 〈요한복음〉 15장 24절.

아브라함, 기드온.

기적에 의한 신앙을 견고히 했다.

유디트.[79] 결국 신은 지극히 곤란한 상태에서 말씀하신다.

사랑이 식어 교회에 참다운 예배자들이 모이지 못한 채 그대로 방치된다면, 기적은 참다운 예배자들을 격려하기 위해 일어난다.

이것은 은혜의 최후의 효력 중 하나이다. 한 가지 기적이라도 예수회 쪽에서 행해졌더라면.

기적이 그것을 목격한 사람의 기대에 어긋나서 그들의 신앙 상태와 기적의 도구 사이에 불균형이 생길 때면, 기적은 그들이 태도를 바꾸도록 해 준다. 그러나 너희는 다르다. 만일 성찬이 죽은 사람을 부활시킨다고 하면, 가톨릭교도로 머물러 있기보다는 칼뱅파가 되어야 한다고 말하는 데는 많은 이유가 있을 것이다. 그러나 기적이 기대를 충족시켜 주고, 신에게 의약을 축복해 주기 바랐던 사람들이 약을 쓰지 않고 치료된 자신을 발견하게 된다면……

불신자. 신의 편에 보다 강력한 기적이 일어나든가, 적어도 기적이 일어난다는 예언이 행해지지 않는 한 악마 편에 기적이 일어나는 법은 없다.

852 신이 분명히 지켜 주는 사람들을 부당하게도 박해하는 자들.

너희의 과격한 행위를 그들이 책하면, "그들은 이단자처럼 이야기한다"라고 말한다. 그들이 예수 그리스도의 은혜가 우리를 알아낸다고 말하면 "그들은 이단자들이다"라고 말한다. 그들이 만일 기적을 행하면 "그것은 이단의 표적이다"라고 말한다.

에스겔.[80]

---

79 구약외전 〈유디트〉의 주인공. 유대의 젊은 과부였는데, 그 미모를 이용하여 적장을 죽이고 조국을 구했다는 전설.
80 단장 886 참조.

이와 같이 말한 신의 백성이 있었다고들 한다.

히스기야.[81]

"교회를 믿으라"고는 말하나, "기적을 믿으라"고는 말하지 않는다. 기적은 자연적인 것이지만, 교회는 그렇지 않기 때문이다. 하나는 명령을 필요로 했으나 다른 것은 그렇지 않았다.

유대인 회당은 표징이었으므로 멸망하지 않았다. 그러나 다만 표징이었을 뿐이기 때문에 멸망하지 않고 있는 것이다. 회당은 진리를 지니고 있는 한 표징이었다. 그 때문에 유대인의 회당은 진리를 지니지 않을 때까지 존속했다.

경애하는 신부여, 이 모든 것은 표징으로서 나타났다. 그것은 교회 창립의 구실을 하며 교회의 존속에도 소용된다. 거짓 그리스도의 시대에 이르기까지, 종말에 이르기까지.

두 증인.[82]

신약과 구약에서 기적은 표징과 관련해서 이루어졌다. 그것은 구원이든가, 혹은 피조물[83]에 복종해야 한다는 것을 보이기 위한 것이든가 둘 중 하나이다. 성찬의 표징.

853

"신부여, 신의 훈계는 겸손하게 판단하지 않으면 안 된다.[84] 멜리데 섬에서의 성 바울."[85]

854

예수회파의 완강함은 유대인 이상이다. 그의 기적이 신으로부터 온 것인지 아닌지를 의심한 것이 유대인이 예수 그리스도가 무죄임을 믿기

---

81 〈열왕기하〉 18, 19장.
82 엘리야와 에녹. 단장 828 참조.
83 투르노르 판의 읽기에 따랐다.
84 '신의 계명은 신중히 판단해야 할 것.' (몽테뉴 《수상록》 제1권 32장의 제명)
85 〈사도행전〉 28장 1~10절.

를 거부하는 이유이다. 예수회파들은 포르루아얄의 기적이 신으로부터 온 것임을 의심할 수 없음에도 불구하고, 끊임없이 이 집[86]의 무고함을 의심하고 있다.[87]

855 내가 보기에 사람들은 기적을 믿고 있다. 당신들은 친구에게 아첨하든가 적에게 대항함으로써 종교를 파괴하고 있다. 당신들은 종교를 멋대로 처리하고 있다.

856 기적에 대하여.
신은 어떤 가족들보다 이 가족을 행복하게 해 주셨으니, 다른 어떤 가족보다 감사에 가득 찬 가족이 되게 해 주소서.[88]

---

[86] 포르루아얄 수도원.
[87] 이 단장은 위필(僞筆)이라고 하여 전집에는 생략되었고, 단행본에서도 단장 853의 부록이 되어 있으나 편의상 여기에 수록한다.
[88] 이는 '성형의 기적'에 대해서 쓴 것이다.

논쟁적 단장　제14장

857 밝음과 어둠.
만일 진리가 눈에 보이는 증거를 가지고 있지 않았더라면, 어둠은 너무 심했을 것이다. 그것이 교회와 눈에 보이는 인간의 모임 속에 언제나 있다는 것은 놀라운 일이다. 만일 이 교회 안에 하나의 주장밖에 없었다면, 그것은 지나치게 밝았을 것이다. 교회에 항상 존재해 온 것은 진리이다. 왜냐하면 참다운 것은 늘 거기에 존재했으나, 거짓은 무엇이든 거기에는 존재하지 않았기 때문이다.

858 교회의 역사는 본래 진리의 역사라고 불러야 한다.

859 배가 침몰되지 않는다는 보장이 있다면, 폭풍우에 둘러싸인 배에 타고 있다는 것은 즐거운 일이다. 교회를 괴롭히는 박해도 이와 같은 성질의 것이다.

860 독실한 신앙의 증거에 더하여 그들[1]은 박해까지 받았다. 이것은 독실한 믿음의 증거 중에서는 최고의 것이다.

---

1 얀세니스트를 가리킨다.

861   교회의 이상적인 상태는 신에 의해 지탱될 때뿐이다.

862   교회는 상반되는 오류에 의해 언제나 공격을 받아 왔다. 그러나 아마 지금처럼 동시에 공격을 받은 경우는 없었을 것이다. 만일 그 오류의 주장이 치열하여 교회가 더욱 시달리게 되면, 그런 주장들이 서로 파괴 행위를 하게 되어 교회는 유리한 입장에 서게 될 것이다.

교회는 쌍방을 모두 비난하는데, 칼뱅주의 편을 분파라는 이유 때문에 더 비난한다.

상반되는 쌍방의 대다수가 기만을 당하고 있다는 것은 확실하다. 그들의 미망을 풀어 주지 않으면 안 된다.

신앙은 서로 모순되는 것처럼 보이는 많은 진리를 내포하고 있다. "웃을 때, 울 때"[2], "대답하라, 대답하지 말라"[3] 등등.

이런 모순의 근원은 예수 그리스도의 신성과 인성 두 가지 성질의 결합에 있다. 또 두 세계, 새 하늘과 새 땅의 창조, 새로운 생명과 새로운 죽음, 모든 것은 이중의 성격으로 같은 명칭을 지닌다.

결국 의인 속에 있는 두 인간.

그것은 두 개의 세계이고 예수 그리스도의 지체이며 그림자이므로, 그와 같은 모든 이름은 그들에게 적합하다. 의인과 죄인, 죽은 자와 산 자, 선택받은 자와 버림받은 자 등등.

그러므로 서로 용납되지 않는 듯하면서도 실은 하나의 놀라운 질서 속에 공존하는 신앙과 도덕의 진리가 있다.

모든 이단의 근원은 진리의 어느 일면을 제외하는 데서 비롯된다. 그리고 이단

---

2 〈전도서〉 3장 4절.
3 〈잠언〉 26장 4~5절.

자들이 우리에게 주장하는 모든 항의의 근원은 우리의 진리 중 어떤 부분을 모르는 데 있다.[4] 그리고 유심히 살펴보면, 대립되는 두 진리의 연관성을 이해하지 못하고 한쪽을 인정하는 것이 다른 한쪽을 부인하는 것이라 믿는 그들은, 한쪽을 고집하여 다른 한쪽을 배척하고 우리를 그들의 반대자로 생각한다. 그런데 배타야말로 그들 이단의 원인이며, 우리가 다른 진리도 간직하고 있다는 것을 모른다는 것이야말로 그들 항변의 원인이다.

제1예. 예수 그리스도는 신인 동시에 인간이다. 아리우스파는 이 둘이 양립할 수 없는 것이라 생각하고 그리스도를 인간이라 한다. 이런 점에서 그들은 가톨릭이다. 그러나 그들은 그리스도가 신이라는 것을 부정한다. 이 점에서 그들은 이단이다. 그들은 우리가 먼저 그의 인성을 부정한다고 주장한다. 이 점에서 그들은 무지하다.

제2예. 성체 비적(聖體秘蹟) 문제에 대해서, 우리는 빵의 실질이 본체적인 변화를 일으켜 주님의 몸의 실질이 됨으로써 예수 그리스도가 거기에 실제로 임재하심을 믿는다. 이것은 하나의 진리이다.

또 하나는 이 비적이 십자가와 영광의 표징이고 양자의 기념이라는 것이다. 여기에 가톨릭의 신앙이 있으며, 그것은 대립되는 것처럼 보이는 두 개의 진리를 포함하고 있다.

오늘날의 이단은 이 비적이 예수 그리스도의 임재와 그 표징을 동시에 내포하는 것이며 희생인 동시에 희생의 기념임을 이해하지 못하고, 같은 이유에서 이 진리의 한쪽을 인정하기 위해 다른 한쪽을 거부하지 않을 수 없다고 생각한다.

그들은 이 비적이 표징적이라는 한 가지 점에만 집착하고 있다. 이 점에 있어서 그들은 이단이 아니다. 그들은 우리가 이 진리를 부인한다고 생각하고, 이것을 긍정하는 교부들의 글에 대해 많은 항의를 제기한다. 결국 그들은 그리스도의 현존

---

[4] 이 사고방식은 소품 《드 사지 씨와의 대화》에서 철학사상에 적용되고 있다.

을 부정하는 것이다. 이런 점에서 그들은 이단이다.

제3예. 속죄.

이런 까닭으로 이단을 방지하는 가장 손쉬운 방법은 모든 진리를 가르쳐주는 것이다. 그들을 반박하는 가장 확실한 방법은 그 전부를 말해 주는 것이다.

이단자는 무엇이라고 말하고 있으며, 어떤 주장이 어느 교부의 것인지 아닌지를 알기 위하여……

863 모든 사람은 저마다 하나의 진리를 추구하면 할수록 더욱 위험한 오류에 빠지게 된다.

그들의 과오는 하나의 허위를 추구하는 데 있는 것이 아니라 오히려 또 하나의 진리를 추구하지 않는 데 있다.

864 오늘날 진리는 대단히 막연하고 허위는 확립되어 있기 때문에, 진리를 사랑하지 않는 한 그것을 알 수가 없다.

865 두 개의 상반되는 진리[5]를 주장해야만 할 경우가 있다면, 그것은 한쪽을 제외하는 것이 비난받을 때이다. 그러므로 예수회와 얀세니스트가 그것을 숨기는 것은 나쁘다. 왜냐하면 예수회는 두 가지를 모두 주장해 왔기 때문에.

866 두 종류의 사람들이 제사하는 날과 일하는 날, 신자와 사제, 이 양자의 범죄가 동일하다고 믿는다. 한쪽은 사제에게 나쁜 것은 신자에게도 나

---

[5] 예컨대 예수 그리스도의 죽음은 만민을 위해서라는 교리와, 선택된 사람을 위해서라는 교리 등이 바로 그것이다.

쁘다고 결론지으며, 다른 한쪽은 신자에게 나쁘지 않은 것이라면 사제에게도 허용된다고 결론을 내린다.

867 고대 교회가 오류에 빠졌더라면 교회는 몰락했을 것이다. 오늘날 교회가 그럴 때는 사정이 다르다. 왜냐하면 교회는 고대 교회의 전통과 권위에서 받은 훌륭한 방침을 언제나 가지고 있기 때문이다. 그와 같이 고대 교회에 대한 이러한 복종과 일치는 모든 것을 지도하고 교정한다. 그러나 고대 교회는 우리가 고대 교회를 머릿속에 그리고 생각한 것처럼 앞으로의 교회를 머릿속에 그리지도 생각하지도 않았다.

868 옛날에 교회에서 일어난 일을 현재 거기에서 일어난 일과 비교하는 데 방해가 되는 것은 성 아타나시오스와 성 테레사, 그 밖의 사람들을 마치 영광의 면류관을 쓴 사람으로, 이미 우리 이전에 신처럼 받들어진 존재로 간주하는 일이다.

시간이 문제를 해결해 준 현재에 있어서는 그렇게 보일 법도 하다. 그러나 그들을 박해한 그때는 이 위대한 성자도 단지 아타나시오스라는 한 사나이에 불과했으며, 성 테레사도 한 아가씨에 불과했다. "엘리야는 우리와 같은 사람이었고, 우리와 같은 정념의 지배를 받았다"라고 성 베드로[6]는 말하고 있다. 이것은 성자의 모범을 우리로 하여금 배격하게 한 그릇된 관념에서 기독교도들을 해방하기 위해 한 말이다. "그들은 성자이며 우리와 같지 않다"라고 우리는 말한다. 그러면 그때는 무슨 일이 일어났던가? 성 아타나시오스는 아타나시오스라는 한 사나이였고, 많은 죄를 뒤집어쓰고 이러이러한 종교 재판에서 이러이러한 죄로 이러이러한 죄의 판결을 받은 것이다. 모든 사교들은 동의했고, 마침내 교황까지도 승인했다.

---

6 야곱을 잘못 쓴 것이다. 〈야고보서〉 5장 17절.

거기에 반대한 자에게 사람들은 무엇이라고 했던가? 그들은 평화를 교란한 자요, 분리를 초래한 자라고 비난했던 것이다.

열심, 명철한 지혜.

네 종류의 사람들, 지식 없이 열성인 사람, 열성은 없으나 지식이 있는 사람, 지식도 열성도 없는 사람, 그리고 지식과 열성을 모두 가진 사람.

처음 세 종류의 사람들은 그를 정죄하고, 마지막 사람들은 그를 무죄 방면하라고 했으며, 교회에서 파문당하고 그럼으로써 교회를 구제한 사람들이다.

869 만일 성 아우구스티누스가 오늘날 나타나서 그 지지자처럼 별로 권위가 없었다면 그는 아무것도 할 수 없었을 것이다. 신이 일찍 그에게 권위를 주어 그를 보내주심으로써 그의 교회를 잘 인도하도록 한 것이다.

870 신은 교회를 떠나 사죄하기를 원치 않았다. 신은 교회가 죄과에 관여하는 것처럼 사죄에도 관여할 것을 바란다. 신이 교회에 이런 특권을 준 것은, 왕이 의회에 권한을 부여해 준 것과 같다. 그러나 교회가 신과 관계 없이 죄를 용서한다든가 죄로 규정하면 그것은 이미 교회가 아니다. 그것은 의회의 경우와 마찬가지이다. 왕이 어떤 죄인을 특별히 사면할 경우 의회가 그것을 확인하는 것은 당연한 일이지만, 왕과 관계 없이 확인하거나 명령에 따라 확인하기를 거부하면, 그것은 이미 왕의 의회가 아니라 역적의 집단인 것이다.

871 교회, 교황.
단일―다수. 교회를 단일로 간주하면, 그 정상에 있는 교황은 전체에 해당된다. 교회를 다수로 본다면, 교황은 교회의 일부에 불과하다. 교부들은 때로는 교회를 전자와 같이, 때로는 후자와 같이 생각한다. 따라서 교황에 대해서는 여러 가지로 말해 왔다.

성 키푸리아누스(신의 사제).

그러나 그들은 이 두 개의 진리 중 하나를 확립함으로써 다른 하나를 배제하지는 않았다. 단일로 귀착되지 않는 다수는 혼란이며, 다수에 의존하지 않는 단일은 압제이다.

종교회의가 교황 위에 있다고 말할 수 있는 나라는 프랑스밖에 없다.

872 교황은 수뇌자이다. 그 밖에 누가 만인에게 알려져 있는가? 그 밖에 누가 전체에 퍼지는 힘을 가지고 만인에게 인정을 받는가? 그가 곳곳에 퍼지는 주요한 가지를 잡고 있기 때문일까? 그것을 압제로 타락시키기란 얼마나 쉬운 일인가? 그러므로 예수 그리스도는 그에게 그 훈계를 세우신 것이다.

"너희는 그렇지 않을지니."[7]

873 교황은 그에게 서약하고도 복종하지 않는 학자들을 미워하고 두려워한다.

874 교황이 어떤 사람인가를 판단할 경우, 그리스인들이 어떤 종교회의에서 말한 것처럼 중요한 기준이 되는 교부들의 말에 의해 판단해서는 안 된다. 교회와 교부들의 행위에 의해, 또 정전(正典)에 의해 판단해야만 하는 것이다.

단일과 다수. "둘[8] 또는 셋[9]을 하나로." 둘에서 하나를 배제하는 것은 잘못이다. 다수를 배제하는 교황주의자나, 단일을 배제하는 위그노들이 하는 것처럼.

---

[7] 〈누가복음〉 22장 26절.
[8] 〈고린도전서〉 14장 27절.
[9] 〈요한일서〉 5장 7~9절.

875 교황은 신과 전통으로부터 빛을 받아들이기 위해 명예를 손상할 것인가? 그를 이 성스러운 결합에서 떼어놓는 것은 아닐까?

876 교황. 신이 교회를 통상적으로 이끌 때에는 기적을 행하지 않는다. 만일 한 개인에게 전혀 오류가 없다면 그것은 일종의 기묘한 기적이다. 그러나 그 오류 없음이 다수 속에 있다면 그것은 매우 자연스러워 보인다. 신의 이런 지도는 그의 다른 모든 업적과 같이 자연 속에 감추어져 있다.

877 왕은 그의 권력을 행사한다. 그러나 교황은 그의 권력을 행사할 수 없다.

878 "극도의 권력은 극도의 부정이다."[10]
다수(多數)는 최선의 길이다. 그것은 공개적으로 일을 처리하고 복종시키는 힘을 가지고 있기 때문이다. 그러나 그것은 가장 무능한 사람들의 의견이다.

만일 할 수 있었으면 인간은 힘을 정의의 손에 맡겼을 것이다. 그러나 힘은 물리적 특성이어서 마음먹은 대로 다루어지지 않는 데 반해, 정의는 마음대로 처리할 수 있는 정신적 특성이므로 인간은 정의를 힘의 손에 맡겨 둔 것이다. 그리하여 인간은 지키지 않을 수 없는 것을 가리켜 정의라 부른다.

여기에서 검(劍)의 위력이 생겨난 것이다. 검은 참다운 위력을 부여하기 때문이다. 그렇지 않다면 사람들은 폭력과 정의가 대립되어 있음을 목격하게 되었을 것이다(《프로뱅시알》 제12의 편지의 결구).

여기서부터 프롱드의 부정, 즉 그의 이른바 정의를 힘에 대립시키는 사태가 일

---

[10] 테렌티우스 《헤아우톤티모르메노스》 제4권 4장 47절(사롱 《지혜에 관하여》 제1권 27장 8절).

어난다. 교회 안에서는 이와 같지는 않다. 왜냐하면 거기엔 참다운 정의만이 있을 뿐 폭력은 없기 때문이다.

879 부정.
재판권은 재판을 하는 사람을 위해서가 아니라 재판을 받는 사람을 위해 존재하는 것이다. 이런 일을 민중에게 가르쳐주는 것은 위험하다. 그러나 민중은 그대들을 매우 신용하고 있으므로, 이것은 그들을 해치지 않고 그대들에게도 도움이 될 것이다. 그러므로 그것을 공표해야 한다. "내 양을 치라."[11] '너희'가 아니다. 그대들은 나를 칠 책임이 있다.

880 인간들은 확실성을 좋아한다. 교황은 신앙에서 오류가 없기를 원하며, 엄격한 신학자들은 도덕에서 오류 없기를 원한다. 자기의 확신을 간직하기 위해.

881 교회는 가르치고 신은 계시를 주는 것이다. 두 가지는 어느 것이나 다 오류가 없다.
교회의 활동은 신의 은혜나 정죄를 준비하는 데 도움이 될 뿐이다. 교회는 정죄를 위해서는 족하지만 계시를 위해서는 족하지 못하다는 것이다.

882 예수회는 교황을 공격할 때마다 모든 기독교도들로 하여금 서약 위반을 하게 한다.
교황은 직무상 또는 예수회에 대해 갖는 신뢰 때문에 공격당하기가 극히 쉽다. 예수회는 중상을 수단으로 하여 능숙하게 그를 공격한다.

---

11 〈요한복음〉 21장 16절.

883　나로 하여금 종교의 기초에 대해 이야기하지 않을 수 없게 한 불행한 사람들.

884　회개하지 않고도 깨끗해진 죄인들, 사랑이 없이도 의로워진 의인들, 예수 그리스도의 은혜가 없는 기독교도들, 인간의 의지 이상의 힘이 없는 신, 신비성이 없는 예정, 확실성이 없는 속죄.

885　생각만 있으면 얼마든지 사제가 될 수 있다는 것은 여로보암 치하[12]나 다를 바가 없다. 우리에게 오늘날의 교회의 규율이 좋다고 공언하고, 그 규율의 변경을 원하는 것을 죄악이라고 하는 것은 두려운 일이다. 옛날에는 교회의 규율이 훌륭했고 그것을 고치는 일은 죄가 되지 않았다. 그러나 오늘날에는 그것을 변경한다는 것은 바랄 수 없게 되었다. 사제를 임명하는 데도 매우 신중을 기하여 감히 그에 해당되는 자격을 가진 자가 거의 없을 정도였던 그 당시의 관례도 경우에 따라서는 변경할 수 있었는데, 이렇듯 무자격들이 많이 임명되는 오늘의 관례는 한탄하는 것조차 허락되지 않다니!

886　이단자.
에스겔. 이교도들은 모두 이스라엘을 비난했고, 예언자(에스겔) 역시 그러했다.[13] 이스라엘 사람은 예언자에 대해 "그대는 이교도처럼 말하는구나"라고 말할 권리를 전혀 갖지 못했다. 그러나 예언자는 이교도들이 그렇게 말하는 것을 막는 데 최대의 힘을 기울였던 것이다.

---

12 〈열왕기상〉 12장.
13 〈에스겔〉 16장.

887 얀세니스트들은 도덕의 개혁에서는 이단자들과 비슷하다. 그러나 그대들은 악에서는 그들과 비슷하다.

888 타락한 왕후, 예언자, 교황, 그리고 사제들까지도……[14] 이 모든 것이 나타나리라는 것을 모른다면 그대들은 예언을 모르는 것이다. 그러나 교회는 존속되어야 한다. 신의 은혜로 우리는 그 지경까지 이르지는 않았다. 그런 사제들에게 화 있을지어다. 그러나 우리가 거기까지 가지 않도록 신이 우리를 긍휼히 여기기를 간절히 바라고 있다.

성 베드로, 2장.[15] 과거의 거짓 예언자들, 미래의 표징.

889 ……그런 까닭에 성직의 성원(成員)이 아닌 몇몇 타락한 수도자나 부패한 결의론자들이 그런 타락 속에 빠져 있는 것이 사실이라면, 다른 한편으로는 신의 말씀을 참되게 받아들인 교회의 진실한 목자들이 신의 말씀을 파괴하고자 하는 사람들의 노력에 맞서 이를 단호히 수호해 온 것도 사실이다. 그러므로 신자들은 자기 목자들의 그 아버지와 같은 손길로 제공된 건전한 교리를 따르는 대신, 이런 결의론자들의 서투른 손길로 제공된 부패를 따를 이유가 전혀 없다.

또 불신자나 이단자들도 교회에 대한 신의 섭리가 결여되었다는 표시로 이런 폐해를 제시할 근거를 가지고 있지는 않다. 교회를 타락시켰다는 것은 오늘의 사태에서 결론지을 수 없을 뿐더러, 오히려 신이 교회를 타락으로부터 지켜 주고 있는 현상이 오늘날처럼 분명히 드러났던 적이 없기 때문이다.

특별한 소명을 받아 일반 기독교도들보다 더 완벽한 생활을 하기 위해 성직자

---

14 타락한다는 의미.
15 〈베드로후서〉 2장.

가 되겠다고 서약한 사람들 중 몇몇이, 평신도들이 놀랄 정도의 미망에 빠져 일찍이 유대인 사이에서 거짓 예언자 노릇을 하던 자와 같이 되어 우리 가운데 임한다면 그것은 실로 한탄할 개인적이고 특수한 불행이지만, 그 일로 인해 신이 교회에 대해 취하는 배려와 상반되는 결론을 내릴 수는 없다. 이 모든 것이 명백히 예언되고, 그런 유혹이 이런 사람들 편에서 일어나리라는 것은 오래 전부터 예고되어 왔었던 것이고, 사람들이 올바로 깨우치기만 하면 이런 사례 가운데서 우리에 대한 신의 망각보다는 신의 인도의 증거를 찾아볼 수 있기 때문이다.

890　테르툴리아누스, "교회는 결코 개혁되지 않을 것이다."

891　예수회의 교리를 자랑하는 이단자들에게 그것이 교회의 교리가 아니라는 것을 깨닫게 해야 한다. 그리고 우리의(얀세니스트) 분파가 전체로부터의 분파는 아니라는 것을 깨닫게 해야 한다.

892　"만일 서로 다르다는 이유로 정죄한다면 당신들이 옳은 것이다. 다양성이 없는 통일은 당신들에게 무익하고, 통일성이 없는 다양성은 우리에게 파멸을 초래한다. 하나는 대외적으로 유해하고, 하나는 대내적으로 유해하다."

893　인간은 진리를 보여주는 것으로 그것을 믿게 할 수는 있다. 그러나 지배자의 부정을 지적한다고 해서 그것을 교정할 수는 없다. 허위를 지적함으로써 양심은 지킬 수 있으나, 부정을 지적하면 은급은 보장되지 않는다.

894　교회를 사랑하는 자는 세상 인심이 부패한 것을 보고 한탄한다. 그러나 적어도 율법은 존재한다. 그런데 이 사람들(결의론자들)은 율법을

부패하게 하고 규범을 파괴하는 것이다.

895 인간이 양심에 따라 악을 행할 때보다 더 만족을 느끼고 유쾌한 경우는 없다.

896 교회가 파문이니 이단이니 하는 말을 만들어냈다는 것은 무익한 일이다. 사람들은 그런 말을 사용해서 교회에 반대했다.

897 하인은 주인이 하는 일을 모른다. 왜냐하면 주인은 그에게 할 일만 지시하고 목적을 말하지 않기 때문이다.[16] 하인이 맹목적으로 복종하다가 때로 목적에 어긋나는 일을 하는 것은 이 때문이다. 그러나 예수 그리스도는 우리에게 목적을 가르쳐주셨다.[17] 그런데 당신은 그 목적을 파괴하고 있다.

898 그들은 영원성을 가질 수 없으므로 보편성을 구하고 있다. 그 때문에 그들은 성도[18]가 되고자 하여 모든 교회를 타락시킨다.

899 성서의 구절을 남용하고, 자기의 오류를 지지하는 것처럼 보이는 어떤 구절을 발견하고 득의만면한 자들에 대하여.

수난주 일요일. 저녁 기도의 장(章)과 왕을 위한 기도.

다음 말의 설명, "나와 함께 아니하는 자는 나를 반대하는 자다."[19] 또 다음 말, "우리를 반대하지 않는 자는 우리를 위하는 자다."[20]

---

16 〈요한복음〉 15장 15절.
17 〈누가복음〉 12장 47절.
18 브랑슈비크 판에서는 Sains(건전)라고 되어 있으나 라퓌마 판의 Saints(성도)에 따른다.
19 〈마태복음〉 12장 30절.
20 〈마가복음〉 9장 4절.

어떤 이가 말하기를, "나는 누구를 위해 있는 것도 아니요, 누구를 반대하기 위해 있는 것도 아니다." 이 사람에게는 이렇게 대답해야 한다……

900 성서의 뜻을 해석하려는 자가 그 뜻을 성서에서 찾지 않는다면 그는 성서의 적이다(Aug. d. d. ch.).[21]

901 "'겸손한 자에게 은혜를 주신……'[22] 신은 그들에게 겸손을 주지 않으셨다는 것인가?"

"'나의 백성은 그를 받아들이지 않았다.'[23] 그를 받아들이지 않았던 자는 다 그의 백성이 아니었다는 것인가?"

902 푀이앙[24]은 말하기를 "이것은 실제로 그리 확실하지 않음에 틀림없다. 논쟁이 있다는 것은 불확실의 증거이기 때문이다."(성 아타나시오스, 성 크리소스트모스, 도덕, 불신자들)

예수회는 진리를 불확실하게 만들지는 않았지만, 그들 자신의 불신앙을 확실하게 했다.

모순이 어느 경우에나 남아 있었던 것은 악인의 눈을 멀게 하기 위해서이다. 진리나 사랑에 거슬리는 것은 모두 악으로, 이것이야말로 참다운 원리이다.

902-2 푀이앙의 학설에 대해, 나는 한 친구와 만나서 이야기를 했다. 신앙상의 문제를 이야기하는 도중, 그는 내가 그에 대한 다소의 의

---

21 아우구스티누스 《기독교의 교리론》의 요약.
22 〈야고보서〉 4장 6절.
23 〈요한복음〉 1장 11절. 이것들은 성서의 참뜻에 어긋나는 자의적인 해석의 예이다.
24 성 로베르토스에 의해 창시되고, 라 바리에르에 의해 개혁된 수도회에 속하는 사람들.

견을 가지고 있다는 점과 푀이앙이 충분히 될 수 있다는 것, 특히 지금과 같은 시대에 혁신파에 반대하는 글을 쓴다면 좋은 평판을 들으리라는 것 등을 생각했다고 말했다.

"우리는 얼마 전 교황의 칙서에 서명하라는 당신들의 총회 결정에 반대했습니다."

그는 신이 나에게 영감을 주시도록 기도해 줄 것이다.

"신부님, 서명해야 할까요?"

903 이 세상의 종교와 종파는 자연적인 이성을 기준으로 삼아 왔으나 기독교도만이 그 기준을 외부에서 구했다. 즉 예수 그리스도가 신자들에게 전하기 위해 옛사람들에게 남겨준 기준을 잘 배우도록 강요해 왔다. 그리하여 이런 강요는 선량한 신부들을 권태롭게 했으며, 결국 이들도 다른 사람들처럼 자기 망상에 따르는 자유를 갖기를 원했다. 예언자들이 유대인에게 말했던 것처럼 "교회 안으로 들어가라. 옛사람이 교회에 남긴 교리를 잘 배우고 그 좁은 길을 좇아라" 하고 우리가 그들에게 외쳐 봐도 소용이 없다. 그들은 유대인들처럼 대답하기를 "우리는 그 길을 가지 않고 우리 마음의 생각을 좇을 것이다." 또 "우리는 다른 백성들과 같이 될 것이다"[25]라고 한다.

904 그들은 예외로부터 규칙을 만든다.
옛사람은 참회에 앞서 사면을 주었다―그것을 예외의 기분으로 행하라. 그러나 예외로부터 당신들은 예외가 없는 규칙을 만들어낸다. 그리고 그 규칙이 예외로 있기를 바라지조차 않는다.

---

25 〈사무엘상〉 8장 20절.

905 회개의 증거가 없는 고백과 사면에 대하여.
　　　신은 내면만 보고 교회는 외면만을 판단한다. 신은 진심으로 참회할 때는 용서해 주지만, 교회는 업적을 인정할 때에야 비로소 용서한다. 신은 내적으로 순결한 교회를 만들고 그 내적, 또는 영적 청정으로써 오만한 현자나 바리새인의 내면적 불신을 당혹하게 한다.

　교회는 그 안에 위선자가 있다 하더라도, 그 정체를 알아차리지 못하도록 교묘히 변장하고 있으면 그들을 용서한다. 왜냐하면 속일 수 없는 신에게는 용납되지 않더라도, 그들이 속일 수 있는 인간에게는 용납되기 때문이다. 그러므로 교회는 깨끗해 보이는 그들의 행위로 인해 명예가 손상되는 일은 없다. 그러나 그대들은 내면 세계가 신에게만 속한다는 이유로 교회가 내면적으로 판단하는 것을 좋아하지 않고, 또 신이 내면 세계에만 유의한다고 해서 교회가 외면적으로 사리를 판단하는 것도 달갑게 생각하지 않는다.

　이렇게 해서 우수한 사람들이 교회를 멀리하게 되고, 그 안에 가장 방탕한 자들과 교회의 명예를 손상시키는 자들만 남게 된다. 그들은 유대인의 회당이나 철학자들의 학파에 의해서도 무가치한 무리라는 낙인이 찍힌 채 축출당하여 불신자들이라는 비난을 받을지도 모르는 인간들이다.

906 세상의 순리대로 살아가기에 가장 쉬운 상태는, 신의 가르침에 따라 살아가기에 가장 어려운 상태이다. 그리고 이 반대의 경우도 진리이다. 세속을 좇아 살아가자면 종교 생활처럼 어려운 것이 없다. 그러나 신에 순종하며 살아가자면 그것처럼 쉬운 일은 없다. 세상을 따르면 고관이 되거나 많은 재산을 가지고 살아가는 것은 극히 용이하다. 그런 것에 집착하면서 신의 뜻에 따라 살며, 그런 것에 흥미나 애착을 느끼지 않는 것처럼 어려운 일은 없다.

907   결의론자들은 타락한 이성에 판단을 맡기고 타락한 의지에 결단의 선택을 맡겨, 인간의 본성에 있는 타락 전부를 그들의 행위에 참여시키려고 한다.

908   그러나 개연론이 확증해 주는 것은 개연적인 것일까?
마음의 평안과 확신의 상이. 진리만큼 확신을 주는 것은 없다. 진리의 성실한 추구만큼 평안을 주는 것은 없다.

909   그들 결의론자 전부를 가지고도 과오를 범한 양심에 확신을 줄 수는 없다. 그리고 이것이 바로 좋은 지도자를 선택하는 것이 중요하다는 이유이다.
  이리하여 그들은 따르지 말아야 할 길을 따랐고, 듣지 말아야 할 교사의 말을 들었기 때문에 그로 인해 이중으로 죄를 짓게 된 것이다.

910   너희가 사물을 그럴 듯하게 꾸며 보이는 것은 세상의 환심을 사겠다는 의도가 아니고 무엇인가? 우리로 하여금 그것이 진실이라는 생각을 갖게 하고, 결투의 풍습이 없다고 해도 문제 자체를 생각하면 인간이 싸울 수 있다는 것을 그럴 듯하게 꾸며 보이려는 것인가?

911   세상에서 악인을 없애 버리려면 그들 모두를 죽여야 할 것인가? 그것은 하나뿐만이 아니라 둘 다 악인으로 만드는 것이다. "선으로 악을 이겨라."[26] 성 아우구스티누스.

---

[26] 〈로마서〉 12장 21절.

912
일반적.
도덕과 언어는 특수한 학문이지만 일반적인 것이다.[27]

913
개연적.
누구나 더할 수 있다. 그러나 누구도 제할 수는 없다.[28]

914
그들은 사욕을 움직이게 하고 불안을 억제한다. 그러나 오히려 그 반대로 했어야 하는 것이다.

915
몽탈트.[29]
퇴폐적인 견해가 사람의 환심을 산다는 것은 분명한 일이며 환심을 사지 못하는 것이 오히려 이상스러운 일이다. 그런 견해는 모든 제약을 무시하고 있기 때문이다. 세상에는 진리를 보고도 거기에 도달할 수 없는 사람이 많지만, 종교의 청정이 우리의 부패에 반대된다는 것을 모르는 사람은 거의 없다. 영원한 보답이 에스코바르적[30] 도덕에 부여된다는 것은 우스꽝스러운 일이다.

916
개연론.
그들은 진실한 원리를 어느 정도 가지고 있긴 하지만 그것을 남용한다. 그런데 진리의 남용은 허위의 채용과 마찬가지로 벌을 받아야 한다.

---

27 모든 사람은 언어를 가지고 있으나, 그것은 동일한 언어는 아니다. 또 이와 같이 각자 도덕을 가지고 있지만, 그것 역시 동일한 도덕일 수는 없다. 그러나 그것들의 배후에는 일반적인 법칙이 있다.
28 예수회의 도덕에 의하면, 사람은 권위있는 지도자의 권고에 따라 자기를 긍정할 수는 있지만 자기를 부정할 수는 없다. 그래서 도덕적인 나태를 초래하게 되었다.
29 파스칼이 《프로뱅시알》을 쓸 때 사용한 필명.
30 에스파냐의 예수회. 《24명의 헤수스 회사(會士)의 윤리신학》, 《대윤리학》 등의 저자. 예수회 사상의 대변자의 한 사람으로 인정되어, 《프로뱅시알》에서 파스칼의 공격의 표적이 됐다. 그 이후 그의 이름 에스코바르는 교묘한 위선을 의미하는 보통명사로 사용되었다.

마치 두 개의 지옥이 있어 하나는 사랑에 반대하는 죄인을 가두기 위한 것이고, 하나는 정의에 반대하는 자를 가두기 위한 것이기나 한 것처럼.

917 개연론.
만일 개연성이 확실한 것이라면, 진리를 탐구한 성도들의 열의는 무익한 일일 것이다.

가장 확실한 것을 구하던 성도들의 두려움.

918 개연론을 제거하라. 그러면 너희는 세상 사람들의 마음에 영합하지는 못할 것이다. 개연론을 들고 나오라. 그리하면 너희는 이 이상 세상 사람들의 기분을 상하게 하지는 않을 것이다.

918-2 그들은 교회가 말하지 않는 것을 교회가 말한다고 하며, 교회가 말한 것을 교회는 말하지 않는다고 한다.

918-3 우리는 서로 다른 것에서 일치를 만들어냈다. 우리는 일치했다는 점에서 모두 일치하고 있기 때문이다.

919 귀인이 아첨받기를 바라는 것도, 예수회가 귀인에게서 사랑받기를 바라는 것도 민중과 예수회의 죄의 결과이다. 그들의 한쪽은 속이기 위해, 다른 한쪽은 속기 위해, 이들은 모두 허위의 영혼으로 인도될 영혼을 가지고 있다. 그들은 탐욕적이고 야심적이며 향락적이었다. "스승을 많이 두고."[31] 그런 스승들에게 알맞은 그런 자세로, 그들은 아첨하는 자를 구하고 그것을 발견했다.

---

31 〈디모데후서〉 4장 3절.

920 만일 그들이 개연성을 버리지 않는다면, 그들의 훌륭한 격언은 악인의 것과 마찬가지로 조금도 성스럽지 않을 것이다. 그것들은 인간적 권위 위에 세워져 있기 때문이다. 따라서 그것들이 보다 정당해진다면, 그만큼 합리적인 것이 되기는 하겠지만 성스러운 것이 되지는 못한다. 그것들은 자신과 접목한 야성의 줄기와 같은 것이다.

내가 말하는 것이 너희를 계몽하는 데 도움이 되지는 않을지라도 민중에게는 도움이 될 것이다.[32]

만일 사람들이 잠잠하면 돌들이 소리지르리라.[33]

침묵은 최대의 박해이다. 성도들은 결코 침묵하지 않는다. 신의 소명이 필요하다는 것은 사실이지만, 사람이 과연 소명을 받고 있는지 어떤지 알려주는 것은 종교회의의 판결이 아니라 말을 하지 않을 수 없는 필연성에 있다. 그런데 로마(교황)가 이미 언명했으며, 그가 진리를 유죄로 판결한 것이 드러나고, 그것이 기록되고, 그것을 반박한 서적이 비난받고 있는 현재로서는, 부당한 비난을 받으면 받을수록 우리는 더욱 소리 높이 부르짖지 않을 수 없다.

그 사이에 한 사람의 교황이 나타나 쌍방의 주장을 듣고 고사에 의거해 정당한 판정을 내리기까지. 그리하여 선량한 교황들은 교회가 아직까지 절규하고 있음을 알게 될 것이다.

종교 재판과 예수회 교단, 진리의 두 개의 방해물.

왜 너희는 그들을 아리우스주의라고 비난하지 않는가? 그들은 예수 그리스도를 신이라고 했지만, 어쩌면 본질적으로 그렇게 알고 있는 것이 아니라 "너희는 신이다"[34]라는 뜻으로 알고 있는지도 모른다.

---

[32] 민중은 예수회와 얀세니스트 사이의 논쟁의 심판자적인 입장에 서 있었기 때문이다.
[33] 〈누가복음〉 19장 40절. 여기에서의 사람들이란 포르루아얄의 저자들을 가리킨다.
[34] 〈시편〉 82편 6절. 이 말은 일반인이 신임을 말하고 있는 것이지, 그리스도가 신이라고 하는 경우처럼 특수한 뜻을 갖는 것은 아니다. 따라서 악의적으로 말한다면, 그리스도는 신이라고 주장하는 사람들까지도 전자의 뜻이라고 해석하여 이단으로 볼 수 있다는 것이다.

만일 나의 편지[35]가 로마에서 정죄(定罪)된다면, 거기서 정죄되는 것은 곧 하늘에서 정죄되는 것이다.

"주여, 나는 그대의 법정에 상소하나이다."

너희 자신이 타락하고 있다.

나는 내가 정죄되었음을 알았을 때 혹시 잘못 쓴 것이 아닌가 하고 두려워했다. 그러나 수많은 신앙 문서의 예가 나로 하여금 그와 반대라고 믿게 했다. 올바로 쓴다는 것이 이미 허용되지 않는 것이다.

그만큼 종교 재판은 타락한 것이며 무지하다.

"인간에게 복종하기보다 신에게 복종하는 것이 좋다."[36]

나는 어떤 것도 두려워하지 않으며, 어떤 것도 바라지 않는다.[37] 그러나 사교들은 그렇지 않다. 포르루아얄은 두려워하고 있다. 그들을 흩어지게 하는 것이 나쁜 정책이다.[38] 왜냐하면 그들은 두려워하지 않고 오히려 두려움을 주는 자가 되기 때문이다.

나는 너희의 개인적 비난도, 그것들이 전승의 비난 위에 세워진 것이 아닌 한 그리 두려워하지 않는다.

뭐라고! 너희는 전부를 비난하는가, 나의 경의마저도? 그렇지 않겠지. 그렇다면 무엇을 비난하는지 말해 보라. 나쁜 점과 그것이 왜 나쁜가를 지적할 수 없다면 아무것도 하지 말라. 그런데 그들이 하기 어려운 것이 바로 이 점이다.

개연성.

그들은 확실성이라는 것을 묘하게 설명했다. 왜냐하면 그들은 자기들의 길이 확실하다고 단정한 후, 아무런 위험 없이 반드시 천국으로 갈 수 있는 길은 확실

---

35 《프로뱅시알》을 말한다.
36 〈사도행전〉 5장 29절.
37 《프로뱅시알》 17 참조.
38 은사단(隱士團)의 해산, 작은 학교의 폐쇄 등을 의미한다. 그것은 이미 행해지기 시작했다.

하다고 말하지 않고, 자기들의 길에서 벗어날 위험이 없는 길을 확실하다고 말하고 있기 때문이다.

921 ……성자들은 자기가 죄를 짓고 있음을 깨닫는 데 세심하여 자기들의 선행까지도 규탄한다. 그런데 이들은 최대의 악인이라도 용서하기 위해 세심한 것이다.

이교의 현자들은 외관은 똑같이 아름답지만 나쁜 기초를 가진 건물을 세웠다. 그러나 악마는 전혀 다른 기초 위에 세워졌으나 외관이 비슷한 점으로 인간을 속인다.

일찍이 아무도 나만큼 정당한 입장에 섰던 사람은 없었으며, 또 일찍이 너희만큼 좋은 먹이를 준 자도 없다.

그들이 나의 개인적인 나약성을 지적하면 할수록 나의 입장을 강화시켜 준다.

내가 이단이라고 너희는 말한다. 그것이 용납될까?

너희는 인간이 올바르게 심판하는 것은 두려워하지 않더라도, 신이 올바르게 심판하는 것은 두려워해야 하지 않겠는가?

너희도 마침내 진리의 힘을 깨닫고 거기에 굴복하게 될 것이다……

그런 맹목에는 무엇인가 이상한 점이 있다. "그들이 받아야 할 운명."[39]

"뻔뻔스러운 허위……"

"사람은 그 지혜대로 칭찬을 받으려니와……"[40]

허위의 경건, 이중의 죄.

나는 3만 인에 대한 단 한 사람인가? 아니다. 너희는 궁전을 지키고, 기만을 지켜라. 나는 진리를 수호하겠다. 그것이 내 힘의 전부이다. 만일 내가 진리를 잃게

39 구약외전 〈지혜서〉 19장 4절.
40 〈잠언〉 12장 8절.

되면 나는 멸망하고 말 것이다. 나는 비난과 박해를 피하지 못할 것이다. 그러나 나는 진리를 가지고 있다. 우리는 승리자가 누구인가를 볼 것이다.

나는 종교를 옹호할 자격이 없다. 신이 그의 자비심으로 내 속에 있는 악을 보지 말고 너희 속에 있는 선을 보아, 우리 모두에게 은혜를 베풀어 주시기를. 진리가 나의 수중에서 패배당하지 않게 해 주시기를, 그리고 허위가……

922 개연성.
우리가 아끼는 것을 비교해 봄으로써 신을 진지하게 탐구하는지 탐구하지 않는지 조사해 보자.

이 고기가 내게 독이 되지 않으리라는 것은 개연적이다. 내가 소송을 하지 않으면 소송에 지지 않으리라는 것도 개연적이다.

923 고해성사에 의해 죄를 용서하는 것만이 사죄는 아니다. 회개도 역시 사죄가 된다. 고해성사를 구하지 않는 회개라면 진실한 것이 아니다.

924 약속을 지키지 않고, 믿음이 없으며, 명예를 중히 여기지 않고, 진리를 갖지 않으며, 두 마음을 품고, 두 말을 하며, 때때로 너희에게 비난을 받는 우화에 나오는 양서동물(兩棲動物)과 비슷한 새와 물고기 사이의 애매한 위치에 있는 사람들……

왕이나 제후는 경건한 영예를 얻는 것이 중요하다. 그것 때문에 그들은 너희에게 고해할 필요가 있는 것이다.[41]

---

[41] 단장 921에서 924까지와 그 이후의 것에 대해서는 단행본과 전집 사이에 상당한 차이가 있다. 어느 것이나 《프로뱅시알》을 위한 극히 단편적인 메모이므로, 간명한 단행본 쪽을 택하기로 했다.

옮긴이의 말

블레즈 파스칼(Blaise Pascal)은 1623년 프랑스의 중부 오베르뉴 주(州) 클레르몽 페랑에서 태어났다. 지적(知的) 소양이 뛰어나고 수학과 물리학에 대한 관심이 깊었던 아버지의 교육 덕택에 자연계의 여러 현상에 호기심을 가졌다.

소년 블레즈는 모든 사물에서 그 이유를 캐내려 했고, 수많은 의문을 제기해 그에 대한 해답을 탐구하곤 했다. 열한 살 되던 해 그는 우연한 사건을 계기로「음향에 관한 논문」을 썼고, 삼각형에 관한 유클리드의 제1권 제32명제를 증명할 정도가 되었다.

탐구열이 이 정도 되자, 그 동안 라틴어 습득을 위해 수학 연구를 허락하지 않았던 아버지는 아들의 놀라운 재능에 감탄, 어린 나이에도 불구하고 그를 메르센 아카데미에 입회시켰다. 이 연구회는 훗날 왕실 과학 학사원으로 발전했다.

16세 때 파스칼은「원추곡선시론(圓錐曲線試論)」을 발표해 학계를 놀라게 했고, 24세 때「진공에 관한 신실험(新實驗)」을, 29세 때에는「액체평형론」,「대지의 무게에 관하여」를 발표했다.

대표작인《팡세》는 당시 기독교 반대자들에 대항하기 위한 기독교 호교론(護教論)으로 집필한 것이다. 집필 당시 파스칼은, 내용도 내용이지만 형식에 있어서만은 전혀 새로운 호교서(護教書)를 구상했던 것 같다. 그러나 그는 초고를 마치기도 전에 39세의 나이로 요절했기 때문에, 원고는 정리도 편집도 되지 않은 채 남아 있었다. 따라서 그 원고의 판독과 정리는 오늘날까지도 계속되고 있으며, 불확정적인 것이 될 수밖에 없었다.

그러나 이처럼 미완성이고, 난해하고, 단장(斷章)의 수와 판독과 분류에 이견이 분분한 작품인데도 불구하고 《팡세》는 각계각층의 독자를 열광시켰다. 《팡세》라는 제목도 파스칼 자신이 붙인 것이 아니다. 초판은 포르루아얄 판(版)으로, 이때의 제목은 《종교 및 다른 문제에 대한 파스칼 씨의 제사상(諸思想)》이었다. 《팡세》란 이 제목의 '제사상'에서 딴 것이다.

이성적 질서에서 마음의 질서로 옮아가고, 기하학적 정신에서 섬세한 정신으로 옮아가는 등 《팡세》는 파스칼 정신의 자서전적인 단편이라 할 수 있다.

'인간은 하나의 연약한 갈대에 지나지 않는다. 자연의 모든 존재 중 가장 약한 존재이다. 그러나 그것은 생각하는 갈대이다.'

이 널리 알려진 명구(名句)에는 인간을 자연 속에서 가장 비참한 존재인 동시에 가장 위대한 존재로 본, 파스칼의 생각이 잘 드러나 있다.

번역은 영역판(英譯版)을 텍스트로 하였다.

고전으로 미래를 읽는다 030
팡세

초판 1쇄 발행 _ 1988년 3월 10일
2판 1쇄 발행 _ 2010년 6월 20일

옮긴이 _ 권응호
펴낸이 _ 지윤환
펴낸곳 _ 홍신문화사

출판 등록 _ 1972년 12월 5일(제6-0620호)
주소 _ 서울시 동대문구 용두2동 730-4(4층)
대표 전화 _ (02) 953-0476
팩스 _ (02) 953-0605

ISBN 978-89-7055-699-4 03160

ⓒ Hong Shin Publishing Co. Printed in Korea
*값은 뒤표지에 있습니다.
*잘못 만들어진 책은 바꾸어 드립니다.